El constitucionalismo
en el continente americano

BIBLIOTECA JOSÉ MARTÍ

Justicia & Conflicto
Grupo de Estudios de Derecho Penal y Filosofía del Derecho

El constitucionalismo
en el continente americano

Daniel Bonilla Maldonado
Compilador

Bonilla Maldonado, Daniel

El constitucionalismo en el continente americano / autor compilador Daniel Bonilla Maldonado, Jorge L. Esquirol, Roberto Gargarella et al.; traductor Carlos Morales de Setén Ravina. – Bogotá: Siglo del Hombre Editores, Universidad EAFIT y Universidad de los Andes, 2016.

408 páginas; 21 cm. – (Colección Justicia y Conflicto)

1. Derecho constitucional - Historia - América Latina 2. Derechos económicos y sociales - América Latina 3. América Latina - Derecho constitucional 4. Estados Unidos - Derecho constitucional I. Esquirol, Jorge L, autor II. Gargarella, Roberto, 1964-   , autor III. Morales de Setién Ravina, Carlos, traductor IV. Tít. V. Serie.

342.8 cd 21 ed.

A1523358

CEP-Banco de la República-Biblioteca Luis Ángel Arango

© Daniel Bonilla Maldonado

La presente edición, 2016

© De la traducción de los capítulos de Jorge L. Esquirol, Tanya K. Hernández, David Landau, David S. Law-Tom Ginsburg, y Fernanda G. Nicola, Carlos F. Morales De Setién Ravina

© Siglo del Hombre Editores
http://libreriasiglo.com

© Universidad EAFIT
www.eafit.edu.co

© Universidad de los Andes
www.uniandes.edu.co

Diseño de carátula
Amarilys Quintero

Diseño de la colección y armada electrónica
Precolombi, David Reyes

ISBN: 978-958-665-385-5
ISBN ePub: 978-958-665-386-2
ISBN PDF: 978-958-665-387-9

Impresión
Panamericana Formas e Impresos S. A.
Calle 65 N° 95-28, Bogotá D. C.

Impreso en Colombia-Printed in Colombia

ÍNDICE

PARTE II
EL CONSTITUCIONALISMO LATINOAMERICANO

INTRODUCCIÓN

Daniel Bonilla

El derecho constitucional latinoamericano ha vivido una profunda transformación durante los últimos veinticinco años. Por un lado, un número importante de países de la región reformaron o promulgaron nuevas constituciones, con el fin de consolidar o ampliar sus democracias liberales.[1] Las transformaciones constitucionales realizadas en Brasil (1988), Colombia (1991), Paraguay (1992), Perú (1993), Argentina (1995), Ecuador (1998) y Chile (2005) tuvieron como objetivos, entre otros, relegitimar sus sistemas políticos, plantear un nuevo balance entre las ramas del poder público, ampliar sus cartas de derechos o modernizar sus instituciones políticas y jurídicas.[2]

---

[1] Roberto Gargarella, *Latin American Constitutionalism, 1810-2010. The Engine Room of the Constitution* (2013), cap. 9.

[2] Rodrigo Uprimny, "The Recent Transformation of Constitutional Law in Latin America: Trends and Challenges", *Texas Law Review* 89(7) (2011), pp. 1587-1610.

Por otro lado, las nuevas constituciones de Venezuela (1999), Ecuador (2008) y Bolivia (2009) tuvieron como objetivo alejarse del modelo liberal que ha sido, históricamente, el horizonte político normativo de la mayoría de los Estados de la región.[3] Las constituciones de estos tres países fueron expedidas con el fin de materializar un nuevo modelo político que permitiera atacar de manera eficiente los problemas de pobreza, desigualdad y exclusión que afectan a la mayoría de sus ciudadanos.[4] Inspiradas, por lo menos parcialmente, en lo que ha sido llamado el socialismo del siglo XXI, estas constituciones han buscado erigir una democracia radical en estos tres países suramericanos.[5] Para alcanzar este objetivo, tales cartas políticas, entre otras cosas, otorgaron poderes extensos a la rama ejecutiva, debilitaron las facultades de control de la rama judicial, promulgaron un número notable de derechos sociales y económicos, reconocieron una gama amplia de derechos a las minorías culturales y transformaron algunas de sus instituciones políticas y jurídicas para hacerlas compatibles con el principio de diversidad cultural.[6]

Finalmente, el derecho constitucional latinoamericano se ha robustecido y se ha internacionalizado.[7] La producción académica sobre la materia se ha fortalecido en la región. El número

---

[3]   Javier Couso, "Radical Democracy and the 'New Latin American Constitutionalism'", en *Seminario de Teoría Política y Constitucional en Latinoamérica* (2014), disponible en https://www.law.yale.edu/system/files/documents/pdf/sela/SELA13_Couso_CV_Eng_20130516.pdf

[4]   Roberto Viciano y Rubén Martínez Dalmau, "Aspectos generales del nuevo constitucionalismo latinoamericano", en *El nuevo constitucionalismo en América Latina* (Corte Constitucional de Ecuador, 2010).

[5]   Rickard Lalander, "¿Descentralización socialista? Reflexiones sobre democracia radical, participación política y el neoconstitucionalismo del siglo XXI en Bolivia, el Ecuador y Venezuela", *Politeia* 34(47) (julio-diciembre, 2011), pp. 55-88.

[6]   Javier Couso, "¿Regreso al futuro? El retorno de la soberanía y del principio de no intervención en los asuntos internos de los estados en el constitucionalismo radical latinoamericano", en este volumen.

[7]   Viciano y Martínez Dalmau, "¿Se puede hablar de un nuevo constitucionalismo

de publicaciones, y su calidad, han aumentado, y muchas de las facultades de Derecho y constitucionalistas latinoamericanos se han insertado en las redes académicas internacionales de derecho constitucional.[8] Del mismo modo, algunas instituciones o figuras jurídicas latinoamericanas, como la Corte Constitucional de Colombia,[9] los derechos de la naturaleza consagrados en la Constitución ecuatoriana[10] o las interpretaciones bolivianas del principio de multinacionalidad,[11] se han vuelto objetos de estudio valiosos y originales para académicos del derecho de varias partes del mundo.

No obstante, los resultados del constitucionalismo latinoamericano son variopintos.[12] Aunque en algunos países ha habido avances en cuestiones, como la estabilidad de los procesos democráticos, la protección de los derechos civiles y políticos y la moderación del presidencialismo, los niveles globales de eficacia de las transformaciones constitucionales liberales o radicales latinoamericanas siguen siendo bajos. Las promesas de igualdad, dignidad, autonomía e inclusión que se hicieron

---

latinoamericano como corriente doctrinal sistematizada"?, en *El nuevo constitucionalismo en América Latina* (Corte Constitucional del Ecuador, 2010).

[8] Véase, por ejemplo, el Instituto Iberoamericano de Derecho Constitucional, en http://www.juridicas.unam.mx/iidc/ y el Seminario Latinoamericano de Teoría Constitucional (SELA), en http://www.law.yale.edu/intellectuallife/SELAoverview.htm

[9] Véase, en general, Manuel José Cepeda-Espinosa, "Judicial Activism in a Violent Context: The Origin, Role, and Impact of the Colombian Constitutional Court", 3 *Wash. U. Global Stud. L. Rev.* 539 (2004).

[10] Eduardo Gudynas, "La ecología política del giro biocéntrico en la nueva Constitución de Ecuador", *Revista Estudios Sociales* 32 (2009), pp. 34-47, y Marco Aparicio, "Nuevo constitucionalismo, derechos y medio ambiente en las constituciones del Ecuador y Bolivia", *Revista General de Derecho Público Comparado* 9 (2011), pp. 1-24.

[11] Jorge Lazarte, "Plurinacionalismo y multiculturalismo en la Asamblea Constituyente de Bolivia", *Revista Internacional de Filosofía Política* 33 (2009), pp. 71-102.

[12] Roberto Gargarella, "Doscientos años de constitucionalismo americano: los Estados Unidos y América Latina, frente a frente", en este volumen.

con estas nuevas cartas políticas no han logrado cumplirse cabalmente.[13] De manera similar, la academia y las instituciones jurídicas latinoamericanas, a pesar de los logros mencionados arriba, siguen estando en los márgenes de la discusión sobre el presente y el futuro del constitucionalismo y siguen siendo consideradas interlocutores secundarios en estas materias.[14] Su relación con la academia jurídica estadounidense, en particular, sigue siendo predominantemente vertical y de una sola vía.[15] La academia latinoamericana se sigue considerando (y es considerada) como un espacio de reproducción y difusión de los productos de derecho constitucional generados en países del Norte Global, como los Estados Unidos. En contraste, históricamente, el constitucionalismo estadounidense ha ocupado una posición central en el mundo.[16] Las instituciones jurídicas y políticas de los Estados Unidos han sido por mucho tiempo consideradas ejemplos paradigmáticos de la teoría y la práctica liberal. La influencia de la Constitución de 1787 es innegable y sus logros en materia de la estabilidad y prosperidad de la comunidad política que regula son ampliamente admirados.[17] Países de todas las regiones del mundo se

[13] Guillermo O'Donnell, *Polyarchies and the (Un)rule of Law in Latin America* (1998).

[14] Daniel Bonilla, "Introduction", en *Constitutionalism of the Global South: The Three Activist Courts of India, South Africa and Colombia* (Daniel Bonilla (ed.), 2013).

[15] Daniel Bonilla, "Legal Clinics in the Global North and South: Between Equality and Subordination", 16 *Yale Hum. Rts. & Dev. L.J.* 176 (2013).

[16] Véase Ugo Mattei, "A Theory of Imperial Law: A Study on U.S. Hegemony and the Latin Resistance", 10 *Ind. J. Global Legal Stud.* 383 (2003), p. 447; Wolfgang Wiegand, "Americanization of Law: Reception or Convergence?", en Lawrence M. Friedman y Harry N. Scheiber (eds.), *Legal Culture and the Legal Profession* (1996), p. 137.

[17] Heinz Klug, "Model and Anti-Model: The United States Constitution and the 'Rise of World Constitutionalism'", *Wis. L. Rev.* 597 (2000); *Constitutionalism and Rights: The Influence of the United States Constitution Abroad* (Louis Henkin y Albert J. Rosenthal eds., 1990).

han inspirado o han reproducido muchos de sus contenidos.[18] La producción académica sobre derecho constitucional, además, es vasta, de gran calidad, y ha permeado la discusión global sobre la materia. El trabajo de autores como Ronald Dworkin, Cass Sunstein y Bruce Ackerman, por nombrar solo a tres profesores ampliamente conocidos, es discutido en la mayor parte de las facultades de Derecho del globo.[19]

Sin embargo, desde hace algunos años, se viene hablando del debilitamiento del modelo constitucional estadounidense[20] o de la reducción de su relevancia en el contexto internacional.[21] La magistrada de la Corte Suprema de Justicia, Ruth Ginsburg, por ejemplo, afirmó que, si algún país estuviera redactando hoy una nueva constitución, ella le recomendaría no mirar hacia Estados Unidos, sino hacia Canadá, Sudáfrica o Europa.[22] Las

[18] *American Constitutionalism Abroad: Selected Essays in Comparative Constitutional History* (George Athan Billias ed., 1990); George Athan Billias, *American Constitutionalism Heard Around The World, 1776-1989: A Global Perspective* (2009); Duncan Kennedy, "The Globalizations of Law and Legal Thought", en *The New Law and Economic Development: A Critical Appraisal* (David Trubek y Álvaro Santos, eds., 2006).

[19] Ugo Mattei, "Why the Wind Changed: Intellectual Leadership in Western Law", 42 *Am. J. Comp. L.* 195 (1994).

[20] Bruce Ackerman, *The Decline and Fall of the American Republic* (2013); Immanuel Wallerstein, *The Decline of American Power: The U.S. in a Chaotic World* (2003); Randall L. Schweller y Xiaoyu Pu, "After Unipolarity: China's Visions of International Order in an Era of U.S. Decline", *International Security* 36(1) (Summer 2011), p. 41.

[21] David S. Law y Mila Versteeg, "The Declining Influence of the United States Constitution", *New York University Law Review* 87(3) (2012); Tom Ginsburg, Zachary Elkins y James Melton, "Response: Comments on Law and Versteeg's 'The Declining Influence of the United States Constitution'", 87 *New York University Law Review* 2088 (2012); y Fernanda G. Nicola, "La difusión global del pensamiento jurídico estadounidense: influencia menguante, exportación selectiva y crisis educativa", en este libro.

[22] En una entrevista en Egipto, la magistrada Ginsburg afirmó: "Yo no miraría la Constitución de los Estados Unidos si estuviera redactando una Constitución en 2012". La magistrada agrega que miraría la Carta de Derechos y Libertades canadiense, la Constitución sudafricana y la Convención Europea de Derechos

investigaciones recientes muestran que la influencia de la carta política estadounidense se ha reducido notablemente desde la década de 1980.[23] Cada vez menos constituciones muestran la impronta de la Constitución de 1778. Esta, se argumenta para explicar el declive de su influencia, reconoce muy pocos derechos, no menciona los derechos colectivos o los sociales, económicos y culturales y resulta tremendamente difícil de reformar.[24] A estos temas de teoría y práctica constitucional, se le añaden como razones explicativas argumentos de tipo político y económico: el debilitamiento del sistema económico estadounidense, los problemas que enfrenta su bipartidismo y la disminución de su prestigio político.[25]

El énfasis que hace el constitucionalismo estadounidense en temas, como el originalismo[26] o el derecho a portar armas,[27] además, genera indiferencia en muchos círculos académicos internacionales. El provincialismo del constitucionalismo estadounidense, de igual forma, genera cierto rechazo por parte de académicos del derecho de otras partes del mundo.[28] La falta

Humanos. La entrevista está disponible en http://www.memritv.org/clip/en/3295.htm

[23] David S. Law y Mila Versteeg, "The Declining Influence of the United States Constitution", *New York University Law Review* 87(3) (2012).

[24] James Allan y Grant Huscroft, "Constitutional Rights Coming Home to Roost? Rights Internationalism in American Courts", 43 *San Diego L. Rev.* 1, 2 (2006).

[25] La literatura sobre el declive de los Estados Unidos es hoy en día amplia y muy discutida. Algunos de los textos más conocidos son Paul M. Kennedy, *The Rise and Fall of the Great Powers* (1987); Joseph S. Nye, *Bound to Lead: The Changing Nature of American Power* (1990); Niall Ferguson, *Colossus: The Rise and Fall of the American Empire* (2004) y Kevin Phillips, *American Theocracy: The Peril and Politics of Radical Religion, Oil, and Borrowed Money in the 21st Century* (2006).

[26] Antonin Scalia, "Originalism: The Lesser Evil", 57 *U. Cin. L. Rev.* 849 (1989) y Antonin Scalia, *A Matter of Interpretation* (1997).

[27] Véase la segunda enmienda de la Constitución de Estados Unidos, en la que se reconoce el derecho a mantener y portar armas.

[28] Ran Hirschl, *Comparative Matters: The Renaissance of Comparative Consti-*

de interés de gran parte de los constitucionalistas de Estados Unidos por la teoría y práctica constitucional de otros países genera una sensación de superioridad y aislamiento que es cuestionada en varios espacios académicos alrededor del globo.[29]

LAS INTERPRETACIONES DOMINANTES: TIERRA JURÍDICA ARRASADA Y EL PARAÍSO LIBERAL

La historia política y constitucional de Estados Unidos y América Latina parecería entonces estar compuesta por luces y sombras, fortalezas y debilidades. No obstante, estos matices se pierden en la interpretación dominante del pasado y presente político y jurídico de los países que conforman el continente americano. En esta perspectiva, la historia latinoamericana se homogeneiza, se presenta como única y continua, y se le califica negativamente. La estadounidense se presenta como una unidad sin discontinuidades que se califica positivamente.[30] La historia constitucional latinoamericana es descrita típicamente como una sucesión de dictaduras o de Gobiernos caudillistas y autoritarios. Las constituciones son concebidas como meras reglas de papel, normas jurídicas que no tienen aplicación en la vida diaria de los ciudadanos. El derecho latinoamericano

---

tutional Law (2014), pp. 192-223. La posición del magistrado Scalia sobre el papel del derecho comparado y el derecho internacional en el sistema jurídico estadounidense es un ejemplo paradigmático de este argumento. Véase David C. Gray, "Why Justice Scalia Should Be a Constitutional Comparativist Sometimes", *Stanford Law Review* 59(5) (2007), p. 1249.

[29] Un ejemplo paradigmático es Knight v. Florida, 528 U.S. 990, 997 (1999). Véase también David S. Law y Wen-Chen Chang, "The Limits of Global Judicial Dialogue", 86. *Wash. L. Rev.* 523 (2011), pp. 525-527.

[30] Véase Keith Rosenn, "The Success of Constitutionalism in the United States and its Failure in Latin America: An Explanation", 22 *University of Miami Inter-American Law Review* 1 (1990-91) y Miguel Schor, "Constitutionalism through the Looking Glass of Latin America", 41 *Texas International Law Journal* 1 (2006). Para una mirada crítica, véase Jorge L. Esquirol, "Legal Latin Americanism", 16 *Yale Hum. Rts. & Dev. L.J.* (2013), pp. 145-170.

es percibido comúnmente por el constitucionalismo estadounidense como un derecho fallido.[31] El constitucionalismo latinoamericano, asimismo, es visto como una mera réplica del constitucionalismo estadounidense o europeo.[32] El derecho constitucional latinoamericano, por ende, es interpretado como un producto derivado que tiene poco que ofrecer a la discusión jurídica global y que no tiene mayor valor como objeto de estudio académico.

Esta percepción se sintetiza de manera poderosa en Zappa contra Cruz, decisión promulgada en 1998 por el Tribunal Federal de los Estados Unidos del Distrito de Puerto Rico. Esta es una decisión particularmente interesante en cuanto fue redactada por un juez federal de los Estados Unidos, nacido en Puerto Rico, pero que se formó como abogado en Estados Unidos.[33] Al respecto dice la Corte:

La historia política de América Latina es una de dictaduras y sus males concomitantes, corrupción y guerra civil. Derivándose de la noción de caudillismo, la filosofía distintivamente española de la organización del hombre y su universo bajo la cual el ego individual es tan fuerte que se anticipa a conceptos más amplios, como comunidad o nación, los sistemas políticos latinoamericanos han sido poco más que cultos a la personalidad en homenaje a líderes políticos, desde los conquistadores, como Pizarro y Cortés, a los líderes de la independencia, como Bolívar e Hidalgo, pasando por sus más recientes herederos al poder, como Santa Ana, Perón, Castro y Pinochet. Bajo los sistemas políticos fundados en el cau-

---

[31] Jorge L. Esquirol, "The Failed Law of Latin America", 56 *Am. J. Comp. L.* 75 (2008).

[32] Daniel Bonilla, "Introduction", en *Constitutionalism of the Global South: The Three Activist Courts of India, South Africa and Colombia* (Daniel Bonilla (ed.), 2013).

[33] Para una biografía del juez Jaime Pieras véase http://www.prd.uscourts.gov/?q=node/208

dillismo, los gobernados en América Latina le han dado menos importancia a ideales, como libertad y justicia, que al líder que ha de encarnar esos ideales. Y los dictadores que gobiernan, en el espíritu del caudillismo, han hecho hincapié en la separación política sobre la unión como forma de distinguir y engrandecer su imagen pública. Hacer uso de sistemas políticos personalistas y elevar a los hombres sobre las ideas ha llevado, en contraste con los Estados Unidos, a naciones de hombres, no de leyes.[34]

La interpretación de la Corte federal estadounidense sobre el constitucionalismo latinoamericano gira en torno a un conjunto de ideas que homogeneiza y empobrece su historia. América Latina es tierra política y jurídica arrasada. América Latina es vista como una región geográficamente indistinta. América Latina, para la Corte, constituye un espacio sin fronteras relevantes. No hay distinciones entre México y Argentina, Ecuador y Brasil o Costa Rica y Chile, por ejemplo. La cuestión, claro, no es que no haya similitudes entre los países de la región. Estos, es bien sabido, comparten, entre otras cosas, un pasado colonial, la religión católica, el español y el portugués, niveles notables de desigualdad, pobreza y violencia, una población multicultural y una lucha constante por materializar los ideales de las democracias liberales. La cuestión es que la indistinción geográfica lleva a una homogeneización histórica. La sentencia de la Corte asume que hay una historia de América Latina que tiene unidad y continuidad. La región tiene una única historia política y constitucional que es calificada negativamente. La historia de la región tiene un inicio cierto, la Conquista y Colonia europea, y tiene un presente, común, el final del siglo XX. La historia política y constitucional de los países que la conforman es irrelevante. No hay diferencias apreciables; no hay matices que deban ser explicitados.

---

[34] Zappa v. Cruz, 30 F.Supp.2d 123 (1998).

La historia sin discontinuidades ni diferencias de América Latina, además, está marcada por la idea de que la cultura, por un lado, y el derecho y la política, por el otro, tienen una relación orgánica. El autoritarismo latinoamericano es fruto de una "filosofía" claramente española: el caudillismo. La cultura española, para la Corte federal estadounidense, tiene como uno de sus productos políticos el culto al líder carismático y su priorización frente al ordenamiento jurídico. América Latina, para la Corte, es un continente que heredó de sus ancestros latinos el desprecio por el derecho. La cultura latinoamericana es también una cultura única que proviene de una sola fuente: España. Esta cultura, además, parece inmodificable. Si el caudillismo es la característica esencial de la cultura latina, ¿qué sería América Latina si sus ciudadanos decidieran cambiarla? ¿Sería realmente posible hacerlo? Los latinoamericanos parecemos destinados al autoritarismo si no cambiamos lo que se presenta como la columna vertebral de nuestra identidad cultural y política. Podremos acercarnos a la democracia liberal solo si dejamos de ser lo que somos. Finalmente, la Corte asume una posición particular entre estructura y excepción contingente. América Latina es estructuralmente una cultura autoritaria. En su historia, si se cava profundamente, sería posible encontrar algunas excepciones a la regla. No obstante, aquellas solo confirmarían su existencia.

En contraste, la Corte presenta el constitucionalismo y la historia política estadounidense en oposición radical con los de América Latina. Si el sur y centro de América es un ejemplo de tierra jurídica y política arrasada, Estados Unidos lo son de la tierra prometida. No es otra cosa que el paraíso liberal encarnado. En palabras de la Corte:

> En los Estados Unidos, por otro lado, hemos luchado para garantizar que tanto la letra como el espíritu de nuestra Constitución y, en especial, las garantías a la libertad individual contenidas en la Carta de Derechos, sean defendidas y no abusadas por el

Gobierno. Aunque no hemos ganado todas las batallas, como lo atestiguan varios capítulos infelices de la historia de los Estados Unidos, continuamos ganando la guerra y los Estados Unidos siguen siendo un bastión de la libertad, la justicia y las oportunidades. Los principios de nuestro sistema político son bien conocidos y muy imitados, es un gobierno de "nosotros el pueblo" y para "nosotros el pueblo". El pueblo ha conservado el poder al limitar el del Gobierno. Primero, la Constitución enumera los poderes del Gobierno nacional, establece un sistema federal bajo el cual cada uno de los Estados, dentro de sus jurisdicciones, tiene tanto autoridad concurrente con el Gobierno nacional como poderes que no se le dieron a aquel. Segundo, los poderes enumerados del Gobierno nacional se dividen entre las ramas legislativa, judicial y ejecutiva. Por este sistema de frenos y contrapesos, nuestros padres fundadores se aseguraron de que aquellos que pudieran tener en mente una autoridad dictatorial dentro del Gobierno nacional fueran obstaculizados en su intento por consolidar poder. Tercero, y tal vez más importante, la Constitución asegura que ciertas libertades individuales no sean violadas, ya sea por el Gobierno nacional, ya sea a través de la Enmienda Catorce, los gobiernos estatales. Estas libertades individuales, además de limitar la capacidad del Gobierno para imponerse sobre los individuos... aumentan la capacidad de vigilarlo... Bajo este Gobierno, los ciudadanos de los Estados Unidos tienen el derecho de perseguir los fines que deseen, sujetos solo a las leyes creadas por aquellos que eligen, cuyos poderes son limitados de la manera como lo describe la Constitución.[35]

Conceptual y materialmente, para la Corte, Estados Unidos son el opuesto de América Latina. Cada una de las categorías usadas para evaluar el sur de América es empleada para evaluar a los Estados Unidos. No obstante, las conclusiones de

---

[35] Zappa v. Cruz, 30 F.Supp.2d 123 (1998).

la valoración son ahora positivas. La historia de esta entidad geográfica y política tiene también unidad y continuidad. Desde su fundación, con la revolución y la promulgación de la Constitución de 1787, y hasta el día de hoy, esta comunidad política ha estado comprometida y ha materializado los ideales liberales. La Constitución liberal estadounidense es un conjunto de reglas en acción, no de reglas de papel. Los principios de soberanía popular, legalidad, separación de poderes y los derechos individuales no solo están en el texto de la carta política, sino que hacen parte de la vida diaria de todos los estadounidenses.

Esta cultura política, además, se entrecruza conceptualmente con el principio de separación entre la esfera pública y la esfera privada. La Corte, en otros apartes,[36] reconoce el carácter multicultural de la sociedad estadounidense. No obstante, se argumenta que sus ciudadanos, sin importar sus convicciones morales, están comprometidos con una serie de valores políticos que permiten proteger sus diferencias. La comunidad política estadounidense, según la Corte, distingue entre la moralidad y la justicia. En el espacio de lo privado, los ciudadanos pueden construir sus proyectos morales sin la indebida intervención del Estado. Allí pueden creer en lo que consideren pertinente, siempre y cuando no violen los derechos de los demás a hacer lo mismo. En la esfera de lo público, no obstante, hay un consenso en torno a los valores liberales. Los valores políticos se distinguen bien de los valores morales que guían los proyectos de buen vivir de cada uno de los individuos que componen la

---

[36] "Los Estados Unidos son tal vez el más grande aglutinamiento de culturas jamás reunido bajo un solo gobierno. Aunque usualmente se le apoda, 'crisol de culturas' (*melting pot*), los Estados Unidos tal vez se describen mejor como un tazón de mezclar, un lugar donde muchos elementos 'culturales' coexisten para formar un todo sin que pierdan sus sabores individuales. La diversidad cultural es parte de la esencia de la nación, y ninguna característica étnica, religiosa, lingüística o social puede definir a sus ciudadanos... ¿El ejemplo de los Estados Unidos no le ha enseñado al mundo que una sociedad multicultural es un activo nacional y no el fundamento para la separación?". *Idem.*

comunidad política. Ahora bien, la Corte reconoce que, en la historia política y constitucional de los Estados Unidos, ha habido algunos momentos oscuros. Sin embargo, estos se presentan como una excepción a la regla. La estructura liberal generalmente se manifiesta como una encarnación de sus ideales; solo en ocasiones se concreta erróneamente. Estas situaciones, no obstante, son solo extravíos; ejemplos aberrantes que confirman la solidez y el valor de la estructura.

LOS OBJETIVOS Y ESTRUCTURA DEL LIBRO

Los tres objetivos generales que persigue este libro están directamente relacionados con las interpretaciones presentadas arriba sobre el constitucionalismo en las Américas: por un lado, busca cuestionar los argumentos que constituyen la mirada homogeneizante y sin matices del constitucionalismo estadounidense y latinoamericano. Por el otro, contribuir a la construcción de interpretaciones más sutiles y complejas de los dos constitucionalismos, interpretaciones que puedan hacer explícitos tanto los éxitos como los fracasos de los proyectos políticos y jurídicos de los países que conforman el continente americano. Finalmente, este texto quisiera aportar a la construcción de descripciones y evaluaciones ricas y texturadas de las relaciones entre el constitucionalismo estadounidense y el latinoamericano, así como a la creación de intercambios más horizontales, más fluidos y horizontales, entre uno y otro.

Los objetivos específicos del libro son los siguientes: primero, explicar, analizar y criticar la relación entre el constitucionalismo estadounidense y el latinoamericano. En particular, busca explorar las dinámicas que regulan la creación, la difusión y el uso del conocimiento jurídico-constitucional entre Estados Unidos y América Latina. Segundo, hacer un balance de los resultados tanto del constitucionalismo liberal como del radical en América Latina que contribuya a ver tanto las fortalezas como las debilidades de estas experiencias e ideales políticos.

Y tercero, explorar las fortalezas y el supuesto debilitamiento del modelo constitucional estadounidense y reflexionar en torno a su futuro.

Para cumplir con estos objetivos, el libro se divide en tres partes. En la primera, se examina la relación que existe entre el constitucionalismo latinoamericano y el estadounidense. En particular, se examina la idea ampliamente difundida de que América Latina es un mero espacio de reproducción y difusión de la producción constitucional estadounidense (o de algunos países de Europa continental, como Alemania o España) y que Estados Unidos es un contexto de producción de conocimiento jurídico universalizable y exportable al mundo entero. De la misma forma, en esta parte del libro se examinan las razones que explican por qué el constitucionalismo latinoamericano es tan poco conocido en los Estados Unidos y cuáles serían las estrategias que permitirían crear un diálogo más rico y fluido entre los dos.

Esta parte del libro está constituida por dos artículos. En el primero, Daniel Bonilla argumenta que la producción, el intercambio y el uso del conocimiento jurídico están sometidos a una economía política. Estos procesos, agrega, están regidos por una serie de reglas y principios que determinan las condiciones de posibilidad para la creación, el comercio y el consumo de teoría, dogmática y prácticas jurídicas. Esta economía política para Bonilla, consecuentemente, no es neutral. Construye un sujeto de conocimiento específico que actúa dentro de un espacio y un tiempo particulares. Este primer artículo, por tanto, tiene un doble objetivo. Por un lado, busca describir y analizar el modelo de economía política que domina la imaginación jurídica contemporánea. En esta medida, busca examinar la estructura conceptual de lo que Bonilla llama el modelo del libre mercado de las ideas jurídicas. Este es el modelo que típicamente sirve para explicar la prevalencia del constitucionalismo estadounidense en América Latina.

Por otro lado, busca describir y analizar un modelo de economía política alternativo y periférico que explicaría de mejor manera las dinámicas reales que regulan la generación, el tráfico y el uso del conocimiento jurídico. Para conseguir este objetivo, Bonilla hace explícitas las estructuras conceptuales que conforman lo que llama el modelo colonial de producción de conocimiento jurídico. Este es el modelo que regularía, en la práctica, las relaciones entre el constitucionalismo latinoamericano y el estadounidense. El artículo, por ende, tiene como fin hacer explícitos los tipos de sujeto de producción de conocimiento jurídico al que los modelos dan lugar, así como la manera como imaginan el tiempo y el espacio en el que estos sujetos se sitúan. De igual forma, busca hacer explícitas las reglas y los principios más precisos que determinan la manera como estos modelos imaginan la producción, el intercambio y el uso del saber legal.

En el segundo artículo, Jorge Esquirol argumenta que la relación entre el constitucionalismo latinoamericano y el estadounidense no es horizontal. La verticalidad de la relación se evidencia de manera particularmente ilustrativa, argumenta Esquirol, en la importancia relativa que tienen los tribunales constitucionales latinoamericanos y la Corte Suprema de Justicia de Estados Unidos. Mientras esta goza de un amplio prestigio en América Latina, aquellos tienen una reputación cuestionable en Estados Unidos. Mientras que la Corte estadounidense es ampliamente citada por los tribunales y los académicos latinoamericanos, la jurisprudencia de las Cortes suramericanas y centroamericanas son desconocidas y muy pocas veces citadas por los profesores de derecho y Cortes estadounidenses. Para Esquirol, esta relación de subordinación del derecho constitucional latinoamericano frente al estadounidense se explica por dos variables que han contribuido a crear una imagen negativa del derecho latinoamericano en Estados Unidos. Estas variables han sido centrales para construir una imagen idealizada del

27

constitucionalismo liberal estadounidense y una hiperrealista de las fallas del latinoamericano. La primera variable es el concepto de 'denegación de justicia' en el derecho internacional. Este concepto presenta los sistemas de justicia latinoamericanos como radicalmente disfuncionales. La segunda es el Movimiento Derecho y Desarrollo y su impacto en el derecho comparado contemporáneo. Para este, Esquirol argumenta, el constitucionalismo latinoamericano ha fracasado. Este fracaso se explica por el gran número de constituciones que han regido los países de la región, porque sus cartas políticas son demasiado fáciles de cambiar y porque en la región el derecho constitucional es indistinguible de la política. Esquirol, además, se pregunta, si dados el carácter vertical de la relación entre el constitucionalismo estadounidense y latinoamericano y el desbalance de poder que existen entre estos dos componentes del continente, sería deseable para América Latina la construcción de un derecho constitucional global. Esquirol se cuestiona si este constitucionalismo mundial no sería un instrumento más sutil, pero igualmente efectivo para impedir el surgimiento o consolidación de un constitucionalismo verdaderamente latinoamericano.

En la segunda parte del libro, "El constitucionalismo latinoamericano", se examina críticamente la experiencia que ha tenido América Latina tanto con el constitucionalismo liberal como el radical durante los últimos veinticinco años. Por un lado, se analiza la experiencia de países, como Colombia, México y Argentina, con el modelo constitucional liberal; por otro, se hace un balance de las experiencias ecuatoriana, boliviana y venezolana con lo que comúnmente se conoce como el socialismo del siglo XXI o el constitucionalismo radical. En esta parte del libro, se evalúan tanto los costos y beneficios que han generado estos dos modelos como su futuro.

En el primer escrito de esta sección, Roberto Gargarella examina las diferencias y similitudes entre el derecho constitucional estadounidense y el latinoamericano. Gargarella señala que, aunque las interacciones entre los dos modelos han sido intensas históricamente y el estadounidense ha influido de manera notable al latinoamericano, estos constituyen dos formas parcialmente diferentes de entender el derecho constitucional. Gargarella argumenta que el constitucionalismo latinoamericano se ha separado del estadounidense en tres puntos de importancia: ha incluido un catálogo de derechos mucho más amplio que el que existe en la carta de derechos estadounidense, ha favorecido sistemas hiperpresidencialistas y ha centralizado la organización territorial y el ejercicio del poder político y jurídico estatal. Gargarella afirma igualmente que estas diferencias hacen que el modelo constitucional latinoamericano sea más conservador, menos consistente, pero más sensible en materias sociales que el estadounidense.

En el segundo artículo, Javier Couso se concentra en las democracias radicales de Venezuela, Ecuador y Bolivia. La argumentación de Couso se mueve alrededor de tres ejes. Por un lado, argumenta que uno de los elementos innovadores del constitucionalismo latinoamericano ha sido su receptividad al derecho internacional de los derechos humanos y su compromiso con el Sistema Interamericano de Derechos Humanos. Por el otro, señala que una de las características del constitucionalismo radical ha sido su defensa acérrima del principio de soberanía nacional, que ha venido de la mano de una defensa constante de dos principios de derecho internacional: el principio de autodeterminación de los pueblos y el principio de no intervención.

Couso argumenta que la defensa de estos tres principios ha puesto en tensión el constitucionalismo radical con el derecho internacional de los derechos humanos. Para Couso, por tanto, la denuncia que hizo Venezuela de la Convención Americana de Derechos Humanos no es consecuencia de una situación política coyuntural, sino un efecto de la defensa de los tres principios jurídicos anotados. Esta situación, además, permite pensar que otros países del bloque bolivariano puedan tomar una decisión semejante en el futuro cercano. Finalmente, Couso

argumenta que el giro iliberal que ha tomado el constitucionalismo estadounidense, que se evidencia en las violaciones
al debido proceso en la cárcel de Guantánamo, los asesinatos
selectivos y la práctica de la tortura, ha facilitado la articulación
y el cuestionamiento del Sistema Interamericano de Derechos
Humanos por parte del constitucionalismo radical.

En el tercer texto, Francisca Pou analiza críticamente el
constitucionalismo mexicano. Para Pou, este se caracteriza
por el "reformismo", esto es, la capacidad de mantener al mismo tiempo vínculos estrechos con el pasado político-jurídico
y presentarse como un sistema en continua e ininterrumpida
transformación. El examen que adelanta Pou del reformismo
mexicano es tanto estático como dinámico y se concreta a través de los siguientes cuatro pasos: en el primero, presenta la
estructura básica del modelo constitucional mexicano; en el
segundo, hace un análisis de sus contenidos centrales: los estándares, las instituciones y las reglas sustantivos que construyen
su columna vertebral; en el tercero, hace una evaluación de los
procesos decisorios que permite y promueve la Constitución;
en el último, evalúa lo que llama la variable de la frecuencia,
que no es otra cosa que la ponderación de los efectos que tiene para los mexicanos vivir bajo un régimen constitucional en
constante cambio. Pou concluye que, en un contexto de fragilidad institucional y exclusión social y política, el reformismo
que caracteriza el sistema mexicano ha permitido que la posibilidad de un cambio profundo de las instituciones sea siempre controlado y obstaculizado desde arriba. Pou igualmente
concluye que el éxito del sistema político y jurídico mexicano
solo podría alcanzarse si hay un cambio cualitativo radical de
sus instituciones, reglas y principios.

En el último escrito de esta sección, David Landau hace un
análisis de la judicialización de los derechos socioeconómicos
en América Latina. Landau argumenta que durante las últimas
décadas los tribunales de la región han hecho posible que los
derechos socioeconómicos sean exigibles judicialmente. No

obstante, Landau también señala que el efecto de esta aplicación judicial de los derechos de segunda generación ha tenido un impacto bajo en los niveles de justicia social de la región. Para Landau, esta paradoja se podría explicar si se hace evidente, como lo indica la literatura especializada estadounidense, que los tribunales son instituciones que usualmente protegen las posiciones de las mayorías sociales y, por tanto, que tienden a favorecer los intereses de los sectores políticamente poderosos. Para Landau, en los tribunales constitucionales latinoamericanos, este patrón de conducta tiene dos componentes principales: el modelo de aplicación individual de los derechos socioeconómicos y los requerimientos judiciales negativos. Aquel permite que los demandantes, en general ciudadanos de clase media, puedan materializar sus derechos. Sin embargo, este tipo de decisión no ataca el problema de fondo que impide la concreción de los derechos socioeconómicos de amplias capas de la población. Estos, los requerimientos judiciales negativos, permiten declarar la inconstitucionalidad de normas jurídicas que vehiculan políticas públicas de austeridad. No obstante, estas decisiones no contribuyen a la materialización de los derechos socioeconómicos de la mayor parte de la población, solo eliminan del sistema jurídico una norma que se considera inconstitucional.

Landau, sin embargo, encuentra que algunos aspectos de los patrones jurisprudenciales latinoamericanos van en contravía de los argumentos que típicamente se presentan en la doctrina constitucional dominante sobre los derechos socioeconómicos. Por un lado, para Landau, las Cortes llenan el vacío que dejan las instituciones que defraudan a la población con el incumplimiento de sus deberes con respecto a los derechos socioeconómicos. Por el otro, los tribunales bloquean medidas impopulares que son tomadas por los Gobiernos como consecuencia de presiones de intereses poderosos nacionales e internacionales. Finalmente, la jurisprudencia latinoamericana sobre los derechos socioeconómicos contribuye a la creación de una cultura constitucional que acerca las cartas políticas a los ciudadanos, lo cual hace al derecho relevante para su vida cotidiana. Landau, empero, argumenta que las Cortes latinoamericanas difícilmente podrán convertirse en vehículos institucionales efectivos para materializar los derechos sociales y económicos de los ciudadanos de la región.

En la tercera parte del libro, "El constitucionalismo estadounidense en el siglo XXI", se examinan algunas de las fortalezas del modelo constitucional estadounidense, la idea de que su influencia global supuestamente se ha debilitado, así como algunos de los caminos que podría tomar en el futuro. En el primer artículo, David Law y Tom Ginsburg hacen un examen cuantitativo y comparado del constitucionalismo latinoamericano de los últimos sesenta años, que tiene como objetivo examinar las siguientes tres preocupaciones jurídicas y políticas recurrentes: la enorme influencia del derecho constitucional estadounidense, el control excesivo de poder por parte de la rama ejecutiva y el alto nivel de violaciones de los derechos humanos. Este análisis se concentra en los contenidos de los textos de las constituciones a partir de datos cuantitativos de "*n* grande" o *big data* y busca cuestionar los estereotipos y preconceptos sobre la creación de normas constitucionales en la región.

Con respecto al primer tema, Law y Ginsburg argumentan que las constituciones latinoamericanas cada vez se apartan más tanto del modelo estadounidense como de los modelos de otras regiones del mundo, por ejemplo, Europa y Asia. Con respecto al segundo, argumentan que las constituciones latinoamericanas con el paso del tiempo han disminuido los poderes formales que se le otorgan al poder ejecutivo y han sido generosas en el reconocimiento y la aplicación de los derechos humanos. Finalmente, Law y Ginsburg afirman que durante las últimas dos décadas la distancia entre las reglas que reconocen los derechos humanos en las constituciones latinoamericanas y la realidad social se ha acortado. En esta medida, las diferencias entre las promesas constitucionales y la vida de las personas del común en América Latina, para estos dos autores, se han reducido durante los últimos veinte años.

En el segundo artículo, Fernanda Nicola cuestiona a quienes afirman que la influencia del pensamiento jurídico estadounidense está actualmente en declive. Para Nicola, la difusión de ideas jurídicas que se originan en Estados Unidos sigue siendo la regla, aunque los contenidos que se exportan y los procedimientos para hacerlo se hayan modificado. Esta transformación de las formas y los contenidos de las ideas jurídicas estadounidenses que se propagan por el mundo entero se hace explícita en tres ejes que se entrecruzan: primero, el constitucionalismo estadounidense centrado en los derechos ha dado paso a la exportación de productos jurídicos relacionados con el derecho a la seguridad nacional. Este último está compuesto por un conjunto de teorías y prácticas que justifican e indican los medios para el desarrollo adecuado de las intervenciones militares puntuales, las acciones contra el terrorismo y la guerra entre naciones. Segundo, la educación jurídica centrada en la formación de estudiantes críticos, la justicia social y los profesores de tiempo completo está siendo cuestionada en Estados Unidos por aquellos que, luego de la crisis que han sufrido las facultades de Derecho, consideran que la educación jurídica debería tener como objetivo la formación de abogados que puedan pasar el examen del colegio de abogados, tengan las habilidades para adelantar transacciones útiles para las empresas locales y se imparta por profesores de tiempo parcial. Finalmente, la exportación por parte de las élites jurídicas extranjeras educadas en Estados Unidos de las interpretaciones más conservadoras del modelo de educación dominante en este país. Nicola concluye, entonces, que la influencia de las ideas jurídicas estadounidenses sigue siendo tan notable en el mundo entero como lo era en el siglo XX.

En el último artículo, Tanya Hernández argumenta que el no reconocimiento del derecho al trabajo en el sistema jurídico estadounidense, a diferencia de América Latina, donde este ha sido formalmente reconocido, ha impactado negativamente la jurisprudencia sobre temas raciales promulgada por la Corte Suprema de Justicia. Para Hernández, la ausencia del derecho al trabajo no permite que los jueces estadounidenses examinen los contextos específicos dentro de los cuales están inmersos los espacios laborales. En estos espacios, los prejuicios raciales y la vulnerabilidad del trabajador son la regla. Hernández concentra su análisis crítico en tres sentencias centrales en la jurisprudencia laboral de la Corte Suprema de los Estados Unidos: Vance contra Ball State Univ, Univ. of Texas Sw. Med. Ctr. contra Nassar y Dukes contra Walmart. Desde la perspectiva de Hernández, estas tres sentencias muestran de manera paradigmática la desconexión que existe en la Corte Suprema y las realidades del mercado laboral estadounidense.

Parte I
EL DIÁLOGO ENTRE EL CONSTITUCIONALISMO LATINOAMERICANO Y EL ESTADOUNIDENSE

I. LA ECONOMÍA POLÍTICA DEL CONOCIMIENTO JURÍDICO

Daniel Bonilla[1]

A. INTRODUCCIÓN

La producción, el intercambio y el uso del conocimiento jurídico están sometidos a una economía política.[2] Estos procesos no se dan en el vacío ni se desarrollan de manera azarosa; están

[1] Profesor asociado de la Facultad de Derecho de la Universidad de los Andes (Bogotá). Agradezco mucho los comentarios que Paul Kahn, James Silk, Manuel Iturralde y Alexandre Dos Santos Cunha le hicieron a este texto. De igual forma, agradezco los comentarios y las preguntas de quienes asistieron a las charlas en la Universidad Yale, la Universidad Tulane y el Instituto de Pesquisa Econômica Aplicada de Brasília, donde expuse este escrito. Sus críticas fueron fundamentales para afinarlo. Finalmente, agradezco de manera muy especial a María José Assis y Anouk Leger por su excelente trabajo como asistentes de investigación. Una primera versión de este artículo se publicó en *Revista de Estudos Empíricos em Direito (Brazilian Journal of Empirical Legal Studies)*, vol. 2, n.º 1, enero de 2015.

[2] Por *economía política* entiendo la descripción y el análisis intelectual de un sistema de producción, distribución e intercambio. En este caso, el bien que

regidos por una serie de reglas y principios que determinan las condiciones de posibilidad para la creación, el comercio y el consumo de teoría, dogmática y prácticas jurídicas. Estas reglas y estos principios precisan quién y dónde se puede crear conocimiento jurídico, cómo se legitima este conocimiento, cuáles son los canales apropiados para su difusión, quién puede usarlo adecuadamente y cómo puede usarse de manera efectiva. La economía política del conocimiento jurídico contribuye a la construcción de nuestra imaginación jurídica y política y, por tanto, condiciona la manera como construimos, percibimos y describimos el saber jurídico. Esta economía política, consecuentemente, no es neutral. Construye un sujeto de conocimiento específico[3] que actúa dentro de un espacio[4] y un tiempo[5] particulares. Más precisamente, esta economía política presupone un sujeto, un espacio y un tiempo que determinan la manera como comprendemos los procesos que permiten el surgimiento, tráfico y consumo del saber jurídico.

La economía política del conocimiento legal, sin embargo, no es solo un conjunto de conceptos, reglas y principios abstractos. Estos determinan la manera como las personas perciben este campo social y, por tanto, los tipos de conducta que consideran apropiados dentro del mismo.[6] De esta manera, posibilitan y, al mismo tiempo, limitan el accionar de los operadores jurídicos. Las consecuencias prácticas que produce, por consiguiente, no son menores. Cuestiones como cuáles son los contextos de producción de conocimiento jurídico que se consideran ricos y pobres, cuál es el valor que se le debe otorgar a las ideas

---

se produce, distribuye e intercambia es el conocimiento jurídico. Véase Barry Stewart Clark, *Political Economy: A Comparative Approach* (1998), pp. 18-20.

[3] Paul Kahn, *The Cultural Study of Law* (1999), p. 77-86.

[4] *Ibid.*, pp. 55-77.

[5] *Ibid.*, pp. 43-55.

[6] Sobre la relación entre conceptos y prácticas, véase Paul Kahn, *Political Theology: Four New Chapters of Sovereignty* (2011), p. 93.

jurídicas que se producen en uno u otro contexto, cuál es la dirección que toma el intercambio de saber jurídico, cuáles son los temas que se consideran objetos de estudio valiosos, cómo y dónde se deben hacer públicos estos saberes y qué personas o instituciones pueden hacer un uso adecuado de los mismos son condicionadas por la economía política del conocimiento legal que en un momento histórico dado domina nuestra imaginación jurídica y política.

Entender, analizar y evaluar esta economía política, por ende, nos permitirá comprender cuestiones prácticas que afectan nuestras comunidades políticas diariamente. Nos permitirá entender cuestiones, como por qué los trasplantes jurídicos típicamente son exportados por países localizados en el Norte Global e importados por el Sur Global; por qué la gramática del constitucionalismo moderno tiene como fuente principal a un pequeño grupo de teóricos políticos europeos y norteamericanos y por qué los productos constitucionales del Sur Global aparecen en las márgenes del mercado global de las ideas jurídicas;[7] por qué hoy en día un número muy grande de académicos del derecho del Sur Global pueden reconocer y hablar con algún conocimiento de causa de sentencias, como Roe contra Wade[8] y, sin embargo, pocos pueden mencionar la sentencia que despenalizó el aborto en Canadá[9] y, muchísimos menos, la sentencia que despenalizó parcialmente el aborto en Colombia.[10]

Examinar la economía política que controla la producción de conocimiento jurídico también nos permitirá comprender

---

[7] Daniel Bonilla, "Introduction", en *Constitutionalism of the Global South: The Three Activist Courts of India, South Africa and Colombia* (Daniel Bonilla (ed.), 2013).

[8] Roe v. Wade, 410 U. S. 113, 153 (1973).

[9] R. v. Morgentaler [1988] 1 S. C. R. 30.

[10] Corte Constitucional colombiana, Sentencia C-355/06, MM. PP. Jaime Araújo Rentería y Clara Inés Vargas Hernández.

por qué los trabajos de autores como Ronald Dworkin, John Rawls, H. L. A. Hart y Richard Posner son ampliamente conocidos en el Sur Global e influencian la manera como las cortes deciden casos polémicos, las formas en que se estructuran los programas de los cursos de teoría jurídica o los campos de investigación que se consideran prestigiosos y útiles. Finalmente, puede ayudarnos a comprender, atendiendo a las consecuencias micro de estos conceptos, reglas y principios, y evidenciando cómo lo personal tiene dimensiones políticas, por qué cuando durante varios años entré a los Estados Unidos los oficiales de inmigración no creían que pudiera ser un profesor visitante en una facultad de Derecho estadounidense, como lo indicaba el formato que debía presentarles cada vez que entraba en el país, e insistieran en preguntarme si yo era un pasante en la institución a la que estaba vinculado; o por qué en un seminario sobre educación experiencial en una universidad de élite brasileña los expositores centrales del evento fueron dos profesores estadounidenses con una producción académica menor, que pertenecían a una facultad de Derecho débil, mientras en el auditorio y en los paneles había profesores latinoamericanos con una producción académica y una experiencia profesional mucho más rica.

En consecuencia, este escrito tiene un doble objetivo. Por un lado, busca describir y analizar el modelo de economía política que domina la imaginación jurídica contemporánea. En esta medida, busca examinar la estructura conceptual de lo que quisiera llamar *el modelo del libre mercado de las ideas jurídicas.* Más precisamente, tiene como fin hacer explícito el tipo de sujeto de producción de conocimiento jurídico al que da lugar el modelo, así como a la manera como imagina el tiempo y el espacio en el que este sujeto se sitúa. De igual forma, busca hacer explícitas las reglas y los principios más precisos que determinan la manera como este modelo imagina la producción, el intercambio y el uso del saber legal y las razones que explican por qué este modelo ha logrado capturar la imaginación contemporánea.

Por otro lado, busca describir y analizar un modelo de economía política alternativo, que, desde mi punto de vista, explicaría de mejor manera (pero no justificaría) las dinámicas reales que regulan la generación, el tráfico y el uso del conocimiento jurídico. Para conseguir este objetivo, hago explícitas las estructuras conceptuales que conforman el que quisiera llamar *el modelo colonial de producción de conocimiento jurídico*. En consecuencia, presentaré el tipo de sujeto que construye, así como los argumentos con los que nombra y caracteriza el tiempo y el espacio en el que este se localiza. De la misma manera, expondré las reglas y los principios que controlan sus procesos de producción, intercambio y uso de conocimiento jurídico. Finalmente, haré explícitas las razones que explican la existencia y el impacto práctico del modelo.

El sujeto que crea el modelo del libre mercado de las ideas jurídicas y que expongo en la primera parte de este escrito, es un sujeto abstracto, autónomo y racional que puede concretarse en cualquier individuo de la especie humana. Este sujeto tiene la potencialidad de crear, intercambiar y usar conocimientos jurídicos de la misma manera como tiene la capacidad de articular y transformar proyectos morales y un sentido de la justicia. El espacio en el que este sujeto se mueve es el de una geografía abierta, global, donde las fronteras estatales son irrelevantes. Es un espacio libre donde los intercambios fluidos e igualitarios de saber jurídico son la regla y donde los límites del conocimiento que se crea están dados por el esfuerzo y los talentos individuales.

El tiempo en el que se localiza este sujeto es lineal, pero infinito. El conocimiento pasado es la base para la creación del nuevo conocimiento que tiene como objetivo aprehender la verdad o enfrentar los retos básicos de una comunidad política: cómo alcanzar la paz y la prosperidad. No obstante, este es un proceso que no termina nunca en cuanto los continuos cambios en la naturaleza y la sociedad exigen que estemos constantemente adaptando nuestros conocimientos jurídicos y la finitud humana hace que usemos indebida o imprecisamente la razón. Este modelo está guiado por el principio de la meritocracia, que explica la creación de ideas jurídicas en un contexto y no en otro como consecuencia de la sumatoria de una serie de decisiones individuales que se entrelazan con la disciplina y el trabajo de quienes las hacen realidad. El triunfo de una idea es consecuencia de su poder explicativo, analítico o normativo. La preeminencia de un argumento en el debate académico tiene que ver, también, con la utilidad que muestra para resolver los problemas jurídicos y políticos de la comunidad. Este modelo ocupa un lugar predominante en nuestra imaginación jurídica, dado que se entrecruza, nutre y sirve a valores centrales de la modernidad ilustrada y liberal con la que estamos comprometidos: verdad, objetividad, ciencia, igualdad, autonomía y la convicción de que el derecho es una condición necesaria para la estabilidad política y el bienestar individual y social.[11]

El modelo de intercambio de conocimiento jurídico colonial, que expongo en la segunda parte de este capítulo, concibe el sujeto, el tiempo y el espacio de maneras alternativas. El sujeto de este modelo está territorializado y racializado. Es un sujeto que tiene como elemento definitorio de su identidad el lugar en el que se localiza, típicamente cartografiado como el Sur Global o el Norte Global, la colonia o la metrópoli. El primero es el espacio que ocupan los no blancos; el segundo el de los blancos. Este sujeto, dependiendo de su identidad, además, es historizado, considerado implícitamente como ahistórico o como un componente menor de una tradición jurídica a la que llega tardíamente.[12] El sujeto, entonces, bien puede ser considerado un sujeto de derechos y un sujeto con la capacidad de crear conocimiento jurídico, o un bárbaro jurídico, un

---

[11] Roy Alpana, "Postcolonial Theory and Law: A Critical Introduction", *Adelaide Law Review* 29 (2008), pp. 1-2.

[12] Rosalind C. Morris y Gayatri Chakravorty Spivak, *Can the Subaltern Speak?: Reflections on the History of an Idea* (2010).

objeto de derechos, que solo tiene la capacidad de difundir, reproducir o aplicar localmente el conocimiento creado en otras geografías.

El tiempo de este modelo colonial de producción de conocimiento jurídico es lineal pero finito. El tiempo es una cadena compuesta por una serie de momentos que termina en el derecho de la metrópoli y en sus dinámicas de producción de conocimiento jurídico. La generación, el intercambio y el uso del saber legal de la colonia está marcado por su interacción con el derecho de la metrópoli. El pasado jurídico de la colonia no existe, es irrelevante para la creación de conocimiento jurídico. El presente es un continuo esfuerzo por avanzar un nuevo eslabón en la cadena; un esfuerzo por alcanzar el estatus que ha logrado el derecho de la metrópoli y por crear el tipo de saber jurídico que esta produce. El futuro se concibe como un punto final donde la colonia se identifica con la metrópoli; esto es, el momento que reproduce internamente las condiciones de posibilidad que existen en la metrópoli para la creación de conocimiento jurídico. La metrópoli, por tanto, está situada al final de la historia; la metrópoli está ya en el punto último de desarrollo. Su pasado y su futuro colapsan en un presente eterno y unitario. El tiempo de la metrópoli no está fraccionado; se percibe como uno.

La geografía conceptual del modelo colonial de producción de conocimiento jurídico es binaria. El espacio de este modelo está constituido por el Norte y el Sur Globales.[13] El espacio

---

[13] Norte Global y Sur Global son ciertamente categorías generales. Nombran una realidad heterogénea compuesta por conjuntos muy disímiles de países. Ni en términos políticos o económicos ni en términos de creación de conocimiento jurídico es lo mismo hablar de Alemania y Estados Unidos o de España y Portugal, como tampoco es lo mismo hablar de China e India o Surinam y Malasia. No obstante, estos términos resultan útiles para nombrar las relaciones desiguales que existen entre los países de Europa occidental y América del Norte, por un lado, y los países de América Latina, Asia (excluyendo a Japón) y África, por otro. Estas categorías resultan más útiles que los ya desgastados

constituido por estas categorías es un espacio conceptual, no literal; no son términos que nombren geografías materiales. Estos términos hacen referencia a la distribución desigual del poder de creación e intercambio de conocimientos jurídicos.[14] Esta distribución desigual, claro, no está aislada, sino que se entrecruza con una distribución desigual de poder político, económico, militar y cultural.[15] El Norte Global nombra un conjunto de países que son políticamente estables, relativamente ricos, militarmente poderosos y culturalmente hegemónicos, en gran medida por su pasado imperial. El Sur Global nombra un grupo de países políticamente inestables, relativamente pobres, militarmente débiles, o por lo menos no tan fueres como los países del Norte Global, y culturalmente subordinados, en parte por su pasado colonial. El espacio del modelo colonial de creación de conocimiento jurídico, por ende, es de una sola vía; es un modelo de intercambio de saberes unidireccional: el Norte Global crea y exporta conocimiento jurídico, mientras que el Sur Global importa, difunde, reproduce y aplica localmente este saber.

países en vías de desarrollo y países desarrollados o países del primer, el segundo y el tercer mundo. Además, no resultan menos generales que otras categorías que se aceptan pacíficamente como Occidente u Oriente. Las críticas que típicamente se ofrecen en contra del uso de las categorías Norte y Sur globales cabrían también para otras categorías con un alto grado de generalidad como "América Latina" o "Estados Unidos". Estas categorías se usan no solo para nombrar un hecho geográfico o legal, esto es, la existencia de una subregión del continente americano o un Estado nación, estas categorías se usan para dar unidad social, política, cultural y económica a realidades sociales, políticas, culturales y económicas muy distintas. México no es lo mismo que Brasil y Ecuador no es lo mismo que Belice; el este y el oeste de los Estados Unidos o el sur y el norte de este país son realidades notablemente diferentes. Algunas secciones del sur estadounidense pueden tener más similitudes con América Latina que con el noreste de este país. Sin embargo, usamos diariamente estas categorías y aceptamos pacíficamente sus límites descriptivos.

[14] "Beyond a Politics of the Possible? South-North Relations and Climate Justice", *Melbourne Journal of International Law* 10 (2009), pp. 411-423.
[15] *Ibid.*

Las reglas y los principios que regulan el modelo están construidos a partir de una serie de oposiciones conceptuales que describen y evalúan los espacios de nuestra imaginación política y jurídica que ocupan las categorías Sur Global y Norte Global. Las cuatro principales son las siguientes: mímesis/autopoiesis, conocimiento local/conocimiento universal; cultura/derecho, y lenguas aptas para el conocimiento jurídico/lenguas inútiles para el conocimiento jurídico. Estas oposiciones conceptuales van de la mano con un conjunto de razones que intentan explicar por qué el Norte Global es un contexto rico para la producción de conocimiento jurídico y por qué el Sur Global es un contexto pobre en esta materia. Estos argumentos hacen referencia al formalismo de las comunidades jurídicas del Sur Global,[16] al hecho de que estas son iteraciones menores de las grandes familias jurídicas del mundo, la romano-germánica y la angloamericana,[17] las debilidades de las comunidades académicas del derecho del Sur Global,[18] la enorme influencia que ha tenido el derecho estadounidense en esta parte del mundo,[19] la supuesta autosuficiencia de las comunidades jurídicas del

---

[16] Véase, *supra* nota 7.

[17] Véase Boaventura de Sousa Santos, "Three Metaphors for a New Conception of Law: The Frontier, the Baroque and the South", 29 *Law & Soc'y Rev.* 569 (1995), pp. 579-82, y Mark van Hoecke y Mark Warrington, "Legal Cultures, Legal Paradigms and Legal Doctrine: Towards a New Model for Comparative Law", 47 *Int'l. & Comp. L. Q.* 495 (1998), pp. 498-499.

[18] "Legal Clinics in the Global North and South: Between Equality and Subordination", 16 *Yale Hum. Rts. & Dev. L. J.* 176 (2013).

[19] Véase John Henry Merryman y Rogelio Pérez-Perdomo, *The Civil Law Tradition: An Introduction to the Legal Systems of Europe and Latin America* (2007), p. 57-60; R. Daniel Kelemen y Eric C. Sibbitt, "The Globalization of American Law", 58 *Int'l Organization* 103 (Winter, 2004), pp. 103-136; John Henry Merryman, "Comparative Law and Social Change: On the Origins, Style, Decline, and Revival of the Law and Development Movement", 25 *Am. J. Comp. L.* 457 (1977), pp. 484-489; Kerry Rittich, "The Future of Law and Development: Second-Generation Reforms and the Incorporation of the Social", en *The New Law and Economic Development* 203, 203-252 (David Trubek y Álvaro Santos, eds., 2006).

Norte Global[20] y la relación imperial directa o indirecta que se ha dado entre países del Norte y el Sur globales.

Este capítulo, como puede verse, tiene unos objetivos descriptivos, analíticos y críticos. Así, mientras en la primera parte expongo y examino el modelo normativo que controla la manera como imaginamos la producción de teoría, dogmática y prácticas jurídicas, en la segunda presento y estudio el modelo que determina las prácticas reales de producción e intercambio de estos saberes. Su objetivo primordial, por tanto, es comprender las estructuras conceptuales que determinan la manera como interpretamos la generación, el intercambio y el uso del saber jurídico. Los argumentos críticos aparecerán solo de manera puntual, típicamente a través de los ejemplos que ilustran los argumentos generales. El fin del texto, quisiera resaltar, no es normativo. No pretende precisar los ideales hacia los cuales deberían dirigirse los operadores jurídicos. La reforma de los conceptos y las prácticas que consideramos cuestionables es un objetivo loable y muy común en la academia jurídica.[21] Sin embargo, cualquier esfuerzo transformador debe basarse en un buen diagnóstico del tema que se estudia. La descripción y el análisis, además, no necesariamente deben ir de la mano de las críticas y las propuestas de cambio. Es deseable que exista una división del trabajo académico que promueva la diversidad de aproximaciones teóricas y metodológicas. La reforma no es el único objetivo que debe perseguir la investigación jurídica.

Ahora bien, no argumento que el modelo del libre mercado de las ideas jurídicas sea solo un modelo normativo sin ninguna implicación práctica o que el modelo de la economía colonial no ocupe ningún espacio en nuestra imaginación jurídica y política. Lo que quiero decir es que tanto uno como otro conviven en nuestra teoría y nuestras prácticas jurídicas en profunda diso-

---

[20] Ugo Mattei, "An Opportunity Not to Be Missed: The Future of Comparative Law in The United States", 48 *Am. J. Comp. L.* 712 (1998).

[21] Véase *supra* nota 3, pp. 7-30.

nancia cognitiva. Los dos ocupan un lugar en la manera como conceptualizamos y producimos, intercambiamos y usamos el saber jurídico. Nuestra imaginación legal no es, por tanto, un todo coherente. Está compuesta por diversos elementos organizados jerárquicamente, que responden a justificaciones disímiles que entran continuamente en contradicción.

El primer modelo, el de la economía de mercado, está en el centro, mientras que el segundo, el de la economía colonial, está en la periferia de nuestra imaginación jurídica normativa. El primero, además, funciona inintencionadamente como un manto conceptual que oscurece la presencia del segundo en nuestras prácticas y discursos. La posición medular que ocupa en nuestra imaginación jurídica y política normativa tiende a ocultar las dinámicas del modelo colonial. El modelo del libre mercado de las ideas jurídicas no tiene como objetivo encubrir al modelo colonial. No obstante, en la práctica, tiende a cumplir con esta función. Valores como la autonomía individual y la meritocracia, que supuestamente explican la creación, la legitimación y el uso del conocimiento jurídico, impiden que las relaciones de poder verticales entre la academia jurídica del Norte y el Sur globales puedan explicitarse y evaluarse.

Los dos modelos, es importante precisar, no son aceptados pacíficamente por toda la academia jurídica del Norte y el Sur globales.[22] Ciertamente, hay espacios que podríamos llamar de crítica, resistencia y emancipación epistemológica. Académicos de una y otra región han criticado los modelos y articulado prácticas alternativas de producción, intercambio y uso de conocimiento jurídico. Agrupaciones de académicos o movimiento intelectuales, como Third World Approaches to International Law (TWAIL)[23] y los estudios poscoloniales del

---

[22]   Véase Fernando Rubio Dominguez y Patrick Baert (eds.), *The Politics of Knowledge* (2012).

[23]   Makau W. Mutua, "What is Twail?", en *American Society of International Law, Proceedings of the 94th Annual Meeting* (2000), pp. 31-39.

derecho,[24] por ejemplo, buscan cuestionar de manera directa el modelo colonial de producción de conocimiento jurídico y crear productos jurídicos originales que tengan en cuenta los contextos propios del Sur Global. No obstante, estos espacios de resistencia y emancipación no serán examinados en este capítulo.

B. EL LIBRE MERCADO DE LAS IDEAS JURÍDICAS

1. *EL SUJETO DE CONOCIMIENTO*

En el centro del modelo de la economía de mercado de las ideas jurídicas, se encuentra un sujeto abstracto, autónomo y racional. Este sujeto desencarnado tiene la capacidad de crear, intercambiar y usar conocimiento jurídico. Es un tipo de individuo comprometido con la búsqueda de la verdad y con la solución de los problemas básicos de la comunidad política: la violencia y la creación de las condiciones que permitirán la prosperidad de los asociados. Este sujeto no tiene una identidad particular. Lo que resulta relevante es que como miembro de la especie tiene la capacidad de crear conocimiento jurídico haciendo uso de la razón. No importa su etnia, su género, su raza o su lugar de nacimiento. La capacidad de crear, intercambiar y usar los conocimientos jurídicos es ajena a los accidentes que constituyen su individualidad. Ahora bien, poner en acción esta facultad de manera que efectivamente se cree conocimiento jurídico es consecuencia de la decisión libre de cada sujeto. Los productos que genere, así como su calidad y utilidad, dependerán fundamentalmente de su trabajo, disciplina y compromiso con la verdad y el florecimiento de su comunidad política. El modelo, por tanto, está también comprometido con la igualdad. Todos los sujetos de conocimiento son iguales en su capacidad para crear conocimiento jurídico. No hay, *a priori*, mandarines del

---

[24] Teemu Ruskola, "Legal Orientalism", *Michigan Law Review* 101(1) (October 2002), pp. 179-234.

saber jurídico. El reconocimiento que se le da a los sujetos es consecuencia del valor de verdad y la utilidad de los conocimientos que producen. La comunidad política moderna reconoce formalmente este valor a través de los derechos de propiedad intelectual. El esfuerzo individual debe ser recompensado. No obstante, los réditos que este genera deben ponderarse con la utilidad social del producto generado y con la posibilidad de que todas las personas puedan usarlo. De ahí que los derechos de propiedad intelectual típicamente estén limitados de manera temporal.

El sujeto que crea el modelo del mercado de las ideas jurídicas se captura de manera paradigmática en la escultura de Charles Degeorge, la *Juventud de Aristóteles*.[25] En el centro de la imagen aparece un joven (Aristóteles) sentado en un sillón leyendo. Sobre sus piernas tiene un libro abierto; en su mano derecha una esfera de metal. Justo debajo de esta hay un platón también de metal. Si el joven se duerme, la bola caerá de su mano y golpeará el recipiente generando un ruido que lo despertará. La búsqueda del saber, en nuestro caso, del saber jurídico, es fruto del esfuerzo y el compromiso individual. El joven es la imagen de cualquier ser humano. La verdad y la producción de conocimiento útil para nuestra comunidad política están al alcance de cualquier sujeto. Lo único que se necesita es un acto de voluntad que ponga en acción y sostenga la capacidad que todo ser humano tiene de crear conocimiento jurídico. El joven, uno de los filósofos occidentales paradigmáticos, se sienta en el sillón voluntariamente y planea e implementa una estrategia que le permitirá avanzar en su trabajo intelectual; avanzar en

---

25 Charles Degeorge, *Jeunesse d'Aristote* (1875). La escultura se encuentra en el Museo de Orsay. En la siguiente página web puede verse una fotografía de ella: http://www.musee-orsay.fr/fr/collections/catalogue-des oeuvres/ notice.html?no_cache=1&zoom=1&tx_damzoom_pi1[zoom]=0&tx_dam-zoom_pi1[xmlId]=006426&tx_damzoom_pi1[back]=%2Ffr%2Fcollectio ns%2Fcatalogue-des-oeuvres%2Fnotice.html%3Fno_cache%3D1%26nn umid%3D006426%26cHash%3D66848a1aa7

la búsqueda de la verdad. Su compromiso con la ciencia, en nuestro caso con la ciencia del derecho, no tiene límite distinto de sus capacidades intelectuales y de trabajo.

El sujeto de conocimiento de este modelo, además, está comprometido con la idea de que el derecho es una condición necesaria para el orden y la prosperidad de la comunidad política. El contractualismo, central para la justificación de las comunidades políticas modernas, lo muestra de manera paradigmática. El modelo del libre mercado de las ideas jurídicas, claro, es solo un componente de un modelo político mucho más amplio y ambicioso: el liberalismo. El paso del estado de naturaleza al estado civil debe darse de manera que la vida, la integridad de las personas y sus bienes puedan garantizarse.[26] En el estado de naturaleza la violencia es la regla (Hobbes)[27] o está siempre latente a pesar del relativo aislamiento en el que viven los individuos (Locke).[28] Los derechos naturales que tenemos sobre nuestro cuerpo y nuestros bienes están siempre en peligro de ser violados en este momento prepolítico. El problema fundamental que enfrentan los sujetos que se imaginan viviendo en esta situación es que no existe un tercero imparcial que pueda resolver sus conflictos.[29] De ahí que a través de un acuerdo libre los sujetos decidan crear el Estado y someterse a su poder. Ahora bien, el derecho positivo resulta una herramienta necesaria para garantizar la vida y la propiedad de los asociados.[30] Este precisa el contenido de los derechos naturales y los hace exigibles frente al Estado y a los otros ciudadanos. Sin derecho no habría comunidad política y sin comunidad política no habría vida, integridad personal, estabilidad y prosperidad.

---

[26] David Boucher y Paul Kelly (eds.), *The Social Contract from Hobbes to Rawls* (1994).

[27] Thomas Hobbes, *Leviatán* (2003), pp. 127-132.

[28] John Locke, *Dos ensayos sobre el gobierno civil* (1991), pp. 205-213.

[29] *Ibid.*, p. 294.

[30] Véase *supra* nota 27, pp. 233-252.

En esta medida, el contractualismo identifica el derecho con la polis y la polis con civilización. Fuera de la polis no hay derecho positivo; tras las murallas que protegen a la comunidad política solo hay violencia. El otro del derecho es entonces la violencia.[31] El otro del ciudadano, que lo es como consecuencia de su autonomía y del derecho, es el bárbaro; aquel que no tiene un Estado que aplique el derecho positivo, claro y preciso, que genera. De ahí que el sujeto de conocimiento que crea el modelo del libre mercado de ideas jurídicas esté ineludiblemente relacionado con su otro, el bárbaro, aquel que vive en el estado de naturaleza.

2. EL TIEMPO

El tiempo en el que habita el sujeto es lineal e infinito. El derecho moderno está estructurado alrededor de dos valores, voluntad y razón,[32] que el modelo del libre mercado de las ideas jurídicas presupone. Para que el derecho sea válido y legítimo, debe ser a la vez fruto de la soberanía popular y de la razón humana. Sin embargo, la voluntad popular cambia continuamente de opinión, las circunstancias naturales y sociales en las que habitan los seres humanos están en constante devenir y las personas fallan frecuentemente en el uso de la razón. El pasado, por ende, es fundamental para la creación, el intercambio y el uso del saber jurídico. El nuevo conocimiento se basa en los aciertos y aprende de los errores cometidos en el pasado. El conocimiento jurídico, como cualquier otro conocimiento, es acumulativo. El presente es siempre un intento por satisfacer tanto la voluntad como la razón. Un proceso de ensayo y error que busca al mismo tiempo conseguir la aquiescencia de los asociados y llegar a la verdad. El futuro, por tanto, no tiene final.

---

[31] Paul Kahn, *Law and Love: The Trials of King Lear* (2000) y *Sacred Violence: Torture, Terror, and Sovereignty* (2008).

[32] Véase *supra* nota 6, pp. 7-30.

La creación, el intercambio y el uso del conocimiento jurídico nunca termina. El futuro se presenta siempre abierto dadas las características de la naturaleza, la finitud humana y los valores morales y políticos con los que estamos comprometidos. Los congresos de las democracias liberales modernas producen leyes de manera sistemática y continua. Para sus ciudadanos, esta es una obviedad que se acepta pacíficamente. Lo que no es comúnmente conocido son los ejes conceptuales que motivan esta dinámica. La voluntad y la razón están constantemente corrigiéndose.[33] La razón enmienda los errores de la voluntad, que puede no ser algo distinto de los intereses creados y las pasiones momentáneas o permanentes.[34] La voluntad le recuerda constantemente a la razón que sin el concierto de los asociados, que se manifiesta usualmente a través de sus representantes, solo tendríamos un conjunto de normas inválidas e ilegítimas.[35] Tanto una como otra, la razón y la voluntad, están atentas a los cambios sociales, las transformaciones en el entorno natural y las fallas humanas, de manera que el derecho pueda responder adecuadamente a las necesidades o los retos que todas estas circunstancias generan.

Si la razón pudiera llevarnos a la verdad jurídica y los legisladores pudieran hacer un uso adecuado de esta herramienta, el Congreso solo debería legislar una vez sobre cada tema. El soberano solo tendría que aceptar las conclusiones a las que la razón ineludiblemente lo lleva y votar en favor de los proyectos de ley que las articula en un lenguaje jurídico claro y preciso. Este era el ideal detrás del Código Civil de Napoleón.[36] El legislador aceptaría las creaciones de un conjunto de expertos

---

[33] *Ibid.*

[34] Jon Elster, "Régimen de mayorías y derechos individuales", en *De los derechos humanos: las conferencias Oxford-Amnesty de 1993* (1998).

[35] Véase *supra* nota 6.

[36] M. C. Mirow, "Borrowing Private Law in Latin America: Andres Bello's Use of the "Code Napoleon" in Drafting the Chilean Civil Code", 61 *La. L. Rev.*

que haciendo uso de la razón crearían un conjunto de normas jurídicas que regularían todo el campo de estudio (las relaciones entre particulares) de manera permanente.[37] Las normas jurídicas creadas tenían vocación de eternidad. De ahí también que estas normas pudieran serle impuestas a los pueblos que eran conquistados en las campañas napoleónicas.[38] Napoleón, no hay que olvidarlo, adelantaba sus campañas militares llevando en una mano la espada y en la otra el Código Civil. El derecho, fruto de la razón, era inmune a las diferencias culturales y al hecho de que este era percibido como heterónomo por parte de las comunidades derrotadas militarmente.[39] Si la voluntad del soberano es el único elemento que guía la creación de normas jurídicas, estaríamos ante el imperio del capricho, la intuición, los intereses creados y las pasiones momentáneas y permanentes.[40] Las normas jurídicas probablemente estarían basadas en argumentos empíricos errados o serían cuestionables moral o políticamente. La voluntad, por más que sea la voluntad del soberano, debe ser siempre guiada, limitada, por la razón. De ahí que el realismo jurídico estadounidense, por ejemplo, estuviera comprometido con la idea de que las ciencias sociales deberían guiar tanto las creaciones de

291 (2001), y M. C. Mirow, "The Code Napoleon: Buried but Ruling in Latin America", 53 *Denv. J. Int'l L. & Pol'y* (2005), pp. 179-194.

[37] Julián Bonnecase, *La Escuela de la Exégesis en el derecho civil* (1944).

[38] Napoleón señaló a este respecto: "Mi verdadera Gloria no es que haya ganado cuarenta batallas. Waterloo hará que el recuerdo de estas victorias desaparezca. Lo que nada puede hacer desaparecer y vivirá eternamente es mi Código Civil", cita de Jean Louis Bergel, "Principal Features and Methods of Codification", 48 *La. L. Rev.* 1073 (1988), pp. 1078-1079.

[39] Véase Merryman y Pérez-Perdomo, *supra* nota 19, p. 29 ("El Código Civil francés de 1804 fue visto como un tipo de libro popular que podía ser puesto en el anaquel junto a la Biblia de la familia o, tal vez, en vez de esta. Sería un manual para el ciudadano, claramente organizado y presentado en un lenguaje directo que permitiría que el ciudadano determinara sus derechos y obligaciones jurídicas por sí mismo").

[40] Véase *supra* nota 34.

normas jurídicas en el legislativo como en la judicatura.[41] La economía y la sociología, entre otras, contribuirían con argumentos racionales sólidos a la creación de leyes y sentencias. Estos procesos de creación jurídica no deberían estar guiados por la intuición, la buena fe o los compromisos valorativos de legisladores y jueces. De ahí también el énfasis que hace el análisis económico del derecho en que legisladores y jueces basen sus decisiones en un análisis costo-beneficio, que den prioridad al valor de la eficiencia y estén guiados por modelos matemáticos.[42] La ciencia, en este caso, las ciencias sociales, debería guiar la voluntad del pueblo que se manifiesta a través del legislador o del juez que interpreta sus mandatos.

3. El espacio

El espacio que concibe el modelo, que se cruza con las coordenadas temporales descritas y dentro del cual actúa el sujeto que construye, es el del globo terráqueo. Este espacio se imagina como una geografía abierta que considera las fronteras nacionales como fundamentalmente irrelevantes. El único límite espacial que tiene el sujeto de conocimiento es el de las orillas materiales de nuestro planeta. El saber jurídico puede crearse, intercambiarse y usarse desde cualquier parte del globo. El flujo y uso de este conocimiento es multidireccional y descentralizado. El conocimiento jurídico tiene la potencialidad de surgir en cualquier parte del mundo y no tiene unos canales o patrones de difusión predeterminados. La importación y exportación de conocimiento jurídico pueden darse desde cualquier punto y hacia cualquier punto. Cuáles son los temas que se investigan, cuáles son las ideas que terminan dominando la imaginación de las personas, cuáles son los medios y el lenguaje que vehiculan el

---

[41] Karl N. Llewellyn, *Harvard Law Review* 62(8) (jun. 1949), pp. 1286-1305.

[42] Richard Posner, *Economic Analysis of Law* (1973), cap. 1.

conocimiento creado, entre otras cosas, es fruto de un conjunto inmenso de pequeñas decisiones tomadas por los miembros de la comunidad creadora de conocimiento; son también consecuencia del poder que tienen los productos jurídicos creados para acercarse a la verdad o resolver los problemas que enfrentan las comunidades políticas.

Estos intercambios con trayectorias múltiples y que no se guían por un poder centralizado, en principio, se dan entre sujetos iguales de conocimiento. El modelo está firmemente comprometido con el principio de igualdad. Los sujetos de conocimiento, en lo fundamental, son iguales; tienen las mismas capacidades para crear, intercambiar y usar saber jurídico. Los productos jurídicos generados, ciertamente, pueden tener un valor monetario, lo cual puede crear diferencias en cuanto a las capacidades reales que tienen los sujetos para el intercambio y uso del saber jurídico. Sin embargo, esto no siempre es el caso (el conocimiento puede ofrecerse gratuitamente), y cuando se da, su precio está definido por el mercado; esto es, por la relación entre la demanda y la oferta del producto de conocimiento. En esta medida es justo en cuanto está determinado por una infinidad de decisiones autónomas que toman tanto quienes producen conocimiento jurídico como quienes lo requieren.

La productividad y capacidad de intercambio y uso de los sujetos de conocimiento jurídico, en la práctica, está determinada por un conjunto de condiciones institucionales. La producción de conocimiento no se da en el vacío. El sujeto de conocimiento puede estar situado en cualquier parte del mundo, pero siempre está localizado. Cuando el sujeto que concibe el modelo actúa en el mundo real, se ve afectado por una serie de circunstancias materiales. La existencia de bibliotecas sólidas, la financiación pública para la investigación, las universidades fuertes y abiertas a todas las personas y las plazas de tiempo completo para los profesores, entre otras cosas, afectan la calidad y sistematicidad de los productos jurídicos que se generan. Salvo el caso excepcional de los grandes creadores solitarios, la existencia y solidez de este tipo de instituciones condiciona a los sujetos de conocimiento. Sin embargo, las fortalezas institucionales de uno u otro contexto de producción están directamente relacionadas con una serie de decisiones tomadas por un conjunto de individuos. Es decir, para el modelo del libre mercado de las ideas jurídicas, son fruto de la autonomía individual y de la creatividad, disciplina y trabajo de los miembros de la comunidad política a la que pertenecen tales sujetos de conocimiento. En la práctica, entonces, se pueden generar desigualdades entre los sujetos de conocimiento particulares, sus instituciones y las comunidades políticas en las que están inmersos. Sin embargo, estas son desigualdades legítimas en cuanto son consecuencia de la autonomía de la voluntad de los miembros de una u otra comunidad científica y política.

4. LAS REGLAS Y LOS PRINCIPIOS

El modelo del mercado libre de las ideas jurídicas tiene como principios centrales los de la verdad, la utilidad y la meritocracia. Las mejores ideas jurídicas son las que triunfan; son las que logran apropiarse de nuestra imaginación jurídica y política. Los criterios para determinar cuáles son estas ideas son el de la verdad y la utilidad. Las ideas más poderosas son aquellas que se entienden como verdaderas, cualquiera que sea el conjunto de criterios de primer nivel que determinen qué es lo verdadero, y las que tienen la potencialidad de describir, analizar, evaluar y, principalmente, solucionar, los retos que enfrentan las comunidades políticas. Las personas que generan este tipo de productos y logran el reconocimiento de sus pares y sus comunidades son quienes tienen la disciplina, el compromiso, la creatividad y la dedicación para generar productos jurídicos con altos niveles de calidad.

Ciertamente los talentos innatos que tienen algunos sujetos son una variable ajena a la autonomía de las personas. El azar les otorgó algunas ventajas para crear conocimiento jurídico. Así, pueden tener, por ejemplo, mentes con capacidades analíticas y de abstracción superiores a las del promedio de personas, pueden tener una imaginación analógica poderosa o una facultad para la libre asociación que les permite hacer conexiones innovadoras entre realidades conocidas y aceptadas. Sin embargo, los talentos naturales no actúan por sí solos. Necesitan de la voluntad de quienes los poseen para ponerse en acción. Los sujetos de conocimiento talentosos pero perezosos usualmente no llegan muy lejos.

La expansión del modelo penal adversarial en América Latina,[43] la flexibilización de los mercados laborales en esta misma región,[44] la omnipresencia del modelo liberal positivista para describir y justificar el derecho,[45] la prioridad que en muchas partes del mundo se le da a los derechos individuales por sobre los derechos sociales, económicos y culturales,[46] la importación de la teoría y práctica *pro bono* alrededor del mundo[47] y la inclusión de la educación jurídica clínica en los programas de las facultades de Derecho a lo largo y ancho del

---

[43] Pilar Domingo y Rachel Sieder, "Rule of Law", en *Latin America: The International Promotion of Judicial Reform 1* (Pilar Domingo y Rachel Sieder eds., 2001); Andrés Torres, *From Inquisitorial to Accusatory: Colombia and Guatemala's Legal Transition 2* (*Law and Justice in the Americas* Working Paper Series, Paper n.º 4, 2007), disponible en http://lawdigitalcommons.bc.edu/ljawps/4

[44] María Victoria Murillo, "Partisanship Amidst Convergence: The Politics of Labor Reform in Latin America", 37 *Comparative Politics* 441 (2005), pp. 441-443; Graciela Bensusán, *La efectividad de la legislación laboral en América Latina* (2007), disponible en http://www.ilo.org/public/spanish/bureau/inst/download/dp18107.pdf

[45] Brian Leiter, *Why Legal Positivism (Again)?* (september 9, 2013). U of Chicago, Public Law Working Paper n.º 442, disponible en SSRN: http://ssrn.com/abstract=232301

[46] Jack Donnelly, *Universal Human Rights in Theory And Practice* (2003), cap. 2.

[47] Maya Steinitz, "Internationalized Pro Bono and a New Global Role for Lawyers in the 21st Century: Lessons from Nation Building in Southern Sudan", *Yale Human Rights and Development Law Journal* 12 (2009), p. 205.

globo,[48] por ejemplo, se explican por el modelo del mercado libre de las ideas jurídicas apelando a la idea de meritocracia, que presupone los conceptos de 'sujeto', 'tiempo' y 'espacio' antes descritos. Estas teorías, dogmática y prácticas jurídicas, se han regionalizado o globalizado, porque describen de mejor manera la realidad, están mejor justificadas que las perspectivas rivales y permiten enfrentar de mejor manera los retos comunes de las comunidades políticas contemporáneas, como juzgar penalmente de manera justa y efectiva a las personas; cuáles son los criterios para determinar la validez y la legitimidad de las normas jurídicas; cómo incrementar la productividad y los niveles de empleo; cómo potenciar la autonomía individual y permitir que los representantes de los ciudadanos tomen decisiones sobre dónde deben invertirse los recursos económicos de la comunidad; cómo enfrentar los problemas de acceso a la justicia, y cómo educar abogados que sean socialmente responsables y tengan las destrezas para desempeñarse eficientemente en la práctica profesional.

El caso del trabajo jurídico *pro bono* puede ayudar a ilustrar de manera más detallada el modelo.[49] Los abogados latinoamericanos han realizado trabajo jurídico gratuito para personas de bajos recursos o el interés público desde hace décadas, si no siglos.[50] Sin embargo, este trabajo era informal en sus procedimientos e individual en su materialización; esto es, dependía de la buena voluntad de cada abogado para su ejecución. En

---

[48]   Richard J. Wilson, "Training for Justice: The Global Reach of Clinical Legal Education", 22 *Penn St. Int'l L. Rev.* 421 (2004), p. 427, y Frank S. Bloch, "Introduction", en *The Global Clinical Movement* (2011).

[49]   Sobre el trabajo *pro bono* en general, véase Scott L. Cummings y Deborah L. Rhode, "Managing Pro Bono: Doing Well by Doing Better", 78 *Fordham L. Rev.* 2357 (2010), p. 2364, y Lucie E. White, "Pro Bono or Partnership: Rethinking Lawyers' Public Service Obligations for a New Millennium", 50 *J. Legal Educ.* 134 (2000), p. 140.

[50]   Daniel Bonilla, Luis Calvo y Belén Fernández, *El trabajo* pro bono *en Colombia*, manuscrito.

contraste, durante los últimos quince años los abogados de las grandes firmas de abogados latinoamericanas han promovido la institucionalización del trabajo *pro bono* dentro de sus organizaciones.[51] Este proceso se vio impulsado por la importación/ exportación de las prácticas y teorías descriptivas y normativas articuladas por las grandes firmas de abogados de los Estados Unidos, principalmente las de Nueva York, y la academia jurídica estadounidense.[52]

El modelo del libre mercado de las ideas jurídicas explicaría este trasplante legal apelando a sus conceptos de 'sujeto', 'tiempo' y 'espacio'. Los argumentos que justifican el trabajo jurídico *pro bono* en los Estados Unidos y las prácticas que las ponen en acción de manera institucionalizada son la consecuencia de un

---

[51]   The Committee on Inter-American Affairs, The Association of the Bar of the City of NY, "Report on The Buenos Aires Conference on Pro Bono and Access to Justice", 57 *The Record* 479 (2002). Para un análisis de los procesos de institucionalización del trabajo *pro bono* en los Estados Unidos, véase Scott L. Cummings y Deborah L. Rhode, "Managing Pro Bono: Doing Well by Doing Better", 78 *Fordham L. Rev.* 2357 (2010), p. 2364.

[52]   "El Cyrus R. Vance Center for International Justice del Colegio de Abogados de la Ciudad de Nueva York, ha venido colaborando, como parte de sus programas, con abogados, colegios de abogados y organizaciones no gubernamentales en América del Sur apoyando esfuerzos locales para promover e institucionalizar los servicios jurídicos *pro bono* [...] S. Todd Crider, socio de Simpson, Thacher & Bartlett, quien dirige el comité del colegio en el Center Vance, afirma que en América del Sur, hasta hace poco, 'el trabajo *pro bono* no era parte del vocabulario jurídico'. Ahora la mayoría de las firmas que tienen un tamaño significativo en estos tres países ha desarrollado una política *pro bono* o está en proceso de hacerlo". William Dean, "Pro Bono: A Professional and Ethical Obligation", *N. Y. L. J.* (Jan. 2, 2004), disponible en http://www.probono.net/ ny/news/article.47740-Pro_Bono_A_Professional_and_Ethical_Obligation. Los documentos producidos por el Vance Center sobre trabajo *pro bono* han sido muy influyentes en América Latina. Tal vez el más importante ha sido la *Guía para la implementación de programas* pro bono *en las firmas de abogados de América Latina*. Al respecto, dice el Vance Center: "En colaboración con Skadden, Arps, el Vance Center produjo un manual completo que los estudios pueden utilizar en el establecimiento de sus programas *pro bono*. Este documento, disponible en nuestro sitio web, fue recibido con entusiasmo en toda la región". La guía puede leerse en http://www.probono.cl/wp-content/ uploads/2013/08/guia-pro-bono-para-estudios-juridicos-de-latinoamerica.pdf

grupo más o menos amplio de abogados emprendedores, disciplinados y creativos que buscaban enfrentar los problemas de acceso a la justicia de los más pobres en su comunidad política.

Tanto las razones justificativas como las prácticas *pro bono* institucionalizadas surgen en el contexto de las grandes empresas jurídicas de ciudades como Nueva York y Washington.[53] Estas instituciones sólidas y poderosas, que crean las condiciones de posibilidad del trabajo *pro bono* formalizado,[54] son fruto del esfuerzo y la creatividad de estos mismos abogados. El discurso académico sobre el trabajo *pro bono* en los Estados Unidos, se agrega, surge de un grupo de profesores de derecho disciplinados y trabajadores que encuentran como un objeto de estudio valioso el de las responsabilidades sociales de los abogados. En esta medida, articulan un discurso descriptivo, analítico y normativo sobre las prácticas y los argumentos justificativos de sus colegas practicantes. El discurso y la práctica del trabajo *pro bono*, por consiguiente, es fruto del ejercicio de la autonomía de la voluntad de un conjunto de sujetos que ponen en acción su capacidad para crear conocimiento jurídico. La razón es su instrumento; la verdad y la utilidad, sus principios rectores.

La importación/exportación de las prácticas y los discursos jurídicos estadounidenses sobre el trabajo *pro bono*, indica el modelo, son consecuencia de la fortaleza de los argumentos que la justifican y de la utilidad para enfrentar un problema común, como es el de la falta de acceso a la justicia por parte de las capas socioeconómicas bajas de la población. Históricamente, América Latina ha articulado y puesto en práctica estrategias para enfrentar sus problemas de acceso a la justicia, por ejemplo, la defensoría pública y la defensoría de oficio.[55] No obstante,

---

[53] Scott L. Cummings y Deborah L. Rhode, "Managing Pro Bono: Doing Well by Doing Better", 78 *Fordham L. Rev.* 2357 (2010), p. 2364.

[54] Scott L. Cummings, "The Politics of Pro Bono", 52 *UCLA L. Rev.* 1 (2004).

[55] Mauro Cappelleti y Bryant Garth, *El acceso a la justicia: la tendencia en el movimiento mundial para hacer efectivos los derechos* (1996).

no había articulado estrategias institucionales fuertes en el sector privado para elevar los niveles de protección del derecho individual al acceso a la justicia. El saber jurídico que se crea en torno al trabajo *pro bono* surge en Estados Unidos por las condiciones del mercado jurídico que permitió la creación de oficinas de abogados compuestas por cientos si no miles de abogados. Surge, también, por los problemas de desigualdad que han enfrentado los Estados Unidos que no permiten que sus ciudadanos pobres satisfagan sus necesidades jurídicas y por la existencia de abogados moralmente responsables y bien formados académicamente que conectaron una y otra situación. Sin embargo, este conocimiento jurídico pudo haber surgido en cualquier parte del globo donde se dieran las mismas condiciones institucionales. El flujo del saber jurídico en este caso tiene como fuente los Estados Unidos y se mueve hacia el Sur (América Latina), pero bien hubiera podido darse en otras direcciones. Los Estados Unidos bien podrían ser receptores de un saber jurídico análogo. Los canales de intercambio de saber jurídico son multidireccionales y los emisores y receptores de conocimiento jurídico son autónomos e iguales. Los abogados latinoamericanos y estadounidenses, en cuanto receptores y emisores de conocimiento jurídico, son pares que mantienen una relación horizontal.

Ahora bien, la interacción entre razón y voluntad tiene unas características particulares en este caso. La razón, el saber jurídico *pro bono*, busca solucionar un problema creado parcialmente por el derecho de los Estados receptores de este conocimiento: las instituciones y estrategias jurídicas que han adoptado no han sido suficientes para enfrentar el déficit del derecho al acceso a la justicia de sus poblaciones. Sin embargo, la solución no busca un cambio normativo, sino un cambio en el sector privado, el del mercado jurídico, dentro de los marcos legales existentes. El esfuerzo, en este caso, no es por crear una nueva norma jurídica, sino por generar un cambio en las prácticas de los abogados asesores y litigantes que actúan dentro de las normas de ética profesional establecidas por sus comunidades políticas, directamente por el soberano o con su autorización.

El caso de la importación/exportación de la educación jurídica clínica a América Latina resulta útil para continuar con el ejercicio de hacer explícito el poder explicativo y analítico del modelo del libre mercado de las ideas jurídicas. Durante las décadas de 1960 y 1970, varios países latinoamericanos, como Colombia, Chile y Perú enfrentaban problemas relacionados con la eficacia y el futuro de su modelo de desarrollo.[56] Los niveles de crecimiento económico, desigualdad y empleo no eran los deseables. El diagnóstico al que llegaron estos Gobiernos latinoamericanos, en diálogo con el Gobierno de los Estados Unidos, fue que una de las razones que limitaban el desarrollo económico de los países de la región estaba directamente relacionado con el formalismo que caracterizaba a sus ordenamientos jurídicos. Desde el punto de vista teórico, estos se describían como sistemas cerrados, completos, coherentes y unívocos.[57] Tal descripción, se argumentaba, nada tenía que ver con la realidad del derecho en la región: sistemas que, como cualquier otro, interactuaban constantemente con otros conjuntos normativos, como la moral, y se caracterizaban por ser incompletos, contradictorios y polisémicos. El concepto formalista del derecho, además, daba lugar a un tipo de educación enciclopédica, memorística, descontextualizada, acrítica

[56] David Trubek y Marc Galanter, "Scholars in Self Estrangement: Some Reflectionson", en *The Crisis in Law and Development Studies in the United States* (1974), p. 1066; Hugo Friihling, "From Dictatorshipto Democracy: Law and Social Change in the Andean Region and the Southern Cone of South America", en *Many Roads to Justice: The Law-Related Work of Ford Foundation Grantees Around the World* (Mary McClymont y Stephen Golub eds., 2000), pp. 55-56.

[57] Sobre el formalismo jurídico latonoamericano, véase Rogelio Pérez-Perdomo, "Rule of Law and Layers in Latin American", en *Annals of The American Acamedy of Political And Social Science*, vol. 603-1 (2005), p. 110.

y legocéntrica.[58] Esta educación, además, formaba estudiantes con pocas destrezas para la práctica profesional[59] y sin mayor conciencia sobre sus responsabilidades sociales. Desde el punto de vista práctico, los ordenamientos jurídicos de la región eran vistos como sistemas ritualistas en exceso, lentos y poco atentos a las necesidades reales de los ciudadanos.[60] Esta descripción de los sistemas jurídicos latinoamericanos permitía concluir que si se querían aumentar los niveles de desarrollo de los países de la región era necesario cambiar su

---

[58] Véanse, por ejemplo, los siguientes artículos publicados en 15 *Cuadernos Unimetanos* (2008): Juny Montoya Vargas, "La reforma a la enseñanza del derecho en la Universidad de los Andes", pp. 63-90; Andrés Cuneo Macchiavello, "Una experiencia de reforma curricular: el plan de estudios de Derecho de la Universidad Diego Portales", pp. 33-43; Mauricio Duce, "Enseñando destrezas de litigación en procesos orales en la Universidad Diego Portales: experiencias y aprendizajes", pp. 91-107; Horacio Spector, "The Academic Study of Law in Argentina", pp. 6-15; Conrado Hübner Mendes, "La escuela de Derecho de São Paulo de la Fundación Getulio Vargas Caio Farah Rodriguez Joaquim Falcão", pp. 16-32; Caio Farah Rodriguez y Joaquim Falcao, "O projeto da escola de Direito do Rio de Janeiro da FGV", pp. 44-50.

[59] Véase Alfredo Fuentes Hernández, "Globalization and Legal Education in Latin Ameria: Issues for Law and Development in the 21st Century", 21 *Penn St. Int'l L. Rev.* 40 (2003), p. 46.

[60] "Durante el periodo que estamos examinando, en algunas universidades existe la percepción de que las facultades de Derecho no le han seguido el paso a los cambios sociales y que los programas de Derecho se han quedado atrás. Esta percepción puede haber sido consecuencia de la rapidez con la que se dan los cambios sociales, que se opone a los más lentos y difíciles en el currículo y en los métodos de enseñanza en las facultades de Derecho. Las sociedades latinoamericanas han venido enfrentando graves problemas de pobreza, marginalidad, criminalidad y brutalidad policiaca, al mismo tiempo que experimentan transformaciones políticas, algunas muy rápidas, una revolución en las comunicaciones y una mayor integración en la economía global. Sin embargo, estos problemas no parecen afectar a las facultades de Derecho que aparecen protegidas por una cultura de códigos y libros viejos". Es importante anotar que Pérez-Perdomo también señala cambios en estas materias. Rogelio Pérez-Perdomo, "Legal Education in Late Twentieth-Century Latin America", en *Law In Many Societies* (Lawrence Friedman, Rogelio Pérez-Perdomo y Manuel Gómez eds., 2011), p. 63.

derecho y las formas de enseñanza jurídica.[61] La premisa de la cual partía esta conclusión es que un derecho liberal eficiente era una condición necesaria para el desarrollo.[62] Para alcanzar este objetivo, había que atacar el origen del problema: las facultades de Derecho. En esta medida, los políticos, técnicos y académicos estadounidenses ofrecieron, entre otras cosas, el método socrático y las clínicas jurídicas.[63] Estados Unidos había enfrentado retos análogos y había articulado las soluciones que ahora ofrecía como un producto de exportación.[64] Décadas atrás había enfrentado problemas relacionados con el formalismo en la teoría, práctica profesional y educación jurídicas.[65] Los políticos, técnicos y académicos latinoamericanos concluyeron que estas herramientas estaban sólidamente concebidas y justificadas. También concluyeron que en cuanto habían funcionado en Estados Unidos, bien podrían funcionar en la región. De ahí que países como Colombia expidieran leyes que hacían obligatorios los consultorios jurídicos para todos los estudiantes de Derecho.[66]

---

[61] James A. Gardner, *Legal Imperialism: American Lawyers and Foreign Aid in Latin America* (1980), p. 43, y Laura Kalman, *The Strange Career of Legal Liberalism* (1996).

[62] David M. Trubek, "The 'Rule of Law' in Development Assistance: Past, Present, and Future", en *The New Law And Economic Development* (David Trubek y Álvaro Santos eds., 2006), pp. 74, 77.

[63] Peggy Maisel, "The Role of U.S. Law Faculty in Developing Countries: Striving for Effective Cross-Cultural Collaboration", 14 *Clinical L. Rev.* 465 (2008).

[64] El formalismo fue duramente atacado y debilitado por el realismo jurídico. Véase John Dewey, "Logical Method and the Law", 10 *Cornell L. Q.* 17 (1924); Karl Llewellyn, "Some Realism about Realism – Responding to Dean Pound", 44 *Harvard Law Review* 1222 (1931). Véase también *Naturalizing Jurisprudence: Essays on American Legal Realism and Naturalism in Legal Philosophy* (Brian Leiter ed., 2007); Brian Leiter, "Legal Formalism and Legal Realism: What Is the Issue?", 16 *Legal Theory* 111 (2010).

[65] "MH Hoeflich 'Law and Geometry: Legal Science from Leibniz to Langdell'", 30 *American J. Legal History* 97 (1986).

[66] Véase Edward A. Laing, "Revolution in Latin American Legal Education: The Colombian Experience", 6 *Lawyer of The Americas* 307 (1974), pp. 372-376. En el texto, se explica la influencia de la tradición jurídica formalista en la

Estas normas jurídicas, cuarenta y tres años después de que fueran expedidas, todavía siguen vigentes.[67] El modelo del libre mercado de las ideas jurídicas describiría y explicaría este proceso de creación, intercambio y uso de conocimiento de la siguiente manera. Por un lado, tenemos un conjunto de sujetos (políticos, académicos y técnicos) situados en un punto del globo que ha creado una serie de conocimientos jurídicos que buscan enfrentar un problema jurídico y político particular (la relación inversamente proporcional entre derecho formalista y desarrollo). Tales sujetos ofrecen este producto a un conjunto de sujetos (políticos, académicos y técnicos) situados en otro punto del globo que enfrentan un problema análogo. Las virtudes de este saber jurídico para enfrentar tales retos es consecuencia de las fortalezas (trabajo, disciplina, creatividad) de los individuos que las crearon y de las instituciones académicas y estatales en las que están inmersos. Los sujetos receptores de dicho conocimiento jurídico encuentran que este es el mejor producto que ofrece el mercado de las ideas jurídicas en ese momento y deciden importarlo. Tanto los emisores como los receptores de este conocimiento son, por tanto, iguales y sus intercambios fluidos.

Por otro lado, los puntos del globo donde están localizados unos y otros son poco relevantes. En este caso, el flujo del conocimiento jurídico tuvo una dirección Norte-Sur. No obstante, no es necesario que así haya sido. En este y otros temas presentes y futuros, la dirección del flujo bien puede ser Sur-Norte o, por sugerir otra orientación, Oriente-Occidente. El lugar de

---

educación jurídica colombiana y la revolución que causa la educación experiencial.

[67] Los consultorios jurídicos colombianos fueron creados por el Decreto 196 de 1971 y reglamentados posteriormente por el Decreto 765 de 1977, la Ley 23 de 1991 y la Ley 583 de 2000 (Colombia). Véase Beatriz Londoño Toro, "Las clínicas jurídicas de interés público en Colombia: retos y posibilidades de una naciente experiencia", en *Clínicas de interés público y enseñanza del derecho* (2003), pp. 9-47.

creación de la teoría o la práctica jurídica es irrelevante, lo que importa es su valor de verdad y su utilidad. Lo significativo es que es el mejor producto disponible en el mercado de las ideas jurídicas. El mercado de las ideas jurídicas es un espacio abierto que tiene como único límite espacial las fronteras de nuestro globo terráqueo.

Finalmente, tanto en el punto de emisión como en el punto de recepción de conocimiento jurídico se evidencia la interacción entre voluntad y razón, que es el motor de las continuas transformaciones que experimenta el derecho moderno. El enfrentamiento entre las visiones dominantes del derecho que se presentan como expresión del soberano y la razón, y las visiones críticas que se presentan como la voz de la razón, adecuadamente entendida y usada. En los Estados Unidos, tenemos el encuentro entre el liberalismo clásico de la era Lochner y el liberal intervencionista del New Deal.[68] Análogamente, tenemos el enfrentamiento entre la visión clásica de la academia jurídica[69] representada paradigmáticamente por el decano Langdell y las perspectivas alternativas de la enseñanza del derecho ofrecidas por el realismo jurídico.[70] Visiones todas estas que se articulan e implementan jurídicamente o en normas, como las de la American Bar Association que tienen un carácter obligatorio para sus miembros. En América Latina, tenemos una interpretación conservadora del liberalismo político que no ve relación estrecha entre derecho liberal eficiente y desarrollo económico y una nueva visión que ofrece el movimiento de derecho y sociedad, donde aquel es precondición necesaria para este. Correlativamente, encontramos el choque entre una visión de la academia jurídica que combina el historicismo alemán con

[68] Jack Balkin, *Constitutional Redemption: Political Faith in an Unjust World* (2011).
[69] Oliver Wendell Holmes, "The Path of the Law", 10 *Harv. L. Rev.* 457 (1897).
[70] Jerome Frank, "Why not a Clinical Lawyer-School?", 81 *U. Pa. L. Rev.* 907 (1933).

la escuela de la exégesis francesa[71] con la interpretación que ofrece el movimiento derecho y desarrollo del realismo jurídico estadounidense.[72] El lugar preeminente que ocupa el modelo del libre mercado de las ideas jurídicas dentro de nuestra imaginación legal no es casual. Este es una pieza más dentro del horizonte de perspectivas, en el que estamos inmersos. Este horizonte está compuesto en una parte importante por las ideas centrales de la modernidad liberal. Esta tiene como constitutivos conceptos, como el de 'autonomía individual', 'igualdad', 'ciencia', 'objetividad', 'progreso', 'verdad', 'mérito' y 'mercado'.[73] El modelo del libre juego de la oferta y la demanda del saber legal es una aplicación y adaptación al campo jurídico de ideas centrales, con las que ya muchos ciudadanos de las democracias liberales contemporáneas están comprometidos. La autonomía, racionalidad e igualdad que para el liberalismo caracteriza a los seres humanos y que se traslada luego a los ciudadanos,[74] se mueve ahora hacia el sujeto de conocimiento jurídico.

El saber legal es visto como un producto que no escapa a las leyes de la oferta y la demanda: los productos que se generan, el lugar donde se crean, su valor y los flujos de difusión e intercambio de dichos productos son una consecuencia de la sumatoria de una serie de decisiones tomadas por una multiplicidad de individuos anónimos a lo largo y ancho del globo. El conocimiento, por ende, es considerado y aceptado como una mercancía. Los productos jurídicos tienen un valor económico

---

[71]   Diego López Medina, *Teoría impura del derecho: la transformación de la cultura jurídica latinoamericana* (2004), pp. 129-233.

[72]   David M. Trubek y Álvaro Santos, "Introduction: The Third Moment in Law and Development Theory and the Emergence of a New Critical Practice", en *The New Law and Economic Development: A Critical Appraisal* 1 (David Trubek y Álvaro Santos eds., 2006), pp. 2-3.

[73]   Louis Dupré, *The Enlightenment and the Intellectual Foundations of Modern Culture* (2004).

[74]   John Rawls, *Liberalismo político* (1996), pp. 29-65.

que determina parcialmente su circulación en el mercado de las ideas jurídicas. La economía política del saber jurídico está comprometida también con la idea de progreso que se puede alcanzar a través de la ciencia; en este caso, de la ciencia jurídica. Un saber que es expresión y desarrollo de la razón que en un proceso de ensayo y error va abriendo el camino que nos llevará a la verdad jurídica y nos mostrará las formas a través de las cuales este puede ser socialmente útil.

C. EL MODELO COLONIAL DE PRODUCCIÓN, INTERCAMBIO Y USO DE CONOCIMIENTO JURÍDICO

1. EL SUJETO DE CONOCIMIENTO

El sujeto que construye el modelo colonial es dual, pero interdependiente. Por un lado de la moneda tenemos al sujeto de conocimiento jurídico de la metrópoli; por el otro, al sujeto de conocimiento de la colonia. Uno y otro se definen tanto positiva como negativamente; se construyen a partir de lo que son y de lo que no son. El primero es un sujeto que se entiende con la capacidad de crear, intercambiar y usar el saber jurídico. El segundo se concibe como un sujeto que solo tiene la capacidad de reproducir, aplicar localmente y difundir el conocimiento jurídico creado en la metrópoli. El sujeto metrópoli define su identidad a partir de lo que no es: un bárbaro jurídico. El sujeto colonial a partir de su antónimo, el *homo ius*. El sujeto metrópoli se entiende como un sujeto político, es decir, ha logrado salir del estado de naturaleza; tiene un Estado, tiene derecho. El sujeto colonial está todavía situado en el estado de naturaleza. No ha logrado construir una polis que lo eleve por encima de la violencia que pone en continuo peligro su vida y sus bienes. Lo que llama derecho solo lo es en apariencia.

Estos sujetos de conocimiento están, por tanto, territorializados, racializados y tienen una relación particular con la historia. La identidad del sujeto metrópoli y del sujeto colonial se define en parte por el lugar donde están localizados, la metrópoli o la colonia, el Norte Global o el Sur Global. El primero se entiende como un contexto rico de producción de conocimiento jurídico, mientras que el segundo se comprende como un contexto pobre de conocimiento jurídico. La comunidad y tradición jurídica en la que están inmersos determinan la manera como se construye su identidad. El proceso de construcción de la identidad de estos sujetos es, consiguientemente, dialógico. Se crean a partir de la interacción con quien conciben su otro y con su comunidad política y jurídica. Uno no puede existir sin el otro. El sujeto metrópoli y el sujeto colonial tienen un color de piel. El territorio que habitan y los define está conceptual, no materialmente, racializado. En la metrópoli, el sujeto de conocimiento es blanco; en la colonia, no blanco. La construcción de tradiciones jurídicas ricas o pobres está relacionada parcialmente con la cantidad de melanina que los sujetos tienen en su cuerpo. En el Sur colonial habita el oscuro de piel; en el Norte imperial el claro de tez. El sujeto imperial se ha identificado en el discurso como caucásico; el sujeto colonizado como negro, marrón, rojo o amarillo. El primero, además, es un sujeto ahistórico jurídicamente. Antes de su contacto con la metrópoli no tenía derecho. No estaba inmerso en una tradición jurídica sobre la cual pudiera pararse y que fuera su base para la construcción de nuevo conocimiento, de conocimiento verdaderamente original. Su historia jurídica empieza cuando es conquistado y colonizado. Su contacto con el derecho de la metrópoli le permite entrar en la historia del derecho. Sin embargo, entra en esta historia no como un hacedor, sino como un reproductor o un actor menor. El derecho de la metrópoli reemplaza el derecho nativo o lo tolera mientras no contradiga sus presupuestos.[75] El momento prehistórico, por tanto, se pierde en el tiempo; se

---

[75] Las Leyes de Indias del Imperio español, por ejemplo, reconocían el derecho indígena mientras este no violara las normas imperiales. Véase *Recopilación general de las Leyes de Indias*, libro segundo, título primero, Ley iiij.

vuelve inaudible e inasible. No es un objeto de estudio valioso; no se narra, no se escribe sobre él. El sujeto colonial no tiene acceso a su pasado jurídico. El segundo, el sujeto metrópoli, por el contrario, es un sujeto con historia y un sujeto historizado. Está inserto en una cadena intergeneracional que lo conecta con su pasado, que explica su presente y que lo lanza hacia múltiples posibles futuros jurídicos. Su pasado y su presente jurídicos son objetos de conocimiento estimables. Merecen ser conocidos, narrados, fijados en lenguaje escrito. Las identidades de estos sujetos de conocimiento jurídico, entonces, se crean a partir de la manera como se narra su derecho y tradiciones jurídicas (o su ausencia).

Estos sujetos son presentados paradigmáticamente en la novela *Esperando a los bárbaros*, de J. M. Coetzee.[76] El protagonista es un magistrado de una metrópoli que ejerce sus funciones en la colonia, en un desierto, rodeado por bárbaros de color. El imperio no tiene nombre; la colonia y el magistrado tampoco. Son la expresión de la idea misma de imperio y de colonia. Él es el guardián de la civilización; el que trae el derecho a esta tierra de nadie. Es un territorio donde la violencia y el amor, los otros del derecho, reinan. Los bárbaros se roban, se hieren, se asesinan; los bárbaros son carne y se aman. A través del derecho, el juez busca solucionar los conflictos que surgen entre los bárbaros y que no crean más que inestabilidad y pobreza. El juez también protege a los suyos de este estado de naturaleza. El pueblo/fuerte que regenta es una extensión de la polis que representa. Sus paredes de madera y barro separan materialmente la civilización de la barbarie. No obstante, conceptualmente, estas paredes están constituidas por el derecho. La ley es la que separa a unos de otros.

El poder simbólico y material que concentra, además, está al servicio de los ciudadanos de la metrópoli, particularmente

---

76 John Maxwell Coetzee, *Esperando a los bárbaros* (2003).

de sus funcionarios. Ellos representan otras facetas de la civilización, traen la civilización a la colonia. Cuando la metrópoli tiene noticias de que los nativos quieren emanciparse sus funcionarios actúan inmediatamente para que la paz retorne a la colonia. El coronel Joll que interroga a un grupo de nativos buscando información sobre los rebeldes, a pesar de sus métodos crueles (la tortura), no quiere otra cosa que traer orden y estabilidad a estas tierras de nadie. Estas son las precondiciones para que él pueda ejercer sus funciones de tercero imparcial entre los salvajes y para proteger a los otros representantes de la metrópoli. Los comerciantes, los recolectores de impuestos, los artistas también desempeñan un papel en este proceso civilizatorio y deben ser protegidos.

El magistrado se define a sí mismo a partir de lo que es, pero también de lo que no es. Él es la ley y, consecuentemente, él es la civilización. Él encarna una tradición jurídica que ahora busca aplicar en los territorios. Sin embargo, él se define también en contraste con su otro, los nativos con los que interactúa diariamente y a quienes regenta y resuelve los conflictos. Él no es ellos; ellos no son él. Su amante nativa ocasional y la joven a la que recoge luego de que fuera torturada por el coronel se lo recuerdan constantemente. Ellas representan el amor y el deseo. El cuerpo encarnado que tiene sus propias normas, distintas de las normas jurídicas. El oficial, por el contrario, a pesar de su crueldad, comparte una parte de su identidad. Su pertenencia a la metrópoli los hace parte de la misma comunidad imaginada. Cuando el magistrado decide devolver a la joven torturada a su pueblo es luego acusado, apresado y condenado por la metrópoli. El coronel Joll lo acusa de "concertar con el enemigo". Las leyes de la metrópoli, el derecho, se enfrentan a las normas del amor, en este caso, una combinación de amor romántico y amor por el prójimo.

Estos sujetos duales pero interdependientes también se recogen de manera poderosa en los cuadros orientalistas del siglo XIX. Estos artistas estaban a la vez fascinados y turbados por

71

los bárbaros.[77] Eran el otro de la Europa decimonónica. Los pintores orientalistas son grandes maestros del arte europeo de la época que recogen y sintetizan una mirada particular sobre el otro de Europa; no autores menores con miradas idiosincrásicas que nadie distinto de ellos comparte.

En las obras de Delacroix, Chassériau, Regnault, Guillaumet, Tournemine y Barrias,[78] el sujeto colonial se identifica con lo otro del derecho: la violencia y el amor.

Eugène Delacroix (1798-1863): *Chasse aux lions* (La Casa del León)

---

[77] Véase Gérard-Georges Lemaire, *The Orient in Western Art* (2001).

[78] Algunas de las más reconocidas pinturas orientalistas de estos artistas se encuentran en el Museo de Orsay en París, véase http://www.musee-orsay.fr/fileadmin/mediatheque/integration_MO/PDF/Orientalism.pdf. Las imágenes que aparecen en este artículo son de obras que se exhiben en este museo.

El otro, siempre oscuro, es un guerrero sanguinario, habita naturalezas extremas, como el desierto o la selva, es cuerpo, en particular, cuerpo femenino erotizado y es amigo o esposo que defiende a sus amados.[79] Los temas recurrentes de estos pintores son las escenas de guerra, caza, animales salvajes y harenes o cuerpos femeninos desnudos situados en espacios suntuosos.[80] Los sujetos coloniales no son cuerpos normalizados que se guían por la ley. Son cuerpos que están fuera de la ley: son deseo, naturaleza, violencia, amor fraternal o romántico. Aquellos que la ley quiere controlar, dominar, marginar.

Théodore Chassériau (1819-1856): *Tepidarium*

---

[79] Donald A. Rosenthal, *Orientalism: The Near East in French Painting, 1800-1880* (1982).

[80] Mary Anne Stevens (ed.), *The Orientalists: Delacroix to Matisse: European Painters in North Africa and the Near East*. Exhibition catalogue (1984).

Henri Regnault (1843-1871): *Exécution sans jugement sous les rois maures de Grenade* (Ejecución sin juicio bajo el mandato de los reyes moros en Granada)

2. EL TIEMPO

El tiempo que crea el modelo de producción colonial de conocimiento jurídico es lineal, pero finito. El tiempo de la metrópoli se interpreta como una cadena valiosa y sólida que se pierde en el pasado, se vive en el presente y se mantendrá en el futuro. La tradición jurídica a la que pertenece la metrópoli se presenta como indudablemente fecunda. Esta tradición jurídica se entronca con una cultura compleja e inmemorial que se encarna en el derecho. La tradición civilista, por ejemplo, se presenta típicamente como el resultado del genio de la cultura romano-germánica.[81] Las contribuciones que los sujetos coloniales han hecho a esta tradición, los judíos, los egipcios, por ejemplo, se hacen invisibles.[82] La interacción con el otro se entiende como una contaminación. Las culturas se organizan jerárquicamente en directa relación con su capacidad de crear verdadero derecho. Existen culturas que tienen la posibilidad de crear derecho; otras, que solo pueden reproducir su retraso. La tradición jurídica de la metrópoli se inicia en un pasado remoto que se revive con sus constantes reinterpretaciones. Esta tradición, el tiempo en el que vive el sujeto metrópoli, se concibe como una unidad. No tiene solución de continuidad; no está fraccionado; es uno. El sujeto metrópoli lo experimenta como un todo en el presente. El futuro de este sujeto jurídico es mantener indefinidamente su presente. Mantener la metrópoli como metrópoli, que siempre estará definida por su otro, la colonia. La historia de la metrópoli, en un sentido particular, ya terminó. Ya es metrópoli. El tiempo del sujeto metrópoli está en función del tiempo de la colonia y el sujeto colonial. Sin duda, seguirá enfrentando retos y dificultades jurídicos. No obstante, estos se presentan sobre la base y teniendo como trasfondo una tradición jurídica, un conjunto de instituciones y un ordenamiento que se presumen sólidos y a las que se llegó luego de un largo proceso histórico. No tiene sentido cambiarlas; son el derecho "metrópoli", aquel al que las colonias aspiran a llegar algún día.

---

[81] Pier Giuseppe Monateri y Geoffrey Samuel, *La invención del derecho privado* (2006), p. 67.

[82] *Ibid.*

El tiempo de la colonia, su historia, su pasado jurídico, empieza con su interacción con la metrópoli. El pasado del sujeto colonial tiene un origen claro y distinto. Para el sujeto colonial antes de este encuentro no hay tiempo. Antes del momento cero se abre un vacío temporal; se sabe que algo hubo antes del inicio de la historia. Sin embargo, el modelo escoge ignorar ese hecho. El bajo valor jurídico de lo que antecede a la historia no merece atención. El derecho, la tradición jurídica de la colonia, empieza con la conquista imperial. La historia del sujeto colonial, por tanto, es un continuo esfuerzo por ser como su otro. Por experimentar y superar cada una de las etapas que lo llevarán hasta el fin de su historia: el momento en el que no puede distinguirse de la metrópoli. El presente se muestra siempre como un eslabón en una cadena que termina en un punto definido. El futuro, como la posibilidad siempre abierta de llegar al final de la historia.

La experiencia latinoamericana con su pasado jurídico es ilustrativa a este respecto. Nuestra tradición legal, la que hoy en día ignoramos o intentamos aprehender a medias (nuestra producción sobre historia del derecho es insuficiente),[83] comienza en el momento en que inicia nuestra interacción con Europa. Históricamente, nos hemos identificado como parte de la tradición romano-germánica.[84] Las leyes coloniales, españolas o portuguesas determinaron el inicio de nuestra historia jurídica. Las leyes de las repúblicas recién creadas no rompieron con esa tradición. El Código Civil de Andrés Bello, el documento jurídico por excelencia en la región, aquel que determina parte central de nuestra identidad jurídica, evidencia este hecho.[85] El Código de Bello es en buena parte una síntesis del Código

[83] Matthew C. Mirow, *Latin American Law: A History of Private Law and Institutions in Spanish America* (2004), p. XI.

[84] David Clark, "The Idea of the Civil Law Tradition", en *Comparative and Private International Law* (David Clark (ed.), 1990), pp. 11-23.

[85] Matthew Campbell Mirow, "Borrowing Private Law in Latin America: Andres

Civil de Napoleón, las Siete Partidas de Alfonso el Sabio y el Digesto.[86] Entramos en la historia del derecho como miembros secundarios de una tradición que no creamos. Ciertamente, nos hemos apropiado de esta tradición y la hemos transformado. Sin embargo, no se interpreta, no interpretamos, que estas apropiaciones y transformaciones hayan cambiado el curso de la tradición o se hayan convertido en representaciones de primer orden de los valores que esta promueve.

La situación se complejiza aún más si atendemos a la influencia que en las últimas décadas ha tenido la tradición jurídica angloamericana en la región.[87] La teoría del derecho liberal y crítica anglosajona, el valor de la jurisprudencia en el sistema de fuentes creadoras de derecho, el derecho penal adversarial, el derecho laboral neoclásico, los métodos de enseñanza y las formas de hacer academia jurídica estadounidenses, entre muchas otras cosas, han entrado sutil o abruptamente en nuestra historia jurídica.[88] Nuevamente, interactuamos con la metrópoli y la historia del derecho de manera incómoda. Estas creaciones son en muchos sentidos nuestras. Hacen parte de nuestra realidad jurídica. Las hemos usado, interpretado y variado. Sin embargo, otra vez nos montamos en el vagón de la historia jurídica sin que hayamos podido llegar a su locomotora. No estamos en control de la tradición y nuestros productos se perciben, los percibimos, como expresiones menores de la misma. El carácter híbrido de

---

Bello's Use of the 'Code Napoleon' in Drafting the Chilean Civil Code", 61 *La. L. Rev.* 291 (2001).

[86] *Ibid.*, pp. 304, 309.

[87] R. Daniel Kelemen y Eric C. Sibbitt, "The Globalization of American Law", 58 *Int'l Organization* 103, (Winter, 2004), pp. 103-136.

[88] John Henry Merryman, "Comparative Law and Social Change: On the Origins, Style, Decline, and Revival of the Law and Development Movement", 25 *Am. J. Comp. L.* 457 (1977), pp. 484-489; Kerry Rittich, "The Future of Law and Development: Second-Generation Reforms and the Incorporation of the Social", en *The New Law and Economic Development* (David Trubek y Álvaro Santos eds., 2006), pp. 203-252.

nuestra tradición jurídica no es un problema; al contrario, es una oportunidad. No obstante, como sujetos de conocimiento, entramos en esta historia siendo percibidos e interiorizando que nuestra historia jurídica empieza cuando hicimos contacto con el otro; siendo interpretados e interpretando como iteraciones menores de un pasado que realmente no nos pertenece y al que no hemos hecho aportes significativos.

Cuando intentamos mirar más atrás del momento cero de nuestra historia jurídica, nos quedamos con las manos cuasivacías. El pasado jurídico-político prehispánico nos es casi completamente desconocido. No lo hemos hecho parte de nuestro presente. No quiere decir esto que normativamente debamos defender una especie de nativismo que valore únicamente aquello que sería percibido como original: las tradiciones jurídicas y políticas de los pueblos indígenas prehispánicos. Estas tradiciones pueden ser inútiles para las sociedades contemporáneas, cuestionables moral o políticamente o simplemente puede no haber información suficiente para evaluarlas y reinterpretarlas. Este nativismo negaría, además, nuestro ser jurídico criollo. Una parte de lo que somos jurídicamente está ya condicionado por las tradiciones jurídicas civilista y angloamericana. Parte de nuestra identidad legal está compuesta por los ejes que las constituyen. Estas tradiciones, además, tienen una riqueza innegable.

No obstante, parecería útil que América Latina se reconectara críticamente con esa otra parte de su pasado jurídico que se ha hecho invisible. Algunos de los experimentos que hemos visto en Bolivia y Ecuador,[89] por ejemplo, pueden ser prometedores. La idea de que la naturaleza tiene derechos, que los seres humanos podemos tener una relación no antropocéntrica con la naturaleza, el reconocimiento de la diversidad cultural dentro de las estructuras institucionales, entre otras cosas,

---

[89] Alejandro Medici, "El nuevo constitucionalismo latinoamericano y el giro decolonial: Bolivia y Ecuador", *Revista Derecho y Ciencias Sociales* 3 (octubre de 2010), pp. 3-23.

pueden generar reinterpretaciones valiosas de las tradiciones de los pueblos indígenas que sirvan a los Estados de la región a cumplir adecuadamente con sus fines.[90] Este conocimiento puede entrecruzarse ricamente con los saberes jurídicos que ya hacen parte de nuestra historia y generar productos legales innovadores y útiles políticamente. Estos experimentos, además, pueden llevar a repensarnos como sujetos de conocimiento jurídico y a repensar el concepto de 'tiempo' dentro del que nos movemos.

3. EL ESPACIO

El espacio del modelo de producción de conocimiento colonial es también dual. Está cartografiado como un espacio Norte-Sur jerarquizado. El espacio no es horizontal; los espacios no se piensan como iguales. El contenido de cada una de estas geografías es diferente y está calificado de manera distinta. El Norte Global, la metrópoli, es la tierra jurídica prometida; el Sur Global, la colonia, es tierra jurídica arrasada. La primera es un contexto rico de producción jurídica. Tiene las condiciones para crear, intercambiar y usar conocimiento jurídico. Tiene una tradición rica, unas instituciones académicas, jurídicas y políticas sólidas y unos sujetos adecuadamente preparados. Su historia muestra la infinidad de productos legales originales que ha creado y que ha exportado o podría exportar. En contraste, la segunda, el territorio colonial, es descrito por el modelo como un contexto pobre para la creación de conocimiento jurídico. Es un espacio de reproducción, difusión y aplicación local del conocimiento de la metrópoli. En esta geografía conceptual, no se construye

---

[90] Véase Eduardo Gudynas, "La ecología política del giro biocéntrico en la nueva Constitución de Ecuador", *Revista Estudios Sociales* 32 (2009), pp. 34-47, y Marco Aparicio, "Nuevo constitucionalismo, derechos y medio ambiente en las constituciones de Ecuador y Bolivia", *Revista General de Derecho Público Comparado* (2011).

conocimiento original y no se cumplen con los requisitos mínimos para que esto suceda. Su tradición jurídica es inexistente
o pobre, o es una pieza marginal dentro de la tradición de la
metrópoli; sus instituciones jurídicas y políticas son débiles e
inestables; y sus sujetos e instituciones de conocimiento están
mal preparados y son frágiles.

Hasta hace muy poco, por ejemplo, los cursos y materiales de
derecho comparado en las facultades de Derecho de los Estados
Unidos no incluían en el análisis a los países del Sur Global.[91]
Todavía hoy es excepcional encontrar que los programas de estas
materias incluyan países diferentes de Alemania, Francia, Reino
Unido y, tal vez, Canadá.[92] Por ello, cuando a un colega de una
facultad de Derecho de élite estadounidense se le preguntó si
sería posible dictar un curso de derecho latinoamericano en
su facultad, hizo un gesto de incredulidad y desgano y contes-
tó: "¿A quién le interesaría?". De manera no anecdótica, los
cursos sobre derecho latinoamericano, asiático o africano son
la excepción en las facultades de Derecho estadounidenses.[93]
Cuando, ocasionalmente se dictan, a menudo dependen de lo
que se conoce como las *area studies*. Estudiar el derecho de
un país del Sur Global puede ser pertinente para entender su
estructura, dinámicas y características. Puede ser pertinente
para los científicos sociales y humanistas que pertenecen a estos
departamentos. Sin embargo, no lo es para los profesores de
Derecho. El derecho del Sur Global no es un objeto de estudio
legítimo en las facultades de Derecho del Norte Global.

Ahora bien, el espacio del modelo colonial está también
jerarquizado internamente. El Sur también existe en el Norte,
y en el Sur no todas las colonias son iguales. Para el modelo

[91] Ran Hirschl, *Comparative Matters: The Renaissance of Comparative Constitutional Law* (2014), pp. 192-223.

[92] *Ibid.* Hirschl habla del síndrome de la serie mundial que aqueja al derecho
constitucional comparado del Norte Global.

[93] Véase *supra* nota 7, p. 11.

puesto en operación, no es lo mismo Alemania, Francia y Estados Unidos que España, Portugal y Grecia; como tampoco es lo mismo India que Vietnam, Sudáfrica que Namibia o Argentina que Nicaragua. El flujo del intercambio de bienes jurídicos en este espacio es, en consecuencia, unidireccional. El movimiento de la teoría, la doctrina y las prácticas jurídicas es siempre Norte-Sur; se da siempre en una sola dirección entre el espacio binario que es eje del modelo o dentro de cada uno de los espacios que constituyen a este eje.

D. LAS REGLAS Y LOS PRINCIPIOS

1. LAS OPOSICIONES CONCEPTUALES GENERALES

Las reglas y los principios que guían el modelo giran en torno a las siguientes cuatro oposiciones conceptuales generales: mímesis/autopoiesis, conocimiento local/conocimiento universal, cultura/derecho y lenguas aptas para el conocimiento jurídico/ lenguas inútiles para el conocimiento jurídico. Estas oposiciones van de la mano con otras cuatro oposiciones conceptuales particulares: capital académico alto/capital académico bajo, productos académicos de calidad/productos académicos de baja calidad, instituciones académicas ricas/instituciones académicas pobres y experiencia para el uso del conocimiento jurídico/inexperiencia para el uso del conocimiento jurídico. Todas estas oposiciones conceptuales se entrecruzan creando un sistema que guía a los sujetos de conocimiento en sus procesos de producción, intercambio y uso de saber jurídico. Estas oposiciones conceptuales, además, dan origen a cinco presupuestos que precisan las maneras como los sujetos metrópoli y sujeto colonial deberían comportarse. Estos presupuestos, en otros escritos,[94] los he llamado "jerarquía de capital académico", "el

---

[94] Véase *supra* nota 17, pp. 6-13.

que paga decide", "pozo de producción", "denominación de origen calificado" y "operador eficiente".

La primera oposición conceptual general, mímesis/autopoiesis, describe los contenidos de los sistemas jurídicos coloniales como representaciones de los sistemas jurídicos de la metrópoli. Aquellos, por tanto, aspiran a volver a presentar (re-presentar) las teorías, doctrina y prácticas de estos. El derecho de la colonia es, en el mejor de los casos, una copia del derecho de la metrópoli. Esta es la máxima aspiración de la colonia. En cuanto su realidad jurídica y política no cumple con las condiciones necesarias para la creación de conocimiento jurídico, no tiene opción distinta de imitar los productos jurídicos generados por su otro. Su mayor logro, por tanto, no puede ser distinto de copiar fielmente el original. Los problemas y retos que enfrentan la colonia y la metrópoli son análogos. Son consecuencia de que una y otra están compuestas por seres humanos que persiguen fines similares, por ejemplo paz y prosperidad, y de que la naturaleza de la que están rodeadas les genere retos análogos.[95] Los conocimientos jurídicos de la metrópoli, por tanto, pueden ser exportados por la metrópoli e importados por la colonia. Los trasplantes jurídicos pueden, y deben ser, la regla.[96] La colonia mimética, en consecuencia, es el espacio donde se difunde y aplica localmente el conocimiento original que surge en la metrópoli.

Una parte de la literatura sobre teoría jurídica en América Latina sigue este patrón.[97] Las publicaciones en el área son, muchas veces, intentos por explicar al público local la estructura

[95] Para comprender adecuadamente este argumento, se puede apelar al argumento análogo que ofrece el funcionalismo en derecho comparado. Véase Mark Tushnet, "The Possibilities of Comparative Constitutional Law", *Yale Law Journal* 108(6) (1999), pp. 1225-1239.

[96] *Ibid.*

[97] Para un análisis de la teoría jurídica latinoamericana y su relación con la teoría jurídica del Norte Global, véase Diego López Medina, *Teoría impura del derecho* (2004).

argumentativa de la obra de los grandes filósofos del derecho angloamericanos.[98] En esta medida, los textos de teoría jurídica se presentan como una sumatoria de interpretaciones exegéticas y glosas explicativas que permiten que las nuevas generaciones de teóricos tengan acceso y conozcan el canon. Así, no es sorprendente encontrar que los anaqueles de teoría jurídica de las bibliotecas de derecho latinoamericanas contienen un número importante de libros sobre la teoría de, entre otros, Ronald Dworkin, H. L. A. Hart o Richard Posner. Muchos de estos libros no son diálogos horizontales entre el autor anglosajón y el autor latinoamericano. El texto no es un esfuerzo por pensar juntos un problema teórico o práctico. El autor estadounidense es el referente en torno al cual gira el esfuerzo explicativo del autor latinoamericano. De partida se da una subordinación epistémica del segundo frente al primero. El punto no es negar que el trabajo de uno pueda ser más amplio y sólido que el del otro. Ciertamente, los autores anglosajones nombrados tienen una producción ilustre y tremendamente rica. El punto es exponer la actitud con la cual el académico latinoamericano asume su interlocución con el académico estadounidense. No se entiende, típicamente, como un par en el intento por describir, analizar o evaluar las realidades jurídicas de los Estados contemporáneos. Es un difusor del saber creado por otros.

En otras ocasiones, los textos de teoría jurídica latinoamericana buscan aplicar las teorías de los autores metrópoli a sus propias realidades. El marco teórico está dado por la producción del autor anglosajón y los autores colonia buscan hacer explícitas las consecuencias que tiene usarlo para describir, analizar y evaluar la realidad local. El argumento no es que sea problemático por sí mismo hacer uso de marcos teóricos foráneos para entender la realidad latinoamericana, aunque pueda serlo cuando estos marcos surgen de contextos muy diferentes de

---

[98]   *Ibid.*

los contextos donde pretende aplicarse. El argumento tampoco intenta negar que en el uso puede haber transformaciones del discurso y, por tanto, innovación a través de la interpretación. El argumento es que la actitud con la que muchas veces se asume está impresa ilustra la oposición conceptual mímesis/ autopoiesis. El autor latinoamericano no entra en diálogo con el marco teórico. No se entiende como parte de una narración que puede transformar, contribuir a desarrollar o criticar; su papel es aplicar y difundir de manera precisa un saber preexistente. Él está afuera de la narración y se relaciona con esta como un agente externo al saber que contiene.

El derecho de la metrópoli, en contraste, se entiende como un sistema original que surge como consecuencia y, al mismo tiempo, refleja la cultura metropolitana. La cultura, rica y compleja de la metrópoli, da lugar a un derecho particular que tiene como objetivo solucionar una serie de problemas sociales y políticos. Cultura y derecho en la metrópoli tienen una relación orgánica.[99] Las reglas, los principios, las teorías y las prácticas jurídicas expresan y confirman su cultura. Al mismo tiempo, el carácter autopoiético del sistema alude a su capacidad de reproducirse y transformarse. El orden jurídico tiene las herramientas para continuar existiendo como producto original y para transformarse sin perder esta originalidad. El sistema, ciertamente, tiene la capacidad de enriquecerse con elementos foráneos (y efectivamente lo hace). Empero, también tiene la potestad de apropiarse de esos elementos, de hacerlos propios, de transformarlos en un componente más de su maquinaria conceptual.

La oposición conceptual local/universal se entrecruza con el par mímesis/autopoiesis. El conocimiento de la colonia es

---

[99] Para comprender el argumento, se puede hacer una analogía con el argumento análogo que ofrecen las teorías expresivistas en derecho comparado. Véase Pierre Legrand, "The Impossibility of 'Legal Transplants'", 4 *Maastricht J. Eur. & Comp. L.* 111 (1997).

interpretado como un conocimiento limitado espacialmente. Solo tiene aplicación dentro de las fronteras de la colonia; atiende únicamente a sus retos y realidades. No es reproducible en otros contextos. Un artículo sobre el derecho laboral mexicano o brasileño, por ejemplo, solo es relevante para México o Brasil. Nunca para Colombia, Sudáfrica, India o Estados Unidos. Las realidades de los países del Sur Global no son generalizables. No son útiles, por su carácter específico, para otros países del Sur Global y mucho menos para los del Norte Global. En contraste, el saber de la metrópoli se entiende como universal. Por ende, *a priori*, tienen una relevancia y valor que trasciende las fronteras nacionales. De ahí que el saber de la metrópoli se considere *ex ante* trasplantable, mientras que el saber de las colonias, *ex ante*, se considere enraizado en las realidades locales y, por tanto, incapaz de cruzar sus fronteras. El concepto de 'tiempo' del modelo colonial explica este hecho. En tanto que el tiempo de la colonia es lineal y está compuesto por un conjunto de eslabones que termina en el derecho de la metrópoli, el conocimiento jurídico que genera es solo aplicable a sus condiciones particulares. Es solo relevante para la etapa de desarrollo jurídico en la que se encuentra. El tiempo de la metrópoli, el eterno presente que experimenta en el final de la historia, permite que el conocimiento que genera irradie y se aplique en todos los eslabones de la cadena que le preceden. El saber de la metrópoli puede contribuir a que la colonia avance, progrese, en la materialización de su objetivo: ser como la metrópoli.

La recepción que ha tenido el trabajo de Ronald Dworkin y John Rawls en buena parte del Sur Global puede ser útil para ilustrar el argumento. Los dos filósofos reconocen explícitamente que su trabajo tiene como fuente el derecho y la cultura política estadounidense.[100] Sin embargo, su obra es leída, co-

---

[100] John Rawls, *A Theory of Justice* (1971) y Ronald Dworkin, *Law's Empire* (1986).

mentada y aplicada a lo largo y ancho del Sur Global sin que usualmente se haga referencia a la estrecha relación que tienen con un contexto particular. En las facultades de Derecho latinoamericanas el trabajo de estos autores es omnipresente.[101] El punto no es, claro, que en cuanto el derecho como integridad y el liberalismo político tienen un alto grado de abstracción no puedan viajar más fácilmente a través de las fronteras estatales que otros productos jurídicos y no puedan ser utilizados en contextos distintos del estadounidense. El punto es que el modelo colonial de producción de conocimiento jurídico hace que la conexión entre contexto y saber metrópoli se pierda. Este conocimiento pareciera que existe en un vacío cultural y, por tanto, sea inmediatamente exportable y aplicable en cualquier contexto cultural. Tal punto se vuelve aún más diciente cuando el conocimiento que es objeto de estudio es un conjunto de reglas o prácticas locales. Un artículo sobre derecho comercial, propiedad intelectual o derecho constitucional estadounidense también se entiende que tiene relevancia inmediata en el Sur Global. No importa que haga referencia a normas o prácticas particulares que solo tienen vigencia en Estados Unidos.

En contraste, el saber jurídico latinoamericano, asiático o africano se presume encadenado a sus contextos. Los artículos producidos en estas regiones generalmente aclaran en sus títulos y en sus contenidos que hablan del derecho chileno, egipcio o coreano. Se hace evidente desde el inicio que hace referencia y aplica única (o fundamentalmente) a un país. No obstante, es poco común encontrar que el título de una publicación de autoría de un profesor de Derecho estadounidense diga algo así como: "La libertad de expresión en Estados Unidos" o "La

---

[101] Véase Ugo Mattei, "A Theory of Imperial Law: A Study on U.S. Hegemony and the Latin Resistance", 10 *Ind. J. Global Legal Stud.* 383 (2003), p. 447; Ugo Mattei, "Why the Wind Changed: Intellectual Leadership in Western Law", 42 *Am. J. Comp. L.* (1994), p. 195; Wolfgang Wiegand, "Americanization of Law: Reception or Convergence", en *Legal Culture and the Legal Profession* (Lawrence M. Friedman y Harry N. Scheiber eds., 1996), p. 137.

propiedad intelectual en Estados Unidos". En una ocasión, un colega estadounidense luego de comentar uno de mis escritos me dijo que si lo quería publicar en una revista de derecho en su país debía agregar en el título la referencia a Colombia. En su concepto, ciertamente útil desde un punto de vista estratégico, debía ser claro cuál era el contexto nacional del que partía y dónde se desarrollaba mi análisis. Paradójicamente, ninguno de los varios escritos que este profesor ha publicado en América Latina hace referencia a los Estados Unidos en el título. Ni él sintió la necesidad de hacer la aclaración ni los editores y las editoriales sintieron la necesidad de pedirle que la hiciera.

El argumento que supone la universalidad del conocimiento jurídico del Norte Global también puede ilustrarse si se apela al papel menor que históricamente ha desempeñado la investigación empírica del derecho en América Latina. Este papel menor puede explicarse por la falta de herramientas de investigación empírica que caracteriza al abogado latinoamericano y al legocentrismo que ha identificado a una parte importante de la academia jurídica de la región. En las facultades de Derecho no es común que se enseñen los métodos de investigación empírica cualitativos y cuantitativos. Consecuentemente, los académicos del Derecho típicamente no están familiarizados con estos métodos y no tienen experiencia en su puesta en práctica. En tanto que el objeto de estudio paradigmático del académico del derecho latinoamericano ha sido la ley, el producto por excelencia del trabajo académico es el tratado.[102] Este tipo de producto académico tiene como objetivo, en el mejor de los casos, sistematizar las normas que componen un área específica del ordenamiento jurídico.[103] En el peor de los casos, desafortunadamente muy común, tienen como fin presentar los contenidos de la ley con palabras distintas y agregar

---

[102] Véase Pérez-Perdomo, *supra* nota 57, pp. 103-104.

[103] Véase Alejandro Madrazo, "From Revelation to Creation: The Origins of Text and Doctrine in the Civil Law Tradition", *1 Mexican Law Review* 1 (2008).

unas pocas glosas explicativas que generalmente van dirigidas a resolver un problema de la práctica jurídica. Ahora bien, estos dos argumentos cuentan solo una parte de la historia. La ausencia del trabajo empírico en la academia jurídica latinoamericana también está relacionada con el uso de marcos teóricos que provienen del Norte Global y que se presumen universales. En esta medida, el académico del derecho asume que puede aplicar estas herramientas conceptuales sin atender a las particularidades de su contexto. Las diferencias de las realidades sociales son irrelevantes. El conocimiento teórico, dada su generalidad y racionalidad, puede usarse para describir, analizar o evaluar cualquier comunidad política.[104] El trabajo empírico que permite conocer las dinámicas y características de los contextos donde surgen y se aplican las normas jurídicas resulta irrelevante.

La oposición conceptual cultura/derecho sugiere que en la colonia no hay realmente derecho, solo cultura, y un tipo de cultura particular. El derecho en la colonia ha fracasado[105] o es inútil. La cultura de la colonia no tiene las características que le permitirían crear un sistema jurídico que pudiera cumplir con los objetivos que usualmente intenta concretar, orden y justicia, por ejemplo. De esta forma, el derecho de la colonia y el conocimiento jurídico que lo tiene como objeto de estudio resulta irrelevante para la metrópoli. Los niveles de impunidad, por ejemplo, son tan altos que se considera que el derecho penal es irrelevante o marginal para mantener el orden social. Los niveles de seguridad, altos o bajos, que pudiera tener la colonia, por tanto, deben explicarse apelando a otros órdenes normativos,

---

[104] El uso que en muchas ocasiones se la ha dado en América Latina a la obra de Jürgen Habermas evidencia cómo opera el argumento. Aunque Habermas menciona en su obra que su trabajo nace y se refiere a Europa occidental, en América Latina usamos sus modelos mecánicamente para examinar nuestros problemas.

[105] Jorge L. Esquirol, "The Failed Law of Latin America", 56 *Am. J. Comp. L.* 75 (2008).

la moral secular o la religión, por ejemplo. Ningún sujeto de conocimiento de la metrópoli se interesaría por estudiar este conjunto de reglas jurídicas de papel. Este argumento puede ilustrarse muy bien si se hace referencia a las descripciones que se hacen en las peticiones de asilo de muchos latinoamericanos en los Estados Unidos.[106] La estrategia que los abogados y las organizaciones sociales articulan para que su representado consiga quedarse legalmente en los Estados Unidos consiste en mostrar que el país de origen de quien busca asilo es tierra arrasada en materia jurídica.[107] En este país no hay instituciones jurídicas y políticas funcionales y el derecho es solo una forma que tiene aplicaciones mínimas, si alguna, en la realidad social.[108] Las violaciones de los derechos humanos, por ende, son un patrón sistemático y continuo que toca toda la realidad social. No hay espacios donde el derecho y las instituciones jurídicas y políticas funcionen. La cuestión no es que por razones estratégicas que pueden ser entendibles y loables los abogados u organizaciones sociales describan la realidad del derecho latinoamericano de la manera anotada. La cuestión tampoco es argumentar que las violaciones de derechos humanos no son comunes en la región. El asunto sobre el que quiero llamar la atención con este ejemplo es que estas descripciones sin matiz alguno terminan construyendo la representación que la metrópoli tiene del derecho de la colonia y que esta termina interiorizando. Las cortes aceptan la tesis, los políticos la utilizan para generar políticas públicas y los académicos latinoamericanistas se benefician de ella cuando sirven a los abogados como expertos en los procesos.[109] Este tipo de situaciones contribuyen a crear y recrear una visión ho-

---

[106] Jorge L. Esquirol, "Legal Latin Americanism", 16 *Yale Hum. Rts. & Dev. L. J.* (2013), pp. 145-170.

[107] *Ibid.*

[108] *Ibid.*

[109] *Ibid.*

mogeneizante de la realidad jurídica y política latinoamericana que la califica negativamente de manera absoluta. Esta visión, además, ayuda en la consolidación de la idea de que el derecho latinoamericano no es un objeto de estudio valioso, aunque su naufragio sí lo sea.

Ahora bien, si el derecho fallido de la colonia resulta un objeto de estudio de segundo grado para los abogados y académicos del derecho de la metrópoli, este y los órdenes normativos que lo sustituyen resultan un objeto de estudio valioso para ciencias sociales como la antropología y la sociología de la metrópoli.[110] Para estas ciencias tal situación genera un reto descriptivo y explicativo que puede rendir frutos epistemológicos notables. El supuesto del que parte esta oposición conceptual, entonces, es que hay una relación estrecha entre cultura y derecho y que hay algunas culturas que pueden crear derecho y otras que no. De ahí que el proceso civilizatorio que ha ido de la mano de muchas empresas imperiales empieza con un cambio cultural: los bárbaros deberán adoptar la religión, la lengua y las costumbres de la metrópoli. La barbarie jurídica tiene como una de sus principales causas la barbarie cultural.

En contraposición, en el modelo de producción de conocimiento jurídico colonial la metrópoli tiene derecho, no solo una apariencia de derecho. Este orden jurídico, además, refleja y es efecto de su cultura. Una cultura rica, compleja y sólida es precondición para la existencia de un verdadero ordenamiento jurídico. La relación entre derecho y cultura en la metrópoli es, por tanto, simbiótica. La cultura da lugar al derecho, pero el derecho confirma y protege la cultura. En el derecho comparado, esta relación está firmemente enraizada. La tradición

---

[110] Véase Brian Z. Tamanaha, *The Primacy of Society and the Failures of Law and Development* 6 (St. John's Univ. Legal Studies Research Paper Series, Paper n.° 09-0172, 2009), disponible en http://papers.ssrn.com/sol3/papers.cfm?abstract_id=1406999; Jorge L. Esquirol, "Writing the Law of Latin America", 40 *Geo. Wash. Int'l L. Rev.* 693 (2009), pp. 706-731.

civilista se entiende como consecuencia, principalmente, de la cultura romano-germánica; la consuetudinaria de la cultura angloamericana.[111] Las dos familias dominantes en la teoría y práctica del derecho comparado son fruto de dos tradiciones culturales de origen europeo.[112] Las dos han sido (o fueron) relevantes en los proyectos imperiales tanto del Reino Unido como de Roma, Alemania, Francia y España.[113]

La última oposición conceptual general, lenguajes aptos para el conocimiento jurídico/lenguajes inútiles para el conocimiento jurídico, hace referencia nuevamente, pero de manera más precisa, a un elemento central de cualquier cultura: el lenguaje. El modelo de producción de conocimiento jurídico colonial entiende que los lenguajes de la metrópoli, español, portugués e inglés, entre otros, fueron o son herramientas finas y sutiles para expresar la verdad jurídica.[114] Hoy en día —argumenta el modelo—, esto es particularmente cierto respecto del inglés,[115] dada la enorme influencia que tienen la teoría del derecho, la doctrina y las prácticas jurídicas anglosajonas en las comunidades jurídicas del Sur Global. El inglés se entiende como un lenguaje directo, preciso, flexible y que permite la creatividad de sus hablantes.

El inglés jurídico nombra las realidades de manera exacta y concisa. Hace un uso eficiente de sus recursos: sus frases son cortas y se pueden seguir fácilmente por el lector; sus párrafos distinguen adecuadamente entre las ideas que presentan y tienen

---

[111] John R. Schmidhauser, "Legal Imperialism: Its Enduring Impact on Colonial and Post-Colonial Judicial Systems", *International Political Science Review/ Revue internationale de science politique* 13 (1992), p. 3.

[112] Mariana Pargendler, "The Rise and Decline of Legal Families", *American Journal of Comparative Law* 60(4) (2012).

[113] John R. Schmidhauser, "Power, Legal Imperialism, and Dependency", *Law & Society Review* 23(5) (1989), pp. 857-878.

[114] Theresa M. Lillis y Mary Jane Curry, *Academic Writing in a Global Context: The Politics and Practices of Publishing in English* (2010).

[115] *Ibid.*

un tamaño conveniente para que el interlocutor no pierda el hilo conductor. El inglés, además, se presenta como un lenguaje que es flexible frente a la realidad que nombra o califica, por ejemplo, al permitir la verbalización de sustantivos. Esto, a su vez, permite y promueve la creatividad de sus usuarios. Estos pueden fácilmente inventar palabras para nombrar la realidad que perciben o evalúan, por ejemplo, para captar sus matices o designar un nuevo fenómeno. Por el contrario, lenguajes como el español se entienden como imprecisos e ineficientes. El español, por ejemplo, se describe como un lenguaje que no conoce el principio de la economía de medios: sus frases largas, sus párrafos interminables, sus descripciones que hacen uso de un número infinito de palabras. Un lenguaje, se concluye, poco útil para expresar el conocimiento jurídico. Estas descripciones del inglés y el español, como puede verse, en ocasiones se presentan como componentes centrales del lenguaje mismo; en otras, como convenciones sobre las formas en que se usan estos lenguajes en la academia jurídica.

Los latinoamericanos que han estudiado o trabajado en una facultad de Derecho estadounidense probablemente habrán oído este tipo de descripciones del español. En esta medida, muchos de estos practicantes o académicos invierten una gran cantidad de tiempo y esfuerzo en modificar las convenciones para la expresión de las ideas con las que se formaron. Esto, sin duda, puede ser provechoso. Permite que estos abogados latinoamericanos se acerquen a formas de expresión diferentes que pueden generar réditos distintos de los que crean las convenciones lingüísticas y de locución académica que conocen. El problema surge cuando estas convenciones y prácticas se esencializan y se naturalizan. La cuestión probablemente se explicaría mejor diciendo que el abogado latinoamericano simplemente no tiene un manejo adecuado del inglés y está expresando sus ideas haciendo uso de palabras de este idioma, pero con formas gramaticales propias del español. Esto sin duda es un error que hay que corregir. No obstante, esta situación no se presenta siempre como un problema práctico que se resuelve con trabajo y esfuerzo del hispanohablante, sino como características de su lenguaje y, por tanto, de su cultura. De la situación anterior no se puede derivar que el español no pueda ser un vehículo adecuado para la expresión de conocimiento jurídico claro y preciso.

Este problema se agudiza cuando se hace explícito que las discusiones y publicaciones académicas más prestigiosas tienen como lenguaje oficial único al inglés y están principalmente localizadas en Estados Unidos.[116] El académico del Sur Global que no tiene el inglés como su lengua madre tiene un doble reto: hacerse competente en una lengua que no es la suya y aprender las convenciones estadounidenses para la investigación, redacción y presentación de los trabajos académicos en derecho. En los debates académicos verbales esta carga resulta particularmente onerosa. Por un lado, al abogado del Sur Global no anglófono se le exige que hable en un lenguaje que no es el suyo en cuanto es el idioma "internacional"; por otro, para que sea tomado medianamente en serio, se le pide que tenga las mismas competencias lingüísticas que sus colegas anglófonos. La lentitud, imprecisión o mala pronunciación no siempre se tolera.

Nuevamente, quienes han estudiado o trabajado en una facultad de Derecho estadounidense probablemente alguna vez habrán visto cómo sus colegas anglófonos se dispersan, angustian o voltean sus ojos cuando al presentar sus ideas las frases se vuelven muy largas, sus palabras vagas o las fallas en su pronunciación se vuelven recurrentes. Esta situación contrasta con el hecho de que el número de profesores de Derecho estadounidenses que hablan una segunda lengua no es muy alto. En esta medida, no han tenido que experimentar el esfuerzo que implica aprender otro idioma, asimilar las convenciones académicas a través de las cuales se expresan otras comunidades

---

[116] *Ibid.*

de saber o sentir la desazón que surge al equivocarse o ser impreciso cuando se habla en círculos profesionales un idioma que no es el propio. También contrasta con el hecho de que es usual que los esfuerzos del académico del Norte Global por hablar el idioma del país del Sur Global que visita sean recibidos con alborozo, así sean fallidos, o que se asuma que el profesor del Sur Global, en su país, debe hablar inglés con el profesor estadounidense, así este hable el idioma local.

2. *LAS OPOSICIONES CONCEPTUALES PARTICULARES*

Las cuatro oposiciones conceptuales particulares hacen referencia directa y explícita a los contextos de creación de conocimiento de la colonia y la metrópoli. Estas oposiciones conceptuales se nutren y, al mismo tiempo alimentan, a las cuatro oposiciones conceptuales generales. Todas ellas constituyen un entramado conceptual que debe explicar y guiar a los sujetos de conocimiento jurídico. Estas oposiciones conceptuales específicas son las cuatro siguientes: capital académico alto/capital académico bajo, productos académicos de calidad/productos académicos de baja calidad, instituciones académicas ricas/instituciones académicas pobres y experiencia para el uso del conocimiento jurídico/ inexperiencia para el uso del conocimiento jurídico.

La primera oposición conceptual hace referencia a las diferencias que existen entre la metrópoli y la colonia con respecto al capital académico del que cada una de ellas dispone. La primera se entiende como un espacio que dispone de un capital académico alto. Sus instituciones universitarias son más sólidas que las de la colonia. Esta solidez se evidencia en dimensiones tanto cuantitativas como cualitativas.[117] Por un lado, el número de profesores de tiempo completo, el número de bases de datos, la cantidad de libros en las bibliotecas, la cantidad y variedad de publicaciones y el elevado número de intercambios

---

[117] Véase *supra* nota 18, pp. 6-9.

académicos con redes nacionales o internacionales. Por otro lado, la calidad de la producción académica, la interiorización y aplicación sistemática por parte de los miembros de la comunidad académica del derecho de una serie de dinámicas para la producción, discusión y difusión de los productos que se generan y la calidad de la infraestructura de la que disponen los profesores de Derecho. En contraste, en la colonia, el modelo asume que el capital académico del que se dispone es bajo, igualmente, por razones cuantitativas y cualitativas.[118] La profesionalización de la academia jurídica es reciente y, por ende, hay muy pocos profesores de tiempo completo y el número de libros, publicaciones y redes académicas nacionales e internacionales disponibles es muy bajo. Asimismo, las dinámicas de producción y crítica que permiten la creación sistemática de conocimientos jurídicos no existen o no se han sistematizado o interiorizado por parte de la academia jurídica colonial. La calidad de la estructura material a la que tienen acceso los profesores de derecho, edificios, computadores, bases de datos, entre otros, no es la adecuada.

Esta primera oposición conceptual va de la mano de las dos siguientes: instituciones académicas ricas/instituciones académicas pobres y productos jurídicos de alta calidad/productos académicos de baja calidad. Las comunidades académicas de la metrópoli, en parte, deben su capital académico alto a la gran cantidad de recursos económicos que tienen a su disposición. Esto permite cubrir los costos notables que tiene, por ejemplo, contratar profesores de tiempo completo, tener buenas bibliotecas y construir y participar en redes académicas nacionales e internacionales. Esto igualmente les permite hacer mayores contribuciones a los proyectos académicos adelantados junto con instituciones del Sur Global, la organización de seminarios, investigaciones que incluyen trabajo de campo o la publicación

---

[118] *Ibid.*

de libros, por ejemplo. La falta de recursos económicos explica parcialmente las debilidades de las facultades de Derecho del Sur Global y su menor contribución material a los proyectos que adelantan en alianza con instituciones académicas de la metrópoli. Si se comprenden estas tres oposiciones conceptuales, no resulta sorprendente, por tanto, que para el modelo los productos de calidad de la colonia se presuman como de baja calidad y que los productos de la metrópoli se presuman como de alta calidad. Las condiciones materiales e inmateriales (cultura académica) de las que parten cada una son muy distintas. De una tierra yerma académicamente no pueden surgir frutos apetitosos para la mente; de una tierra académica fértil y bien cultivada surgirán cosechas gustosas para las cabezas inquietas intelectualmente.

Estas tres oposiciones conceptuales generan, a su vez, tres premisas que guían (y deben) guiar al sujeto de conocimiento del modelo colonial: pozo de producción, denominación de origen controlado y el que paga decide.[119] Estas premisas indican que la única fuente posible de creación de conocimiento jurídico es el Norte Global, que los productos jurídicos de la metrópoli por provenir de la metrópoli deben presumirse que tienen una calidad alta y que aquel que contribuye con más recursos a la financiación de un proyecto conjunto Sur-Norte debe gozar de un poder de decisión mayor sobre sus fines y desarrollo.

La primera premisa, el pozo de producción, explicaría por qué en la construcción e interpretación de la gramática del constitucionalismo moderno los académicos y cortes del Sur Global han desempeñado un papel marginal.[120] Estas y aquellos están en las orillas del diálogo global que se da en torno al significado y consecuencias prácticas que deben tener conceptos, como 'pueblo', 'soberanía', 'ciudadanía', 'derechos', 'igualdad'

---

[119] Véase *supra* nota 18, pp. 7-13.
[120] Véase *supra* nota 5, p. 12.

y 'autonomía'.[121] Estos conceptos, construidos por un conjunto relativamente pequeño de teóricos modernos y contemporáneos, como Thomas Hobbes, Jean-Jacques Rousseau, John Locke e Immanuel Kant, por un lado, y John Rawls, Charles Taylor, Robert Nozick y Jürgen Habermas, por otro, constituyen los ejes en torno a los cuales gira la imaginación jurídica y política moderna.[122] No obstante, dentro de aquellos que se presumen intérpretes legítimos de estas categorías, no aparecen casi nunca los sujetos de conocimiento coloniales. Cuando se habla de intérpretes contemporáneos legítimos de esta gramática constitucional, aparecen instituciones, como la Corte Suprema de los Estados Unidos, la Corte Europea de Derechos Humanos o la Corte Constitucional alemana. Aparecen igualmente autores, como Ronald Dworkin, Cass Sunstein o Richard Posner. No obstante, pocos pensarían que instituciones, como la Corte Suprema India, la Corte Constitucional Sudafricana o la Corte Constitucional colombiana o cualesquiera que se consideren los más sólidos académicos del derecho del Sur Global han desempeñado o podrían desempeñar un papel análogo al de los autores o instituciones del Norte Global.

La segunda premisa explicaría por qué es común que en los seminarios sobre temas jurídicos en América Latina los profesores estadounidenses sean invitados como conferencistas centrales o desempeñen, *de facto*, un papel capital. No importa a qué institución pertenecen y si esta es o no sólida; tampoco importa mucho la calidad de su producción académica. No es común que en la academia jurídica latinoamericana se tenga información precisa sobre la gran mayoría de las facultades de Derecho estadounidenses. La información que se cuenta sobre las facultades distintas de las que ocupan los primeros puestos

---

[121] James Tully, *Strange Multiplicity: Constitutionalism in an Age of Diversity* (1997), pp. 62-79.

[122] *Ibid.*, pp. 42, 59-60, 79-80; Charles Howard McIlwain, *Constitutionalism Ancient and Modern* (1940), pp. 3-24.

en las clasificaciones académicos es mínima. Todos los profesores latinoamericanos de Derecho conocen a Yale, Harvard, Stanford o Columbia, pero muy pocos tienen conocimientos precisos sobre la mayor parte de las facultades de Derecho que ocupan las capas medias y bajas de las jerarquías académicas estadounidenses. Tampoco se tiene mucha información precisa sobre el trabajo de los académicos que no pertenecen a las universidades del Ivy League. No obstante, las premisas del pozo de producción y denominación de origen calificado hacen que la calidad alta de los mejores productos jurídicos estadounidenses envuelva al mismo tiempo, sin justificación empírica, los otros productos jurídicos que surgen en las facultades de Derecho de este país.

Lo que en estos casos resulta importante para los organizadores de muchos seminarios es el contexto de producción de conocimiento del que proviene el profesor y que su producción está escrita en inglés y publicada en revistas o editoriales estadounidenses. Como el vino de borgoña, este profesor y su producción gozan de una presunción de calidad que lo protege y lo valora aun antes de que se lea y evalúe efectivamente su trabajo. Ahora bien, la cuestión es que una vez se prueba, este vino (este trabajo) puede estar picado, tener altos grados de acidez o un grado excesivo de taninos. Esta premisa también explica, para ser más concretos y volver a la introducción de este capítulo, por qué en el seminario sobre educación jurídica experiencial en una universidad de élite brasileña los invitados centrales del evento eran dos profesores estadounidenses que pertenecían a una institución débil y cuya producción académica no era particularmente destacada. El criterio fundamental que determinó su invitación y posición privilegiada en el evento, por encima de profesores latinoamericanos con una producción más sólida que estaban en la audiencia o en los paneles, fue el del contexto de producción de conocimiento jurídico del que provenían; esto es, la puesta en operación de los presupuestos del pozo de producción y denominación de origen calificado.

Estos dos presupuestos, de la mano con las oposiciones conceptuales conocimiento universal/conocimiento local y autopoiesis/mímesis, también explican por qué una sentencia como Roe contra Wade es reconocida y valorada positivamente como producto jurídico en buena parte del Sur Global. Esta sentencia, es argumentable, no es formal o sustantivamente mejor como producto de conocimiento jurídico que las sentencias alemanas o colombianas que despenalizan el aborto parcialmente o la canadiense que lo hace totalmente. En cualquier caso, no es un producto jurídico de calidades extraordinarias formales o sustanciales. El momento histórico en el que se expide Roe, sin duda, es un factor que permitió su reconocimiento: es una de las primeras sentencias que despenalizaron el aborto en el mundo. Sin embargo, estas variables solo explican parte de la historia. Es común que tanto los defensores como los detractores del aborto en la academia colonial puedan hacer referencia a Roe. No obstante, no es común que académicos no especializados en el tema puedan aludir a las sentencias de Alemania, Canadá o Colombia sobre el tema. Para explicar el reconocimiento muy amplio que ha alcanzado la sentencia, habría también que señalar que fue expedida por la Corte Suprema de Justicia estadounidense y que ha sido descrita y evaluada infinidad de veces por profesores estadounidenses en sus escritos académicos. Asimismo, habría que mencionar que los Estados Unidos se entienden como el pozo de producción de conocimiento jurídico por excelencia desde al menos la segunda mitad del siglo XX.[123]

La premisa del que paga decide, siguiendo con la ilustración de los presupuestos del modelo colonial de producción de conocimiento jurídico, se pone en operación continuamente en los proyectos conjuntos que realizan profesores de las facultades de

---

[123] Maximo Langer, "From Legal Transplants to Legal Translations: The Globalization of Plea Bargaining and the Americanization Thesis in Criminal Procedure", *Harvard International Law Journal* 45 (2004), p. 1.

Derecho estadounidenses y las facultades de Derecho del Sur Global. Los proyectos clínicos, como las llamadas *fact-finding missions*, son útiles para mostrar cómo funciona esta premisa.[124] El objetivo de este tipo de proyectos, típicamente, es describir de manera precisa y completa la violación de los derechos humanos en una zona del Sur Global. En estos proyectos, una facultad de Derecho estadounidense y una organización social o una facultad de Derecho del Sur se alían para adelantar el trabajo.[125] Ahora bien, usualmente, aquella es la que aporta una mayor cantidad de recursos económicos para financiar el proyecto. El dinero para financiar el trabajo de campo, por ejemplo, generalmente viene de la institución académica del Norte. Las premisas del modelo colonial de conocimiento jurídico, consecuentemente, aceptan y promueven que, dadas estas circunstancias, la institución de la metrópoli sea la que decida la estructura y los fines básicos del proyecto. Esta situación, no obstante, oscurece las contribuciones que hacen las instituciones coloniales y que son necesarias para el éxito del programa: contacto con la población local e información académica que describe, analiza y evalúa el objeto de estudio de la misión.

La última oposición conceptual particular, experiencia para el uso del conocimiento jurídico/inexperiencia para el uso del conocimiento jurídico, hace referencia a quién se considera un agente legítimo para poner en operación ética y eficientemente los productos jurídicos que se generan en la metrópoli y la colonia.[126] Esta oposición conceptual genera el presupuesto del operador eficiente. Para el modelo de producción de conocimiento jurídico colonial, el sujeto de saber de la metrópoli tiene el *know-how* para hacer un uso eficaz de los productos jurídicos, demandas, informes, artículos, por ejemplo. Para-

124 Véase *supra* nota 18, pp. 21-25.
125 *Ibid.*
126 *Ibid.*

lelamente, entiende que este sujeto ha interiorizado las reglas de ética profesional que existen en su comunidad jurídica. En contraste, el sujeto de conocimiento colonial se comprende como un sujeto ineficaz e ingenuo o débil éticamente para el uso del conocimiento jurídico. No tiene los contactos en las redes nacionales o internacionales para que el conocimiento creado pueda generar un impacto. Sus comunidades jurídicas no tienen o no aplican reglas de ética profesional y no tiene la capacidad o la voluntad de hacerlo.

Las oposiciones conceptuales descritas y el concepto de 'sujeto', 'tiempo' y 'espacio' del modelo colonial de producción de conocimiento jurídico se explican por el conjunto de razones que se presenta a continuación. La primera de ellas es la relación imperial directa o indirecta que el Norte Global ha tenido con el Sur Global.[127] Las relaciones imperiales de España, Portugal, Reino Unido, Alemania, Italia, Francia, Bélgica y Estados Unidos, entre otros, con América Latina, Asia y África son bien conocidas y han tenido como uno de sus principales instrumentos para su consolidación y desarrollo al derecho.[128] El derecho de Indias y el concepto de *terra nullius* son ejemplos de cómo el derecho fue una herramienta importante en los procesos de conquista y colonización del Sur Global.[129] La idea de que los imperios coloniales son los troncos de los cuales surgen las principales tradiciones jurídicas también desempeña un papel importante para explicar la existencia del modelo colonial de producción de conocimiento jurídico.[130] América

---

[127] Antony Anghie, *Imperialism, Sovereignty and the Making of International Law* (2004), p. 14. Véase también Karin Mickelson, "South, North, International Environmental Law, and International Environmental Lawyers", *Yearbook of International Environmental Law* 11 (2000), p. 52.

[128] Martti Koskenniemi, *The Gentle Civilizer of Nations: The Rise and Fall of International Law 1870-1960* (2001).

[129] Véase Jeremie Gilbert, *Indigenous Peoples' Land Rights under International Law: from Victims to Actors* (2006).

[130] Véase Boaventura de Sousa Santos, "Three Metaphors for a New Conception

Latina se entiende como un miembro menor de la tradición civilista,[131] mientras que África[132] y Asia,[133] dependiendo del imperio que haya controlado los distintos territorios que los componen, se entienden como una iteración marginal de la tradición consuetudinaria o de la civilista. Asimismo, Europa del Este se entiende como una reproducción menor de derecho socialista obsoleto e importaciones contemporáneas de derecho de Europa occidental o Estados Unidos.[134] En algunos de los países que componen a estas regiones, la tradición de la metrópoli, transformada y reinterpretada, coexiste con un derecho nativo. Sin embargo, típicamente, este se subordina al legado de la metrópoli o se considera de una calidad menor.

Esta razón explicativa tiene una consecuencia epistemológica poderosa: hace que el derecho del Sur Global no sea considerado un objeto de estudio valioso y que el saber jurídico que lo tiene como su objeto de estudio sea considerado marginal o irrelevante. Si se quiere describir, analizar o evaluar las grandes tradiciones jurídicas del mundo, se argumenta, habría que examinar el derecho de los países que las originaron, desarrollaron o transformaron. No resulta útil o eficiente analizar aquellos ordenamientos jurídicos que son meras copias o reinterpretaciones menores de estas tradiciones.

---

of Law: The Frontier, the Baroque and the South", 29 *Law & Soc'y Rev.* 569 (1995), pp. 579-582; Mark van Hoecke y Mark Warrington, "Legal Cultures, Legal Paradigms and Legal Doctrine: Towards a New Model for Comparative Law", 47 *Int'l. & Comp. L. Q.* 495 (1998), pp. 498-499.

[131] Véase Jorge L. Esquirol, "The Fictions of Latin American Law (Part I)", 1997 *Utah L. Rev.* 425 (1997), pp. 427-428; Jorge L. Esquirol, "Continuing Fictions of Latin American Law", 55 *Fla. L. Rev.* 41 (2003), p. 42; Jorge L. Esquirol, "The Failed Law of Latin America", 56 *Am. J. Comp. L.* 75 (2008), pp. 94-95.

[132] Véase Kwame Nkrumah, "Law in Africa", 6 *African L. J.* 103 (1962), p. 105.

[133] Véase Lama Abu-Odeh, "The Politics of (Mis)recognition: Islamic Law Pedagogy in American Academia", 52 *Am. J. Comp. L.* 789 (2004), pp. 806-808.

[134] Véase René David y J. E. Brierley, *Major Legal Systems in the World Today* (2nd ed. 1978), pp. 222-224.

Esta perspectiva se consolida cuando se conecta con la influencia enorme que ha tenido el derecho estadounidense en las últimas décadas a lo largo y ancho del Sur Global.[135] Este segundo argumento apunta nuevamente a mostrar que la teoría, doctrina y prácticas jurídicas del Sur Global son copias más o menos fieles del derecho del Norte Global. La exportación de paquetes jurídicos por parte de Estados Unidos ha hecho que una parte importante del derecho de América Latina, Asia y África no pueda distinguirse en lo fundamental del derecho estadounidense. El derecho penal acusatorio,[136] el derecho laboral liberal clásico,[137] las normas de propiedad intelectual que se adoptan como consecuencia de los tratados de libre comercio[138] y el derecho societario que protege a las empresas

---

[135] Véase John Henry Merryman y Rogelio Pérez-Perdomo, *The Civil Law Tradition: An Introduction to the Legal Systems of Europe and Latin America* (2007), pp. 57-60; R. Daniel Kelemen y Eric C. Sibbitt, "The Globalization of American Law", 58 *Int'l Organization* 103 (Winter, 2004), pp. 103-36; John Henry Merryman, "Comparative Law and Social Change: On the Origins, Style, Decline, and Revival of the Law and Development Movement", 25 *Am. J. Comp. L.* 457 (1977), pp. 484-489; Kerry Rittich, "The Future of Law and Development: Second-Generation Reforms and the Incorporation of the Social", en *The New Law and Economic Development* (David Trubek y Álvaro Santos eds., 2006), pp. 203-252.

[136] Véase Pilar Domingo y Rachel Sieder, "Rule of Law", en *Latin America: The International Promotion of Judicial Reform* (Pilar Domingo y Rachel Sieder eds., 2001), p. 1; Andrés Torres, *From Inquisitorial to Accusatory: Colombia and Guatemala's Legal Transition* 2 (Law and Justice in the Americas Working Paper Series, Paper n.° 4, 2007), disponible en http://lawdigitalcommons.bc.edu/ljawps/4

[137] Véase María Victoria Murillo, "Partisanship Amidst Convergence: The Politics of Labor Reform in Latin America", 37 *Comparative Politics* 441 (2005), pp. 441-443; Graciela Bensusán, *La efectividad de la legislación laboral en América Latina*, Instituto de Estudios Laborales 13-22, Organización Internacional del Trabajo (2007), disponible en http://www.ilo.org/public/spanish/bureau/inst/download/dp18107.pdf

[138] Jean-Frederic Morin y Richard Gold, "An Integrated Model of Legal Transplantation: The Diffusion of Intellectual Property Law in Developing Countries" (october 3, 2013), disponible en SSRN: http://ssrn.com/abstract=2335531

DANIEL BONILLA

multinacionales[139] son solo algunos ejemplos de este argumento. Todos estos son trasplantes jurídicos que vienen de los Estados Unidos y que tienen una dirección Norte-Sur.[140] Por consiguiente, el derecho del Sur Global otra vez se presenta como un objeto de estudio poco atractivo. Las copias no tienen nunca el valor que tiene el original.

El modelo colonial de conocimiento jurídico se explica también por una descripción del derecho del Sur Global como homogéneamente formalista. El concepto de derecho dominante en los ordenamientos jurídicos de Asia,[141] África,[142] Europa del Este[143] y América Latina[144] se describe como uno comprometido con la idea de que los sistemas jurídicos son

[139] Holger Spamann, "Contemporary Legal Transplants —Legal Families and the Diffusion of (Corporate) Law", *Brigham Young University Law Review* 6 (2009-2010), pp. 1813-1877.

[140] Véase D. M. Davis, "Constitutional Borrowing: The Influence of Legal Culture and Local History in the Reconstitution of Comparative Influence: The South African Experience", 1 *Int'l. J. Const. L.* (2003), pp. 181-195; Lee Epstein y Jack Knight, "Constitutional Borrowing and Nonborrowing", 1 *Int'l. J. Const. L.* (2003), pp. 196-223; Yasuo Hasebe, "Constitutional Borrowing and Political Theory", 1 *Int'l. J. Const. L.* (2003), pp. 224-243; Wiktor Osiatynski, "Paradoxes of Constitutional Borrowing", 1 *Int'l. J. Const. L.* (2003), pp. 244-268; Carlos F. Rosenkrantz, "Against Borrowings and Other Nonauthoritative Uses of Foreign Law", 1 *Int'l. J. Const. L.* (2003), pp. 269-295; Kim Lane Scheppele, "Aspirational and Aversive Constitutionalism: The Case for Studying Cross-constitutional Influence through Negative Models", 1 *Int'l. J. Const. L.* (2003), pp. 296-324.

[141] Véase *Administrative Law and Governance in Asia* (Tom Ginsburg y Albert H. Y. Chen eds., 2009); Tom Ginsburg, *Judicial Review in New Democracies: Constitutional Courts in Asian Cases* (2003).

[142] Véase Martin Chanock, *The Making of South African Legal Culture 1902-1936: Fear, Favour and Prejudice* (2001); Samuel C. Nolutshungu, "Constitutionalism in Africa: Some Conclusions", en *Constitutionalism and Democracy: Transitions in the Contemporary World* (Douglas Greenberg, Stanley N. Katz, Melanie Beth Oliviero y Steven C. Wheatley eds., 1993).

[143] Véase, Marcin Matczak, *Judicial Formalism and Judicial Reform: An Example of Central and Eastern Europe* (jul. 25, 2007) (documento inédito presentado en el encuentro anual de The Law and Society Association, Berlin, Alemania).

[144] Véase Merryman y Pérez-Perdomo, *supra* nota 20, p. 66.

cerrados, completos, coherentes y unívocos. Esta descripción, el tercer argumento explicativo, genera a su vez una práctica ritualista del derecho que lo hace tremendamente ineficiente y que no satisface las necesidades jurídicas de los ciudadanos.[145] La relación entre concepto de derecho, educación jurídica y academia jurídica complica aún más las cosas. El concepto de derecho formalista, se argumenta, genera una educación jurídica y una academia jurídica formalistas.[146] Las facultades de Derecho se construyen a partir del legocentrismo, el enciclopedismo y el memorismo.[147] Esta enseñanza jurídica, por tanto, es indiferente a los análisis contextuales o críticos de las normas jurídicas y tiene como su herramienta pedagógica única la clase magistral. El concepto formalista del derecho hace que el profesor de derecho, a su vez, entienda que su función primordial es la de sistematizar las normas jurídicas.[148] De esta forma, sus productos académicos paradigmáticos son intentos por estructurar un campo del derecho de manera que los límites conceptuales de cada categoría sean claros y precisos y que las relaciones jerárquicas u horizontales de las normas

---

[145] John Henry Merryman y Rogelio Pérez-Perdomo, *The Civil Law Tradition* (3a. ed., 2007), p. 66; Manuel Atienza, *El sentido del derecho* (2003), pp. 276-279.

[146] Daniel Bonilla, "El formalismo jurídico, la educación jurídica y la práctica profesional del derecho en Latinoamérica", en Helena Olea (ed.), *Derecho y pueblo mapuche* (2013), p. 268.

[147] Véase Luis Fernando Pérez Hurtado, "Content, Structure, and Growth of Mexican Legal Education", 59 *J. Legal Educ.* 4, (may 2010), p. 567; Héctor Fix Fierro y Sergio López, "La educación jurídica en México, un panorama general", en *Estudios jurídicos en homenaje a Marta Morineau: sistemas jurídicos contemporáneos, derecho comparado, temas diversos* (2006); Juny Montoya Vargas, "Educación jurídica en Latinoamérica: dificultades curriculares para promover los temas de interés público y justicia social", 38 *El Otro Derecho* (2009), pp. 29-42. Véase igualmente *Desafíos para la educación legal en América Latina: documentos de trabajo del Encuentro Educación Legal en América Latina: Nuevos desafíos a las facultades de Derecho* (Encuentro Educación Legal en América Latina: Nuevos desafíos a las facultades de Derecho ed., 2004).

[148] Véase, en general Juny Montoya Vargas, "The Current State of Legal Education Reform in Latin America: A Critical Appraisal", 59 *J. Legal Educ.* 545 (2010).

jurídicas que lo componen queden claramente establecidas. Las debilidades de este concepto y prácticas académicas formalistas se profundizan si las entrecruzamos con los problemas cuantitativos y cualitativos que tiene la academia jurídica de las colonias y que se mencionaron arriba.[149] Este argumento, que constituye la cuarta razón explicativa, hace referencia a las debilidades en cuanto al número y calidad de la producción académica de las colonias,[150] así como a la ausencia de las condiciones materiales e inmateriales que permitirían la creación de un conocimiento jurídico verdaderamente original.

Finalmente, el modelo colonial de producción de conocimiento jurídico se explica por la supuesta autosuficiencia de los sistemas jurídicos de la metrópoli.[151] Estos, así como la academia jurídica que los estudia, no tienen la necesidad de mirar más allá de sus límites, al Sur Global, para solucionar los problemas legales y políticos que enfrentan. El Sur Global, se presume, tiene muy poco que enseñarle al Norte Global. De ahí que el derecho comparado, como área de estudio, históricamente haya mirado fundamentalmente al derecho de las metrópolis, no al derecho de las colonias. De ahí que las comunidades jurídicas y académicas del Norte Global se describan como centradas en sí mismas y parroquiales.

E. Conclusión

La economía política de la producción, el intercambio y el uso del conocimiento jurídico es un tema poco explorado por la academia jurídica. No obstante, su teoría y práctica determinan la manera como describimos, analizamos y evaluamos estos procesos. Ellos, a su vez, tienen relevancia no solo para

---

[149] Véase *supra* nota 57 y texto que la acompaña.

[150] Véase *supra* nota 18.

[151] Véase Ugo Mattei, "An Opportunity Not to Be Missed: The Future of Comparative Law in The United States", 48 *Am. J. Comp. L.* 712 (1998).

los académicos del derecho que están localizados en el centro de tales actividades. Tienen importancia también para los políticos, las organizaciones sociales y los ciudadanos que son sujetos activos y pasivos del conocimiento jurídico. El saber jurídico viaja constantemente a través de las fronteras y tiene efectos prácticos importantes para todos los miembros de la comunidad política. Es la fuente de normas, teorías y prácticas jurídicas que generan de manera directa o indirecta derechos y obligaciones.

El modelo del libre comercio de las ideas jurídicas y el modelo colonial de producción de saber jurídico dan cuenta de estos procesos y a la vez les sirven de guía. El primero, en parte, porque es un componente de la maquinaria conceptual de la modernidad ilustrada y liberal con la que ya estamos comprometidos, domina nuestra imaginación jurídica y política normativa. Los conceptos de sujeto, tiempo y espacio que estructuran el modelo condicionan la manera como pensamos que deberían darse los procesos de creación del saber jurídico. Este modelo, asimismo, guía algunas de las dinámicas que los controlan en la práctica. Sin embargo, este compite por controlar nuestra imaginación con el modelo colonial de producción de conocimiento jurídico. El modelo colonial también ocupa un lugar en nuestra imaginación jurídica y política, aunque usualmente este sea periférico. No es común encontrar una defensa explícita de sus conceptos de 'sujeto', 'tiempo' y 'espacio'. Este modelo, no obstante, ofrece una mejor explicación de las prácticas que efectivamente determinan cómo se crea, intercambia y usa el conocimiento legal. Sus categorías centrales en efecto determinan nuestras acciones, aunque sea de manera vergonzante. Para entender quiénes somos como sujetos de conocimiento jurídico, por ende, debemos entender y analizar los ejes que constituyen cada uno de estos modelos. Su evaluación y eventual transformación dependerá de que este primer paso se cumpla de manera apropiada.

II. LA GEOPOLÍTICA DEL CONSTITUCIONALISMO EN AMÉRICA LATINA

Jorge L. Esquirol[1]

A. INTRODUCCIÓN

Ha venido generalizándose la idea de que la influencia decreciente del constitucionalismo estadounidense en el extranjero es debida a su provincialismo cultural y político. Al mismo tiempo, la aparición de importantes tribunales constitucionales en algunos países del Sur Global indicaría la creciente globalización del campo de derecho constitucional. En América Latina, este estado de cosas es de crucial importancia. No solo la región abrazó el constitucionalismo tras la independencia

---

[1] Abogado de la Harvard Law School (J.D.) y doctor en Derecho (S.J.D.) de esa misma institución. Además, es graduado de Georgetown University en Washington, D.C. con estudios en Finanzas (B.S.B.A.). En la actualidad es profesor de Derecho en la Florida International University, en Miami, Florida, donde fue profesor fundador de la Facultad de Derecho y su primer director de Programas Internacionales.

en el siglo XIX, sino que la Constitución estadounidense fue hasta hace poco el modelo preeminente de sus constituciones.

Así como la narrativa usual del derecho comparado reafirma la deuda de la región con el derecho privado europeo continental, también subraya la influencia preponderante de la Constitución estadounidense en el derecho público. De hecho, muchas cartas políticas latinoamericanas siguen de cerca el modelo estadounidense de 1787. Si bien históricamente la mayoría de los tribunales superiores y ordinarios latinoamericanos no incorporaron la jurisprudencia constitucional o la filosofía del derecho estadounidense, los tribunales constitucionales de la región han adoptado en los últimos tiempos algunas prácticas interpretativas de corte angloamericano.

No obstante, las constituciones y reformas más recientes en la región son bastante diferentes del texto de la Constitución estadounidense. Contienen vigorosas normas sobre derechos económicos, sociales y culturales. Reconocen con mucha mayor firmeza la validez del pluralismo jurídico. Incluyen mecanismos procedimentales expandidos para presentar acciones constitucionales. Además, los poderes de los tribunales supremos y constitucionales nacionales se han visto ampliados. En ese contexto, cabría afirmar que los Estados Unidos ya no son un buen modelo para el derecho constitucional latinoamericano, sin más. La naturaleza de las constituciones y de la decisión judicial en América Latina ha tomado un giro distinto, que reconoce una variedad más amplia de derechos y acepta una posición más activa por parte de los jueces constitucionales. Esa misma observación sería de aplicación a otros países del Sur Global que han desarrollado una práctica constitucional parecida.

Es más, ante la muy anunciada globalización del constitucionalismo, podría pensarse que los académicos y los tribunales en los Estados Unidos citaran ejemplos latinoamericanos y otros de amplio desarrollo constitucional. Eso presupone, en verdad, que la difusión de un discurso constitucional global sea entendida como deseable. Sin embargo, aquí sostengo que tal vez una práctica constitucional global no sea la mejor opción para los tribunales constitucionales del Sur Global de reciente creación, con independencia de si es productiva o no en los Estados Unidos. En el marco geopolítico actual de los sistemas jurídicos nacionales, una práctica constitucional globalizada corre el riesgo de consolidar, de manera indebida, algunas doctrinas del derecho constitucional o interpretaciones de las "mejores prácticas" que dificulten un desarrollo más arraigado en lo local de la conciencia constitucional y de una práctica del derecho constitucional más representativa.

No obstante, la mayoría de los académicos dedicados al constitucionalismo comparado defienden el desarrollo de un campo cada vez más globalizado. En este capítulo, ese debate más general será abordado solo de manera indirecta. El principal objeto de este estudio será indicar los factores que impiden una mayor influencia y participación del Sur Global en el constitucionalismo transnacional. Suponiendo, en aras del argumento, que el constitucionalismo global sea inexorable y deseable, mi análisis intenta identificar los impedimentos a posibles intercambios más equilibrados entre el Sur y el Norte. En ese proceso, muestro algunas razones por las cuales el constitucionalismo global podría, de hecho, no ser deseable para los tribunales latinoamericanos.

En resumen, si se tiene en cuenta la creciente prominencia y producción de los tribunales constitucionales y de los académicos en el Sur Global, es razonable pensar que estas se convertirían en fuentes importantes de derecho constitucional globalmente. Sería lógico pensar que el Tribunal Supremo de los Estados Unidos y los constitucionalistas estadounidenses, además de los dedicados al constitucionalismo comparado, estuvieran ahora más influenciados por los desarrollos en el Sur Global, o al menos que los citaran con frecuencia. Sin embargo, eso no ha ocurrido hasta ahora de forma rutinaria, o al menos no ha llegado ni de cerca al nivel de influencia que han tenido los académicos angloamericanos o el Tribunal Supremo estadounidense en el extranjero. Podría pensarse que con el tiempo ocurrirá. Sin embargo, esa influencia desigual que perdura todavía hoy corresponde a prácticas arraigadas de los tribunales nacionales y los juristas del Norte Global a la hora de citar materiales de otras regiones. Por consiguiente, aun si el constitucionalismo global no fuera en última instancia aconsejable, merecería la pena examinar los probables obstáculos a un constitucionalismo transnacional más multidireccional y democrático. Algunos de esos obstáculos son las mismas razones por las cuales una práctica constitucional global, tal como la descrita aquí, no sería recomendable en el estado de cosas actual.

Por consiguiente, estas observaciones llevan a preguntarse por qué los precedentes y la teoría constitucionales latinoamericanos son tan poco citados en los Estados Unidos. Hay muchos factores que contribuyen a ello, de los cuales solo algunos se consideran en este capítulo. Estarían las explicaciones usuales basadas en las diferencias relativas a los textos literales de las constituciones, las historias nacionales relevantes, la repercusión de la política local, la composición de las diferentes sociedades, los diversos modelos de economía política y otras cosas parecidas. Sin embargo, en lugar de discutir esos aspectos comunes y diversos, este ensayo se ocupará de las representaciones dominantes del derecho constitucional extranjero, específicamente latinoamericano, en la literatura jurídica estadounidense. Por consiguiente, aquí se presta atención, sobre todo, a las explicaciones del derecho comparado y a otras explicaciones del derecho constitucional y del derecho en general en América Latina. Este enfoque amplía y continúa una parte de mi trabajo académico en el pasado sobre las representaciones dominantes y hegemónicas de la región en la literatura académica jurídica en los Estados Unidos. Mi argumento es que estas imágenes contribuyen también a las prácticas de citación sesgadas de los tribunales y académicos en el Norte Global.

La primera sección de este capítulo estudia algunas percepciones históricas en el Norte Global sobre los tribunales y la justicia en América Latina. La segunda sección describe el derecho comparado de la región en una época más contemporánea. Por último, la tercera sección considera si es o no recomendable un derecho constitucional global en este contexto.

B. LA DENEGACIÓN DE JUSTICIA

La caracterización de los sistemas jurídicos en América Latina como disfuncionales tiene una larga historia. Fue en algunos casos la base de la intervención extranjera, diplomática y militar, en los Estados latinoamericanos. La reclamación relevante de derecho internacional consistió en la afirmación de la "denegación de justicia" por los tribunales nacionales. Una vez que quedaba demostrado por un ciudadano de una potencia extranjera que se le habían negado medidas legales o que le era imposible conseguir justicia era una doctrina aceptada del derecho internacional que la potencia extranjera pudiera pedir compensaciones, basándose en concepciones sobre la responsabilidad del Estado.[2] Eso incluía protestas diplomáticas o medidas de retorsión, con el propósito de que el Estado infractor se retractara de su decisión o considerara una compensación.[3] Como se ha señalado en torno a esa época:

Los antiguos métodos de retorsión fueron revividos mediante la diplomacia del acorazado y la tendencia continuada de los poderosos a ver el derecho de protección no como el derecho a acudir a un tribunal internacional, sino como garantía para el uso de la fuerza unilateral. El componente diplomático de la expresión

---

[2]   Charles de Visscher, *Le déni de justice en droit international, Collected Courses of the Hague Academy of International Law*, vol. 52 (1935), pp. 9-11.

[3]   Hans W. Spiegel, "Origin and Development of Denial of Justice", 32 *American Journal of International Law* 63 (1938), p. 78 ("En los primeros tiempos causa justa de guerra y denegación de justicia eran conceptos complementarios").

"protección diplomática" era en esas circunstancias una ficción irónica, pero muy poco sutil.[4]

De hecho, la doctrina del derecho internacional sobre la denegación de justicia ofrece un punto de vista de especial utilidad para observar "la geopolítica del derecho nacional". Esta última frase hace referencia a la organización jerárquica de los sistemas jurídicos nacionales del mundo y a la política global en torno a las cuestiones de la deferencia hacia otros sistemas jurídicos, los trasplantes jurídicos y la armonización de leyes, entre otros tópicos. En esa misma dirección, la doctrina de la denegación de justicia deja expuestos explícitamente los sistemas judiciales nacionales al escrutinio externo y estipula una indemnización en caso de que el Estado sea considerado responsable por su conducta. Según esta doctrina, existe responsabilidad estatal si se cometen actos u omisiones inaceptables contra extranjeros en los tribunales del país de acogida. Una autoridad afirmó en el periodo de entreguerras:

> El presupuesto de la conformidad [del Estado con el derecho internacional] se cae si se muestra que los extranjeros no reciben el trato que les es debido en la práctica a causa de la insuficiencia de las leyes o a los defectos de los que las aplican. La denegación de justicia proporciona esa demostración y da lugar a la protección diplomática.[5]

Por consiguiente, el ejercicio de esta doctrina dejaba al descubierto la posición internacional relativa de tribunales nacionales específicos y su responsabilidad jurídica derivada.

A este respecto, el alcance de cuáles eran esos actos ilegítimos reclamables conforme al derecho estuvo sometido a considerable debate en el siglo XIX y parte del XX. Como mínimo, incluían

---

4   Jan Paulsson, *Denial of Justice in International Law* (2005), p. 15.

5   Vissher, *supra* nota 2, p. 11.

la falta de acceso a los tribunales, el acceso discriminatorio y retrasos indebidos en los procedimientos. Más allá de estos, el presunto acto ilegítimo podía ir bastante lejos, como se analizará después. A pesar de lo dicho, la posibilidad de presentar esas reclamaciones y obtener alguna compensación mediante la intervención del Estado de origen del reclamante hizo que los intereses de los inversores extranjeros y los residentes extranjeros en América Latina se pusieran en relación con la posición transnacional de los sistemas jurídicos latinoamericanos, uno podría decir que incluso en tensión con ella. En resumen, hubo un incentivo constante por descalificar reiteradamente el funcionamiento de los tribunales nacionales latinoamericanos, tanto como era inevitable que los tribunales latinoamericanos dictaran decisiones y sentencias en contra de extranjeros. Esas caracterizaciones proporcionaron el fundamento y la justificación para conseguir alguna compensación, no obstante lo injustificado de la demanda o de la defensa del extranjero según el tribunal nacional latinoamericano. Teniendo en cuenta que los poderes europeos y los Estados Unidos no dudaron mucho en intervenir en los asuntos internos latinoamericanos, era bastante probable que esa clase de reclamaciones prosperara en el ámbito internacional. Por consiguiente, la geopolítica predominante en esa época podría considerarse que repercutía de forma significativa en el universo de las caracterizaciones y la posición del derecho y de los tribunales nacionales.

En especial, durante la última parte del siglo XIX y principios del XX en particular hubo un gran flujo de inmigración europea a América Latina. Muchos de estos inmigrantes retuvieron su ciudadanía original y su fidelidad con sus países nativos y buscaron su ayuda cuando tuvieron conflictos locales, en algunos casos. Lo que es más importante, fue también un periodo de significativa inversión extranjera europea en la región.[6] Los

---

[6]   Frank Griffith Dawson, *The First Latin American Debt Crisis* (1990).

conflictos en los tribunales podían tomar rápidamente una dimensión internacional dependiendo de la nacionalidad de las partes. Además, la intervención diplomática, en casos legales rechazados por los tribunales o decididos en contra de una parte extranjera, dependía de poder argumentar que los tribunales nacionales no podían, o no querían, juzgar conforme a derecho. De hecho, este periodo proporciona un historial continuo de intervenciones diplomáticas y militares en la región por las potencias europeas y Estados Unidos.[7] Esas intervenciones se basaban externamente en una variedad de transgresiones, algunas reales y otras supuestas, como el impago de la deuda soberana por los Estados latinoamericanos, los daños infligidos en territorio nacional a ciudadanos y propiedades de una potencia extranjera y la denegación de justicia en los tribunales latinoamericanos.[8] En 1944, un comentarista señaló:

> No hubo página más deplorable en las relaciones de América Latina con las potencias extranjeras que aquella que recoge la historia de las reclamaciones diplomáticas, calificadas por el Tribunal Supremo del Brasil en un caso como el "terrorismo de las indemnizaciones" y por la Corte Suprema del Perú como una "historia desafortunada", que no es "nada sino la demostración continua de poder sobre el débil". En esta exhibición de falta de derecho en la esfera internacional, todas las grandes potencias, y algunas de las pequeñas, se unieron, y la historia de esas reclamaciones constituye el capítulo más siniestro de las relaciones del fuerte hacia el débil.[9]

---

[7] Richard F. Grimmett, *Instances of Use of United States Armed Forces, 1798 to 2001* (2001); A. van Wynana Thomas y A. J. Thomas Jr., *Non-Intervention: The Law and its Import in the Americas* (1956); véase, en general, Jorge L. Esquirol, "Latin America", en *The Oxford Handbook of the History of International Law* (2012), pp. 566-570.

[8] *Ibid.*

[9] Julius Irizarry y Puente, "The Concept of 'Denial of Justice' in Latin America", 43 *Michigan Law Review* (1944), pp. 383, 387.

La responsabilidad del Estado por los casos de supuesta "denegación de justicia" fue uno de los principales fundamentos de esas reclamaciones diplomáticas. Su definición precisa dio pie a bastantes controversias. Los diplomáticos y funcionarios latinoamericanos lucharon por restringir su significado, e intentaron limitarlo a los requisitos procesales de libre acceso a los tribunales nacionales por parte de los extranjeros en las mismas condiciones que los nacionales.[10]

Con el fin de reducir los privilegios adicionales a los extranjeros que recurrían decisiones judiciales finales, este principio de igualdad de acceso acabó considerándose doctrina constitucional: "La equiparación civil del ciudadano y del extranjero ha sido desde hace ya tiempo doctrina constitucional en América Latina".[11] Conforme a esta limitación, una reclamación potencial por un extranjero solo cabía en caso de una prohibición discriminatoria de acceso a los tribunales o de una falta de acceso total a los tribunales.[12] De hecho, el destacado experto argentino de derecho internacional público Carlos Calvo buscó contener la aplicabilidad del concepto de "derecho internacional" como parte de su muy celebrada Doc-

---

[10] Hans W. Spiegel, "Origin and Development of Denial of Justice", 32 *American Journal of International Law* 63 (1938), p. 80 ("La [definición de *denegación de justicia*] remite, según la práctica sudamericana, a la denegación de acceso a la justicia y, según la práctica de otros, a toda clase de delito internacional").

[11] J. Irizarry y Puente, *supra* nota 9, p. 387 (cita a Yepes, "Les problèmes fondamentaux du droit des gens en Amérique", 47 *Acad. de Dr. Int.* 1934-I, p. 91; Hormann Montt, *Derecho constitucional* (2.ª ed., 1939), pp. 52 y ss.; Aurelio Campillo, *Tratado elemental de derecho constitucional mexicano* (1928), pp. 278 y ss.; Arcesio Aragón, *Nociones de derecho público interno*, Sección 153 (1921), p. 195.

[12] Véase, por ejemplo, Rafael F. Seijas, *El derecho internacional hispanoamericano (público y privado)* (1884), p. 518; Guillermo J. Sepúlveda Necoechea, *La denegación de justicia en el derecho internacional: conceptuación moderna* (Universidad Nacional Autónoma de México, Escuela de Jurisprudencia (tesis), 1959), pp. 50-51.

trina Calvo.[13] Esta última requería que los extranjeros siguieran varios pasos previos antes de recurrir al derecho internacional: presentar los conflictos entre Estados receptores e individuos ante los tribunales nacionales, agotar los recursos internos, respetar las decisiones de los tribunales nacionales y renunciar a la vía diplomática.[14] Esta doctrina acabó promulgándose en constituciones, legislaciones, tratados y contratos públicos y privados con extranjeros.[15] Algunas versiones contenían una excepción para los casos de denegación de justicia y permitían ahí la vía diplomática; otros intentaban cerrar esa posibilidad totalmente.[16] De hecho, Lassitzyn nos informa de esos esfuerzos latinoamericanos hasta 1936:

> Los tratados en los que es usado el concepto de "denegación de justicia" no son muchos, y se restringen principalmente a aquellos con los Estados latinoamericanos. En ningún tratado hay una definición directa de ese concepto. En general, parece usarse en un sentido bastante restringido, y con frecuencia está complementado por referencias a los retrasos de la justicia, la no ejecución de sentencias, incluso identificado con negligencia en la administración de justicia. No es claro si las partes contratantes quieren distinguir esos actos ilícitos o solo hacer la idea general más definida y prevenir una posible malinterpretación. Ni tampoco está claro si esas cláusulas se refieren simplemente al agotamiento de los recursos locales como condición previa para la acción diplomática.[17]

---

13   Carlos Calvo, *Le droit international théorique et pratique,* vol. 1 (5th Edition, 1896), pp. 264-355.

14   Jorge L. Esquirol, *supra* nota 7, pp. 566-570.

15   Manuel R. García-Mora, "The Calvo Clause in Latin American Constitutions and International Law", 33 *Marquette Law Review* 205 (1949-50).

16   Frank Griffith Dawson, "International Law, National Tribunals, and the Rights of Aliens: The Experience of Latin America", 21 *Vanderbilt Law Review* 712 (1968), pp. 720-725.

17   Oliver J. Lissitzyn, "The Meaning of Denial of Justice in International Law", 30 *American Journal of International Law* 632 (1936), pp. 635-636.

Los Estados Unidos nunca reconocieron la validez de la Doctrina Calvo, que afirma que los derechos derivados de "la denegación de justicia" a los que supuestamente renuncian los particulares no pueden ser renunciables por ellos, ya que pertenecen más bien al Estado.[18] En fecha tan tardía como 1968, Frank Griffith Dawson concluyó:

La concepción latinoamericana de no intervención implica también la negación de la intervención diplomática en nombre de los extranjeros; esa es una definición amplia no aceptable para los Estados Unidos, que define intervención de forma más restrictiva y no se considera obligado a evitar intervenir por cuenta de sus ciudadanos, en especial cuando ha habido una denegación de justicia [...] los Estados Unidos mantiene que las cláusulas Calvo no impedirán la acción diplomática que sería en otro caso permisible en general conforme a las normas reconocidas del derecho internacional.[19]

En general, los expertos en derecho internacional público no latinoamericanos usaban un significado más amplio del concepto de 'denegación de justicia',[20] extensible a diversas presuntas fallas estatales en acciones procesales judiciales instauradas por extranjeros, como serían los obstáculos para hacer efectivos los derechos, debido a la falta de acceso a los tribunales, la no existencia o la inadecuación de normas jurídicas que regulen el caso, la negativa o el retraso de los tribunales a la hora de dictar sentencia, la inobservancia del derecho, la aplicación errónea del derecho a los hechos del caso o la falta de ejecución de las decisiones o sentencias de sus tribunales por las autoridades. En

---

[18]   American Law Institute, *Restatement of the Law (Third) of the Foreign Relations of the United States*, 2, Section 713, nota g (1987).

[19]   Frank Griffith Dawson, "International Law, National Tribunals, and the Rights of Aliens: The Experience of Latin America", *supra* nota 16, pp. 721 y 723.

[20]   *Ibid.*

su acepción más amplia, podría incluso extenderse a los casos de grave error judicial, aunque sea envuelto en el lenguaje de la injusticia "manifiesta" o "notoria".[21] Lissitzyn señala que en decisiones judiciales internacionales, la mayoría de ellas sobre Estados latinoamericanos,

> [M]uchos casos usan "la denegación de justicia" para describir varios actos, sobre todo de las autoridades judiciales, sin intentar especificar sus límites. En todos estos casos, sin embargo, su sentido es más amplio que la simple falla de no conceder acceso a los tribunales e incluye las sentencias injustas.[22]

En un arbitraje internacional de 1891 entre Francia y Venezuela, los árbitros extendieron el significado de error judicial no solo a las cuestiones de derecho cubiertas por el tratado entre los dos Estados, sino también al derecho venezolano y los principios de derecho en general:

> Por otro lado, la significación de la expresión *denegación de justicia* debería ser precisa. Conviene entender por ella todo acto que deba ser considerado como una denegación de justicia, sea según las leyes de Venezuela, sea según los principios generales del derecho

---

Francisco V. García-Amador, "Responsabilidad del Estado por daños causados en su territorio a las personas o bienes de los extranjeros", *Anuario de la Comisión de Derecho Internacional*, vol. II (1957), p. 122 ("En las codificaciones que hemos citado, la actuación de los organismos judiciales se califica, expresa o tácitamente, conforme a la 'norma internacional de justicia' (*international standard of justice*), en el sentido de que, aun cuando no se haya infringido el derecho interno, el Estado incurre en responsabilidad si el acto u omisión supone el desconocimiento de una 'norma' generalmente aceptada en materia de organización judicial o del procedimiento. En las codificaciones interamericanas, en cambio, al menos en lo que se refiere a los casos de 'denegación de justicia' y de 'retardo anormal', la calificación del acto u omisión para los efectos de determinar la responsabilidad internacional depende exclusivamente del derecho interno").

Lissitzyn, *supra* nota 17, p. 642.

de gentes, sea según la Convención del 26 de noviembre de 1885, ya que los compromisos no exigen la concordancia absoluta de estas tres fuentes jurídicas o que no haya diferencias esenciales o siquiera notables entre ellas sobre la materia.[23]

Por consiguiente, la acción diplomática extranjera basada en demandas de "denegación de justicia" abarcó un amplio espectro que iba de la falta de garantías procesales en los tribunales, en un extremo, a las reclamaciones *de facto* por un presunto error judicial, en el otro. Algunos juristas de la época establecían una distinción entre la "denegación de justicia" y la "injusticia manifiesta" de las decisiones de los tribunales. Se argumentaba que la primera requería un acto independiente ilícito a la luz del derecho internacional; la segunda era considerada un hecho ilícito por los propios tribunales y, por consiguiente, no era objeto apropiado de una reclamación basada en la "denegación de justicia".[24] Además, surgen preguntas en torno a si una reclamación por denegación de justicia estaba limitada a acciones de los jueces o podrían incluir interferencias del poder ejecutivo, del poder legislativo o de cualquier organismo del Gobierno.[25] En todo caso, la única situación que estaba claramente fuera del alcance de la doctrina de la "denegación de justicia" era el mero error inocuo por los tribunales locales. Se requería algo más, pero no siempre estaba claro qué más.

---

[23] "President of the Swiss Confederation, Arbitrator under the Convention of 1891 between France and Venezuela, in the Fabiani case", 5 *Arbitrations* 4878, pp. 4893-97, citado en Lissitzyn, *supra* nota 17.

[24] Clyde Eagleton, "Denial of Justice in International Law", 22 *American Society of International Law* 538 (1928), pp. 551-554.

[25] Óscar Rabasa, *Responsabilidad internacional del Estado con referencia especial a la responsabilidad por denegación de justicia* (1933), pp. 16-17 (señala la definición amplia de denegación de justicia propuesta en la Cuarta Convención Panamericana de 1910 en Buenos Aires, que incluía acciones legislativas y ejecutivas, y que el representante estadounidense aun rechazó por considerarla demasiado restrictiva).

En consecuencia, los tribunales y comentaristas latinoamericanos lucharon por defender como línea de base los efectos de cosa juzgada que tenían las decisiones judiciales finales.[26] La doctrina del derecho internacional vigente y la *real politik* de la era socavaron la propia finalidad de las decisiones judiciales en toda la región. Citando a la Corte Suprema venezolana en 1918, en el asunto de la Claim of Martini & Company, el mismo Tribunal Supremo de los Estados Unidos dijo:

Sería inusual pensar que esas expresiones [denegación de justicia] autorizan una interpretación que pudiera justificar la intervención diplomática cada vez que se presenta una alegación de injusticia contra una decisión judicial. Esa alegación se vería cada vez que se dictara una sentencia contraria a las pretensiones de un extranjero, la estabilidad de las decisiones desaparecería, y mientras que los nativos del país estarían vinculados por la autoridad definitiva de lo decidido en sede judicial, el extranjero tendría el privilegio de una revisión final de la sentencia ante un tribunal internacional.[27]

Sin duda, hubo en la historia casos claros de frustración de reivindicaciones legítimas por extranjeros en los tribunales nacionales latinoamericanos.[28] También es cierto que hubo casos ofensivos de corrupción judicial, interferencias del poder

---

[26] Véase, por ejemplo, el *Informe Guerrero* a la Liga de las Naciones. Anexado al Cuestionario n.º 4 tal y como fue adoptado en 1926 por el Comité de Expertos para la Codificación Progresiva del Derecho Internacional, establecido por la Asamblea de la Liga de Naciones en 1924, *League of Nations Document* C.196.M.70.1927.V.

[27] Venezuela-7 *Revista de Derecho y Legislación* 143 (Caracas, 1918).

[28] Considérese Frank Griffith Dawson, *supra* nota 19, p. 728 (citas omitidas) ("Los observadores del panorama latinoamericano suponen incorrectamente a veces que, debido a los climas políticamente inestables con respecto al nuestro, los jueces latinoamericanos serían incompetentes en el mejor de los casos y corruptos en el peor. No se dan cuenta de que los desórdenes latinoamericanos típicos, salvo en los contextos inmediatos de las revoluciones sociales, como las que barrieron México y Cuba, no alteran necesariamente todas las instituciones en una sociedad concreta. Por consiguiente, los miembros de la

ejecutivo y del poder legislativo en los tribunales y otras acciones parecidas con respecto a casos específicos. Sin embargo, la
doctrina de la "denegación de justicia" incentivó la caracterización, por la parte extranjera perdedora, del sistema judicial
nacional cuestionado como un sistema disfuncional o corrupto
o incompetente en la interpretación de su propio derecho.[29]
Ya en la segunda Conferencia Panamericana en 1902, los
Estados Unidos estuvieron de acuerdo en someter al arbitraje
internacional las reclamaciones relativas a la denegación de
justicia que no pudieran resolverse por vía diplomática; un
arbitraje realizado bien conforme a lo dispuesto en tratados
bilaterales, bien mediante el Tribunal Internacional de La Haya.[30] Algunos casos fueron decididos por comisiones mixtas
para conflictos internacionales, en las que un árbitro principal
tenía por lo general la última palabra.[31] En un ámbito menos
formal, el recurso a los ministerios de Asuntos Exteriores y
las embajadas de las potencias extranjeras concernidas fue, en
efecto, un mecanismo de revisión de las decisiones judiciales
propio de la *real politik*.[32] Ya fuera la intervención el resultado
de una decisión unilateral de una de las potencias importantes

---

judicatura siguen normalmente en sus cargos, indemnes, a pesar de los golpes
militares").

[29] *Ibid.*, p. 720 ("Parecería, en retrospectiva, como si la insistencia democrática
en la compensación de los daños dependiera más de consideraciones políticas
que jurídicas [...] la reivindicación de reclamaciones internacionales ha sido
considerada como una forma de justificar la invasión y ocupación armada,
como las expediciones francesas a México en 1838 y 1861, las intervenciones
de los Estados Unidos en el Caribe después de 1900, y las amenazas alemanas,
británicas e italianas de 1902-03").

[30] Rabasa, *supra* nota 25.

[31] Sepúlveda, *supra* nota 12.

[32] Considérese Frank Griffith Dawson, *supra* 19, pp. 730-31 ("La forma en la
que se desarrollan los procesos judiciales latinoamericanos y las normas de los
códigos procesales que regulan el desarrollo de los procedimientos podrían
parecer extrañas a los litigantes extranjeros acostumbrados a las jurisdicciones
del *common law*. Sin embargo, la falta de familiaridad difícilmente justifica las
reclamaciones de denegación de justicia").

o la decisión de un árbitro fiable, no había razón para cambiar el discurso subyacente que caracterizaba los sistemas jurídicos en América Latina. Al contrario, que los Estados ofendidos tuvieran ahora menos control rector de las decisiones, al estar más frecuentemente en manos de árbitros, es probable que alimentara una retórica todavía más firme sobre la supuesta realidad de los tribunales fallidos de la región. A este respecto, los tribunales latinoamericanos quedaron sujetos en especial a ese escrutinio. En 1959 un comentarista señalaba, describiendo varios casos de arbitraje internacional: "Las sentencias de los tribunales supremos de los Estados [latinoamericanos] objeto de queja eran vistas con desprecio por los demandantes, y los tribunales internacionales que las revisaban rechazaban a menudo sus conclusiones".[33]

La práctica de las acciones diplomáticas, defendida por las doctrinas y las prácticas de derecho internacional de la época, estimuló el interés por condenar los tribunales y los sistemas jurídicos latinoamericanos en su totalidad y de hacerlo por escrito. De hecho, suponiendo que se hubieran agotado los recursos internos, "la alegación de la denegación de justicia suponía una crítica de la conducta del tribunal supremo del Estado [demandado]".[34] Tener a disposición la creencia generalizada de que la ausencia de derecho reinaba en la región beneficiaba a la comunidad de inversores internacionales y de residentes extranjeros en América Latina.[35] La apreciación de

---

[33] Sepúlveda, *supra* nota 12, p. 66.

[34] Constantin Th. Eustathiades, "La responsabilité de l'état pour les actes des organes judiciaries et le problème du déni de justice en droit international". Tesis de doctorado, Université de Paris (1936), p. 311.

[35] Véase, por ejemplo, Henri C. R. Lisboa, "Des Réclamations Diplomatiques", 8 *Revue de Droit International et Législation Comparée* 237, 2ème Série (1906) ("au moindre acte d'autorité du gouvernement vénézuélien, concernant des intérêts étrangers, sa mauvaise réputation suffit pour qu'on s'empresse d'approuver les mesures de répression préparées à la hâte, sans que l'opinion publique soit renseignée sur les motifs et les incidents du conflit et sur les

una irregularidad en un procedimiento judicial podía incorporarse sin mayor inconveniente a esa percepción normalizada de la disfunción latinoamericana, y así defenderse con mayor facilidad la "denegación de justicia".[36] Esa imagen fue generada y reciclada por los mismos incentivos creados por la doctrina. De hecho, una vez que la percepción existía, no es difícil imaginar los muchos incentivos financieros y de otro tipo para exagerarla y, en sentido contrario, la capacidad más limitada de contrarrestar su fuerza con una narrativa enfrentada más equilibrada.

De nuevo, eso no quiere decir que no haya casos específicos de actos ilícitos cometidos por los tribunales o periodos y lugares en los que haya habido una "ausencia del derecho" y toda clase de situaciones reprochables en los países latinoamericanos. Sin embargo, la doctrina internacional descrita aquí genera incentivos sesgados para crear una narrativa continua y un argumento permanente sobre el fracaso de la ley y la ausencia de derecho en América Latina. Con respecto a la doctrina de la denegación de justicia, el incentivo para promover esa narrativa estuvo en especial activo durante el siglo XIX. También permite aclarar bastante la percepción generalizada de que existía un colapso del derecho en la región, en lugar de la evaluación ponderada y razonable que cabría esperar de los sistemas judiciales nacionales en ese periodo.

En tiempos más recientes, la doctrina de la denegación de justicia ha experimentado un resurgir, en especial en el con-

---

raisons que le Venezuela invoque pour justifier sa conduite") ("al menor acto de autoridad del Estado venezolano relativo a intereses extranjeros, su mala reputación basta para que se aprueben las medidas de represión con premura, sin que se informe a la opinión pública sobre los motivos y las circunstancias del conflicto y sobre las razones invocadas por Venezuela para justificar su conducta"); en francés en el original [N. del T.].

36 Véase Proceso Oral ante la Tercera Comisión para la Codificación del Derecho Internacional Público, citado en Eustathiades, *supra* nota 34, p. 307 ("La responsabilidad internacional es igual de grave, porque implica el fracaso del Estado en sus deberes internacionales y así puede formularse esa acusación contra el Estado").

texto del arbitraje comercial internacional. Jan Paulsson, tras corroborar su larga existencia histórica, señala: "El derecho internacional contempla estándares que permiten juzgar desde fuera los sistemas nacionales".[37] En realidad, la alegación de estándares internacionales de equidad (y justicia) de carácter consuetudinario o convencional, aunque están por lo general limitados a las violaciones del derecho internacional, no del nacional, cubre potencialmente toda decisión judicial nacional. Además, los recursos internacionales no dependen ya de la intervención diplomática o militar: en muchos casos, los individuos y las personas jurídicas pueden presentar acciones por sí mismos contra el Estado en foros internacionales, en especial en lo relativo a los derechos del inversor extranjero.[38]

Además, hay varias doctrinas y procedimientos jurídicos contemporáneos que han asumido funciones equivalentes a las de la denegación de justicia y que requieren un juicio "desde fuera" de los sistemas jurídicos nacionales. Por ejemplo, limitándonos al campo de los procedimientos judiciales estadounidenses, cabe mencionar las peticiones de *forum non conveniens*, las audiencias para conceder asilo político o los procedimientos para hacer cumplir las sentencias de los tribunales latinoamericanos; todos esos fenómenos procesales exigen valoraciones y diagnósticos sobre el funcionamiento de los sistemas jurídicos nacionales. A la luz de la historia de las relaciones jurídicas internacionales en América Latina, esos procedimientos generan incentivos para reciclar narrativas bastante instrumentales y reforzar ciertas clases de literatura del derecho comparado sobre la región. Todos esos relatos deben levantar las mismas sospechas planteadas en estas páginas. Si bien el tema requiere una investigación empírica más específica, las construcciones

---

[37] Jan Paulsson, *supra* nota 4, p. 4.

[38] Laure-Marguerite Hong-Rocca, "Le déni de justice substantiel en Droit Public International". Tesis de doctorado, Université Panthéon-Assas (Paris II) (2012).

discursivas predominantes parecen muy inclinadas a subrayar la disfunción jurídica perpetua de América Latina, muchas veces con independencia de los méritos del caso específico. En resumen, esta perspectiva histórica complementa los análisis más contemporáneos del "fracaso del derecho", sobre el que he escrito en otros lugares, y que explico brevemente después. Plantea una hipótesis sobre la falta de atención de los académicos y los tribunales estadounidenses a los desarrollos constitucionales en América Latina durante los siglos XIX y XX, a pesar del hecho de que la mayoría de los países latinoamericanos adoptaron el modelo de la Constitución estadounidense. Jeremy Adelman, analizando en 2001 el estado de los estudios latinoamericanos realizados en los Estados Unidos, señala:

> Pocos temas despiertan más bostezos que la historia constitucional y del derecho. Sin embargo, con nuestro descuido de las formas en que los acuerdos entre clases, grupos étnicos y géneros acaban por codificarse en una serie de reglas formales e informales, se perdió la apreciación de cómo estas reglas configuran las negociaciones posteriores [...] ¿Cómo, en efecto, podemos volver a un estudio histórico de la creación de leyes y de la vida institucional (estudiando, por consiguiente, las estructuras que configuran el mundo) sin a la vez pensar que esas estructuras son restricciones inmutables e inelásticas sobre los agentes [de la historia]?[39]

En su posestructuralismo, Adelman atribuye como razón para el descuido o el rechazo en los estudios históricos de temas institucionales, como los relativos al derecho latinoamericano y a las constituciones latinoamericanas: 1) el exceso de confianza que se tuvo en el pasado en las teorías estructurales, como el marxismo, para explicar los fracasos de América Latina como

---

[39] Jeremy Adelman, "Institutions, Property, and Economic Development in Latin America", en *The Other Mirror* (Miguel Angel Centeno y Fernando López-Alves eds., 2001), p. 34.

resultado de su mala herencia institucional y 2) la reacción subsecuente frente a esas exageraciones estructurales, que lleva a que las explicaciones sean únicamente microhistorias, historia social y otras expresiones parecidas.[40] Esas opciones menosprecian el derecho y sus instituciones.

Como es obvio, hay otras razones que explicarían también esa situación, en especial la ausencia de atención de los juristas y los comparatistas a estos asuntos. Una explicación puede ser que la jurisdicción "originaria", en este caso los Estados Unidos, rara vez mire hacia las jurisdicciones "derivadas" en búsqueda de autoridad o conocimiento experto jurídico.[41] Cabría establecer aquí un paralelo con la relativa falta de influencia del derecho privado latinoamericano en Europa, su jurisdicción "originaria". Además, la situación política y económica en América Latina en el siglo XIX era muy inestable en muchas áreas, lo cual, sin duda, contribuiría a la percibida no comparabilidad de sus derechos constitucionales. Igual de importante es que las diferencias raciales y culturales parecían ser tan prominentes y pertinentes en esa época. Los Estados latinoamericanos no fueron considerados miembros plenos de la comunidad internacional de Estados civilizados hasta los primeros años del siglo XX.[42]

Sin embargo, la percepción negativa generalizada del derecho y la legalidad en América Latina fue también alimentada, en mi opinión, por la geopolítica de los sistemas jurídicos nacionales de la época, tal como se ha descrito aquí. A este respecto, los incentivos financieros y políticos para reproducir las narrativas sobre la "denegación de justicia" intervinieron sin duda en la caracterización y la ubicación de las jurisdicciones latinoameri-

---

[40] *Ibid.*

[41] Véase, en general, Diego López Medina, *La teoría impura del derecho: la transformación de la cultura jurídica latinoamericana* (2005).

[42] Calvin de Armond Davis, *The United States and the Second Hague Peace Conference: American Diplomacy and International Organization, 1899-1945* (1975).

canas como ajurídicas. Por extensión, no sorprende que hubiera pocos intercambios académicos o ninguno en la esfera del derecho constitucional. Los textos y los tribunales latinoamericanos no fueron probablemente percibidos como fuentes creíbles de auténtico derecho. Los numerosos relatos sobre la denegación de justicia habrían hecho mucho por socavar la credibilad del razonamiento jurídico latinoamericano y las declaraciones de los tribunales latinoamericanos sobre su propio derecho constitucional y normas de otras clases. Además, la realidad de que las sentencias de los jueces latinoamericanos no eran finales o al menos no para los extranjeros y que dependían de las percepciones de los ministerios de Asuntos Exteriores o de las misiones diplomáticas de las principales potencias extranjeras habría deslegitimado también significativamente su autoridad.

C. FRACASO CONSTITUCIONAL

En los Estados Unidos, la mayoría de las obras académicas tradicionales sobre derecho comparado que se ocupan del derecho constitucional en América Latina son bastante desdeñosas frente a ese derecho. Están muy marcadas por el paradigma del "derecho y desarrollo" que comenzó en los años sesenta. De hecho, este es el periodo en el que mayor atención se le prestó al derecho latinoamericano en los Estados Unidos. Surgió de los esfuerzos de la era del desarrollo por alinear el derecho con el desarrollo económico. Esta literatura está indeleblemente marcada por su objetivo original de diagnosticar la incapacidad del derecho latinoamericano de producir un mayor crecimiento económico y una mejor democracia política. De hecho, este enfoque diagnóstico siempre presupone el fracaso del derecho en la región: su punto de partida es la insuficiencia de la riqueza económica y de una democracia apropiada.[43] La única

---

[43]   Véase, por ejemplo, Jeremy Adelman, *supra* nota 39, p. 27 ("Para los académicos en América Latina, su objeto de estudio proporcionaba pruebas numerosas

pregunta para el analista desarrollista del derecho es esta: ¿por qué el derecho latinoamericano produce pobreza económica y déficit de democracia política?

Ese marco para pensar el derecho en América Latina sigue siendo crucial en gran parte de los estudios de derecho comparado sobre la región. En pocas palabras, este campo está caracterizado por una imagen idealizada del derecho en los países desarrollados, como el derecho estadounidense, que se compara con una explicación hiperrealista de los fracasos del legalismo liberal en América Latina. No cabe duda de que hay numerosas fallas operativas del derecho, casos de clara corrupción, incompetencia y una variedad de otros defectos en América Latina, como en todos los lugares los hay en algún grado. Lo que sería más útil, sin embargo, como explicación comparativa sin preconceptos importantes, sería reconocer la ideología y los mitos del legalismo liberal frente a los defectos inevitables de todas sus implementaciones en sociedades reales.[44] Sin embargo, esto casi nunca ocurre. Al contrario, normalmente se presentan los mitos liberales en forma abstracta o se proyectan como si de verdad estuvieran operando *en el derecho de países desarrollados*. La imagen se distorsiona aún más cuando esta idealización del derecho del país desarrollado se

---

de la desviación con respecto a la norma del cambio y el progreso y el fracaso de responder a las expectativas. Por consiguiente, América Latina ejemplifica la persistencia de algunos obstáculos o impedimentos, la incapacidad de adaptarse o modernizarse o las deficiencias compulsivas, sobre todo, cuando se compara con otras áreas del mundo atlántico").

[44] Por dar un ejemplo relativo a la amplia financiación internacional de las reformas del proceso penal en América Latina para convertirlo en un proceso contradictorio (*adversarial*), véase David Alan Sklansky, "Anti-Inquisitorialism", 122 *Harvard Law Review* 1634 (2008-09), p. 1687 ("El problema con la retórica inflada sobre las ventajas del sistema contradictorio no es solo que agrupa cuestiones que deberían estudiarse mejor por separado, sino que mezcla el mito y la realidad, y pasa por alto las brechas importantes entre la versión idealizada del proceso contradictorio estadounidense y el funcionamiento real, cotidiano, del sistema").

compara con el funcionamiento de los sistemas jurídicos reales en los países en vías de desarrollo. Esto no es solo así porque los mismos mitos jurídicos liberales siguen siendo insostenibles y vistos desde una perspectiva comparada esta situación se torna obvia. Sino es también porque sociedades en vías de desarrollo tienen por lo general menos recursos para apoyar el funcionamiento costoso de los sistemas jurídicos liberales y, lo que es igual de importante, para apoyar la producción a gran escala de la ideología y la apología necesarias para legitimar el sistema, lo cual los juristas de los países ricos en recursos son capaces de hacer con mayor facilidad.

A continuación, se presenta un breve panorama de las perspectivas más prominentes sobre el derecho constitucional en América Latina desde el punto de vista estadounidense. Como es evidente, es incompleto e incapaz de reflejar todos los matices sutiles de sus autores o las diferentes convenciones disciplinarias. No pretende ser una crítica individual de los autores citados, sino que los presenta para destacarlos como representantes de los principales géneros del campo. Cabría añadir otros autores y géneros a la discusión si así se quisiera.

1. DEMASIADAS CONSTITUCIONES

En varios casos importantes, los estudios de "derecho y desarrollo" aceptan la mitología del sistema jurídico estadounidense sin cuestionársela y la comparan con los sistemas latinoamericanos. Un artículo de 1991, por ejemplo, declara de forma bastante sucinta su conclusión ya en el título: "The Success of Constitutionalism in the United States and its Failure in Latin America: An Explanation" (El éxito del constitucionalismo en los Estados Unidos y su fracaso en América Latina: una explicación).[45] En

---

[45] Keith Rosenn, "The Success of Constitutionalism in the United States and its Failure in Latin America: An Explanation", 22 *University of Miami Inter-American Law Review* 1 (1990-91).

él, el autor proporciona una explicación histórica del éxito del constitucionalismo estadounidense en una forma muy idealizada.[46] En cambio, se apoya en las dificultades económicas y políticas pasadas de América Latina para defender el fracaso del constitucionalismo en la región. Al final, la prueba de lo anunciado en el título del artículo es el gran número total de constituciones y reformas constitucionales aprobadas en América Latina comparado con el bajo número de ellas efectuadas en los Estados Unidos. Las cifras que contabilizan los cambios son tabuladas para cada país. Los resultados muestran que "desde la independencia las veinte repúblicas latinoamericanas han promulgado unas 253 constituciones, un promedio de 12,65 por país".[47] Por consiguiente, para el autor, el hecho de tener dos constituciones y veintisiete enmiendas durante un periodo de más de doscientos años es señal del éxito constitucional, mientras que un promedio de unas trece constituciones en un periodo parecido es señal de fracaso.

Es evidente que ese marco no tiene en cuenta los cambios generales del derecho constitucional producidos por las decisiones constitucionales de los tribunales, en especial en los Estados Unidos. No tiene en cuenta las opiniones divergentes en torno a la Constitución no resueltas por los tribunales superiores. Ni tampoco los numerosos vacíos, ambigüedades y contradicciones en la Constitución estadounidense (o en otras constituciones para el caso) con respecto a las facultades del poder ejecutivo, los derechos de los Estados y los tratados internacionales y otras anomalías que no suelen ser subrayadas en las explicaciones acríticas del derecho estadounidense. Además, el hecho de que el cambio constitucional se efectúe en su mayor parte mediante nuevas constituciones y reformas constitucionales, en lugar

---

[46] Véase, en general, Miguel Schor, *infra* nota 51 (criticando a Rosenn); compárese con Michael Schudson, *The Good Citizen: A History of American Civic Life* (1998); Peter Charles Hoffer, *Law and People in Colonial America* (1998).

[47] Rosenn, *supra* nota 45, pp. 6-7.

de mediante modificaciones de los precedentes constitucionales, es una distinción que puede suponer o no una gran diferencia sustantiva. El hecho de que gran parte de los cambios constitucionales en América Latina se haya llevado a cabo mediante revisiones textuales es explicable, al menos en parte, por el papel limitado reconocido a la interpretación judicial, sobre todo en el pasado, dentro de la tradición jurídica civil propia de la región.

Aun así, la historia política y económica de América Latina, y en algunos casos las explicaciones contemporáneas, parecerían apuntar al sentido común detrás de esas afirmaciones sobre el fracaso del derecho. Miguel Centeno y Fernando López-Alves, reconocidos latinoamericanistas, confiesan:

> Cuando América Latina aparece en las discusiones generales de la historia contemporánea o gran teoría, suele ser como un ejemplo de lo que no hay que hacer [...] La leyenda negra de los fracasos latinoamericanos a la hora de desarrollar instituciones económicas y políticas es compleja y está profundamente incorporada a nuestra herencia académica. Sin embargo, se han hecho pocos esfuerzos para explicar esos fracasos, mal funcionamiento y decepciones o incluso para analizar si de verdad han sido fracasos. ¿Por qué no limitarse a tratar América Latina como un desarrollo alternativo, con sus propias probabilidades y variaciones?[48]

De hecho, si examináramos de forma más crítica los elementos que apoyan un diagnóstico del fracaso del derecho, entonces la experiencia latinoamericana no podría descartarse de forma tan fácil. Es evidente que en la historia de muchos de los países de la región ha habido transferencias irregulares de poder, golpes militares, dictaduras, periodos extensos de estado

---

[48] Miguel Ángel Centeno y Fernando López-Alves, *Introduction to the Other Mirror: Grand Theory through the Lens of Latin America* (2001), p. 10.

de emergencia, etc.[49] Sin embargo, hay también una historia importante de debate constitucional, elaboración de constituciones, decisiones judiciales constitucionales, enmiendas y reformas y teoría constitucional.

Incluso en el contexto de los estados de emergencia duraderos, por ejemplo, hay un interés académico renovado por comprender la "flexibilidad" de estas constituciones. Un análisis un poco más detallado de los estados de excepción mostraría que las declaraciones en las que se conceden poderes de emergencia pueden verse desde una perspectiva realista como algo más que una toma del poder por grupos inescrupulosos o como la manifestación del autoritarismo descontrolado de gobernantes patológicos. También pueden servir para introducir políticas públicas defendibles que, en ese momento, no parecían ser susceptibles de implementación mediante el orden constitucional ordinario. En una fascinante tesis doctoral reciente sobre este tema, Jorge González Jácome explica el uso cuestionable y en apariencia abusivo de los usos de poderes de emergencia en la Constitución colombiana de 1886, durante el periodo del estado de emergencia en los años treinta, como un mecanismo mediante el cual fue aprobada una política social amplia.[50] Según González Jácome, esta perspectiva sobre los poderes de emergencia no apoya las posiciones habituales relativas a los poderes de emergencia en las constituciones liberales: bien como el pecado original que anima su uso repetido o, en sentido contrario, como algo insuficientemente explícito, que de estar expuesto más detalladamente en la propia Constitución podría delimitar su uso de forma más clara. En lugar

---

[49] *Ibid.*, p. 8 ("entre 1930 y 1990 los países latinoamericanos tuvieron 139 cambios extraconstitucionales en el Gobierno, es decir, un promedio de 6,95 por país").

[50] Jorge González Jácome, "States of Exception and the Debate over Liberal-Democracy in South America: Argentina, Chile and Colombia between 1930 and 1990". Tesis doctoral, Harvard Law School (mayo de 2013) (en el archivo del autor).

de eso, González Jácome sitúa este mecanismo constitucional como una posibilidad inherente, no tan diferente, cabría decir, de una determinación *sponte sua* del poder de determinar la constitucionalidad de las normas o de un giro categórico en los métodos de interpretación por parte de los tribunales de la Constitución. Plantea un paralelo provocador con el poder de la crítica jurídica realista que acosó a los tribunales para que no invalidaran la legislación social popular en los Estados Unidos. En cualquier caso, este análisis más completo de lo que constituye una "práctica constitucional" sugiere la necesidad de un marco más amplio para analizar y comparar el constitucionalismo latinoamericano, más amplio que la simple adherencia a la experiencia estadounidense.

2. *LAS CONSTITUCIONES SON DEMASIADO FÁCILES DE CAMBIAR*

Un artículo de 2006, con un título algo provocativo, "Constitutionalism through the Looking Glass of Latin America" (Constitucionalismo a través del espejo de América Latina), ofrece una perspectiva algo diferente del constitucionalismo latinoamericano.[51] Sin embargo, igualmente presenta un análisis detallado del fracaso del constitucionalismo *estadounidense* en América Latina. El autor se preocupa por señalar que el "derecho en América Latina no tomó la ruta del fracaso, sino que, como se argumenta en este artículo, tomó un camino diferente".[52] Sin embargo, al final su argumento "aborda esta cuestión examinando por qué el constitucionalismo tuvo éxito en cambiar el *statu quo* en los Estados Unidos, pero no lo consiguió en América Latina".[53] En ese escrito concreto, el diagnóstico es

---

[51] Miguel Schor, "Constitutionalism through the Looking Glass of Latin America", 41 *Texas International Law Journal* 1 (2006).

[52] *Ibid.*, p. 17.

[53] *Ibid.*, p. 24.

que las constituciones latinoamericanas son demasiado maleables y centralistas y que así las han pensado las élites, con el fin
de actuar con mayor libertad una vez que llegan al poder. Por
consiguiente, el autor argumenta que es comprensible que las
sociedades latinoamericanas no se hayan comprometido con la
práctica de "la política de la Constitución", por la cual el conflicto constitucional es resuelto solo mediante las instituciones y
los procedimientos establecidos en la Constitución. En lugar de
eso, el conflicto constitucional es resuelto mediante la "política
ordinaria", que con gran facilidad recurre a la enmienda o a la
reescritura de la Constitución, y en algunos casos no la tiene
en cuenta en absoluto. Según el autor, esta esfera de la "política de la Constitución" está todavía pendiente de "construirse
socialmente en América Latina", aunque según él la nueva ola
de constitucionalismo y democratización parece prometedora.[54]

El argumento es aquí que las constituciones latinoamericanas no están lo suficientemente "arraigadas en los hábitos
sociales": las declaraciones de derechos de los siglos XIX y XX
son entendidas como meros pactos políticos de las élites. Al
mismo tiempo, el autor argumenta que la esfera de la política
constitucional en América Latina está fusionada con la política
ordinaria, lo cual ha llevado a tratar las constituciones como
si fueran legislación ordinaria. La política de la Constitución,
en cambio, debería apuntar a problemas más trascendentes,
requerir una mayor movilización social, exigir mayor consenso
y enfrentar constituciones difíciles de cambiar. Sin embargo,
esas dos observaciones generales pueden parecer algo contradictorias: defender una mayor difusión e interiorización de la
Constitución socialmente y una esfera separada de la política de
la Constitución que la haga más difícil de modificar. De hecho,
la maleabilidad observada de las constituciones latinoamericanas, y su ubicación común en el campo de la política ordinaria,

---

[54] *Ibíd.*, p. 7.

parece sugerir lo contrario a la falta de arraigo social. Y, de hecho, el autor se queja de que la política constitucional forma parte excesivamente del proceso político ordinario. Conforme a este razonamiento, esta separación propuesta entre política constitucional y política ordinaria podría llevar de hecho a un desarraigo social mayor, al limitar la Constitución solo a ciertas cuestiones y aplicarla solo aquellos a los que representa; en sentido contrario, el mayor arraigo social en contextos de profundo conflicto político puede llevar a una mayor politización de la Constitución y a una variabilidad constitucional más habitual.

Con independencia de lo anterior, se presume que la distinción planteada entre la política constitucional y la política ordinaria está apoyada en algún fundamento reconocible. Según el análisis previo, ese fundamento proviene de la propia historia estadounidense, en la que la Constitución es muy difícil de cambiar y la esfera de "la política constitucional" está constreñida por la autorrestricción procedimental e institucional de la sociedad estadounidense. Esa autorrestrición es una extensión de los compromisos sociales ya existentes reforzada por la dificultad procedimental de cambiar el *statu quo*. Sin embargo, es precisamente esa rigidez, en opinión del autor, la que caracteriza el éxito de la Constitución estadounidense "en cambiar el *statu quo*". Aunque parezca paradójico, no es por fuerza una contradicción: el compromiso con los procesos constitucionales unido a los relativos pocos cambios permiten, se podría pensar, que estos sean interiorizados con mayor profundidad por la sociedad. Sin embargo, en relación con esta misma paradoja, podría argumentarse que las constituciones latinoamericanas, si así lo quisieran, serían igual de exitosas a la hora de cambiar y mantener su particular *statu quo* subyacente, aunque no tengan por qué recurrir a los mismos procesos e instituciones del constitucionalismo estadounidense. En el caso latinoamericano, hay más revisiones textuales que acompañan a los cambios políticos, aunque la mayor parte de ellas no cambian el *statu quo* básico. Cabe destacar que esa dinámica proporciona, sin duda, un grado diferente de cambio del *status quo* y que tanto el cambio como el *statu quo* son diferentes de los generados por la historia constitucional estadounidense.

Lo que es más, una apreciación de la política constitucional estadounidense, que puede proporcionar una explicación sensata del constitucionalismo en los Estados Unidos, no es aplicable de forma mecánica en otros lugares. La línea divisoria entre la política ordinaria y la política constitucional tal vez no esté en la misma posición, y también los elementos de las prácticas constitucionales podrían ser diferentes. El modelo estadounidense de la política constitucional, como nos describe el autor citado, podría o no tener sentido para los agentes políticos latinoamericanos que están creando estrategias para sus propios fines. Si bien el compromiso de la sociedad con el "gobierno constitucional" (sea con un texto específico o con un conjunto más amplio de prácticas) parece ser un fin general muy poco controvertido, el resto no tiene por qué ser evidente. Por ejemplo, en una sociedad particular podría ser que fuera deseable un mayor arraigo social con los textos o prácticas constitucionales. Pero también, como prescripción universal, podría producir, en un cuerpo político ya muy conflictivo, un exceso de politización de la Constitución y una excesiva atención a la reforma constitucional. De hecho, desde un punto de vista más realista, la política constitucional que ha "funcionado" en los Estados Unidos es una serie de elementos aparentemente opuestos, unidos por la normalización ideológica de su coexistencia paradójica. Recogiendo algunas de las observaciones mismas del artículo citado, entre esos elementos estarían los siguientes: un arraigo social amplio de la Constitución *y* una práctica de la política constitucional separada de la política ordinaria; una Constitución muy difícil de cambiar *y* un constitucionalismo exitoso a la hora de cambiar el *statu quo*; la existencia de movimientos sociales activos *y* limitados a los fines recogidos en la Constitución y una política de posiciones constitucionales, *pero* no para todas las cuestiones políticas todo el tiempo; un reconocimiento de la política del derecho y las prácticas constitucionales *y* a la vez una creencia en su naturaleza jurídica, en especial en cuanto al razonamiento judicial; y quizás otros elementos contrapuestos, que no son obvios de forma inmediata por sus aparentes contradicciones.

En resumen, lo que quiero destacar es que un conjunto simplificado de características, destiladas de la experiencia estadounidense, tiene pocas posibilidades de servir como prescripción efectiva para arraigar el constitucionalismo en América Latina. De hecho, no es descabellado pensar que gran parte de esa literatura parece circular. Las explicaciones y prescripciones propuestas van y vienen: las constituciones latinoamericanas fracasan, porque son demasiado flexibles o demasiado rígidas; porque el derecho es demasiado poco parecido a la sociedad o se parece en exceso; porque las constituciones son demasiado centralistas o lo son muy poco. Por consiguiente, sin entrar en el nivel de detalle que he proporcionado en otro lugar, estos diagnósticos parecen ser más un reflejo de las orientaciones políticas y económicas concretas a las que sirven sus autores que de un programa político constitucionalista concertado, con independencia de si los fines a los que sirven son abiertamente impulsados por los que hacen el diagnóstico o si aun estos mismos tienen conciencia de ellos.

En consecuencia, puede ser fácil creer, como lo hace el autor citado, que el

[D]erecho constitucional en América Latina tiene una cualidad casi surreal teniendo en cuenta que las constituciones no proporcionan mapas precisos de cómo es distribuido el poder [...] Teniendo en cuenta la naturaleza mágica de las normas constitucionales formales latinoamericanas, este artículo mirará a través del espejo del constitucionalismo en América Latina.[55]

---

[55] *Ibíd.*, pp. 5-6.

Como es obvio, esa impresión podría también servir para
describir la cualidad surreal y mágica de las combinaciones en
apariencia contradictorias que caracterizan el constitucionalismo
estadounidense, aun cuando los Estados Unidos han tenido un
número mucho menor de textos constitucionales y su historia
es bastante diferente de la latinoamericana.

En todo caso, el mundo jurídico latinoamericano, supuestamente al revés, visto por los comentaristas como ejemplo
excepcional de contradicción, no podría valorarse por lo que
parece y mucho menos podría tomarse como autoridad jurídica
transnacional. Además, las propuestas típicas para conseguir
el "gobierno de las constituciones", y tomadas de versiones
idealizadas o simplificadas en exceso del constitucionalismo
estadounidense, parecen limitarse a reiterar su propia definición,
es decir, restringen el conflicto social a una política demarcada
constitucionalmente, cuyos límites estén muy interiorizados
por la sociedad, pero que también sean distintos de los de la
política ordinaria, y que aunque se reconozca que es política,
también sea derecho a la vez. Claramente, esta manera de ver
las cosas y estos temas y conceptos pertenecen principalmente
a la perspectiva de la historia y experiencia estadounidenses.
Sin embargo, esta es una forma excesivamente restrictiva de
concebir el constitucionalismo en otros lugares. Aun si hubiera
un acuerdo universal sobre el tema, la cuestión sería entonces
cómo conseguir que ocurra algo igual en sociedades en las que
el constitucionalismo no funciona de la misma forma. Sin embargo, la respuesta, como estaría más que claro, no puede ser
un patrón singular ni mecánico de elementos procedimentales
e institucionales.

3. *EL DERECHO CONSTITUCIONAL ES SOLO POLÍTICA*

Una prometedora nueva corriente de información sobre derecho constitucional en América Latina es la literatura sobre

"judicialización de la política".[56] Este conjunto de obras estudia la ola más reciente de democratización y constitucionalización en la región. Desarrolla en general la tesis de que la política ha acabado "judicializada" en América Latina. Así ha pasado con las nuevas constituciones que han introducido nuevos derechos y mecanismos procedimentales que llevan las controversias políticas a los tribunales. También ha acompañado la expansión de los tribunales constitucionales y la ampliación de los poderes constitucionales en los tribunales ya existentes. En este contexto, los procedimientos de "tutela" y "amparo" que conceden derechos individuales de acción a aquellos que reclaman una violación de sus derechos constitucionales han sido una fuente impresionante de decisiones judiciales basadas en la Constitución en esa región. En el mismo sentido, los mínimos requisitos de legitimidad procesal para demandar la legislación a partir de fundamentos constitucionales han permitido también que los tribunales tengan la posibilidad de emitir pronunciamientos constitucionales sustantivos. Las obras sobre judicialización de la política presentan y explican estos desarrollos, sobre todo a las audiencias del Norte Global.

De hecho, esa literatura parece anunciar la llegada a América Latina de la "política constitucional" tan recomendada, que ya hemos visto. Proporciona mecanismos procedimentales que los movimientos sociales pueden usar para conseguir medidas y reformas constitucionales. También concede a los individuos de una determinada sociedad un acceso fácil y directo a los tribunales para reclamar sus derechos constitucionales. Además, sigue el modelo reconocido como fundamental de la

---

[56] Linn A. Hammergren, *The Politics of Justice and Justice Reform in Latin America: The Peruvian Case in Comparative Perspective* (1998); William C. Prillaman, *The Judiciary and Democratic Decay in Latin America: Declining Confidence in the Rule of Law* (2000); *The Judicialization of Politics in Latin America* (Rachel Sieder et al., eds., 2005); *Cultures of Legality: Judicialization and Political Activism in Latin America* (Javier Couso et al., eds., 2010); Gretchen Helmke y Julio Ríos-Figueroa, *Courts in Latin America* (2011).

democracia estadounidense: permite la resolución jurídica de algunas de las cuestiones políticas más conflictivas en la sociedad.

Por consiguiente, los académicos de la judicialización señalan rápidamente que las cuestiones antes tratadas por el proceso político u otras vías son ahora decididas por los tribunales, en un proceso que está en desarrollo continuo. Por ello, se le ha prestado una atención renovada al funcionamiento de los tribunales, el comportamiento de los jueces, la estructura del poder judicial y otras cosas parecidas. La literatura sobre judicialización está bastante influenciada por la ciencia política. Por ello, estos estudios se concentran en las probables motivaciones políticas de ciertas decisiones de los tribunales, los intereses políticos y personales que pueden inspirar ciertos jueces o tribunales y el comportamiento estratégico de los agentes institucionales que actúan en un órgano corporativo y otros asuntos parecidos. Esta literatura es la sucesora de una época previa de la politología comparativa, preocupada en ese entonces sobre todo por la independencia de los tribunales supremos latinoamericanos. En ese conjunto de obras, la cuestión de la independencia judicial era la más importante. Para probar la existencia de independencia o no, se medía el número de casos decididos por los tribunales en contra de otras ramas del Estado. De hecho, según ese marco previo, los tribunales son solo uno entre varios agentes políticos poderosos que forman parte del Estado. El acto de decidir en contra o en favor de otras ramas del Estado es solo una prueba del poder político de la rama judicial (o de la percepción de sus protagonistas acerca de su propio poder). Al hecho de que su discrecionalidad esté supuestamente constreñida por los textos legales y por el razonamiento jurídico se le asigna una importancia bastante secundaria, cuando no se considera como un mero pretexto, como una forma de encubrir *post hoc* sus preferencias.

La literatura más reciente sobre "judicialización" expande el ámbito del análisis político y sociológico de los tribunales y jueces. Analiza las múltiples motivaciones posibles para las decisiones de los tribunales: no solo la relación con el poder ejecutivo y el poder legislativo, y la política conexa, sino también la micropolítica de los tribunales, los objetivos profesionales a largo plazo y otras cuestiones similares.

Sin embargo, es significativo que omita toda consideración cuidadosa de la lógica legal utilizada en las decisiones de los tribunales o las doctrinas y los argumentos desarrollados a lo largo del tiempo por tribunales específicos. Incluso los estudios académicos más recientes que reconocen la necesidad de examinar la dimensión "discursiva" de los tribunales en el Sur Global se han limitado en su mayor parte a aplicar los modelos de las ciencias sociales a los pronunciamientos verbales de los tribunales.[57]

Así, a modo de ejemplo, la aparición de conceptos jurídicos específicos se relaciona con un modelo de variable única causa-efecto. Así pues, de nuevo a modo de ejemplo, se analiza el presupuesto común de que en épocas de crisis económica los tribunales utilizan interpretaciones formalistas, socialmente desconectadas, que muestran deferencia hacia la política gubernamental del momento.[58] El análisis intenta comprobar o bien descartar este presupuesto. El ejercicio es parecido a las pruebas de independencia judicial a partir del número de fallos condenatorios contra otras ramas del Estado. En este caso, sin embargo, el análisis no investiga el número de fallos en contra del

---

[57] Véase Alexandra Huneeus, Javier Couso y Rachel Sieder, "Cultures of Legality: Judicialization and Political Activism in Contemporary Latin America", en *Cultures of Legality, supra* nota 56, pp. 3-4 (en el que la referencia de autoridad citada es Diego López Medina, "Nuestro libro estudia este panorama de culturas jurídicas cambiantes. A partir del supuesto de que el formalismo ya no es un concepto útil para describir las culturas jurídicas latinoamericanas, que en cualquier caso fue siempre una sobresimplificación, estudiamos los conjuntos de ideas y prácticas jurídicas que acompañan, causan y son consecuencia de la judicialización de la política".

[58] Véase, por ejemplo, Pablo Rueda, "Legal Language and Social Change during Colombia's Economic Crisis", en *Cultures of Legality, supra* nota 56, pp. 25-50.

143

poder ejecutivo, sino que más bien rastrea conceptos jurídicos. O, por ser más precisos, vincula un modo de interpretación de los conceptos jurídicos a una variable: en el ejemplo citado, de crisis económica. Según el autor del que se toma este ejemplo, las interpretaciones formalistas presupondrían la sumisión de los tribunales a los intereses del Gobierno, mientras que una interpretación expansiva (o antiformalista) presupondría receptividad a los intereses sociales (aunque habría que reconocer que los intereses sociales pueden estar en conflicto entre sí). En los casos examinados por el estudio citado, el resultado fue que las expectativas de una sumisión formalista a la política del Gobierno en tiempos de crisis no se vieron confirmadas, según el propio análisis.

Aunque eso sea bastante interesante, este tipo de análisis no muestra que los propios tribunales estén intentando crear su propio sistema de racionalización. No explica el significado que los juristas y abogados locales le están dando a esos enunciados judiciales. Por el contrario, intenta catalogar los usos estratégicos de conceptos y los métodos de interpretación como simples reflejos de realidades ulteriores, como reflejo de crisis económicas o posiciones políticas. De esta manera, el discurso judicial es presentando solo como una serie de frases y fórmulas discursivas que responden, con una regularidad predecible, a la situación material de fondo, la cual es la que determina de verdad las decisiones de los jueces. En consecuencia, esta literatura no se ocupa en verdad de la dimensión jurídica o de la cualidad de tipo jurídico que esas decisiones judiciales puedan lograr. Tal vez los politólogos y los sociólogos del derecho sean escépticos de manera reflexiva frente a todo tipo de razonamiento jurídico si no está vinculado de forma inmediata a motivaciones políticas o personales. Y esa percepción podría ser cierta. Pero sería igual de aplicable a todas las confabulaciones jurídicas de todos los países.

En los Estados Unidos, por tanto, esta perspectiva despertaría bastante escepticismo sobre la metodología de buscar la "intención original" de los padres de la patria como medio para aplicar la Constitución. Ese escepticismo aplicaría también a las afirmaciones judiciales sobre cualquier *legal policy* que pudiera prescribir de manera única la respuesta correcta cuando los textos jurídicos son ambiguos o contradictorios. También parecerían dudosas las racionalizaciones apoyadas en una "Constitución viva" como medio para decidir casos constitucionales. De hecho, una crítica hiperrealista frente a todas estas figuras de razonamiento jurídico podría desacreditar inmediatamente la fuerza intelectual reclamada para ellas por sus proponentes. Sin embargo, la práctica liberal del derecho requiere algo de fe en una esfera de razonamiento de tipo distintivamente jurídico.[59] Desde la perspectiva de los críticos implacables, podría requerirse suspender algo el descreimiento para dar por ciertas afirmaciones sobre, por ejemplo, lo que los "padres fundadores" de la Constitución estadounidense podrían haber pensado sobre algún asunto jurídico contemporáneo. Tiene la misma importancia que el enfoque de la "Constitución viva" solo tendría sentido, en general, para aquellos que ya comparten una tendencia política afín. Los casos más aceptables por la sociedad entera, conforme a esas técnicas, serían solo aquellos que ni siquiera los escépticos más tenaces podrían rebatir la decisión de fondo, como el requerimiento de igualdad racial *de iure* y otros asuntos parecidos.

En resumen, el estudio comparado del constitucionalismo en el Sur Global, y en América Latina en particular, nos dice poco sobre el derecho constitucional si no se ocupa de los modos específicos de dar significado jurídico, de las formas de razonamiento y de las convenciones del discurso constitucional en sus propios términos. Limitarse a buscar los intereses que motivan a los jueces particulares o decisiones específicas descuida las dimensiones más importantes del derecho constitucional. Es

---

[59]   Duncan Kennedy, *A Critique of Adjudication* (1997), pp. 73-82.

prometedor que la literatura sobre la judicialización de la política se proponga —al menos esa es su intención— ocuparse también del constitucionalismo como derecho. De hecho, sería injustificado continuar actuando como si nadie en América Latina aceptara en la realidad ningún razonamiento jurídico y en lugar de eso solo hubiera cálculos políticos o personales, como la literatura sobre judicialización sugeriría.

Como hipótesis, podría pensarse que toda la sociedad en América Latina sufre de un descreimiento total a todo tiempo en el razonamiento jurídico, pero que no tiene por qué ser así. La proyección del derecho como tal, como discurso convincente a la hora de toma de decisiones, es continuamente una puesta en escena reiterada. Exige la legitimación y el consentimiento continuos de un sector significativo de la sociedad, persuadido de seguir utilizando cierta clase de razonamiento jurídico y convenciones jurídicas. Sin duda, la mayoría de los tipos de razonamiento jurídico son lo suficientemente fáciles de rebatir, teniendo en cuenta el conjunto existente de herramientas críticas que tenemos. Por ejemplo, se atribuye a la crítica del realismo jurídico realizada a comienzos del siglo XX haber socavado los argumentos jurídicos puramente formalistas en los Estados Unidos. Además, se podría rebatir con facilidad la naturaleza necesaria de las afirmaciones sobre la "intención original" o la "Constitución viva" en las decisiones judiciales constitucionales contemporáneas de los Estados Unidos, como se señaló antes. Pero aun así es cierto el hecho de que estas interpretaciones son debatidas y discutidas a partir de sus propias premisas, como si pudieran en verdad ofrecer la respuesta constitucional correcta.[60] De hecho, son esos debates los que constituyen la dimensión jurídica del constitucionalismo. En ausencia de esa característica, como ocurre en el derecho latinoamericano cuando es descrito en el Norte Global, no es extraño que haya

[60] H. Vaihinger, *The Philosophy of "As If": A System of the Theoretical, Practical and Religious Fictions of Mankind*, Martino Publishing (2009) (original 1925).

poco interés en el derecho constitucional o en cualquier otra clase de derecho procedente de la región. Es como si allí no hubiera derecho: solo política e intereses personales. En contraste, un buen ejemplo de análisis académico del razonamiento judicial en el contexto colombiano es el innovador trabajo de Diego López-Medina, *El derecho de los jueces*.[61] Esta obra describe la jurisprudencia de la Corte Constitucional colombiana en varias áreas doctrinales. Defiende que hay que reconocer un mayor valor a esas elaboraciones judiciales como precedente. El análisis de López-Medina ha tenido una enorme repercusión en Colombia, incluido entre los jueces de la propia Corte Constitucional colombiana. La razón que señalamos para ello es que su trabajo analiza la doctrina, el razonamiento y las convenciones jurídicas efectuadas por la Corte y los comentaristas. Además, ha tenido una influencia considerable en la comunidad epistémica latinoamericana. Por desgracia, esa contribución invaluable al constitucionalismo latinoamericano no se ha traducido todavía al inglés y, por consiguiente, esa dimensión del derecho latinoamericano es menos conocida en el Norte Global. Con independencia de eso, desde la perspectiva del Norte Global resulta difícil aceptar sus apreciaciones sobre el derecho constitucional en Colombia como algo distinto de una mera apología ideológica. Aunque eso mismo podría decirse de trabajos parecidos escritos en el Norte Global, la geopolítica del derecho constitucional hace que las obras como las de López Medina parezcan un mero discurso político y las del Norte Global como el verdadero derecho. No obstante, la obra de López-Medina es un ejemplo excelente de los aspectos legales del constitucionalismo más relevantes desde el punto de vista local.

---

[61] Diego López Medina, *El derecho de los jueces: obligatoriedad del precedente constitucional. Análisis de sentencias y líneas jurisprudenciales. Teoría del derecho judicial* (2000).

D. *AUTORIDAD CONSTITUCIONAL GLOBAL*

El análisis previo nos devuelve a la pregunta básica sobre la deseabilidad de un derecho constitucional global. En la medida en que eso signifique una comunidad epistémica mundial que se ocupe de cuestiones comunes relativas al razonamiento constitucional, las doctrinas aceptadas, las referencias teóricas y, en general, que comparta una visión del mundo, no es clara la respuesta. Las proposiciones humanistas básicas relativas al valor del intercambio intelectual, del diálogo transfronterizo, de los beneficios de los progresos desarrollados en otros lugares y de otros fenómenos parecidos tienen un valor general. Sin embargo, no todos los sistemas jurídicos nacionales son iguales en la esfera internacional. Hay una geopolítica reconocible del derecho estatal, organizada en torno a una ordenación jerárquica de los sistemas jurídicos nacionales. Esta jerarquía influenciará probablemente las prácticas dominantes de un derecho constitucional global, incluso sus formas generalmente aceptadas, sus doctrinas y sus fuentes de autoridad. Si la situación actual de la geopolítica permanece igual, sin duda eso perjudicará la legitimidad de un constitucionalismo fuerte en el Sur Global o como mínimo limitará de forma significativa su influencia en la formación de ese constitucionalismo.

La geopolítica actual del derecho nacional señalada aquí está relacionada con la posición global actual de los Estados de los cuales derivan esos sistemas jurídicos. Sin embargo, hay también una reproducción discursiva sustancial de la jerarquía que sirve de apoyo al valor percibido de los distintos sistemas nacionales. Esa jerarquía valorativa obedece a distintos criterios. Puede buscar clasificar los sistemas jurídicos en función de una escala preferida de desarrollo o de política económica; del grado de apertura a la inversión y los observadores extranjeros; y del grado de correlación entre los mercados de capital desarrollados y la tradición o los orígenes jurídicos, u otras escalas parecidas. En el contexto latinoamericano, como he analizado aquí y en otros lugares con mayor detalle, hay una práctica de larga data basada en diagnosticar el fracaso de los sistemas jurídicos nacionales. Algunos consideran ese diagnóstico como una valoración honesta de las realidades de la región. Sin embargo, mi argumento es que los incentivos estructurales, por ejemplo, los que motivaron las reclamaciones de "denegación de justicia" en el pasado o las misiones de académicos e instituciones internacionales que intentaron dar un diagnóstico jurídico del subdesarrollo económico, han marcado algunas de las imágenes y representaciones dominantes de los derechos nacionales. Es de destacar que como parte de estos paradigmas específicos ha habido un incentivo para representar los sistemas jurídicos latinoamericanos como fracasados, bien para eludir su uso, bien para transformarlo. En conjunto, esas percepciones instrumentalizadas contribuyen, en mi opinión, a la posición relativamente inferior de América Latina en la geopolítica existente del derecho.

Por tanto, la formación de un discurso global constitucional como base para la legitimación del constitucionalista latinoamericano debe enfrentarse a las circunstancias de influencia y poder determinadas por la *real politik*. La participación en una forma común de justificación constitucional podría estar impulsándose o limitándose, según convenga, por los sujetos más poderosos e influyentes del sistema. Es decir, como práctica de legitimación de ciertas posiciones sociales, las convenciones aceptadas y las formas comunes de razonamiento en el Norte Global predominarían con mayor facilidad. De hecho, podrían ser las únicas formas que, en materia de derecho, sean consideradas creíbles y convincentes. Por consiguiente, la ortodoxia del pensamiento, las doctrinas y las convenciones constitucionales podrían limitar fácilmente la creación más específica de sentido, de prácticas constitucionales y del ámbito del derecho constitucional en el Sur Global. No es difícil imaginar que solo ciertos tipos de test y doctrinas constitucionales, por ejemplo, serían considerados como legítimos. Eso puede limitar la innovación y la discrecionalidad necesaria por los tribunales locales para legitimar con mayor efectividad sus creaciones del derecho y las prácticas constitucionales.

Un ejemplo rápido de lo anterior es el mandato contenido en la Constitución boliviana de crear un Estado plurinacional; mandato extensible a la interpretación y la aplicación de la Constitución. Desde el punto de vista operativo, une a los magistrados de las tradiciones europeas de tribunales constitucionales de Europa y de las tradiciones indígenas presentes en el país bajo el mandato de elaborar un discurso constitucional que combine las diferentes visiones del mundo. Este ejercicio de fusión epistémica no cabe duda de que requerirá una gran creatividad e innovación en la formación general de las fuentes comunes de referencia y legitimación, que podría verse dificultado de forma indebida por la imposición de un orden constitucional global, al menos con su geopolítica actual. Con esas restricciones, este proyecto específico de constitucionalismo corre el riesgo significativo de ser clasificado como una empresa excepcional y marginal, nunca demasiado creíble y condenada endémicamente al fracaso.

En ese mismo sentido, ciertas acciones bastante defendibles tomadas por tribunales constitucionales del Sur Global podrían considerarse, comparadas con las convenciones aceptadas del Norte Global, como un activismo judicial objetable sin más, como una interferencia impropia con el poder legislativo o con la administración pública; actos *ultra vires* de regulación y otros casos de "actos ilegítimos" no sancionados por lo general por el orden constitucional liberal hegemónico. Por tanto, la evolución de prácticas constitucionales adecuadas para las condiciones locales, tanto materiales como intertextuales, podría verse entorpecido por una influencia y un poder indebidos provenientes del campo constitucional global, teniendo en cuenta la geopolítica actual del derecho nacional. A pesar de eso, los tribunales locales bien podrían en teoría continuar actuando en sintonía con la conciencia jurídica de sus comunidades inmediatas, aunque es cierto que un orden de constitucionalismo global podría socavar en potencia la variedad de opciones disponibles, puesto que algunas recibirían apoyo material en el ámbito local, pero serían rechazadas por las "autoridades" constitucionales globales. Como mínimo, un énfasis excesivo en la autoridad global podría acabar ayudando a reforzar la influencia de los grupos locales específicos alineados con la geopolítica dominante. Reforzaría su influencia no solo en relación con el apoyo político internacional general que recibirían, sino también en lo relativo a cuál es el derecho correcto o las "mejores prácticas" jurídicas. Más o menos esa es la misma idea defendida con palabras distintas por los académicos poscoloniales. En este contexto, esa perspectiva sugiere que defender una inclusión mayor de América Latina en los circuitos globales existentes tal vez no deje espacio para una fundamentación latinoamericana diferenciada. El orden constitucional global, según la geopolítica actual del derecho nacional, está casi exclusivamente arraigado en la historia conceptual del Norte Global. Argumentar que con dejar que haya una mayor diversidad geográfica entre los participantes del juego no hace nada por sí mismo para cambiar la jerarquía existente del derecho nacional. De hecho, si las condiciones son las mismas que las de ahora, una mayor participación latinoamericana podría arraigar todavía más profundamente una visión hegemónica del constitucionalismo, limitándose a añadir más partidarios nativos de esa misma jerarquía y de ese mismo paradigma. Una comprensión más amplia del constitucionalismo requeriría no solo diferentes interpretaciones desde el punto de vista geográfico, sino como lo expresa Walter Mignolo, diferentes perspectivas del conocimiento.[62] Como es obvio, esta clase de razonamiento supone que se apoya la posibilidad de elaborar un derecho constitucional en el Sur Global que tenga

---

[62] Walter D. Mignolo, *The Idea of Latin America* (2005), pp. 8-14.

una mayor relación con las historias políticas y conceptuales locales y no que se limite a suplantarlas con algún orden alternativo. Por consiguiente, la resistencia frente la progresión irreflexiva del constitucionalismo global buscaría funciones alternativas para el derecho constitucional nacional, aparte de la transmisión directa de una lógica hegemónica global como derecho supremo de la Tierra.

Es posible imaginar otros rumbos que el constitucionalismo global podría tomar, que tal vez cambiarían la geopolítica actual. Al respecto, se podrían desarrollar más intercambios sur-sur.[63] Además, existe la posibilidad de la aparición de nuevas potencias constitucionales hegemónicas, que podrían provenir de un conjunto diferente de jurisdicciones y no solo de los Estados Unidos o Europa. Hay mucho trabajo nuevo e interesante desarrollándose justo en esas áreas. Incluso así, las preocupaciones aquí expresadas siguen siendo las mismas. El derecho constitucional nacional basado en la autoridad global está afectado de manera significativa por las jerarquías existentes del derecho nacional. Tiene así el potencial de alinear todavía más la forma y la sustancia de derecho supremo de diferentes territorios a los intereses geopolíticos dominantes. En consecuencia, en el contexto de las jerarquías legales existentes, amenaza de forma significativa con relegar las prácticas constitucionales diferentes de naciones específicas al estatus de no derecho.

E. CONCLUSIÓN

La influencia relativa y la participación de América Latina en una comunidad global más sólida de derecho constitucional

---

[63] Véase, por ejemplo, Gonzalo Aguilar Cavallo, "¿Emergencia de un derecho constitucional común? El caso de los pueblos indígenas (Parte 1)", 25 *Revista Derecho del Estado* 41 (diciembre de 2010) (da razones en favor de un *ius constitutionale commune* aplicable al campo de los derechos indígenas en América Latina).

nacional están sujetas a la jerarquía existente y reconocible de los sistemas jurídicos nacionales. Esta jerarquía jurídica es sin duda reflejo del poder económico y militar desproporcionado de las muy diferentes naciones del mundo. Sin embargo, en la ordenación del derecho nacional hay también una producción textual sustancial de valoraciones, clasificaciones, índices y otros elementos parecidos que ordenan y clasifican los sistemas jurídicos nacionales. En América Latina, estos se han visto históricamente respaldados por doctrinas del derecho internacional, esfuerzos de ayuda internacional y proyectos de desarrollo económico que han contribuido mucho a las imágenes y percepciones predominantes de los sistemas jurídicos nacionales de la región. Cada uno de esos paradigmas de valoración pueden ser examinados y criticados en potencia en su propia especificidad. Sin embargo, estas narrativas transnacionales han funcionado sobre todo para clasificar el derecho latinoamericano en una posición muy marginal. Desde esa posición, no cabe esperar mucho interés o influencia del derecho latinoamericano en las últimas decisiones, doctrinas o teorías constitucionales provenientes de la región. De hecho, teniendo en cuenta estas condiciones, el constitucionalista global es bastante probable que continúe minimizando y subvalorando la producción jurídica de América Latina.

Como es natural, toda esta cuestión de los niveles relativos de influencia y reconocimiento supone la conveniencia o la inevitabilidad de una comunidad mundial de derecho constitucional. Esa internacionalización del derecho constitucional podría significar una mayor legitimación global y un mayor escrutinio de las prácticas nacionales constitucionales. Habría que suponer que la legitimación del derecho constitucional nacional dependería más de las fuentes comunes de autoridad, incluidos algunos tribunales prestigiosos, renombrados académicos y, en última instancia, la "sociedad global". Por tanto, el rango de prácticas constitucionales aceptables puede limitarse más a referencias apoyadas transnacionalmente y, en concreto, a aquellas apoyadas por la geopolítica dominante de los sistemas nacionales. Al final, esto podría limitar de forma indebida las alternativas de los constitucionalismos nacionales y las formas en las que los constitucionalistas nacionales elaboran de manera convincente el derecho constitucional de su comunidad.

Parte II
EL CONSTITUCIONALISMO LATINOAMERICANO

III. DOSCIENTOS AÑOS DE CONSTITUCIONALISMO AMERICANO: LOS ESTADOS UNIDOS Y AMÉRICA LATINA FRENTE A FRENTE

Roberto Gargarella[1]

A. Introducción

La Constitución estadounidense de 1787 —y en general la discusión jurídica que tuvo lugar durante el "periodo fundacional" del constitucionalismo de ese país— ejerció una enorme influencia en el desarrollo del constitucionalismo en América Latina. En los casos más extremos, como el argentino, llegó a decirse que el proyecto de la Constitución propia había sido "vaciado en el molde de la Constitución de los Estados Unidos".[2]

---

[1] Profesor en la Universidad Torcuato Di Tella de Buenos Aires y en la Universidad de Buenos Aires (UBA). Además es director de la *Revista Argentina de Teoría Jurídica*.

[2] Así manifestó el diputado constituyente Benjamín Gorostiaga. Véase Emilio Ravignani, *Asambleas constituyentes argentinas*, t. IV (1937).

La mayoría de las constituciones que se dictaron en América Latina tomaron su forma básica en dos etapas centrales. La primera, que se desarrolla entre 1850 y 1880, se refiere al periodo en el que se consolida, de modos diversos, el pacto liberal-conservador; y la segunda, que comienza con la Constitución de México de 1917, marca la llegada del constitucionalismo social en la región. Esas dos etapas confieren su identidad a la enorme mayoría de las constituciones latinoamericanas que, de tal manera, terminan por separarse de dos modos del modelo original de los Estados Unidos. Esa diferenciación, de modo notable, se produce en dos direcciones contrapuestas. Por un lado, las nuevas constituciones "conservadurizan" el modelo estadounidense, favoreciendo la concentración del poder político y la centralización del territorio de un modo desconocido en los Estados Unidos. Por otro, "radicalizan" aquel modelo, comprometiéndose con derechos sociales que la Constitución estadounidense rechaza. De esta manera, los latinoamericanos logran constituciones más promisorias, pero también más inconsistentes, abriendo lugar a una fractura interna capaz de forzar disputas entre una sección de la Constitución y la otra.

En este capítulo, voy a presentar, comparar y evaluar dos modelos de constitucionalismo: el que se impusiera en los Estados Unidos y el que terminara por primar en América Latina. Comenzaré por describir brevemente algunos rasgos centrales del desarrollo constitucional estadounidense, para luego abocarme al estudio del caso latinoamericano. Luego, presentaré algunas notas críticas sobre estos desarrollos.

B. La Constitución de los Estados Unidos

Las constituciones han sido habitualmente escritas reconociendo dos partes en ellas: una referida a la organización del poder y otra relacionada con la declaración de derechos o *bill of rights*.

La Constitución estadounidense puede considerarse una expresión bastante depurada de liberalismo constitucional y de lo que el liberalismo pretende respecto de aquellas dos secciones constitucionales. En lo que hace a su parte "orgánica", incluyó la división de poderes y un sistema general de equilibrios y controles, mientras que en lo relativo a su parte "dogmática" o de los derechos hizo referencia al respeto a la diversidad de creencias, a la libertad de prensa, a la inviolabilidad del hogar, etc. (enseguida precisaré con más detalle el uso del término *liberal*). Antes de referirme brevemente a cada una de las secciones de la Constitución de los Estados Unidos, diré algo sobre la política que dio cuenta de su contenido.

El liberalismo de la Constitución estadounidense puede explicarse, políticamente, de formas diversas. En parte, arriesgaría que dicho resultado tuvo que ver, por caso, con la disputa que se dio en el momento de su redacción, entre fuerzas liberal-conservadoras —reunidas en torno al grupo de los así llamados *federalistas*— y las fuerzas más radicales —agrupadas, en ocasiones, en torno al heterogéneo colectivo *antifederalista*.[3] De la combinación de dichas fuerzas, "pujando" en direcciones más bien opuestas, lo que se obtuvo fue un texto a primera vista "equilibrado", "intermedio".

En los hechos, la Convención Federal que —sin autorización inicial— alumbró lo que pasaría a ser la Constitución de los Estados Unidos no incorporó entre sus miembros a ningún representante de los sectores más "radicales" o "democráticos". Las voces que se escucharon en el interior de la Convención oscilaron entre los testimonios aguerridamente conservadores —como los de Gouverneur Morris o Alexander Hamilton— y los más moderados y liberales —como los de James Madison, principal autor intelectual de la Constitución—. Sin embargo, el texto, que requería de una ratificación general para considerarse

---

[3] Herbert Storing, *The Complete anti-Federalist* (1981), y Herbert Storing, *What the anti-Federalists were for* (1981).

nacionalmente válido, terminó por mostrarse sensible a algunos de los reclamos hechos por sus opositores "demócratas", que en general criticaron el acuerdo producido a través de escritos publicados en periódicos locales (así, de modo particularmente célebre, en los casos de Robert Yates —quien firmaba como Brutus— o Richard Henry Lee —como Federal Farmer—).

Algunas de las demandas opositoras quedaron reflejadas en la moderación de la Constitución, frente a los extremos hacia donde querían llevarla los más conservadores (por caso, en relación con las exigencias de propiedad, que pretendían establecerse para participar activamente en política), y varias otras resultaron expresadas en las enmiendas agregadas al texto, y que dieron forman al *bill of rights* (originariamente, la Constitución estadounidense había sido concebida sin una declaración de derechos).[4] La Constitución terminó por incorporar una lista de derechos, por razones fundamentalmente políticas, vinculadas a la necesidad de conseguir su ratificación estatal. Así, la mayoría de los Estados terminaron por validar la Constitución solo después de consagrar tales garantías que —así lo esperaban— serían capaces de asegurar la relativa autonomía de sus respectivos Estados.

Llegado a este punto repasaré brevemente, ahora sí, cada una de las partes del nuevo texto constitucional estadounidense.

1. NI TIRANÍA NI ANARQUÍA

En materia de organización del poder, la Constitución de los Estados Unidos reflejó el compromiso liberal de evitar tanto los riesgos de la anarquía como los propios de la anarquía. Conforme

---

[4] Hamilton justificó tal opción en *El Federalista* n.º 84, sosteniendo que esta no solo era innecesaria sino también peligrosa. Finalmente, "¿por qué debería declararse que ciertas cosas no deben hacerse cuando no está dado el poder para hacerlas?". Véase Alexander Hamilton, John Jay y James Madison, *The Federalist Papers* (1988/1776).

al lenguaje de la época, la referencia a la tiranía representaba un recordatorio de los tiempos de la Colonia, la monarquía y los excesos propios del poder ejercido unipersonalmente. Mientras tanto, el rechazo a la anarquía aludía a los tiempos de la Confederación, al federalismo "exagerado" y, en general, al mayoritarismo sin límites. En los textos de *El Federalista* (incluyendo al famoso artículo n.º 10), Madison hizo repetida mención de la antigua Grecia para hablar de los excesos de la democracia, pero su referencia permanente, su obsesión, estaba dada por los "estados rebeldes" que en los tiempos posindependentistas y preconstituyentes (1780-1785, principalmente) se habían embarcado en la emisión "descontrolada" de papel moneda como forma de aliviar las deudas que soportaban las mayorías locales. Para la élite dominante, tales medidas resultaban una expresión de lo institucionalmente inaceptable —de aquello que la Constitución debía ocuparse de eliminar para siempre, hasta tornarlo imposible en el ámbito nacional—.

Levantamientos armados, como el que encabezara Daniel Shays en Massachusetts en tiempos de la constituyente representaban una experiencia cercana y temible. Sin embargo, mucho peor eran consideradas las acciones de las legislaturas locales, que terminaban por convertir en leyes los reclamos que algunos enloquecidos rebeldes expresaban por medio del uso de armas.[5] En efecto, a la fuerza de las armas se la podía confrontar legítimamente con el Ejército, pero ¿cómo lidiar, en cambio, con las decisiones que gozaban del respaldo legal? Esta fue, tal vez, la principal lección aprendida por los constituyentes, luego de la guerra de la independencia: debía evitarse a toda costa que los organismos legislativos volvieran a dar ese espectáculo de "descontrol" que los llevara a seguir de modo obediente las demandas más extremas de la ciudadanía (es lo

---

[5] Véase Michael Sherman, *A More Perfect Union: Vermont Becomes a State* (1991); Gordon S. Wood, *The Creation of the American Republic* (1969), y Gordon S. Wood, *The Radicalism of the American Revolution* (1992).

que, en opinión de la élite dominante, había ocurrido en el periodo posindependentista).

El "sistema de frenos y contrapesos", seguramente la creación más importante del constitucionalismo estadounidense, constituye el mejor reflejo de aquellos temores iniciales: resultaba imprescindible poner coto a todo tipo de abusos institucionales —tanto los que provenían de "uno" como los que venían de los "muchos"—, siendo los más acuciantes, de modo indudable, los riesgos provenientes de los excesos del legislativo. No por casualidad, poco antes de la apertura de la Convención Federal, Madison publicó su escrito sobre los *Vices of the Political System*, donde el virginiano se refirió de modo especial a los "vicios" que la nueva Constitución estaba llamada a evitar: los vicios relativos a la existencia de "una multiplicidad de leyes estatales", a su "mutabilidad" y a la "injusticia" propia de ellas.[6] De allí, también, el particular tipo de límites incorporados en la Constitución, que fueron desde el veto ejecutivo, hasta los controles judiciales (consolidados más adelante), o la división del legislativo en dos cámaras (siendo una de ellas representante, en los hechos, de los "propietarios" —el grupo principalmente afectado por las *tender laws*—).

2. UN MURO DE SEPARACIÓN

Si el primer rasgo distintivo de la nueva Constitución apareció en el área de la organización del poder (el sistema de "frenos y contrapesos"), su otro rasgo saliente tuvo que ver con la sección reservada a los derechos. Aquí, la idea clave fue la construcción de "un muro de separación" entre las ambiciones intrusivas del Estado y el derecho de cada uno a vivir conforme a sus propios ideales. Este compromiso, que se reflejó de modo muy especial en el ámbito religioso, vino a regular también las relaciones entre

---

[6] Véase http://press-pubs.uchicago.edu/founders/documents/v1ch5s16.html

el Estado activo y los particulares, en todas las áreas ligadas a la propia conciencia: las convicciones propias, la propia filosofía de vida, la ideología política de cada uno, etc. Se trataba, finalmente, de la consagración, en el ámbito constitucional, del principio liberal referido a la *neutralidad moral* del Estado. La preocupación de los estadounidenses por la neutralidad religiosa databa de lejos: la mayoría de los colonos había llegado a la tierra prometida en busca de la paz que no habían podido encontrar en su propia tierra, todavía afectada por las persecuciones religiosas. La cuestión fue entonces cómo organizar la nueva vida entre las diferentes —y opuestas— sectas religiosas existentes, una vez llegados al territorio común. Una primera y crucial iniciativa "neutralista" apareció en Rhode Island, bajo los impulsos del colono Roger Williams, que había arribado al norte de los Estados Unidos sufriendo la persecución religiosa. Ya en Providence, Williams promovió la celebración de un pacto municipal conforme al cual se respetaría la voluntad mayoritaria siempre, pero solo en lo relativo a las cuestiones civiles. Más tarde, las autoridades locales firmaron un documento junto con las de otras ciudades vecinas, extendiendo el mismo principio: todos los hombres podrían seguir los dictados de su propia conciencia, y honrar a su propio Dios.

Más adelante, James Madison, junto con George Mason, escribiría la primera Declaración de Derechos estadounidense, en el estado de Virginia, con el objeto de asegurar una plena libertad religiosa para todos los virginianos. La idea era que cualquier individuo tenía un derecho igual a seguir los dictados de su conciencia en materia religiosa. La iniciativa recibió el rechazo de parte de la clase política, incluso algunos notables antifederalistas, como Patrick Henry. Henry, en particular, sugirió —contra la propuesta madisoniana— permitir el apoyo a las diferentes Iglesias a través del cobro de impuestos, argumentando que la decadencia de la religión iba a llegar de la mano de una decadencia moral. Era este el tipo de proposiciones que Madison rechazaba: su convicción era que el Estado carecía de toda autoridad para exigir contribuciones tales. Yendo todavía más lejos, Madison sostuvo que no era cierto que la decadencia de la religión vendría junto con una implosión de la moralidad. Para dar apoyo a sus dichos, Madison escribió entonces su *Memorial and Remonstrance against Religious Assessments*. Allí, sugirió bloquear iniciativas, como la de Henry, a las que consideraba el primer paso en el camino de la imposición estatal de una religión. Como sostuviera M. Konvitz, Madison temía que "la remoción de algunas piedras del muro de separación existente entre la Iglesia y el estado en Virginia llevaría al colapso completo de la pared, y así al apoyo estatal a una religión".[7] La iniciativa de Madison sería acompañada, prontamente, por Thomas Jefferson, quien promovería un *Bill for Establishing Religious Freedom* en el mismo estado de Virginia. Se trató, probablemente, de la primera ley existente en el mundo para consagrar una completa libertad religiosa. Para Jefferson, "la razón y la persuasión" eran los únicos instrumentos a los que podía apelarse en materia religiosa: la coerción nunca iba a servir para conseguir una imposible uniformidad, y solo para dividir al mundo entre "tontos e hipócritas".[8]

Fue Jefferson quien utilizó célebremente, y en primer lugar, aquella imagen del "muro de separación". Concebida inicialmente para referirse a la neutralidad estatal en materia religiosa, esta se fue extendiendo luego hasta convertirse en principio general, protector de las creencias personales de cada uno, frente a la posibilidad de que el Estado quisiera imponer o utilizar su poder coercitivo en favor de una única concepción del bien.

En definitiva, en los párrafos anteriores, procuré describir brevemente los rasgos que vinieron a distinguir el constitucionalismo liberal estadounidense tanto en lo concerniente a la organización del poder como en lo relativo a la organización

---

[7] Milton Konvitz, *Fundamental Liberties of a Free People: Religion Speech, Press, Assembly* (1957), p. 24.

[8] Thomas Jefferson, *Writings* (1984), p. 286.

de los derechos. Cumplida esta primera meta, me concentro entonces ahora en el caso latinoamericano.

C. El constitucionalismo en América Latina

En América Latina, la mayoría de las constituciones se vincularon de modo muy estrecho al modelo estadounidense. Sin embargo, conforme anticipara, casi todas ellas se desmarcaron de dos modos diversos —y en principio contrapuestos— del esquema constitucional de los Estados Unidos. Por un lado, y en lo relativo a la organización del poder, el constitucionalismo regional se derechizó, cediendo a los reclamos de los sectores más conservadores; mientras que, en lo atinente a la organización de los derechos, procuró hacerse cargo de la "cuestión social", que el constitucionalismo estadounidense había dejado básicamente desatendida.

Para explicar dicha evolución, realizaré un análisis del constitucionalismo latinoamericano en tres breves pasos, temporalmente ordenados. En el primer paso, introductorio, daré cuenta de las diferentes opciones constitucionales que se fueron desarrollando en América Latina desde su independencia. En el segundo, me referiré a la "conservadurización" que se consolidara en la región, luego del pacto liberal-conservador que tomara lugar hacia 1850. En el tercero, aludiré al reconocimiento de la olvidada "cuestión social" por parte del constitucionalismo regional desde comienzos del siglo XX, y sobre todo a partir del dictado de la Constitución de México de 1917.

1. La independencia y el primer constitucionalismo latinoamericano

En el capítulo 2 del libro más influyente de Juan Bautista Alberdi, *Bases y puntos de partida para la organización política de la República Argentina*, de 1852, Alberdi reconocía los méritos del "primer derecho constitucional" de la región —el que emergiera luego de la independencia—. Lo hacía desafiando algunas ideas extendidas, que objetaban o ridiculizaban aquellos primeros documentos que Alberdi, en cambio, encontraba elogiables. Sostuvo entonces Alberdi:

> Todas las constituciones dadas en Sudamérica durante la guerra de la independencia, fueron expresión completa de la necesidad dominante de ese tiempo. Esa necesidad consistía en acabar con el poder político que la Europa había ejercido en este continente, empezando por la conquista y siguiendo por el coloniaje: y como medio de garantir su completa extinción, se iba hasta arrebatarle cualquier clase de ascendiente en estos países. La independencia y la libertad exterior eran los vitales intereses que preocupaban a los legisladores de ese tiempo. Tenían razón: comprendían su época y sabían servirla.[9]

Preocupado, sobre todo, por la consolidación de la independencia, el primer constitucionalismo regional ensayó opciones diversas —al menos tres— que por razones de simplicidad denominaré *conservadurismo, radicalismo y liberalismo.*

a. El constitucionalismo conservador: la espada y la cruz

En los años que siguieron a la independencia, la opción conservadora fue la más importante, y la que alcanzó mayor éxito (en este caso, entendido como estabilidad por entonces el bien jurídico más escaso y preciado). El ideario de las constituciones conservadoras fue impecablemente descrito años más tarde por Gabriel García Moreno, frente a la Convención Constituyente ecuatoriana, cuando sostuvo:

---

[9]   Juan Bautista Alberdi, *Bases y puntos de partida para la organización política de la República Argentina* (1981/1852).

El proyecto de Constitución que os será presentado, contiene las reformas que en mi concepto demanda más imperiosamente el orden, el progreso y la felicidad de la República. Dos objetos principales son los que he tenido en mira: el primero, poner en armonía nuestras instituciones políticas con nuestra creencia religiosa; y el segundo, investir a la autoridad pública de la fuerza suficiente para resistir a los embates de la anarquía.[10]

En dicha breve y precisa frase García Moreno (uno de los presidentes más conservadores y autoritarios en la historia de la región), dejó en claro las dos principales tareas que se autoasignaba el conservadurismo constitucional. Por un lado, utilizar la fuerza del Estado —la "espada"— para imponer el orden en sociedades que se mostraban anárquicas; y por otro, levantar la religión —la "cruz"— para alinear a la ciudadanía en los valores propios de la concepción del bien elegida (en América Latina, el catolicismo). Se trataba del resumen perfecto del constitucionalismo conservador: *elitismo político más perfeccionismo moral*. La primera noción se basaba en la convicción de que las mayorías se encontraban aún incapacitadas para su autogobierno; mientras que la segunda pretendía fundarse en la superioridad moral del catolicismo sobre todas las demás creencias.

Aunque hubo muchas constituciones conservadoras, ninguna fue tan importante e influyente como la de Chile de 1833, redactada bajo la influencia de Juan Egaña y su hijo, Mariano. Ideas similares fueron impulsadas, en el ámbito constitucional, por una cantidad de pensadores regionales notables: desde Lucas Alamán en México, a Bartolomé Herrera en Perú, a Mariano Ospina y José Eusebio Caro en Colombia.

---

[10]   Gabriel García Moreno, *Escritos y discursos* (1887), pp. 275-276.

b. El constitucionalismo radical: la soberanía del pueblo

A diferencia del proyecto conservador, el impulsado por las facciones más radicales o rousseaunianas contó con muy poca vida efectiva en la región. Hubo dos breves momentos, en todo caso, en los que el ideario más radical cobró peso propio: el primero, en los tiempos de la independencia, cuando las banderas del "autogobierno" eran levantadas por la mayoría de los patriotas, aun los más conservadores; y luego, a mediados del siglo XIX, y al calor de los movimientos revolucionarios europeos de 1848, que encontraron cierta repercusión en la región (en especial en Perú, Colombia y Chile). A pesar de esta breve y corta vida efectiva, lo cierto es que el proyecto radical apareció siempre como el "fantasma" contra el cual discutían más encendidamente las concepciones rivales —concepciones que en buena medida moldearon sus principales rasgos en una disputa, real o imaginaria, con el radicalismo—.

Francisco Bilbao, radical chileno que vivió personalmente el "momento democrático" europeo de 1848, representa una buena síntesis de lo mejor que ofreció el radicalismo político constitucional. Él redactó, a mediados de siglo, su propio proyecto de Constitución, que basó en el que consideraba el único modelo constitucional interesante, en la historia de la humanidad: la Constitución jacobina de Francia de 1793. Demostrando el anticonservadurismo propio del radicalismo, Bilbao proponía "la abolición de la presidencia, la abolición del Ejército, la supresión de los *fueros*"[11]. Defensor del principio rousseauniano de la "soberanía del pueblo", se quejaba de que "todas las Constituciones reconocen la soberanía del pueblo, pero inmediatamente agregan que, dada la imposibilidad práctica de ejercerla (a través de la democracia directa), o la incapacidad del pueblo para ejercerla, el pueblo está obligado

---

[11] Francisco Bilbao, *Obras completas*, vol. I (1886), p. 279.

a delegarla".[12] Como Rousseau, Bilbao consideraba que la delegación del poder era "esclavitud disfrazada de soberanía".[13] En el modelo radical americano, terminaría por prevalecer una organización del poder definida por un principio mayoritarista (reflejado a veces en un Congreso poderoso, en otras en asambleas democráticas y en casi todas en un ejecutivo muy débil) y una segunda parte marcada por un principio de populismo moral, donde lo que importaba no era tanto la veracidad de ciertas creencias o el valor de la reflexión de cada uno, sino el hecho de que ciertas opciones (aun religiosas) respondieran a la voluntad popular o contribuyeran a su robustecimiento.

c. El constitucionalismo liberal: ni tiranía ni anarquía

El tercer modelo constitucional relevante en la región fue el liberal, que junto con el conservador se convertiría en modelo dominante en América Latina. Conservadores y liberales, de hecho, se enfrentaron de modo armado y sangriento durante décadas, en una mayoría de países de la región. Las razones de ese enfrentamiento fueron variadas (incluso, de modo especial, la influencia política y la obtención de cargos de poder, luego de los años de la Colonia), pero la cuestión religiosa ocupó en esos años el lugar más visible. "Religión o muerte", proclamaban entonces los conservadores argentinos, mientras fogoneaban el enfrentamiento con sus adversarios.

Como en el caso de los Estados Unidos, en América Latina también el liberalismo siempre optó por mostrarse como la única opción sensata, racional, en medio de dos extremos inaceptables: la "tiranía" que en los hechos imponían los conservadores y la "anarquía" que, en la práctica, fomentaban los radicales. Como explicitara el colombiano Ezequiel Rojas en su famoso

---

12 *Ibíd.*, p. 246.
13 *Ibíd.*, p. 247.

escrito "La razón de mi voto", las demandas constitucionales de los liberales siempre tendieron a incluir la moderación de los poderes presidenciales, la reinstauración de los controles al poder, la mayor descentralización territorial y desconcentración del poder y la separación de la Iglesia y el Estado.[14] Los principios constitucionales del liberalismo constitucional latinoamericano, finalmente, pueden resumirse en dos (los mismos que distinguieran el constitucionalismo liberal de los Estados Unidos): *equilibrios del poder* y *neutralidad moral del Estado*. José María Luis Mora en México, José Joaquín de Mora en Chile, la Asamblea del año XIII en la Argentina, Florentino González en Colombia son algunas de las tantas expresiones del temprano constitucionalismo liberal latinoamericano.

2. *El constitucionalismo liberal-conservador a mediados del siglo XIX*

El variado constitucionalismo regional de comienzos de la vida independentista fue virando hacia formas mixtas, particularmente desde mediados del siglo XIX en adelante. Aparecieron, entonces, encuentros inusuales entre fuerzas radicales y liberales (como en Colombia en la década de 1960 o México en la década de 1850), y otros aún más improbables entre radicales y conservadores (el Gobierno de Juan Manuel de Rosas pudo ser visto como un ejemplo de ello).[15] Sin embargo, sin ninguna duda, la alianza más potente y estable de las que se dieron en esos años fue la que se produjo a partir de la convergencia de liberales y conservadores.

El encuentro constitucional entre liberales y conservadores tampoco resulta sencillo de explicar, sobre todo, a la luz de las décadas en las que representantes de ambas facciones

---

[14] Jaime Jaramillo Uribe, *El pensamiento colombiano en el siglo XIX* (1964).

[15] Jorge Myers, *Orden y virtud: el discurso republicano en el régimen rosista* (1995).

se enfrentaron de manera violenta. Tal vez, podría decirse, dicha inesperada fusión tuvo que ver con la súbita amenaza radical que apareció en América Latina, luego del periodo de las "revoluciones rojas" o "democráticas" de Europa en 1848. Una hipótesis similar es la que presenta Hernando Valencia Villa para dar cuenta del caso colombiano. En sus términos (a partir de 1854), el conservatismo y el liberalismo se relacionan a través de una oscilación pendular por cuanto pasan de una guerra civil a una coalición electoral y gubernamental y de un Frente Nacional a un conflicto armado en la medida en que el balance de fuerzas y poderes entre ellos y la probabilidad de los procesos de cambio social y poder popular se alteren o se mantengan estáticos. Cuando están solos, sin competidores a la izquierda o a la derecha, o cuando el movimiento popular se encuentra bajo control, los partidos tradicionales luchan entre sí, aun hasta la guerra civil (la nación ha tenido once conflictos armados de carácter bipartidista entre 1811 y 1957). Por el contrario, cuando no están solos, cuando existen rivales en el exterior del sistema o cuando el movimiento popular está fuera de control, las dos fuerzas se alían y forman un frente común para su supervivencia en la dirección del Estado, que ha terminado por confundirse con la supervivencia del Estado mismo (ha habido seis experiencias de coalición bipartidista de naturaleza preventiva o restauradora entre 1854 y 1957).[16]

El hecho es que, desde mediados del siglo XIX, una mayoría de países latinoamericanos comenzaron a presenciar el encuentro constitucional entre los principales proyectos hasta entonces enfrentados: el liberal y el conservador. En ocasiones, como en los casos de la Argentina o México, dicho encuentro se dio con representantes de ambas facciones, sentados en torno a la misma mesa de negociación jurídico-política. En otros casos, como el de Chile, la fusión se dio de forma más paulatina, con

---

[16] Hernando Valencia Villa, *Cartas de batalla: una crítica del constitucionalismo colombiano* (1987).

171

una Constitución ultraconservadora (la de 1833), que comenzó
a perder sus rasgos más autoritarios y presidencialistas hacia
finales del siglo; y en otros más, como el de Colombia, la con-
fluencia se produjo, también hacia el final del siglo, a partir de
la paulatina conservadurización de un tipo de constitucionalismo que había oscilado hasta entonces entre el liberalismo y
el radicalismo (el resultado de dicha fusión se expresaría, por
caso, en la Constitución de 1886, que simbolizaría también el
encuentro entre el otrora liberal José María Samper y el sem-
piterno conservador Miguel Antonio Caro). Asimismo, hacia
finales del siglo XIX, el propio Brasil, que en cierto modo se
había mantenido al margen de los otros desarrollos constitucionales en la región, alumbró un nuevo constitucionalismo de
fusión. Como sostuviera el constitucionalista Antônio Wolkmer,
se advertía aquí también el "carácter liberal-conservador del
constitucionalismo brasileño", constitucionalismo que, en su
opinión, "sigue siendo, hasta el día de hoy, el continuo producto
de una 'conciliación-compromiso entre el autoritarismo social
modernizante y el liberalismo burgués conservador".[17]

Las nuevas constituciones liberal-conservadoras mostraron
varios rasgos distintivos. Entre ellos destacaron, por un lado,
su carácter centro-federal (en lugar del tradicional centralismo
conservador o el federalismo liberal), su defensa de derechos
políticos restringidos, la protección intensa del derecho de
propiedad, su cerrazón a las cuestiones sociales, pero, sobre
todo, los dos rasgos siguientes: uno referido a la organización
del poder y otro referido a la organización de los derechos.

En relación con la cuestión religiosa, estas constituciones
renunciaron a afirmar el principio liberal de la neutralidad y, a
su modo, debilitaron o resquebrajaron el "muro de separación"
liberal. Afirmaron, entonces, posiciones muchas veces imprecisas
en la materia. Las fórmulas que se encontraron en este sentido

---

[17]   Antônio Carlos Wolkmer, *Constitucionalismo e direitos sociais no Brasil* (1989),
p. 35.

fueron diversas. La Constitución argentina, por ejemplo, incluyó un artículo 2 en el que se decía, ambiguamente, que la nación "sostenía" el culto católico, junto con un artículo 14 con el que se consagraba la tolerancia de cultos. En México, en 1857 (como en Ecuador en 1906), el pacto liberal-conservador en la materia se tradujo en el contundente silencio de la Constitución sobre el disputado punto. En Chile, el carácter fuertemente religioso de la Constitución fue moderándose, a lo largo del siglo, hasta que en 1865 una ley interpretativa abrió lugar a una relativa libertad de cultos. De este modo, se combinaban las aspiraciones neutralistas de los liberales junto con las perfeccionistas de los conservadores.

El rasgo más importante y notable de las constituciones liberal-conservadoras fue, sin embargo, otro, relacionado con el sistema de "frenos y contrapesos": contra el sistema más "puro", de equilibrios y controles, concebido en los Estados Unidos, las nuevas constituciones establecieron sistemas de "frenos y contrapesos" desbalanceados en favor del ejecutivo. Esto es, aun receptando el "molde" estadounidense de los "frenos y contrapesos", los latinoamericanos optaron por romper el equilibrio, desbalanceando el prolijo, calculado, meticuloso balance propuesto en América del Norte. Otra vez, de esta forma, quedaban combinadas las pretensiones de los liberales, que aspiraban a un esquema general de equilibrios (que se mantenía en sus grandes rasgos), con el fortalecimiento de los poderes del ejecutivo, que típicamente demandaban los conservadores.

Tratando de dar fundamento a este particular modelo, el constitucionalista argentino Juan Bautista Alberdi —uno de los ideólogos de esta transformación— propuso explícitamente alejarse del modelo estadounidense en esta materia para emular el ejemplo de Chile, país que —son sus palabras—

ha hecho ver que entre la falta absoluta de gobierno y el gobierno dictatorial hay un gobierno regular posible; y es el de un presidente constitucional que pueda asumir las facultades de un rey en el instante que la anarquía le desobedece como presidente republicano.[18]

Los cambios que, en relación con el poder ejecutivo, comenzó a receptar el constitucionalismo latinoamericano, fueron diversos. Ellos incluyeron, en algunos casos, la capacidad de declarar el estado de sitio y, así, de restringir derechos; en otros, la de intervenir los gobiernos provinciales; en muchos otros, la de nombrar y remover discrecionalmente a todo su gabinete; y, en general, poderes legislativos adicionales. A través de este tipo de concesiones, los liberales conseguían sellar, junto con los conservadores, el acuerdo constitucional que distinguiría su historia, en una mayoría de países, hasta bien entrado el siglo XX.[19]

3. *LA LLEGADA DEL CONSTITUCIONALISMO SOCIAL EN EL SIGLO XX*

El primer gran cambio introducido por el constitucionalismo latinoamericano, frente al modelo liberal estadounidense, se produjo —según pudimos observar— en la organización del poder, consolidándose a mediados del siglo XIX. El segundo gran y decisivo cambio, mientras tanto, se produciría desde comienzos del siglo XX. Este cambio afectaría de modo crucial el área relacionada con la organización de los derechos. Desde entonces, el constitucionalismo latinoamericano comenzaría a fijar su segundo gran elemento distintivo (frente al desbordado presidencialismo); esto es, el perfil social de su lista de derechos. De algún modo —y de una forma muy imperfecta, según veremos— se ampliaba el pacto liberal-conservador del

---

[18]   Juan Bautista Alberdi, *Bases y puntos de partida para la organización política de la República Argentina*, Plus Ultra (1981/1852), p. 181.

[19]   Liberales y conservadores dieron lugar, así, y de manera paulatina, a la formación de un sistema de gobierno peculiar, sistema que Carlos Nino denominara hiperpresidencialista. Véase Carlos Santiago Nino, *The Constitution of Deliberative Democracy* (1997).

siglo XIX, para incorporar a este (aparte de) el proyecto radical dejado de lado en aquellos años.

Sin lugar a dudas, fue la Constitución mexicana de 1917 la que impulsó la introducción de tales cambios, que se extenderían luego de un tiempo a los demás países de América Latina, Europa y el resto del mundo. La notable Constitución mexicana, por otro lado, simbolizaría el fin del viejo paradigma del "orden y progreso" que dominará la región las dos últimas décadas del siglo XIX y la primera del XX. Su llegada, por lo demás, respondería a un proceso revolucionario violento, jalonado por varios eventos de radicalismo político y legal. La reunión constituyente de Querétaro, por caso, fue precedida por al menos otros dos encuentros entre fuerzas radicalizadas —uno en Ayala y otro en Aguascalientes— que propiciaron también programas de reordenamiento jurídico para el país. Se trató, sin embargo, de reordenamientos que —tal vez por su desmedido radicalismo— no llegaron a cuajar. La Constitución alumbrada en Querétaro, en cambio, ganó prontas raíces —tal vez por las restricciones que encerraba detrás de algunos artículos extremos—.[20]

El radicalismo de la Constitución de 1917 pudo percibirse, sobre todo, en el amplio artículo 27, que vendría a nacionalizar las riquezas del subsuelo y dar contenido a la reforma agraria, y en el extensísimo artículo 123, que establecería la protección de los trabajadores y reconocería entidad a los sindicatos. Tales artículos, según el diputado Rouaix (decisivo en la formulación y escritura de tales textos), "fueron el resultado del radicalismo revolucionario... que estaba en todas las conciencias después de las sangrientas luchas que habían transformado a la sociedad mexicana".[21]

---

[20] Véase Adolfo Gilly, *La revolución interrumpida* (1994) y Alan Knight, *The Mexican Revolution*, 2 vols. (1990).

[21] A ellos puede agregarse el artículo 5, que también aborda la cuestión del trabajo personal y los límites de los contratos de trabajo. Véase Pastor Rouaix,

El artículo 27 sostenía:

La Nación tendrá en todo tiempo el derecho de imponer a la propiedad privada las modalidades que dicte el interés público, así como el de regular, en beneficio social, el aprovechamiento de los elementos naturales susceptibles de apropiación, con objeto de hacer una distribución equitativa de la riqueza pública, lograr el desarrollo equilibrado del país y el mejoramiento de las condiciones de vida de la población rural y urbana.[22]

Mientras tanto, el artículo 123 afirmó, por ejemplo, que "toda persona tiene derecho al trabajo digno y socialmente útil", para lo cual el Estado promoverá "la creación de empleos y la organización social para el trabajo". Luego, el artículo regulaba las relaciones laborales llegando a un nivel de detalle extraordinario, hasta cubrir muchos de los temas que conformarían la agenda del derecho del trabajo en el siglo por venir. Así, la Constitución hizo referencia a la duración máxima de la jornada de trabajo; las condiciones del trabajo nocturno; la prohibición del trabajo de los menores; los días de descanso obligatorios; la regulación del trabajo de las embarazadas; consideraciones sobre los salarios mínimos; la igualdad que debe regir en las relaciones laborales; la participación de los trabajadores en las ganancias de las empresas; las horas extras; las condiciones de salubridad e higiene obligatorias; la obligación de educación laboral del trabajador; la regulación de los accidentes de trabajo; el derecho de huelga; el derecho de organización sindical y patronal; el despido sin justa causa; los límites a los contratos de trabajo abusivos; el seguro social; las vacaciones; las condiciones para la suspensión o cese de un obrero en su trabajo, etc.

Génesis de los artículos 27 y 123 de la Constitución política de 1917 (1959), p. 238.

[22] *Ibíd.*

Es interesante marcar en todo caso —más tarde volveremos sobre el punto— el modo en que esta radical Constitución mexicana, en materia de derechos, se mantenía alineada con el viejo liberal-conservadurismo regional en lo concerniente a la organización del poder. La cabeza del ejecutivo mexicano, Venustiano Carranza, reconocería dicha situación frente a la Asamblea Constituyente en 1916. En sus términos:

> Los pueblos [...] han necesitado y necesitan todavía de gobiernos fuertes, capaces de contener dentro del orden de poblaciones indisciplinadas, dispuestas a cada instante y con el más fútil pretexto a desmanes. [...] La libertad tiene por condición el orden, y que sin éste aquella es imposible [...] El Poder Legislativo, que por naturaleza propia de sus funciones, tiende siempre a intervenir en las de los otros, estaba dotado en la Constitución de 1857 de facultades que le permitían estorbar o hacer embarazosa y difícil la marcha del Poder Ejecutivo, o bien sujetarlo a la voluntad caprichosa de una mayoría fácil de formar en las épocas de agitación, en que regularmente predominan las malas pasiones y los intereses bastardos.[23]

El ejemplo mexicano se extendería más tarde, conforme a lo anticipado, al resto de América Latina. Aparecieron, entonces, generosas listas de derechos sociales en las constituciones de Bolivia en 1938, Cuba en 1940, Uruguay en 1942, Ecuador y Guatemala en 1945 o Costa Rica en 1949. De modo todavía más notable, Brasil se involucraría en el constitucionalismo social de la mano del presidente Getulio Vargas, con la creación del Estado Novo y el dictado de dos nuevas constituciones, parcialmente aplicadas en la práctica —las de 1934 y 1937—.[24]

---

[23] Isidro Fabela, *Documentos históricos de la Revolución mexicana: Revolución y Régimen constitucionalista, IV: El Plan de Guadalupe* (2013).

[24] La Constitución de 1937 o Carta Polaca tomaba su perfil de las "constituciones autoritarias de Polonia de 1935 y del Estado Nuevo portugués de 1933". Destaca

La Argentina seguiría el mismo camino con el impulso del general Juan Perón, desde la presidencia, y el dictado de la Constitución de 1949. Se trataba, otra vez, y como en el caso de México, de gobiernos de autoridad concentrada, con restricciones a las tradicionales libertades civiles, que impulsaban reformas "desde arriba", respaldos legalmente por cartas de derechos sociales muy amplias.

Varios años después de su dictado, Arturo Sampay, el gran ideólogo de la decisiva Constitución argentina de 1949, reconocería la tensión que los juristas de su generación habían instalado en el corazón de las nuevas constituciones sociales. Esto es lo que sostuvo Sampay en relación con la de 1949:

> La reforma constitucional de 1949 no organizó adecuadamente el predominio y el ejercicio del poder político por los sectores populares, debido, primero, a la confianza que los sectores populares triunfantes tenían en la conducción carismática de Perón, y segundo, al celoso cuidado que el propio Perón ponía para que

por su autoritarismo, el modo en que fortalece los poderes del presidente y su carácter "centralizador y antifederal" (J. Lima Lopes, *O Direito na Historia* (2008), p. 362). En todo caso, mantiene la mayoría de las cláusulas sociales de la anterior, salvo el derecho de huelga que fuera considerado entonces por la propia Constitución (art. 139) como "antisocial". Véase Gilberto Bercovici, "Tentativa de instituiçõo da democracia de massas no Brasil: instabilidade constitucional e directos sociais na era Vargas (1930-1960)", en Ricardo Marcelo Fonseca y Airton L. Cerqueira-Leite Seelaender, *História do direito em perspectiva. Do Antigo Regime à Modernidad* (2008), pp. 389, 399. El principal ideólogo detrás de la Constitución de 1947 sería Francisco Campos, conocido como el Carl Schmitt brasileño, y quien fuera a su vez ministro de Justicia de la dictadura de Vargas hasta 1942. Notablemente, en su principal obra, *Estado nacional*, Campos explicitó la idea conforme a la cual "el régimen político de las masas es el de la dictadura [...] No hay hoy un pueblo que no clame por un César". *Ibid.*, p. 390; Francisco Campos, *O Estado Nacional* (1937). Todos ellos encarnaban la más fuerte reacción ante el viejo pensamiento jurídico, propio de la Constitución de 1891, reacción que se caracterizaría por su antiliberalismo, su antiidealismo y su crítica del formalismo democrático. Véase V. A. Da Silva, "Idéias e instituições constitucionais do século XX no Brasil", en Eric Millard, Diego Valadès, José Gamas Torruco y François Julien-Laferrière, *Ideas e instituciones constitucionales en el siglo XX* (2011).

no se formara paralelamente al gobierno legal un coadyuvante poder real de esos sectores populares, por lo que el nuevo régimen iba a mantenerse hasta que la oligarquía cautivara a los oficiales de las fuerzas armadas. Tal era, entonces, el talón de Aquiles de la mentada reforma y la cual, precisamente como Aquiles, fue muerta por el enemigo en la flor de la juventud a causa de tener vulnerable nada menos que su soporte.[25]

No obstante lo dicho —la tensión interna que comenzaban a mostrar de modo drástico las nuevas constituciones latinoamericanas—, lo cierto es que dicho modelo, de ejecutivos concentrados y largas listas de derechos sociales, solo tendió a agudizarse y expandirse con el paso de los años. Esto es lo que pudo verse, por caso, en la segunda gran oleada de reformas que tomó lugar en América Latina a finales del siglo XX (1980-2010). Fueron muchas las constituciones dictadas en aquellos años, incluso las del Brasil en 1988, Colombia en 1991, Argentina en 1994, Venezuela en 1999, Ecuador en 2008 y Bolivia en 2009. De formas diversas, todas ellas mantuvieron, expandieron o reconocieron jurídicamente los poderes (sobre todo legislativos) que, de hecho, había ido ganando el ejecutivo a lo largo de las décadas anteriores. Y a la vez, ampliaron el listado de derechos para incorporar otros nuevos que iban bastante más allá de los inicialmente reconocidos a los trabajadores. Se hablaba ahora de los derechos de los indígenas, de los derechos de las minorías multiculturales, de los postergados derechos de las mujeres, de los derechos de las minorías sexuales, etc. El modelo constitucional latinoamericano parecía haber encontrado su forma definitiva. Se advertía ahora, con absoluta claridad, cuál era su perfil, y por ello cuáles eran las grandes diferencias que demarcaban a estas nuevas constituciones en relación con la Constitución estadounidense. Se trataba de constituciones que habían centralizado y concentrado el poder de un modo

---

[25]   Arturo Enrique Sampay, *Constitución y pueblo* (1973), p. 122.

impensado en los Estados Unidos y delegado en el ejecutivo una serie de poderes extraordinarios, conservadurizando así el texto constitucional que le servía de modelo. Al mismo tiempo, se trataba de constituciones que habían reforzado su perfil social, desde la sección relativa a los derechos, de maneras que resultaban inimaginables para el constitucionalismo estadounidense, radicalizándolo.

D. EVALUACIÓN DEL CONSTITUCIONALISMO AMERICANO: DOS CRITERIOS

Llegamos aquí al final de nuestro recorrido descriptivo. En este punto, me interesa preguntarme, entonces, ¿con qué resultados nos hallamos en el constitucionalismo americano luego de más de dos siglos de existencia? Nos encontramos, obviamente, con una gran riqueza legal, que aquí hemos resumido en dos modelos fundamentales de constitucionalismo: uno, vinculado a la Constitución de los Estados Unidos, y otro, que nos refiere al paradigma dominante en América Latina. Esta primera aseveración requiere, desde ya, la introducción de prontos y numerosos matices. Fundamentalmente, lidio con generalizaciones que nos ayudan a pensar en el orden legal existente, pero que requieren la pronta introducción de los numerosos detalles y diferencias que son propios de las distintas realidades de cada país y cada región o subregión. Casos como los de Argentina, Brasil, Bolivia, Chile, Colombia, Costa Rica, Ecuador, México, Paraguay, Perú, Uruguay, Venezuela, entre tantos otros, muestran peculiaridades y aspectos propios que nos urgen a abordar análisis separados. De todos modos, en otros escritos recientes he tratado de dar cuenta de esas variaciones y detalles (examinando el constitucionalismo de países como los citados), por lo que ahora me concentraré en los rasgos más generales.[26]

---

[26] Roberto Gargarella, *The Legal Foundations of Inequality* (2010) y Roberto Gargarella, *Latin American Constitutionalism, 1810-2010* (2013).

Realizaré mi examen en dos secciones separadas: una vinculada al constitucionalismo estadounidense y otra dedicada al constitucionalismo latinoamericano en general. La idea es, luego del repaso realizado en las secciones anteriores, observar algunos rasgos propios de cada uno de estos dos tipos de constitucionalismo, poniéndolos en diálogo crítico del uno con el otro. Para llevar adelante esta evaluación, me apoyaré fundamentalmente en dos criterios: uno más funcional y otro más sustantivo. El criterio funcional tiene que ver con la consistencia de las constituciones del caso; y el criterio sustantivo, con el igualitarismo propio de cada uno de esos modelos constitucionales. Permítanme explicar y justificar brevemente cada uno de tales criterios.

1. UN CRITERIO FUNCIONAL: LA CONSISTENCIA CONSTITUCIONAL

Es posible hablar de "consistencia" en sentidos diferentes. Conforme viéramos, a Alberdi le había interesado hablar de consistencia, sobre todo en un sentido, al que podríamos denominar *consistencia externa*. En efecto, a Alberdi le preocupaba examinar, ante todo, hasta qué punto la constitución tomaba en serio la realidad que la rodeaba, haciéndose cargo de los problemas existentes más graves y acuciantes del momento histórico en el que se dictaba. Para él resultaba claro que el constitucionalismo no podía solucionar esos graves dilemas, pero en todo caso él sí consideraba que las energías constitucionales debían orientarse hacia la solución de estos. Por ello, como viéramos, había elogiado al "primer constitucionalismo" regional (dedicado a colaborar en la consolidación de la independencia), mientras trabajaba para el "segundo" (que se dirigiría a enfrentar los males del "desierto" y el "atraso económico"). No es fácil evaluar una constitución por su consistencia externa (dado que ello requiere, previamente, tener por ciertos cuáles son los datos de la realidad "externa" que el constitucionalismo

181

debiera tomar en cuenta y cuáles los medios apropiados que debiera adoptar para mostrar que toma seriamente en cuenta tales datos externos). De todos modos, en lo que sigue haré algunas consideraciones, aunque sea vagas, sobre esta forma de consistencia.[27]

El otro tipo de consistencia, el que resulta más relevante para los propósitos de este texto, se refiere a lo que podríamos llamar la *consistencia interna* de las constituciones. Este tipo de consistencia se encuentra cuando las diversas partes de la constitución "trabajan" de modo coordinado, favoreciéndose las unas a las otras. Al hablar de consistencia interna, en lo que sigue, pensaré de modo muy especial en las dos secciones principales de una constitución (la referida a la organización del poder y la referida a los derechos), y el modo en que ellas se relacionan entre sí. Al respecto, y por ejemplo, uno puede decir que el modelo constitucional conservador fue un modelo internamente consistente al fijarse objetivos ambiciosos y estrictos (para García Moreno, y conforme viéramos "poner en armonía nuestras instituciones políticas con nuestra creencia religiosa") y, al mismo tiempo, organizar el poder de un modo concentrado, de forma tal de darle viabilidad a tales exigentes compromisos (compromisos en este caso basados en una profunda desconfianza hacia las mayorías —en sus términos, era necesario "investir a la autoridad pública de la fuerza suficiente"—). Frente al proyecto constitucional conservador, uno puede mostrar su desacuerdo sustantivo, pero dicho juicio es

---

[27] Alberdi se preocupaba por la consistencia constitucional también en otro sentido, que aquí no tendré tiempo de desarrollar. A él le interesaba ver de qué modo el nuevo constitucionalismo se relacionaba con el pasado. Alberdi criticaba en este sentido al constitucionalismo latinoamericano, sosteniendo (en el capítulo 18 de su libro) que "con un derecho constitucional republicano y un derecho administrativo colonial y monárquico, la América del Sur arrebata por un lado lo que promete por otro: la libertad en la superficie y la esclavitud en el fondo". Juan Bautista Alberdi, *Bases y puntos de partida para la organización política de la República Argentina* (1981/1852).

independiente del análisis funcional, que nos permite señalar que dicho proyecto (normativamente poco atractivo) se mostraba, en principio, como internamente consistente.

2. UN CRITERIO SUSTANTIVO: EL IGUALITARISMO

Dados los obvios límites del análisis funcional, quisiera agregar entonces una segunda variable de análisis de las constituciones, a la que llamaré su carácter igualitario. Desarrollar aquí una teoría de la justicia sustantiva resultaría una tarea obviamente excesiva. Lo que haré será, más bien, basarme en el constitucionalismo realmente existente, para hablar de lo que hubo y de lo que todavía falta. Y me apoyaré en esto último —el ideal todavía no alcanzado— para evaluar lo existente en su sentido y alcance. Supondré aquí —con confianza de que lo que digo se ajusta a la historia constitucional americana— que el constitucionalismo americano tuvo desde sus comienzos dos ideales que marcaron su trayectoria: el ideal del *autogobierno colectivo* y el de la *autonomía individual*. El primer ideal, el del autogobierno colectivo, tomó fuerza desde el mismo comienzo de la lucha independentista, y se encarnó inicialmente en los discursos, escritos y acciones de todos los involucrados en los movimientos de ruptura iniciales. El segundo ideal, el de la autonomía personal, también cumplió un papel crucial en el constitucionalismo americano, desde sus mismos inicios, sobre todo a partir de las disputas existentes en torno a la influencia que podía tener o no el Estado en materia de las convicciones religiosas (o no) de cada uno. Según entiendo, los diferentes modelos constitucionales que hemos ido examinando hasta aquí pueden organizarse y clasificarse conforme al modo en que se relacionaron con ambos ideales. El conservadurismo, a partir de su elitismo político y su perfeccionismo moral, se mostró desde siempre en tensión con ambos ideales. El radicalismo político se afirmó en una fuerte defensa del ideal del autogobierno colectivo, sin embargo, estuvo abierto a sacrificar el segundo ideal, el de la autonomía individual, en nombre del primero. El liberalismo, en principio, mostró la actitud inversa al radicalismo: afirmado en la defensa estricta del crucial ideal de la autonomía personal, aceptó sacrificar, en nombre de aquel, aspectos centrales del autogobierno colectivo. Todas estas consideraciones requerirían un examen más detenido, pero por el momento voy a conformarme con llamar la atención sobre un dato que resultará central para mi próxima evaluación sustantiva. Me refiero a la existencia de una casilla vacía o un modelo ausente dentro del constitucionalismo regional. En efecto, y como puede verse en el cuadro 1, el constitucionalismo latinoamericano ha mostrado, fundamentalmente, constituciones que desafiaban ambos ideales, otras que sostenían fuertemente a uno de ellos en desmedro del otro pero no modelos constitucionales que afirmaran, al mismo tiempo, ambos compromisos, es decir, el valor del autogobierno colectivo y el de la autonomía individual, al mismo tiempo. Llamaré a este modelo ausente o "casilla vacía" el modelo constitucional igualitario, y él me servirá como ideal desde donde evaluar, de modo sustantivo, lo que nos ha legado la historia del constitucionalismo en América.

Cuadro 1. Conservadurismo, radicalismo, liberalismo, igualitarismo

Autogobierno colectivo (−)	Autogobierno colectivo (+)	Autogobierno colectivo (−)(+)	Autogobierno colectivo (+)
Autonomía individual (−)	Autonomía individual (−)(+)	Autonomía individual (+)	Autonomía individual (+)

E. El constitucionalismo en las Américas, primer balance

Conforme a lo adelantado, en lo que sigue quisiera examinar críticamente el constitucionalismo americano, poniendo en diálogo a los dos modelos principales que, según entiendo, caracterizan hoy al mismo: el de los Estados Unidos y el de América Latina, que analizaré a continuación por separado.

1. *EL CONSTITUCIONALISMO EN LOS ESTADOS UNIDOS*

El constitucionalismo estadounidense se ha mantenido, en general, alineado con el liberalismo que le dio su perfil desde su nacimiento. Si bien (como una mayoría de las constituciones contemporáneas) ha tendido a aceptar mayores niveles de concentración del poder, lo cierto es que todavía puede decirse que, en sus rasgos generales, la Constitución estadounidense muestra un aspecto liberal. Ello así, particularmente, a causa de su preocupación por mantener los controles al poder, la división de poderes, los "frenos y contrapesos", la neutralidad religiosa, el respeto a la libertad de conciencia, de prensa y asociación, etcétera.[28]

Quisiera decir algo, a continuación, respecto de la consistencia *interna* de esta Constitución, pero antes me detendré brevemente en una observación referida a su consistencia *externa*. Aunque, tal como anticipara, no es sencillo encontrar parámetros para realizar este último tipo de apreciaciones (referidas a la consistencia externa), me animaría a señalar, por lo menos, un dato que se refiere a una notable falla inicial de dicho texto en esta materia: la cuestión de la esclavitud. Al ocultar/encubrir el problema de la esclavitud, dentro del texto original, la Constitución de los Estados Unidos le hizo sin dudas un tremendo disfavor a la política, a la ética y al derecho de su tiempo. El estallido de la guerra civil, años después, se relaciona con factores muy diversos, pero, también, sin dudas, con la naturaleza de la Constitución, que optó por no considerar ni tomar en cuenta la cuestión de la discriminación racial y la esclavitud, prefiriendo utilizar las energías constitucionales para otros propósitos mientras negaba aquellos males. Dicha

---

[28] De todos modos, un análisis más minucioso también debería hacerse cargo de los detalles de este liberalismo, que se ha ido deteriorando con el tiempo en las áreas más diversas. Véase Ronald Dworkin, *Is Democracy Possible Here?* (2006).

falla, sin dudas, representa uno de los aspectos más oscuros y poco atractivos en la historia del constitucionalismo liberal estadounidense.

En cuanto a su consistencia *interna*, en cambio, el constitucionalismo liberal adoptado en los Estados Unidos se muestra tan consistente como lo fueran sus dos principales modelos rivales (el conservador y el radical). Las dos partes principales de la Constitución estadounidense, podría decirse, se ajustan la una con la otra, sirviéndose mutuamente. La formulación original podría ser presentada de este modo: dado el propósito fundamental de asegurar la vigencia de ciertos derechos civiles básicos, relacionados con la propiedad, los contratos, el libre mercado, la organización del poder se definió de modo acorde. Por un lado, se establecieron restricciones al uso del poder, de forma tal de evitar abusos, y facilitar un mayor espacio para la libertad individual; y por otro, se establecieron límites al accionar mayoritario, a través de una diversidad de mecanismos "contramayoritarios", que ayudaron a contener a la principal fuente de "amenaza" existente ante los "acuerdos personales voluntarios": la amenaza democrática que había demostrado buena parte de su potencial ("destructivo") en los años previos al dictado de la Constitución. En definitiva, podría decirse que, en principio, el modelo constitucional estadounidense se muestra internamente consistente.

Finalmente, y cuando nos internamos en un análisis más sustantivo —aquí vinculado con el grado de igualitarismo de la Constitución—, podría decirse que el balance del texto constitucional estadounidense resulta menos atractivo y promisorio. Ella, según entiendo, muestra (lo que llamaría) un déficit igualitario en sus dos secciones principales; esto es, tanto en lo relativo al modo en que organiza el poder como en lo relativo al modo en que organiza los derechos.

Comienzo por lo último. En relación con el modo en que organiza los derechos, la Constitución de los Estados Unidos ha sido leída, no sin razón, como una "Constitución negativa", es decir, como una que se encuentra exclusivamente comprometida con la preservación de ciertas libertades básicas vinculadas al "no hacer" (sobre todo que no se mate, hiera o prive de sus propiedades a nadie), a la vez que desentendida —sino directamente hostil— en relación con otros derechos "positivos", habitualmente relacionados con los derechos sociales. El juez y académico Richard Posner, por caso, sostuvo que la "Constitución es una carta de libertades negativas, que le pide al Estado que deje a la gente en paz y que no le exige al gobierno o al Estado la provisión de servicios de ningún tipo, ni siquiera la ley y el orden".[29] En el mismo sentido, el actual juez de la Corte, Antonin Scalia, considera que es directamente "imposible" asociar las "tradiciones constitucionales" de su país con ningún precepto distributivo, "ni siquiera con uno tan básico como el de proveer alimento para el indigente".[30] Sin internarme aquí en la disputa acerca del carácter "negativo" o "positivo" de los derechos, señalaría, en todo caso, que al cerrarse de un modo tan rígido a toda consideración seria en torno a los derechos sociales, la Constitución estadounidense debilitó gravemente su contenido igualitario.[31] Ello, por un lado, porque (como, según entiendo, la experiencia latinoamericana ha demostrado —volveré sobre el punto más abajo—) la presencia de derechos sociales en la Constitución favorece el trabajo jurídico en favor de la igualdad. Y en segundo lugar, porque el constitucionalismo ha demostrado que puede lidiar con los derechos sociales sin por eso desestabilizar al resto de la estructura institucional ni ofender a la democracia, como algunos podían haber esperado.[32]

---

[29] Richard Posner, *El análisis económico del derecho* (2008).

[30] Peter B. Edelman, "The Next Century of Our Constitution: Rethinking our Duty to the Poor", *Hastings LJ* 39:1 (1988), pp. 23-24.

[31] Véase Jeff King, *Judging Social Rights* (2012), y Malcolm Langford, *Social Rights Jurisprudence: Emerging Trends in International and Comparative Law* (2009).

[32] Véase Daniel Bonilla, *Constitutionalism on the Global South: The Activist*

Sobre la conexión entre la organización del poder y el igualitarismo sostendría que el modelo estadounidense incurrió, a mi entender, en el problema típico del constitucionalismo liberal en la materia, que es el siguiente: obsesionado por asegurar su finalidad principal que, idealmente, fue la preservación de la autonomía individual, dicho constitucionalismo incorporó una diversidad de mecanismos "contramayoritarios" que terminaron por debilitar gravemente sus rasgos democráticos. De ahí críticas tan reiteradas, como la que señalara Roberto Mangabeira Unger, al hablar del *dirty little secret* de la vida político-jurídica estadounidense. El "secreto" consiste en su "profunda disconformidad con la democracia", traducida típicamente en

> el temor hacia la acción popular; en la incesante identificación de restricciones sobre la regla mayoritaria, más que restricciones sobre el poder de las minorías dominantes; en la responsabilidad dominante de jueces y juristas; en la consecuente hipertrofia de prácticas y arreglos contramayoritarios; en la oposición a toda reforma institucional, particularmente aquellas destinadas a aumentar los niveles del compromiso político popular [...] en la obsesiva focalización sobre los jueces como [...] lo más importante de la política democrática.[33]

En otros términos, los "costos democráticos" que ha acepado pagar el constitucionalismo estadounidense con el objeto de preservar ciertas libertades individuales resultan excesivos. Por

---

Tribunals of India, South Africa, and Colombia (2013); Roberto Gargarella, *The Legal Foundations of Inequality* (2010); Peter M. Hogg, Allison A. Bushell Thornton y Wade K. Wright, "Charter Dialogue Revisited-or Much Ado about Metaphors", *Osgoode Hall LJ* 45(1) (2007); Conrado Hübner Mendes, *Constitutional Courts and Deliberative Democracy* (2013); Cass Sunstein, *The Second Bill of Rights* (2006); Mark Tushnet, "Weak-Form Judicial Review: Its Implications for Legislatures", *NZJPIL* 2(7) (2004); Mark Tushnet, *Weak Courts, Strong Rights* (2008); Mark Tushnet, "Dialogic Judicial Review". *Ark. L. Rev.* 61(205) (2009).

[33] Roberto Mangabeira Unger, *What Should Legal Analysis Become?* (1996).

el momento, me conformo con afirmar lo anterior, a pesar de que (y en buena medida a razón de que) entiendo que explorar las conexiones entre constitucionalismo, igualitarismo, derechos sociales y democracia requeriría un trabajo mucho más detallado y extenso que el que aquí estoy en condiciones de presentar.

2. *EL CONSTITUCIONALISMO LATINOAMERICANO*

Paso ahora a evaluar, en líneas generales, el constitucionalismo latinoamericano. Respecto de su consistencia *externa*, y conforme viéramos, Alberdi se mostraba satisfecho, a mediados del siglo XIX, por lo hasta allí realizado. Esto así, al menos, tomando en cuenta el "primer constitucionalismo" regional y aquel otro (el "segundo", el de mediados de siglo) en el que él se encontraba trabajando. Más allá de que uno pudiera coincidir o no con su apreciación (ya hice referencia a las especiales dificultades de realizar este tipo de evaluaciones "externas"), aquí quisiera aludir solo a un aspecto de dicho criterio "externo". Según entiendo, el constitucionalismo latinoamericano ha fracasado en la materia por no reconocer (antes o ahora, eso no importa) el gran "drama" que ha venido afectando su existencia a lo largo de las décadas, cual es el drama de la desigualdad y la exclusión sociales. En mi opinión, no existe en la región ningún problema equiparable al señalado, y resulta por tanto claro que el constitucionalismo ha fallado al no reconocer su responsabilidad (mayor o menor, eso tampoco importa) al respecto. Al no hacerlo, se ha comprometido implícitamente con la defensa de la desigualdad y la exclusión.

En lo que hace a su consistencia *interna*, mientras tanto, el constitucionalismo regional presenta un problema particularmente serio, del que me he ocupado con cierto detalle en otro lugar.[34] Me refiero a la tensión interna que este muestra entre la forma en que articula la organización del poder y el modo en

---

[34] Roberto Gargarella, *Latin American Constitutionalism, 1810-2010* (2013).

que organiza su compromiso con los derechos. El constitucionalismo latinoamericano pone en riesgo las relevantes promesas que afirma con su declaración de derechos a través del modo en que organiza el poder. De manera resumida, el problema sería el siguiente: el constitucionalismo latinoamericano ha afirmado los valores de la democracia, la inclusión y la horizontalidad en el área de los derechos (reconociendo los derechos de las minorías más diversas, mostrando una gran preocupación por la inclusión de los más vulnerables); pero lo ha hecho al tiempo en que se empeña por retener una organización del poder verticalista y poco democrática. En otras palabras, la mayoría de las constituciones latinoamericanas muestran hoy declaraciones de derechos de avanzada, propias del siglo XXI, mientras que mantienen aún intactas organizaciones del poder que son tributarias de los siglos XVIII y XIX, y por tanto aparecen marcadas, todavía, por el autoritarismo y la exclusión políticas.

Finalmente, y en lo que hace a la evaluación del modelo constitucional dominante en América Latina, en lo relativo a su igualitarismo, el análisis resulta otra vez muy complejo. Pensemos, de nuevo, en las dos partes de la Constitución: la relacionada con la organización del poder y la relacionada con los derechos. Respecto de la primera parte, ya he adelantado mi opinión en los párrafos anteriores. Entiendo que un proyecto igualitario es incompatible con el tipo de organización constitucional del poder hoy todavía ampliamente dominante en la región. Para decirlo sencillamente: si el igualitarismo quiere la democratización del poder, entonces no puede defender la concentración del poder, que es su contrario. El punto es muy simple, y encuentra enorme respaldo empírico, pero aun así buena parte del pensamiento constitucional más de avanzada en la región sigue mostrándose fascinado por las experiencias de autoritarismo o semiautoritarismo constitucionales. Hay, por supuesto, un argumento accesible al respecto, que alguna vez presentara Mangabeira Unger, y que dice que es necesaria la concentración del poder para hacer frente a la densa trama de intereses que controla la política de nuestras naciones.[35] El argumento, al menos en la versión de Unger, es saludablemente sofisticado, porque solo defiende la concentración de poder en un sentido estrecho, y junto con formas plebiscitarias más o menos permanentes. Lamentablemente, es habitual que en la región el argumento se desarrolle sin las reservas y cruciales matices sugeridos por Mangabeira Unger, para terminar colocándose al servicio de Gobiernos autoritarios a secas, frente a los que se espera su benevolencia. Casos como el de Cuba o, más recientemente, el de la Venezuela chavista, reavivan la polémica, y ayudan a pensar (tanto como, tal vez, contaminan) el problema teórico en cuestión. Por el momento, me contentaría con reiterar, ante todo, que los argumentos teóricos tanto como los ejemplos prácticos existentes debieran ayudarnos a reconocer el valor de consagrar la democracia, sin más, en la sección orgánica de nuestras constituciones, entrando de una vez por todas en la siempre inaccesible "sala de máquinas de la Constitución". Es inaceptable que nuestras constituciones le hayan abierto las puertas de sus textos a la clase trabajadora y a otros grupos desaventajados, pero solo en lo relativo al reconocimiento de sus derechos. Es inaceptable que, frente a tales grupos, en especial, la puerta de la "sala de máquinas" constitucional se mantenga todavía cerrada.

¿Pero qué decir, entonces, y a la luz de lo anterior, de la organización de los derechos en las constituciones latinoamericanas? ¿Se trata de un genuino esfuerzo igualitario, digno de elogio? En principio, sostendría que sí: hay mucho para decir en favor de la constitucionalización de los derechos sociales en general. En primer lugar, hay una razón de principios: tomar a las personas como iguales requiere la afirmación de los derechos básicos de cada uno, sobre todo, en contextos donde tales derechos son negados o violados cotidianamente y de modo sistemático. En

---

[35] Roberto Mangabeira Unger, "El sistema de gobierno que le conviene a Brasil", en John M. Carey, *Presidencialismo vs. Parlamentarismo* (1987), pp. 57-68.

segundo lugar, se encuentra el aspecto simbólico —no menor— vinculado a los derechos de los grupos más desaventajados. Para ellos, todo reconocimiento que la Constitución pueda hacer de sus reclamos más básicos impacta positivamente sobre su dignidad y aun sobre su identidad (es lo que ha ocurrido, en especial, con los derechos indígenas incorporados en muchas de las nuevas constituciones regionales). En tercer lugar, se encuentra la experiencia regional, que nos muestra no solo lo interesante de muchas prácticas locales en la materia, sino además que los países con constituciones más "espartanas" en materia de derechos, como la de los Estados Unidos o Chile, obstaculizan, más de lo que favorecen, los demás poderes a la hora de poner en práctica los derechos sociales.[36] En cuarto lugar, y como señalara más arriba, contamos hoy con buenos ejemplos (propios del llamado "constitucionalismo dialógico") que nos ayudan a reconocer que los derechos sociales pueden ser puestos en práctica sin poner en crisis los valores de la democracia —y, más bien por el contrario, reforzándolos—.

Dicho esto, quisiera concluir con una reflexión sobre la labor que ha desarrollado el radicalismo constitucional latino-americano en todos estos años, sobre todo a partir de su tenaz insistencia en expandir las listas constitucionales de derechos. Quiero señalar un problema especial de dicha autoasignada misión, en especial en la medida en que se acompaña de un te-naz olvido referido a la necesidad de trabajar también sobre la

---

[36] Véase Daniel Bonilla, *Constitutionalism on the Global South: The Activist Tribunals of India, South Africa, and Colombia* (2013); Javier Couso, "The Politics of Judicial Review in Chile in the Era of Domestic Transition", en Siri Gloppen, Roberto Gargarella y Elin Skaar, *The Accountability Function of Courts in New Democracies* (2004); César Rodríguez-Garavito, "Beyond the Courtroom: The Impact of Judicial Activism on Socioeconomic Rights in Latin America". *Texas Law Review* 89(7) (2011), pp. 1669-1698; Rodrigo Uprim-ny, "Legitimidad y conveniencia del control constitucional a la economía", en Rodrigo Uprimny, César Augusto Rodríguez Garavito y Mauricio García Villegas, *¿Justicia para todos? Sistema judicial, derechos sociales y democracia en Colombia* (2006), pp. 147-200.

organización del poder, a los fines de tornarla más democrática. Ante todo, señalaría —aunque no quiero insistir aquí sobre el punto— que actuando del modo en que lo han hecho los radicales latinoamericanos de nuestro tiempo han deshonrado a sus antecesores que, muy particularmente en el siglo XIX, no ofrecieron dudas al respecto: trabajaron por la justicia y la igualdad económica en todos los niveles —también el constitucional—donde por lo demás dieron prioridad al objetivo de la democratización del poder.[37] Dejo de lado este punto, de todos modos, para pensar en una cuestión más directamente vinculada con el presente.

Alguien podría decir que los constituyentes latinoamericanos más de avanzada han hecho lo mejor que podían dentro de circunstancias difíciles: ¿por qué no comenzar por desarrollar socialmente la parte "dogmática" de la Constitución, para luego proceder a modificar —cuando se hiciera posible— la sección referida a la organización del poder? Entiendo, en parte, la lógica de este razonamiento: existe un fenómeno al que denominaría de "cláusulas dormidas", por el que ciertos artículos legales escritos en un tiempo, en condiciones adversas, pasan a "hibernar" por años tal vez hasta que —rodeados de condiciones diversas, más favorables— recuperan su vida o renacen.[38] De todos modos, el argumento enfrenta un problema muy serio (que no pretende objetar la incorporación de los derechos sociales a la Constitución). El problema es que la organización del poder establecida —de carácter liberal-conservador, según viéramos— no suele mantenerse indiferente a una organización de los derechos más social y democrática, sino que acostumbra a trabajar en contra de ella. Lo dicho no implica sostener que los hiperpresidentes latinoamericanos no puedan promover, eventualmente, reformas sociales de avanzada: pueden hacerlo,

---

[37] Roberto Gargarella, *Latin American Constitutionalism, 1810-2010* (2013).
[38] *Ibid.*

porque lo pueden todo. Sin embargo, la estructura institucional creada tiende a generar habituales tensiones entre el poder concentrado y las demandas ciudadanas cuando las últimas no se alinean o —peor aún— desafían o ponen en cuestión la autoridad omnímoda del primero.[39] En este sentido, la sobre-obsesión que han mostrado los constituyentes latinoamericanos más radicales hacia la ampliación de derechos —en desmedro de todo esfuerzo serio por modificar la estructura del poder— no puede considerarse sino un producto de la inercia, la falta de reflexión o, simplemente, un equívoco que sigue cometiéndose sin que nos detengamos demasiado a pensar sobre ello.

---

[39] *Ibíd.*

IV. ¿REGRESO AL FUTURO?: EL RETORNO DE LA SOBERANÍA Y DEL *PRINCIPIO DE NO INTERVENCIÓN EN LOS ASUNTOS INTERNOS DE LOS ESTADOS* EN EL CONSTITUCIONALISMO RADICAL LATINOAMERICANO

Javier Couso[1]

A. INTRODUCCIÓN

Una de las características más innovadoras del derecho constitucional latinoamericano en las últimas tres décadas ha sido su receptividad —al menos en el ámbito nivel discursivo— del derecho internacional de los derechos humanos, proceso que coincidió con el restablecimiento de regímenes democráticos en la vasta mayoría de los Estados de la región, y que se ha expresado en un creciente protagonismo del Sistema Interamericano de Derechos Humanos (SIA) en el derecho constitucional de

---

[1]   Profesor titular, Facultad de Derecho, Universidad Diego Portales, Chile.

nuestros países. Dicho esto, en años recientes la relación entre el SIA y el derecho constitucional nacional se ha visto tensionada en los países que han adoptado lo que en otro trabajo he denominado *constitucionalismo radical latinoamericano*.[2] Después de recordar los rasgos centrales de esta aproximación al derecho constitucional, en este ensayo exploro un elemento que me parece medular; esto es, su exacerbación del concepto de 'soberanía nacional' y, en especial, su recuperación de los principios de autodeterminación de los pueblos soberanos y de no intervención en los asuntos internos de los Estados, doctrinas del derecho internacional que, a pesar de haber sido introducidas por juristas latinoamericanos, habían caído en el olvido en las últimas décadas, producto del impacto que ha tenido en la región el movimiento internacional de derechos humanos.

El énfasis que el constitucionalismo radical pone en la soberanía nacional no solo ha dado nueva vida a los principios recién señalados, sino que, como adelantamos más arriba, ha generado tensiones importantes entre aquella y el derecho internacional de derechos humanos. Dado este contexto, sugiero que no hay que ver la denuncia de Venezuela a la Convención Americana de Derechos Humanos en 2012 como una medida caprichosa, sino como una acción coherente con la fisonomía del constitucionalismo radical latinoamericano. Si esto es así, no debiera sorprender que, en el futuro, otros Estados del ámbito "bolivariano" (como Ecuador o Bolivia) sigan a Venezuela en su defensa del principio de la no injerencia en los asuntos internos de las naciones soberanas y que, por tanto, se vayan alejando gradualmente del SIA.

Por último, argumentaré que el giro iliberal que el constitucionalismo de los Estados Unidos ha tomado desde el 11 de

---

[2] Javier Couso, "Las democracias radicales y el 'Nuevo constitucionalismo latinoamericano'", en *el Seminario de Teoría Política y Constitucional en Latinoamérica* (2014).

septiembre de 2001,[3] y que se ha expresado en graves y sistemáticas violaciones a los derechos humanos (como el desconocimiento del debido proceso en la bahía de Guantánamo, la práctica de la tortura y los asesinatos selectivos) ofrecen a los Estados bolivarianos una fácil excusa para atacar al SIA.[4]

B. EL FIN DE LA HEGEMONÍA DEL CONSTITUCIONALISMO LIBERAL EN AMÉRICA LATINA

Aproximadamente en la década de 1990, el panorama del constitucionalismo en América Latina era relativamente sencillo, al menos desde un punto de vista teórico. Con la inauguración —o recuperación— de la democracia y la consolidación del movimiento de derechos humanos, el constitucionalismo liberal alcanzó una hegemonía aparentemente incontrarrestable. Por ello, tanto la derecha como la izquierda latinoamericanas parecían estar de acuerdo en que la democracia y el estado constitucional de derecho representaban un pareja inseparable.[5]

Este consenso regional era parte del acuerdo global respecto de lo que Alec Stone Sweet denominaba por entonces el "constitucionalismo del derecho supremo" (*higher-law constitutionalism*).[6] Otro fenómeno que suscitaba un gran acuer-

---

[3] Jeremy Waldron, *Torture, Terror, and Trade-Offs: Philosophy for the White House* (2010).

[4] David Cole, "Must Counterterrorism Cancel Democracy?", en *The New York Review of Books* (2015), disponible en http://www.nybooks.com/articles/2015/01/08/must-counterterrorism-cancel-democracy/

[5] Véase Pilar Domingo, "El estado de derecho, la reforma judicial y la justicia de transición en América Latina", en Vesselin Popovski y Moncia Serrano, *Justicia transicional y consolidación democrática: la comparación de la eficacia de los mecanismos de rendición de cuentas en Europa del Este y América Latina* (2012).

[6] De acuerdo con Stone Sweet esta aproximación al derecho constitucional supone la idea de supremacía constitucional y de derechos justiciables. Véase Alec Stone Swett, *Governing with Judges: Constitutional Politics in Europe* (2000), p. 7.

do en América Latina en la década de 1990 fue la relevancia del derecho internacional de los derechos humanos en el ámbito constitucional nacional, incluida la noción de que la soberanía nacional debía ceder ante las decisiones de tribunales internacionales creados por los diferentes tratados de derechos humanos.[7] La combinación de las dos tendencias recién anotadas produjo una notable convergencia en aquella parte de las constituciones que reconocen derechos fundamentales (en oposición a lo que Roberto Gargarella denomina la "sala de máquinas de la Constitución", en la que no existió tal convergencia).[8]

Una muestra de la influencia alcanzada por el derecho internacional de los derechos humanos en el constitucionalismo latinoamericano es el hecho de que en muchos de nuestros países los tribunales constitucionales y de otro tipo siguen con atención la jurisprudencia de las cortes internacionales de derechos humanos, en especial de la Corte Interamericana de Derechos Humanos.[9] En efecto, es frecuente encontrar en las decisiones de los tribunales superiores de nuestra región citas a decisiones de cortes internacionales de derechos humanos con jurisdicción sobre los Estados latinoamericanos o sin ella.

Los acontecimientos anotados han producido importantes cambios en la cultura jurídica de académicos del derecho, jueces, incluso la población de nuestros países,[10] cambios que a su vez

---

[7] Véase Daphne Barak-Erez, "The International Law of Human Rights and Constitutional Law: A Case Study of an Expanding Dialogue", en *International Journal of Constitutional Law* 2 (2004), pp. 611-632, y Jean Cohen, *Globalization and Sovereignty: Rethinking Legality, Legitimacy and Constitutionalism* (2012).

[8] Roberto Gargarella, *La sala de máquinas de la Constitución: dos siglos de constitucionalismo en América Latina (1810-2010)* (2014).

[9] Véase Humberto Nogueira Alcalá, "El uso del derecho convencional internacional de los derechos humanos en la jurisprudencia del Tribunal Constitucional chileno en el periodo 2006-2010", *Revista Chilena de Derecho* 39(1) (2012), pp.149-197.

[10] Véase Diego López Medina, *Teoría impura del derecho: la transformación de la cultura jurídica latinoamericana* (2004); Javier Couso, "Las democracias

han debilitado la línea divisoria entre las tradiciones legales del derecho civil y del derecho común,[11] en particular en el ámbito del derecho público. Por lo dicho, es ahora frecuente observar en muchos países de América Latina el tipo de "discurso de derechos" tan frecuente en la cultura jurídica angloamericana.[12]

C. EL DESAFÍO DEL CONSTITUCIONALISMO RADICAL

Aun cuando la legitimidad de la democracia constitucional, la justicia constitucional y el papel del derecho internacional de los derechos humanos en el ámbito nacional sigue siendo importante en América Latina, el consenso que suscitaba el constitucionalismo liberal ha perdido fuerza en algunas partes de la región, debido a la aparición de un constitucionalismo de cuño bolivariano, que se ha desplegado con fuerza en Venezuela, Ecuador, Bolivia y Nicaragua, y que busca ser compatible con las democracias radicales introducidas en dichos países.[13]

Este tipo de aproximación al derecho constitucional busca unificar el poder del Estado, de manera que pueda enfrentar de mejor forma las empresas multinacionales y otras formas de poder privado, a las que se atribuye responsabilidad por la persistente desigualdad socioeconómica que existe en la región. La lógica explícita de esta estrategia político-constitucional es

---

radicales y el 'nuevo constitucionalismo latinoamericano'", en *Seminario en Latinoamérica de Teoría Constitucional y Política* (2014), y Javier Couso, Alexandra Huneeus y Rachel Sieder, *Legal Cultures and Political Activism in Latin America* (2010).

[11] Véase John Henry Merryman, *The Civil Law Tradition: An Introduction to the Legal Systems of Europe and Latin America* (3ª ed., 2007).

[12] Véase Catalina Smulovitz, "Judicialization in Argentina: Legal Culture or Opportunities and Support Structures?", en Javier Couso, Alexandra Huneeus y Rachel Sieder, *Legal Cultures and Political Activism in Latin America* (2010), pp. 234-253.

[13] Roberto Viciano y Rubén Martínez Dalmau, "Aspectos generales del nuevo constitucionalismo latinoamericano", en *El nuevo constitucionalismo en América Latina* (2010).

que la influencia del capital transnacional en América Latina es tan fuerte que solo un frente unido de los poderes ejecutivo, legislativo y judicial podría contrarrestar el de los anteriores.

Desde un punto de vista estructural, las nuevas constituciones de las repúblicas bolivarianas incluyen las siguientes características comunes: 1) el debilitamiento del principio de separación de poderes, 2) la exacerbación de la potestad del poder ejecutivo y 3) la eliminación del bicameralismo y su sustitución por una única asamblea legislativa (en el caso de Venezuela y Ecuador), lo cual ha facilitado la posibilidad de que el mismo grupo político controle tanto el poder ejecutivo como el poder legislativo.

Adicionalmente, en los últimos años, los líderes bolivarianos han añadido la posibilidad de la reelección indefinida del presidente de la república como un elemento fundamental de sus proyectos, con el confesado objetivo de garantizar la continuidad de los procesos revolucionarios. Así, por ejemplo, en marzo de 2014, el presidente del Ecuador, Rafael Correa, defendió tal medida con el argumento de que "tengo la responsabilidad de garantizar que este proceso (revolucionario) sea irreversible".[14] Unos meses después, en mayo de 2014, Correa insistió en el punto, señalando que "tenemos que seguir ajustando nuestras instituciones a la realidad y no dar paso al retorno del dominio de las élites".[15]

---

[14] "En lo personal, creo que es mi deber revisar la sincera decisión de no lanzarme a la reelección porque tengo la responsabilidad de garantizar que este proceso sea irreversible". El medio que reporta estas declaraciones agregó que Correa "opinó que el país debe iniciar un 'debate serio' sobre la prohibición que establece la Constitución de la República para la reelección indefinida de los dignatarios de elección popular", El Universo, "Rafael Correa medita una posible reelección presidencial", 2 de marzo de 2014, disponible en http://www.eluniverso.com/noticias/2014/03/02/nota/2266336/rafael-medita-posible-reeleccion-presidencial

[15] El Universo, "Rafael Correa apoya enmienda de la Constitución para la reelección indefinida", 24 de mayo de 2014, disponible en http://www.eluniverso.

El énfasis en garantizar que los procesos de cambio radical en marcha en las repúblicas bolivarianas sea irreversible es, a mi juicio, fundamental para entender la naturaleza del constitucionalismo radical. En efecto, la institución de la reelección indefinida de los jefes del ejecutivo como una manera de asegurar la continuidad de los procesos revolucionarios sugieren que el constitucionalismo radical no busca ofrecer un marco institucional para que distintos sectores ideológicos compitan democráticamente por el control del Gobierno, sino instalar un diseño institucional que asegure la consolidación y perpetuación de un modelo político y socioeconómico particular. En esta concepción, la Constitución no se concibe como un límite al poder del Estado, sino como un medio de fortalecimiento de un proyecto ideológico específico, de una manera análoga a como un régimen de signo muy diferente (la dictadura de Augusto Pinochet) utilizó la Constitución de 1980 para intentar perpetuar un modelo político, social y económico de cuño neoliberal.

El uso de la Constitución para hacer irreversibles los procesos revolucionarios actualmente en marcha en Venezuela, Ecuador y Bolivia tiene ciertamente una lógica interna (por inaceptable que eso le parezca al autor de este capítulo). Para quienes creen que los procesos bolivarianos están materializando una transformación socioeconómica de cuño emancipatorio, la idea de permitir que partidos no revolucionarios accedan al control del ejecutivo es simplemente absurda.

D. El constitucionalismo radical y el Sistema Interamericano de Derechos Humanos

Mientras que las características estructurales del constitucionalismo radical latinoamericano delineadas en las secciones anteriores son relativamente conocidas para los observadores

---

com/noticias/2014/05/24/nota/3005426/rafael-correa-apoya-iniciativa-legislativa-reeleccion

del constitucionalismo de la región, la tensión entre aquel y el derecho internacional de los derechos humanos y los tribunales internacionales ha recibido poca atención.

Por supuesto, la mayoría de los analistas de la política constitucional latinoamericana están informados de la decisión que Hugo Chávez adoptó en septiembre de 2012 de denunciar la Convención Americana de Derechos Humanos, pero lo que es menos conocido es que esa medida respondió a la particular manera en que las democracias radicales de la región conceptualizan su relación con el derecho internacional de los derechos humanos, lo cual queda de manifiesto cuando se analiza la nota oficial con que el Estado de Venezuela notificó la denuncia de la Convención Americana de Derechos Humanos de 1969 (también conocido como Pacto de San José). El documento, firmado por el entonces ministro de Relaciones Exteriores Nicolás Maduro (quien es ahora el presidente de Venezuela), plantea en un pasaje muy significativo lo siguiente:

> En los últimos años, la práctica de los órganos regidos por el Pacto de San José, tanto la Comisión Interamericana de Derechos Humanos como la Corte Interamericana de Derechos Humanos se han alejado de los sagrados principios que están llamados a proteger, convirtiéndose en un arma política arrojadísima destinada a minar la estabilidad de determinados gobiernos, y especialmente al de nuestro país, *adoptando una línea de acción injerencista en los asuntos internos de nuestro gobierno*, vulnerando y desconociendo principios básicos y esenciales ampliamente consagrados en el derecho internacional, como lo son *el principio del respeto a la soberanía de los Estados y el principio de autodeterminación de los pueblos.*[16]

---

[16] República Bolivariana de Venezuela, Ministerio del Poder Popular para Relaciones Exteriores. "Carta de denuncia a la Convención Americana sobre Derechos Humanos por parte de Venezuela ante la OEA" (2012), disponible

Nótese cómo la principal razón proporcionada por Venezuela para denunciar la Convención Americana de Derechos Humanos fue la supuesta violación por parte de los órganos del SIA de tres principios del derecho internacional, que en el pasado fueron extraordinariamente importantes para los países latinoamericanos, pero que habían sido relegados al olvido en las últimas décadas: el del respeto a la soberanía del Estado, el de la autodeterminación de los pueblos y el de no injerencia en los asuntos internos de los Estados.[17]

El documento de Venezuela que analizamos exhibe también un fuerte rechazo a la subordinación del derecho constitucional nacional al derecho internacional de los derechos humanos, al sostener:

> La Corte Interamericana no puede pretender excluir, desconocer, ni sustituir el ordenamiento constitucional de los Estados Parte, pues la protección internacional que de ella se deriva es coadyuvante o complementaria de la que ofrece el derecho interno de los Estados americanos. Sin embargo, reiteradas decisiones de la Comisión y de la Corte han golpeado los preceptos y principios de la Constitución de la República Bolivariana de Venezuela, como lo ha manifestado la Sala Constitucional del Tribunal Supremo de Justicia de nuestro Estado [El subrayado es mío].[18]

El lector notará la distancia que este pasaje exhibe respecto de la manera en que actualmente se entiende la relación entre constitucionalismo nacional y derecho internacional de

---

en http://es.scribd.com/doc/105813775/Carta-de-denuncia-a-la-Convencion-Americana-sobre-Derechos-Humanos-por-parte-de-Venezuela-ante-la-OEA

[17] "La República Bolivariana de Venezuela seguirá fomentando el respeto por los principios más sagrados de derecho internacional, como la independencia, la no injerencia en los asuntos internos, la soberanía y la autodeterminación de los pueblos". *Ibid.*, p. 9.

[18] *Ibid.*, pp. 2-3.

derechos humanos en el grueso de América Latina. En efecto, en una época en que buena parte de los constitucionalistas de la región se adhieren a la idea de que existiría un "bloque de constitucionalidad"[19] integrado por una combinación del derecho constitucional nacional y el derecho internacional de los derechos humanos, el constitucionalismo bolivariano afirma en cambio la preeminencia del derecho constitucional nacional.

Dada la importancia que el principio de no injerencia en los asuntos internos de los Estados tuvo en la nota venezolana que acabamos de comentar, en la siguiente sección se analiza el papel crucial que este último tuvo durante buena parte del siglo XX en América Latina.

E. LOS ORÍGENES Y USOS DEL PRINCIPIO DE NO INTERFERENCIA EN LOS ASUNTOS INTERNOS DE LOS ESTADOS

En la sección anterior, vimos cómo Venezuela invocó los principios de respeto a la soberanía, no injerencia en los asuntos internos de los Estados y libre autodeterminación de los pueblos para justificar su salida del Pacto de San José. El énfasis puesto por Venezuela en estos tradicionales principios del derecho internacional tuvo un objetivo preciso: responsabilizar a los Estados Unidos por su denuncia de la Convención Americana, ya que —de acuerdo con el Gobierno venezolano— el anterior habría echado mano de la desproporcionada influencia que tiene en el SIA para hostilizar permanentemente el proyecto bolivariano.

Esta acusación —que ya había sido insinuada por Hugo Chávez en 2010—[20] fue explícitamente afirmada por el pre-

---

[19] Rodrigo Uprimny, "El bloque de constitucionalidad en Colombia: un análisis jurisprudencial y un ensayo de sistematización doctrinal" (2005), disponible en http://redescuelascsa.com/sitio/repo/DJS-Bloque_Constitucionalidad%28Uprimny%29.pdf

[20] Hugo Chávez dijo entonces respecto del SIA: "Es una mafia lo que hay ahí. Insti-

sidente Nicolás Maduro una vez materializada la salida de Venezuela del SIA en septiembre de 2013. De acuerdo con lo reportado por la prensa:

> El presidente de Venezuela, Nicolás Maduro, afirmó ayer que el Sistema Interamericano de Derechos Humanos está "capturado" por Estados Unidos, al justificar el retiro de su país y fustigar a la oposición por impugnar ante la CIDH su elección por supuesto fraude. *"Se le acabó el tiempo a la CIDH —Comisión Interamericana de Derechos Humanos— [...]; está capturada por los intereses de Departamento de Estado de Estados Unidos"*, dijo Maduro.[21] Aseguró que el Sistema Interamericano de Derechos Humanos, que incluye a la CIDH y a la Corte Interamericana de Derechos Humanos (Corte IDH), *"fue derivando en un instrumento de persecución contra los gobiernos progresistas que se iniciaron" con la llegada de Hugo Chávez al poder en Venezuela, en 1999* [El subrayado es mío].[22]

La relación establecida por Venezuela entre, por una parte, la importancia de la soberanía nacional y del principio de no injerencia en los asuntos internos de los Estados y, por otra, la acción hostil en contra de su gobierno por parte de los Estados Unidos, apela a una larga historia de desavenencias entre di-

---

tuciones como esta nefasta Comisión Interamericana de Derechos Humanos lo menos que hacen es defender los derechos humanos. Es un cuerpo politizado, *utilizado por el imperio para agredir a Gobiernos como el venezolano"* [El subrayado es mío]. *El País*, "Venezuela abandona el sistema de derechos humanos interamericano", 10 de septiembre de 2013, disponible en http://internacional. elpais.com/internacional/2013/09/10/actualidad/1378780644_769381.html

[21] *La Nación*, "Venezuela acusa a la CIDH de ser apéndice de Estados Unidos", 10 de septiembre de 2013, disponible en http://www.nacion.com/mundo/ latinoamerica/Venezuela-CIDH-apendice-EE-UU_0_1365263467.html

[22] *La Nación*, "Hoy se concreta retiro de Convención Americana de derechos Humanos. Venezuela acusa a la CIDH de ser apéndice de Estados Unidos", 10 de septiembre de 2013, disponible en http://www.nacion.com/mundo/ latinoamerica/Venezuela-CIDH-apendice-EE-UU_0_1365263467.html

versos Estados latinoamericanos y su vecino del Norte, historia que, de hecho, estuvo muy presente en los orígenes de la consagración jurídica del principio de no injerencia en los asuntos internos de los Estados. En efecto, aun cuando este principio fue eventualmente consagrado en la Carta de las Naciones Unidas en 1945,[23] había sido impulsado y adoptado con anterioridad por los Estados latinoamericanos, con el objetivo de contener lo que se consideraba las tendencias "imperiales" de Estados Unidos. La introducción del principio de no intervención en los asuntos internos de otros Estados como una respuesta latinoamericana a la tradición de intervención —tanto pacífica como violenta— de Estados Unidos, queda de manifiesto en un texto publicado en 1962 por Alejandro Álvarez, uno de los más influyentes internacionalistas de la primera mitad del siglo XX. De acuerdo con este jurista chileno:

En el Derecho Internacional clásico, todo Estado, principalmente una Gran Potencia, podía intervenir, en ciertos casos, en los asuntos de otro Estado no sólo por medios pacíficos sino aun por medios violentos. [...] los Estados Latinoamericanos, desde su independencia, han proscrito formalmente la intervención y la han condenado en las Conferencias Panamericanas, *donde proclamaban el principio de la no intervención, con el fin de poner un dique a la política seguida por los Estados Unidos con respecto a los Estados del Continente que eran sus vecinos* [El subrayado es mío].[24]

---

[23] Cuyo artículo 2, párrafo 7, señala: "Ninguna disposición de esta Carta autorizará a las Naciones Unidas a intervener en los asuntos que son de la jurisdicción interna de los Estados", citado en Jorge Carpizo, "Autodeterminación, no intervención y justicia internacional", en *Pensamiento Constitucional* 10 (2014), p. 251.

[24] Alejandro Álvarez, *El nuevo derecho internacional en sus relaciones con la vida real de los pueblos* (1962), p. 336.

Nótese cómo Álvarez, un liberal, vincula explícitamente el interés de los Estados latinoamericanos en introducir el principio de no intervención en los asuntos de otros Estados como una forma de terminar con la tradicional política estadounidense de intervenir en sus vecinos del Sur.

En otro pasaje del trabajo que analizamos, Álvarez recuerda cómo en la Séptima Conferencia Panamericana los Estados Unidos finalmente se allanaron a apoyar la condena internacional a la intervención en los asuntos de otros Estados. En sus palabras:

El jefe de la delegación de los Estados Unidos declaró que se había producido un cambio radical en la política de la nueva administración de su país, la del Presidente Roosevelt; así lo testimoniaba el mensaje presidencial, en que el Presidente se revelaba hostil a toda intervención o tentativa de hegemonía y partidario de la política llamada "del buen vecino". *Esta Declaración, acogida con alegría por los Estados Latinos, ha reforzado el sentimiento de solidaridad continental hasta entonces entorpecido por la política de hegemonía de los Estados Unidos* [El subrayado es mío].[25]

Desde un punto de vista estrictamente académico, el principio de no intervención en los asuntos internos sería "rescatado" del olvido cuarenta años más tarde por otro distinguido jurista latinoamericano de ideología liberal, el mexicano Jorge Carpizo, quien —a propósito de la injustificada intervención militar de Iraq en 2003— reivindicó el principio de no injerencia en los asuntos internos de los Estados soberanos, recordando que fueron los Estados latinoamericanos los que habían aportado al derecho internacional dicho principio.[26] En sus palabras:

---

[25] *Ibíd.*

[26] Carpizo recuerda con satisfacción: "Este principio es una aportación latinoamericana al Derecho internacional. Estas ideas se incorporaron en varios artículos de la Carta de Naciones Unidas". Jorge Carpizo, "Autodeterminación, no intervención y justicia internacional", en *Pensamiento Constitucional* 10 (2014), pp. 252-253.

La intervención es la interferencia no consentida de uno o varios
Estados en los asuntos domésticos o externos de otros, vulnerando
la soberanía y la independencia del Estado afectado. La intervención se puede realizar utilizando la fuerza o a través de medios
no violentos; puede llevarse a cabo en forma directa o indirecta
a través de un tercer Estado, de manera abierta o clandestina,
por medio de servicios de espionaje, al interior del territorio del
Estado o tratando de interferir en la conducción de sus relaciones diplomáticas. *El Estado que interviene es más poderoso que el
que sufre la injerencia, mismo que está incapacitado, a su vez, para
entrometerse en los asuntos del agresor, porque generalmente este
es una potencia. Entonces resulta claro que la intervención es un
síntoma de la desigualdad que existe en el orden internacional y
que constituye un acto ilegítimo de fuerza* [El subrayado es mío].[27]

Luego de este análisis conceptual y crítico de la naturaleza
de la intervención de Estados fuertes en Estados débiles, y del
énfasis que hace de la intervención en los asuntos internos como
un "síntoma" de la desigualdad del orden internacional, Carpizo
adopta una posición frontal, explicando que la región de donde
él proviene ha sido una fuerte defensora del principio de no
intervención en los asuntos internos, precisamente porque ha
sido víctima de una historia de intervenciones:

*América Latina, especialmente México, el Caribe y Centroamé-
rica, que han sufrido invasiones militares y toda clase y tipos de
intervenciones,* desarrolló en forma muy especial el principio de
no intervención con la finalidad de obtener el reconocimiento
jurídico y político de dicho concepto de manera convencional
[El subrayado es mío].[28]

---

[27]   *Ibid.*, p. 252.
[28]   *Ibid.*

Dicho esto, Carpizo relata cómo los Estados Unidos se resistieron inicialmente a aceptar la consagración jurídica del principio de no injerencia en los asuntos internos de los Estados soberanos. En efecto, de acuerdo con Carpizo, los Estados Unidos impidieron la aprobación de dicho principio en la Conferencia de La Habana de 1928, pero eventualmente se vio forzado a aceptarla cinco años después (en la Conferencia de Montevideo de 1933), producto de la explosiva situación que se veía venir con la emergencia de los regímenes nazi y fascista en Europa, lo cual hacía imperioso establecer una estrecha unidad con los países de América Latina.

La nueva posición estadounidense sería ratificada y profundizada en la Novena Conferencia Interamericana de Bogotá de 1948, que creó la Organización de los Estados Americanos y que incluyó una cláusula (el artículo 19) que declaraba: "Ningún Estado o grupo de Estados tiene derecho de intervenir, directa o indirectamente, y sea cual fuere el motivo, en los asuntos internos o externos de cualquier otro".

Más adelante, Carpizo defiende con entusiasmo las virtudes de la soberanía, la autodeterminación y la no interferencia en los asuntos de otros Estados, incluso en la era de la globalización, planteando, a su juicio:

> *La soberanía es y continúa siendo característica esencial del Estado nacional y del Derecho internacional,* ambos al servicio de la persona humana, de su dignidad y de sus derechos fundamentales, y de la paz entre las naciones [...] De la noción de soberanía —tanto interna como externa— y primordialmente del Derecho Internacional —todos los Estados poseen iguales derechos— deriva el concepto de autodeterminación [...] *La autodeterminación externa es primordialmente un instrumento jurídico-político anticolonial, que hace referencia directa al derecho de independencia de los pueblos sometidos a un Estado colonial* [El subrayado es mío].[29]

---

[29] *Ibid.*, p. 250.

En este punto, es útil recordar que ni Alejandro Álvarez ni Jorge Carpizo fueron juristas radicales, sino, muy por el contrario, convencidos demócratas liberales. También es interesante destacar que —aun cuando Álvarez escribió solo hasta mediados del siglo XX, mientras que Carpizo lo hizo entrado el siglo XXI, en pleno proceso de globalización de los derechos humanos— ambos basaron su defensa de la soberanía y de los principios de autodeterminación y de no injerencia en los asuntos internos en la experiencia latinoamericana de sufrir la intervención perpetrada por Estados Unidos.

En todo caso, y precisamente por el firme compromiso con los valores del Estado constitucional de derecho que ambos tenían, tanto Álvarez como Carpizo reconocían que su valoración del principio de no intervención en los asuntos internos de los Estados debía ser balanceado con el aún más importante principio del respeto a los derechos humanos de las personas. En las palabras de Carpizo:

Un gobierno no puede alegar la idea de soberanía para masacrar a su pueblo [...] El Derecho internacional no puede ser cómplice de violaciones masivas de derechos humanos cometidos por un Estado; pero no, absolutamente no, es aceptable cómo ha venido operando la intervención o injerencia humanitarias, mismas que constituyen violaciones flagrantes al propio Derecho internacional. No se puede atacar la comisión de delitos cometiendo otros. *No se puede permitir que la asistencia humanitaria resulte en la imposición de las potencias a otros países. No es posible jurídicamente que se convierta, tal y como hoy acontece, en modalidades nuevas de imperialismo.* No es posible que esa figura sea el reflejo de la fuerza que subordina al Derecho. *No es posible que la asistencia humanitaria destroce los principios de autodeterminación y no intervención. No es posible que unos pocos países decidan, por sí y ante sí, que ha llegado el momento de asistir a un Estado y, con ese pretexto, lo invadan.* No es posible que se vacíe el contenido del Derecho internacional para sustituirlo con la fuerza bruta [El subrayado es mío].[30]

F. EL USO DEL PRINCIPIO DE NO INTERVENCIÓN POR PARTE DEL CONSTITUCIONALISMO RADICAL LATINOAMERICANO EN SU ATAQUE A LA LEGITIMIDAD DEL SIA

La apretada síntesis de los orígenes de los principios de libre autodeterminación de los pueblos y de no intervención en los asuntos internos de los Estados que hemos hecho en la sección anterior revela que estos representan una verdadera "tradición" latinoamericana que, si bien estuvo "dormida" en las décadas en que se desplegó el proceso de recuperación y transición democrática, ha sido recuperada por los Estados bolivarianos para atacar lo que perciben como un abuso del SIA por parte de los Estados Unidos, con el objeto de desestabilizar sus proyectos revolucionarios. El problema es que al hacer esto último las democracias radicales de paso transgreden uno de los pilares del constitucionalismo contemporáneo: la noción de que el principio de no intervención en los asuntos de los Estados soberanos no puede invocarse en caso de violaciones a los derechos humanos de sus propios habitantes.

El rescate del principio de no intervención en los asuntos internos de los Estados que hemos descrito en este capítulo se explica entonces tanto por el énfasis en la soberanía popular que caracteriza a los Estados bolivarianos como por el hecho de que el mencionado principio se erigió originalmente para oponerse a intervenciones ilegítimas perpetradas por parte de los Estados Unidos en diversos países latinoamericanos.

Adicionalmente, existen otros elementos que han contribuido a exponer al SIA a la —por cierto exagerada— acusación de

---

[30] *Ibid.*, p. 258.

que ha sido utilizado para atacar las experiencias demócratas-radicales latinoamericanas por motivos puramente ideológicos.

El primer elemento es el hecho peculiar de que precisamente uno de los pocos países del continente que no ha otorgado jurisdicción a la Corte Interamericana de Derechos Humanos (Estados Unidos) haya instalado jueces en el mismo órgano al que no reconoce jurisdicción.[31] El segundo es que la sede del otro órgano clave del SIA (la Comisión Interamericana de Derechos Humanos) se encuentre en la capital de los Estados Unidos.

Desde una perspectiva comparada —y, en efecto, desde un punto de vista lógico—, no se entiende que un Estado que se ha rehusado sistemáticamente a otorgar jurisdicción al órgano más importante del SIA (la Corte Interamericana) pueda, sin embargo, nominar jueces y comisionados, y que además sirva de sede para uno de sus órganos fundamentales.

Si bien estos dos hechos son problemáticos, en especial desde un punto de vista simbólico, es innegable que revisten caracteres neocoloniales y —lo que es más grave— otorgan plausibilidad ante los ojos de vastos sectores de la región latinoamericana a la acusación levantada por los líderes bolivarianos de que el SIA tiene un sesgo ideológico que lo hace hostil a los procesos radical-democráticos que ellos llevan adelante.

Por lo dicho, sería saludable para el Sistema Interamericano de Derechos Humanos que, mientras los Estados Unidos no otorguen jurisdicción a la Corte IDH, se abstenga de postular jueces o comisionados al Sistema. Asimismo, el SIA ganaría legitimidad si se relocalizara la sede de la Comisión Interamericana en San José de Costa Rica o en la capital de alguno de los países de la región que estén completamente comprometidos con el SIA desde un punto de vista jurídico.

---

[31] Tal fue el caso de Thomas Buergenthal, quien incluso fue presidente de la Corte Interamericana de Derechos Humanos en el periodo 1985-1987.

G. Conclusión

Cualquier discusión sobre el constitucionalismo latinoamericano tiene que tener en cuenta que —producto de las dificultades que la mayor parte de las democracias liberales de la región siguen teniendo a la hora de reducir las groseras desigualdades socioeconómicas que exhiben— la democracia constitucional de cuño liberal se encuentra permanentemente amenazada en su legitimidad. De hecho, el consenso que prevaleció en la década de 1990 respecto de la inevitabilidad del constitucionalismo liberal fue eventualmente impugnado por la aparición de experimentos democrático-radicales que, a su vez, han sido acompañados por discursos constitucionales que chocan frontalmente con algunos elementos fundamentales del constitucionalismo liberal, como la separación de poderes o la prohibición de la indefinida reelección en los regímenes presidenciales.

En este capítulo, hemos analizado una característica aún poco explorada del constitucionalismo radical latinoamericano, esto es, su rescate del denominado *principio de no injerencia en los asuntos internos de los Estados soberanos*, noción introducida en el derecho internacional por los Estados latinoamericanos en las primeras décadas del siglo XX, y que representó un intento por detener lo que incluso juristas liberales de la región rotularon como las tendencias "imperiales" de los Estados Unidos.

Este principio ha sido utilizado en años recientes por las repúblicas bolivarianas para atacar lo que perciben como un uso "neocolonial" del Sistema Interamericano de Derechos Humanos por parte de los Estados Unidos, país que, a pesar de no haber otorgado jurisdicción a la Corte IDH, es, sin embargo, un importante actor del Sistema no solo por ostentar la sede de la Comisión Interamericana, sino porque ha logrado instalar jueces y comisionados en la Corte y la Comisión.

Lo anterior, sumado al giro iliberal que el constitucionalismo de los Estados Unidos ha tomado desde el 11 de septiembre de 2001 (y que se ha expresado en graves violaciones a los derechos humanos, como el desconocimiento del debido proceso en la bahía de Guantánamo, la práctica de la tortura y los "asesinatos selectivos"), han ofrecido a las democracias radicales latinoamericanas una excusa perfecta para alejarse del SIA, lo cual se ha expresado en la denuncia a la Carta Americana de Derechos Humanos por parte de Venezuela en 2012 y en los duros ataques al Sistema que tanto el Gobierno de Ecuador como el de Bolivia han dirigido a aquel.

V. CONSTITUCIONALISMO VIEJO, NUEVO Y DESATADO: EL CASO DE MÉXICO

Francisca Pou Giménez[1]

A. INTRODUCCIÓN

México participa de muchos de los rasgos que caracterizan a los países latinoamericanos contemporáneos, pero su patrón de cambio constitucional se aleja del estándar. Durante la década de 1980 y 1990, los países de la región operaron un retorno colectivo a la democracia que incluyó, por regla general, la convocatoria de asambleas constituyentes y la aprobación de nuevos documentos constitucionales.[2] México, por el contrario,

---

[1]   Profesora asociada, Departamento de Derecho, Instituto Tecnológico Autónomo de México (ITAM).

[2]   Para un análisis general de las constituciones latinoamericanas dictadas durante la última oleada de la democratización en la región, véase Rodrigo Uprimny, "Las transformaciones constitucionales recientes en América Latina: tendencias y desafíos", en *El derecho en América Latina: un mapa para el pensamiento jurídico del siglo XXI* (César Rodríguez Garavito ed., 2012); Rodrigo Uprimny y Luz M. Sánchez, "Tres décadas de transformaciones constitucionales en

experimentó durante el mismo periodo una larga concatenación de cambios —algunos fragmentarios, otros de mayor calado, pero en su conjunto profundamente transformadores del escenario político y jurídico— mientras conservaba, durante todo el proceso, el documento constitucional de 1917. No es claro, en cualquier caso, que quede mucho del icónico documento revolucionario tras más de 500 reformas constitucionales que encuentran nuevas adiciones cada mes.[3] El reformismo, por tanto, es una clara marca de la vida constitucional mexicana: habla de los profundos vínculos que el sistema legal mexicano conserva con el pasado, pero transmite al mismo tiempo la idea de ajuste permanente e ininterrumpido de reglas e instituciones básicas.

En este capítulo, exploraré el constitucionalismo mexicano contemporáneo tanto desde una perspectiva estática como dinámica, poniendo el acento en la importancia de fijarnos en la segunda, y sugiriendo que el análisis de la dinámica de cambio constitucional permanente es esencial para entender rasgos centrales del tipo de democracia constitucional que impera en el país. El análisis se organizará en torno al texto de la Consti-

---

América Latina: balance y perspectivas" (manuscrito en poder de la autora); Gabriel L. Negretto, "Replacing and Amending Constitutions: The Logic of Constitutional Change in Latin America", 46 *Law & Soc'y. Rev.* 749 (2012) y *Making Constitutions: Presidents, Parties and Institutional Choice in Latin America* (2013).

[3] Véase Jorge Carpizo, "La reforma constitucional en México: procedimiento y realidad", 131 *Boletín Mexicano de Derecho Comparado* 543 (2011), que reporta reformas en 533 artículos constitucionales —algunos de los 136 artículos de la Constitución han sido afectados por las reformas varias veces—, y Héctor Fix-Fierro, "Engordando la Constitución", *Nexos* (febrero 2014), que también toma como "una reforma" una modificación de artículo constitucional y calcula, a mitad de enero de 2015, 573. Véase también M. Amparo Casar e Ignacio Marván, *Reformar sin mayorías: la dinámica del cambio constitucional en México 1997-2012* (2014), que organizan su análisis sobre la base de "decretos de reforma constitucional", cada uno de los cuales contiene las reformas a uno o varios artículos aprobadas en el mismo momento temporal, y contando 206 decretos entre 1920 y 2012, 69 de ellos durante los pasados quince años.

tución, lo cual es ciertamente una limitante —la vida política y jurídica es siempre mucho más que texto—. Este modo de proceder, sin embargo, nos permite presentar de una manera ordenada rasgos del sistema constitucional mexicano que son importantes bajo cualquier lectura, facilita el análisis comparativo y provee fundamentos para evaluaciones futuras más comprehensivas.

Además, dado que en México la dinámica política se ha centrado o ha afectado la Constitución, en contradistinción a las leyes o a la normativa que ejecutan políticas públicas en un grado alto —siendo ello, claramente, uno de los rasgos de la democracia mexicana que merece un análisis cuidadoso—, esta opción metodológica arroja en este caso más información que el promedio.

La parte B comenzará proporcionando una descripción compacta de los contenidos de la Constitución mexicana (tal y como es a mediados de 2014) por área sustantiva: la separación de poderes, el federalismo, el poder judicial, el sistema electoral, los derechos fundamentales y la constitución económica. Aunque se harán referencias ocasionales a un pasado más distante cuando sea necesario para preservar la inteligibilidad del análisis, nos enfocaremos en lo ocurrido en los últimos veinte a veinticinco años —el segmento temporal en el que los otros países de la región hicieron su retorno a la vida democrática—. A mi juicio, hacer un esfuerzo para confeccionar un mapeo general como el que ofreceremos —incluso si es algo apretado, deja fuera algunos matices y está destinado a ser ajustado al ritmo de las reformas venideras— puede ser útil en un contexto en el que, precisamente debido a la frecuencia del cambio, raramente se intenta, y puede, además, favorecer la inserción del constitucionalismo mexicano en los debates regionales.

En el resto del capítulo, el análisis procederá tomando como base la distinción entre tres tipos de evaluación que uno puede hacer respecto de una Constitución: evaluaciones basadas en el *contenido*, que se enfocan en el tipo de instituciones, estándares sustantivos y reglas que incluye; evaluaciones basadas en el *proceso*, que ponderan las características del tipo de proceso decisorio del que deriva la Constitución, y evaluaciones basadas en la *frecuencia*, que ponderan los efectos de vivir bajo cambio constitucional profuso y frecuente frente a episódico —independientemente del contenido de la Constitución derivada del cambio y de la calidad de los procesos por los cuales el cambio se produce—. Las partes C, D y E examinarán el caso mexicano desde cada una de las perspectivas citadas, intentando discernir algunos patrones generales, y sacará conclusiones no muy tranquilizadoras desde todas ellas.

Visto en su conjunto, el capítulo subraya rasgos del panorama constitucional mexicano que dan más motivos de preocupación que de regocijo. Ponderará las ventajas, pero también los importantes costos del gradualismo mexicano, e identificará elementos y rasgos que son presumiblemente problemáticos desde la perspectiva de lo que sería un escenario democrático más incluyente en un país que en estos momentos confronta problemas muy serios. Desde luego, como argumentan los autores de otras contribuciones al presente libro de manera muy convincente, es tremendamente importante no suscribir y ayudar sin darnos cuenta a consolidar narrativas de "fracaso constitucional" basadas con frecuencia en premisas asimétricas sobre el valor de las reglas y las instituciones en unas y otras partes del mundo, que reflejan una economía política del conocimiento jurídico no neutral, y que muestran el constitucionalismo del Sur como "naturalmente" defectuoso y pobre.[4] Un análisis capturado por sesgos de este tipo podría, además, invisibilizar (o bloquear el desarrollo de) reglas, instituciones y prácticas valiosas en nuestras sociedades.

4 Véase "La economía política del conocimiento jurídico", de Daniel Bonilla y "La geopolítica del constitucionalismo en América Latina", de Jorge L. Esquirol en este mismo volumen. Véase asimismo Mauricio García Villegas, *Sociología y crítica del derecho* (2010), p. 265.

Concedido todo ello, creo, sin embargo, que las estructuras y las reglas constitucionales en el México posautoritario han alcanzado un punto en el que uno puede decir que quizá tendrán éxito solo en la medida en que sean finalmente reemplazadas por algo cualitativamente distinto. En un escenario marcado por la fragilidad del Estado de derecho y la exclusión social y política, la dinámica mexicana de reforma ininterrumpida, impulsada desde arriba, ha puesto las semillas para la transformación profunda, pero al mismo tiempo ha sido muy efectivo para controlar su potencial, para obstaculizar su operación. Puede ser que, de ahora en adelante, la Constitución mexicana, cuyos contenidos y patrones de cambio presentaremos en estas páginas, sea tomada mucho más en serio tanto por la gente como por las autoridades públicas, y sea más extensivamente usada. Si ello sucede, sin embargo, será probablemente en simultáneo desarrollo de una serie de pasos o acontecimientos que podrían llevar a su reemplazo final; si ello se hiciera de modo pacífico, podríamos adjudicarle entonces, al final del día, un papel valioso en la fragua de una historia de "éxito constitucional".

B. LA CONSTITUCIÓN MEXICANA EN EL SIGLO XXI

Aunque al principio de su vida política independiente México experimentó una gran inestabilidad política y la primera mitad del siglo XIX asistió a la rápida sucesión de numerosos textos constitucionales (Cádiz, 1824, 1836, 1843 y 1848),[5] el país estuvo posteriormente, durante varias décadas, bajo la duradera Constitución liberal de 1857. El documento, sin embargo, tuvo aplicabilidad solo de manera intermitente, y bajo su alero

---

[5] Identifico como primer texto la Constitución de Cádiz —que era una constitución bajo el paraguas español, pero que desempeñó un papel en el camino a la consolidación de la independencia— y no la Constitución de Apatzingán de 1814, porque esta última nunca llegó a estar en vigor, aunque era un texto muy innovador y muy progresista que ejerció una notable influencia más allá de esa circunstancia.

—cuando no se estaba lidiando con invasiones o intervenciones externas o episodios de enfrentamiento civil— fueron avanzados proyectos políticos muy distintos del programa de liberalización social y política y de secularización del Estado liderado por Benito Juárez a las políticas "modernizadoras", altamente excluyentes, de Porfirio Díaz, que apostaban por la inversión extranjera, la explotación oligárquica de los recursos naturales y el control del descontento social en el contexto de un sistema político cada vez más autoritario.

A principios del siglo XX, la Revolución mexicana —alimentada por los efectos de una concentración enorme de la propiedad de la tierra y de la represión política— llevó al llamado a la Convención Constitucional de Querétaro y a la subsiguiente aprobación del texto de 1917, todavía vigente. La dinámica política estuvo en lo sucesivo marcada por la progresiva consolidación en el poder del Partido Revolucionario Institucional (PRI), que conservaría el poder durante siete décadas.[6] La llegada gradual del pluralismo político de la década de 1980 en adelante —contra lo que uno hubiera esperado en un país con una fórmula de reforma que, como veremos, es bastante exigente— estuvo acompañada por un incremento sostenido en la cantidad de reformas que se hicieron al documento fundacional. Como refiere Fix Fierro, casi dos tercios del número total de reformas constitucionales son pos-1982 —la quinta parte de ellas aprobadas durante el sexenio del presidente Felipe Calderón—.[7] Y en solo el primer año de presidencia, Peña

---

[6] Casar y Marván, *supra* nota 3, describen la evolución en el ámbito constitucional bajo el PRI (Partido Revolucionario Institucional) distinguiendo cinco periodos, que identifican haciendo referencia a cambios importantes en los contornos generales del sistema político: faccionalismo sin disciplina parlamentaria (1917-1928); surgimiento y consolidación del partido único y disciplina legislativa (1928-1946); los años del partido hegemónico (1946-1963); partido dominante y pluralismo moderado (1964-1978), y evolución de partido dominante a mayoritario (1979-1997).

[7] Véase Fix-Fierro, *supra* nota 3.

Nieto logró aprobar seis reformas mayores en las áreas de educación, telecomunicaciones, energía, competencia económica, transparencia y sistema electoral que tocaron, en mayor o menor medida, cerca de 60 % de los artículos constitucionales, además de añadir a la Constitución un cuerpo de artículos transitorios extraordinariamente largo y detallado. Las secciones que siguen refieren sucintamente los rasgos principales de la Constitución que ha quedado tras este larguísimo proceso.

1. *LA SEPARACIÓN DE PODERES*

Siguiendo la regla habitual en América, México estableció desde el principio un sistema presidencialista de gobierno que conserva a día de hoy. Las largas décadas de hegemonía política priista dieron la impresión de que el país vivía bajo la égida de un todopoderoso presidente federal, armado con una amplia panoplia de poderes constitucionales y metaconstitucionales.[8] Sin embargo, cuando la llegada del pluralismo político hizo de pronto relevante el diseño institucional, resultó que —sobre el papel, y vista desde una perspectiva comparada— la presidencia mexicana era de hecho bastante débil.[9]

---

[8] Véase M. Amparo Casar, " bases político-institucionales del poder presidencial en México", 1 *Política y Gobierno* 61 (1996), quien resalta que el presidencialismo mexicano no evidenció, tradicionalmente, las consecuencias esperadas de este tipo de forma de gobierno y analiza los factores que operaron como fuentes político-institucionales de poder presidencial, y Fernando Serrano Migallón, "Facultades metaconstitucionales del poder ejecutivo en México", en *Poder Ejecutivo: SELA 2006* (Roberto Saba ed., 2007), quien desarrolla la noción de 'poderes metaconstitucionales' de la presidencia mexicana.

[9] Eric Magar, "Los contados cambios al equilibrio de poderes", en Casar y Marván, *supra* nota 3, p. 281. Véase también Tom Ginsburg, José Antonio Cheibub y Zachary Elkins, "Still the Land of Presidentialism? Executives and the Latin American Constitution", en *New Constitutionalism in Latin America: Promises and Practices* (Detlef Nolte y Almut Schilling-Vacaflor eds., 2012), donde se analizan y clasifican las competencias y atribuciones de los presidentes en los países latinoamericanos contemporáneos.

El presidente se escoge por seis años sin posibilidad de reelección: después de las largas décadas en que Porfirio Díaz se había perpetuado en el poder, "sufragio efectivo y no reelección" fue una consigna central del momento fundacional de 1917 que ha persistido (esa sí) en el sentir colectivo.[10] De modo llamativo, en una región marcada por el recurso generalizado a este recurso,[11] el presidente mexicano no tiene poderes para legislar por decreto.[12] Puede presentar iniciativas de ley (lo cual hace profusa y continuamente), vetar legislación (lo cual hace raramente) y tiene poderes de emergencia (extensamente usados en el pasado[13] pero no en tiempos recientes, y constreñidos dentro de estrechos límites después de la reforma constitucional de junio de 2011, que cambió su regulación en el artículo 29).[14]

---

[10] Un rasgo distintivo del modelo mexicano es la ausencia de vicepresidente; la Constitución incluye una compleja lista de instrucciones —algo simplificadas tras una reforma constitucional de 2013— que establece qué hacer para designar a un sustituto cuando el presidente falta.

[11] Ginsburg et al., *supra* nota 9.

[12] Pero hubo recurso frecuente a legislación del ejecutivo por medio de dos figuras: la "suspensión de garantías" y la "delegación extraordinaria de facultades" que el Congreso les concedió a los presidentes en el siglo XIX. Los códigos y otras importantes legislaciones fueron dictados por el ejecutivo por esta vía. Véase Stephen Zamora et al., *Mexican Law*, nota 79 (2005), p. 150 (con cita interna a Jorge Carpizo, *El presidencialismo mexicano* (1991), p. 102) y Jesús Orozco Henríquez, "El sistema presidencial en el constituyente de Querétaro y su evolución posterior", en *El sistema presidencial mexicano (algunas reflexiones)* (1988), p. 49. El ejecutivo tiene poderes normativos unilaterales en un acotado caso adicional: una comisión intersecretarial encabezada por el presidente (el Consejo de Salubridad General) puede emitir reglamentos generales para enfrentar crisis sanitarias graves (artículo 73-XVI de la Constitución mexicana).

[13] Sobre el recurso abusivo a los poderes de emergencia en la segunda mitad del siglo XIX, véase José A. Aguilar Rivera, *El manto liberal: los poderes de emergencia en México. 1821-1876* (2001); Carlos Bravo Regidor, "De la épica de la victoria a la política de la derrota: Juárez, la Constitución y la Convocatoria de 1967", en *De Cádiz al siglo XXI: dos siglos de constitucionalismo en México e Hispanoamérica 1812-2012* (Adriana Luna, Pablo Mijangos y Rafael Rojas eds., 2012), pp. 203-267.

[14] Véase el artículo 29 de la Constitución, donde se establece un esquema que exige la concurrencia de voluntades del presidente, el Congreso y la Suprema Corte.

Los poderes del presidente están articulados con los del Congreso conforme a un sistema de frenos y contrapesos bastante estándar. El presidente dirige formalmente el Ejército y la política exterior, comparte el poder de firmar tratados con el Senado y debe cooperar con este para hacer un importante número de nombramientos —entre ellos el procurador general, los ministros de la Suprema Corte y los altos cargos diplomáticos.

La organización del poder legislativo sigue el modelo de un sistema bicameral fundamentalmente simétrico, en cuyo contexto la Cámara de Diputados y el Senado colaboran como iguales en la producción legislativa, con ligera preeminencia del Senado en algunas materias y ligera preeminencia de la Cámara de Diputados en otras (típicamente relacionadas con la colección, gestión o destino de recursos públicos). La Cámara de Diputados está compuesta por 500 representantes elegidos, hasta ahora, por solo tres años, y el Senado tiene 128 miembros —seleccionados mediante reglas electorales que intentan ser sensibles en algún grado a criterios de representación geográfica— elegidos por un periodo de seis.

Como los analistas han destacado, el Congreso mexicano fue diseñado también para ser una institución notablemente débil.[15] Durante los trabajos constituyentes de 1917, se tenía la idea de que una de las razones por las cuales los presidentes habían recurrido tan extensamente al estado de excepción era la reforzada posición que tenía el poder legislativo en la Constitución de 1857: ello los habría "forzado" a recurrir a esos poderes en hipótesis en que resultaba ilegal.[16] En congruencia con ello, la Constitución de 1917 estableció un Congreso que sesiona solo durante cinco meses al año y sigue un protocolo interno que fuerza a las dos cámaras a involucrarse en una

---

[15] Stephen Zamora et al., *supra* nota 12, pp. 180-186.

[16] Se considera que los argumentos que desarrolló en esa dirección Emilio Rabasa influyeron en la decisión que se tomó. Véase Emilio Rabasa, *La Constitución y la Dictadura* (1956 [1912]).

complicada dinámica de juego de pimpón para sacar adelante las iniciativas legislativas. El hecho de que estén integradas por representantes que —debido a la inexistencia de reelección— son siempre principiantes en el cargo, ayudados en sus tareas por un contingente cambiante y variablemente competente de "asesores" —no de funcionarios permanentes—, ha empeorado la situación.

En su mapeo de las reformas en esta área, Eric Magar destaca que la separación horizontal de los poderes ha sido una parte de la Constitución muy poco alterada en los pasados quince a veinte años.[17] A la vista de lo continuo de las reformas en otros ámbitos, resulta sorprendente y podría estar asociado a la voluntad de la "clase política" mexicana de asegurar una dinámica de reforma autoconservacionista.[18] La mayoría de los cambios que sí se han producido están ligados a un intento por reforzar la agenda de la transparencia y la dación de cuentas.[19] Pero no

---

[17] Magar, *supra* nota 9, pp. 260-261.

[18] Como sugeriré más adelante, la dinámica de reforma constitucional permanente en algunos ámbitos, y en particular en el ámbito de los derechos, podría ser interpretada como un modo de ganar legitimación a corto plazo, y de evitar simultáneamente verse presionado a adoptar modificaciones con mayor potencial para alterar los privilegios que sigue implicando en el país el "estar en la política". Véase *infra*.

[19] Magar habla de 37 artículos reformados en este ámbito, pero subraya que solo 11 de los cambios pueden considerarse cambios con potencial para operar una alteración sustantiva al estado de cosas preexistente. Entre esos 11, destaca el que altera el calendario dentro del cual el ejecutivo debe presentar el presupuesto y la cuenta pública, y la creación de un órgano de supervisión (la Auditoría Superior de la Federación) al servicio de la Cámara de Diputados —todo lo cual incrementó el poder de los diputados sobre el ejecutivo en las cuestiones relacionadas con las finanzas— y la clarificación de la mecánica del veto presidencial sobre la legislación, en un sentido que reforzó el Congreso. A su juicio, globalmente vistas, las reformas dejaron el ejecutivo tan relativamente débil como antes, reforzaron la posición de la Cámara de Diputados, dejaron al Senado igual y reforzaron la Suprema Corte por sobre los otros dos poderes (dados, por ejemplo, sus nuevos poderes de nombramiento en el Consejo de la Judicatura Federal y sus atribuciones respecto de las consultas populares). Magar, *supra* nota 9, pp. 266-279.

son cambios realmente transformadores y no han disminuido, en cualquier caso, la imagen pública extremadamente menguada del Congreso mexicano. En relación con ello, en muchas ocasiones se ha sugerido que la no reelección ha estado entre las grandes causas del ínfimo profesionalismo de los legisladores, y que les ha permitido blindarse de toda forma relevante de dación de cuentas. Las reformas de 2013 finalmente han cambiado el sistema: desde 2018 será posible reelegir senadores por un periodo más (doce años en total) y diputados por tres más (doce años en total).[20]

Un rasgo que distingue a México de la mayoría de sus vecinos latinoamericanos es la debilidad de los instrumentos de democracia directa o participativa. Después de una total inactividad en esta área en décadas recientes, una reforma constitucional de 2013 reconoció dos canales: la iniciativa legislativa popular y la consulta popular. Ambas son concebidas, sin embargo, en términos altamente restrictivos —en particular la consulta, que está prohibida en una amplia lista de materias o ámbitos y debe pasar control previo ante la Suprema Corte.[21] No se ha previsto la institución de la revocatoria de mandato. En el mismo paquete de reformas, con la misma idea de reforzar el perfil político de los ciudadanos, se introdujo la posibilidad de presentar candidaturas independientes a las elecciones federales (esto es, candidaturas no respaldadas por un partido político).[22]

La descripción de los contornos de la separación de poderes en el México contemporáneo debe finalmente hacer hincapié en la multiplicación de agencias u organismos independientes en los tiempos recientes. Desde la década de 1980, instituciones tan distintas como la Comisión Nacional de Derechos Humanos, el Instituto Nacional de Estadística, Geografía e Historia (Inegi),

---

[20] La reforma obliga a los estados a prever en las constituciones estatales la reelección de legisladores y presidentes municipales.

[21] Artículos 35.VII y VIII, y 71.4 de la Constitución mexicana.

[22] Artículo 55.II de la Constitución mexicana.

el Banco de México (Banxico) o el Instituto Federal Electoral (IFE) recibieron el estatus de "organismos constitucionales autónomos" —y regulados, en sus rasgos básicos, en la Constitución misma—. Las reformas de 2013 han dado estatus independiente a otros organismos que antes estaban formalmente insertados bajo el paraguas del poder ejecutivo: el Instituto Federal de Telecomunicaciones (Ifetel), la Comisión Federal de Competencia Económica (Cofece), la Comisión Nacional de Evaluación (Coneval) y el Instituto Federal de Acceso a la Información (IFAI). Las reformas otorgaron condición de independencia incluso a la Procuraduría General de la República (PGR) (que pasa a llamarse Fiscalía General) o al recién creado Instituto Nacional para la Evaluación de la Educación (INEE).[23] Estos desarrollos evidencian hasta qué punto el "kit agencia independiente" ha sido visto como una solución institucional incuestionada, a la que los políticos han recurrido casi universalmente cuando han intentado dar una pátina de "eficacia" e "imparcialidad" a la gestión de áreas políticas complejas. El diseño institucional de estos organismos en términos de reglas de nombramiento, ámbito de competencia y funciones —muchas de ellas combinan gestión, regulación y adjudicación— y mecanismos de control externo son marcadamente variados. El hecho de que desde ellos se manejen ahora áreas inmensas de la política pública que previamente estaban bajo control de los poderes tradicionales del Estado hace obligado su análisis cuidadoso.

---

[23] La Procuraduría General de la República se cuenta entre las instituciones menos valoradas del país; su desempeño como órgano que encabeza y desarrolla las investigaciones penales ha sido vergonzosa. La reforma busca reforzar su independencia frente al ejecutivo y crea dos fiscalías especializadas (una en materia electoral y otra en materia de corrupción). El Instituto de Evaluación de la Educación, por su parte, fue creado en 2012 dentro del paquete de la "reforma educativa", después de su largo conflicto con los sindicatos de maestros; inexplicablemente, la reforma se enfoca en exclusiva en la evaluación y sanción de los profesores, en lugar de abordar los determinantes estructurales y las profundas deficiencias que afectan esta área crucial de la política pública.

2. FEDERALISMO

La Constitución mexicana adoptó un sistema federal que en sus orígenes seguía la lógica "dual", encontrada en muchos otros textos constitucionales americanos: la Constitución enlista las áreas o materias competenciales atribuidas a la federación y el resto permanece en manos de los estados.[24] Contra lo que parece sugerir esta opción de diseño constitucional, sin embargo, el federalismo mexicano no fue construido desde abajo. La opción por la estructura federal no es un arreglo al que se recurre como expediente imprescindible para mantener el país unido ante la existencia de identidades regionales muy fuertes, como ocurre en Alemania, Canadá o los Estados Unidos. Y en el proceso de construcción o reconstrucción estatal que siguió a la Revolución tras la inestabilidad del siglo XIX, el federalismo quedó sacrificado.[25] Como subraya María Amparo Casar, ello puede explicarse en parte por las necesidades ínsitas en un intento de construir instituciones en un país con bolsillos feudales, medios y vías de comunicación deficientes, desarrollo económico magro, alto peso del Ejército, etc.; pero fue también el efecto central de un proyecto político en cuyo contexto el líder del partido adquirió, primero, la posibilidad de definir la composición del sistema federal —controlando en los estados el acceso al puesto de gobernador— y después su desempeño o comportamiento en el contexto de un sistema de partido hegemónico.[26]

En consonancia con ello, en el plano constitucional, la lógica dual original fue erosionándose paulatinamente. Las reformas

---

[24] La Constitución otorga a la federación una cláusula de "competencias implícitas" (artículo 73.XXX) a la que no se ha recurrido prácticamente nunca, porque la ampliación directa de los poderes federales mediante la reforma constitucional lo ha hecho innecesario.

[25] Casar, *supra* nota 8, p. 89.

[26] *Id.*

puntuales continuas, una tras otra, han acabado confiriendo grandes atribuciones a la federación y han organizado ámbitos muy importantes —salud, educación, seguridad pública— como áreas de competencia compartida, coordinada o más intensamente dirigida por la federación. Como los analistas han destacado, muchos de los rasgos de federalismo mexicano actual estarían más cerca en realidad de los modelos de federalismo cooperativo que del dualismo tradicional,[27] aunque inmerso en una atmósfera indefectiblemente centralista. A ello debemos añadir el uso de poderosos mecanismos de subordinación de los estados por la vía de los recursos: en México, los impuestos son cobrados en su inmensa mayoría por la federación, que los gestiona y entrega a los estados según las reglas del llamado Sistema de Coordinación Fiscal que incluye una buena cantidad de transferencias de recursos de destino condicionado. Las constituciones estatales, por su parte, ofrecen una amplia colección de escenarios en cuya descripción no podemos involucrarnos ahora. La Constitución federal establece un contenido mínimo que no puede dejar de incluir, pero está referido todo él a la estructura de las ramas del poder. Más allá de ello, encontramos una gran heterogeneidad: algunas de ellas contienen extensas declaraciones de derechos; otras, declaraciones magras; algunas establecen un sistema propio de justicia constitucional; otras no; algunas desarrollan las previsiones de la Constitución federal sobre reconocimiento de la diversidad ultural; otras no. Y así muchos otros contrastes.

El Distrito Federal estuvo durante largo tiempo bajo control de la federación. En 1993 comenzó un proceso que dio a la ciu-

---

[27] Véase José M. Serna de la Garza, *El sistema federal mexicano: un análisis jurídico* (2009), y "Las reformas al federalismo mexicano", en Casar y Marván, *supra* nota 3, donde se analizan las reformas constitucionales en la materia aprobadas durante los últimos quince años. Véase asimismo Martín Díaz Díaz, "México en la vía del federalismo cooperativo: un análisis de los problemas en torno a la distribución de competencias", en *Homenaje a Fernando Alejandro Vázquez Pando* (1996), pp. 129-173.

dad un estatus similar al de los estados, con un jefe de gobierno elegido popularmente, una asamblea legislativa unicameral, un tribunal superior de justicia y su propia rama de poder electoral. En este contexto institucional, discurre una dinámica política que, dadas las preferencias de los electores de la ciudad, da un interesante contrapunto a la política federal. En cualquier caso, el estatus constitucional de la ciudad sigue siendo anómalo en algún punto —pues no participa, por ejemplo, del proceso de reforma de la Constitución— y se han hecho reiteradas llamadas a la "reforma política" del distrito, que parece que, a principios de 2015, está finalmente tomando forma.

Los municipios, finalmente, estuvieron también durante largo tiempo subordinados a los estados tanto política —por la directa influencia de la voluntad de los gobernadores— como jurídicamente, pues carecían de poderes normativos autónomos y podían aprobar normas reglamentarias solo con sujeción a lo dispuesto por las leyes de los estados, jerárquicamente supraordenadas a ellas. En 1999 una reforma a la Constitución les otorgó competencias exclusivas en algunas materias, y una serie de sentencias dictadas por la Suprema Corte algunos años después reforzaron la posición de la normativa municipal y sus fuentes de ingreso. El desempeño de los gobiernos municipales, en cualquier caso, continúa hipotecado por una rotación política excesiva —hasta la reforma de 2013 los presidentes municipales han sido escogidos por tres años sin posibilidad de reelección— y, con la excepción de unos pocos municipios con gran densidad de población, infraestructura precaria y regulación y financiamiento insuficientes. Y a falta de un compromiso serio de las autoridades nacionales, el desarrollo de las otras modalidades de autoridad local —las modalidades de gobierno indígena prefiguradas en el artículo 2 de la Constitución— no han tomado vuelo.

Aunque un desempeño exitoso de la Suprema Corte en el ámbito de los conflictos de competencia ha dado un poco de oxígeno a la descentralización política, el marco jurídico del federalismo mexicano es, visto globalmente, ambiguo y débil. El debate jurídico sobre el papel de las constituciones estatales o sobre cómo los ordenamientos jurídicos estatales deben insertarse en la nueva arquitectura resultante de las reformas recientes en la constitución de los derechos y la constitución económica está todavía pendiente. Los estados son habitualmente mencionados como instancias del tipo de corrupción e ineficacia que el país no ha podido erradicar y el fortalecimiento del federalismo parece estar definitivamente fuera de la agenda política.

3. EL PODER JUDICIAL

Como en la inmensa mayoría de los países federales, coexisten dos ristras de autoridades judiciales. El derecho civil y penal es competencia estatal (aunque siempre ha habido delitos federales, que crecen en número todos los días) y el derecho laboral y mercantil es competencia federal. El país combina procedimientos y códigos propios de la tradición del derecho continental con una estructura judicial similar a la que encontramos en los Estados Unidos, con jueces de distrito, tribunales de circuito y una Suprema Corte en la cúspide. En México, sin embargo, la judicatura federal ha operado como supervisora general de las sentencias de los tribunales estatales a través del juicio de amparo, que permite a los ciudadanos cuestionar estas sentencias ante los tribunales federales, lo cual ha reforzado enormemente, desde luego, el aroma centralizador que impregna el país.

Durante los pasados veinticinco años las reformas más llenas de consecuencias en el ámbito que nos ocupa han afectado tres rúbricas: control judicial de constitucionalidad, gobierno judicial y regulación del proceso penal.

Por lo que se refiere al sistema de control de constitucionalidad, en las últimas décadas el sistema ha pasado de ser un sistema fundamentado —durante un tiempo larguísimo— en la figura exclusiva del juicio de amparo a ser un sistema híbrido que ofrece muchos canales de control constitucional ante diferentes autoridades judiciales a través de procedimientos distintos y con distintos efectos.

Al proclamar su independencia, México no instauró un sistema difuso de control de constitucionalidad al estilo estadounidense, sino un sistema de control político-legislativo de estilo francés, reemplazado a mediados del siglo XIX por un sistema de control judicial basado exclusivamente en el juicio de amparo.[28] El amparo es un juicio que los ciudadanos pueden interponer para denunciar ante un juez federal que una autoridad ha violado sus derechos. La noción de 'autoridad pública' viene sin calificativos, de modo que el amparo protege tanto frente a una detención o un registro policial como frente a una ley, una sentencia o un acto administrativo. Cuando se interpone contra una norma, la protección del amparo tiene solo efectos *inter partes*; esto es, se traduce en su inaplicación en el caso concreto. Poderoso como parece, así descrito, lo cierto es que el amparo con el tiempo fue adquiriendo un grado de complejidad que en gran medida lo desnaturalizó desde la perspectiva de su originaria función protectora de derechos. Su centralidad en el conjunto del sistema judicial-procesal mexicano le hizo adquirir con el tiempo más y más y más funciones. En un punto, todavía en el siglo XIX, se convirtió en una vía de control de legalidad, lo cual perjudicó su potencial como herramienta de control de constitucionalidad. El extremo barroquismo de su regulación procesal lo ha convertido en una vía que puede usarse solo con la ayuda de abogados altamente especializados, y una evaluación del tipo de casos de los que se han ocupado los tribunales muestra hasta qué punto ha permitido a los más poderosos —muchos de ellos empresas, no personas— obtener excepciones a la aplicación de las reglas generales.[29]

---

[28] J. Ramón Cossío, *Sistemas y modelos de control de constitucionalidad en México* (2013), quien presenta la evolución histórica completa del sistema.

[29] Francisca Pou Giménez, "El nuevo amparo mexicano y la protección de los

Los cambios acaecidos en tiempos recientes han complementado de manera importante este panorama. Primero, en 1994, se incorporaron al sistema dos medios de control diseñados bajo el modelo kelseniano de control centralizado: la acción de inconstitucionalidad —en la cual se hace control abstracto de normas generales que pueden ser invalidadas con efectos *erga omnes*— y la controversia constitucional, remodelación de una institución que México tenía desde el siglo XIX pero que no había sido usada y que ahora adoptaría los rasgos propios del modelo kelseniano en su vertiente de resolución de conflictos de jurisdicción entre federación, estados y municipios. Ese mismo año se reformó la Suprema Corte. No se creó un tribunal constitucional ni una sala constitucional en la Corte existente y la Suprema Corte siguió siendo la corte terminal única, pero se hizo un esfuerzo por liberarla de áreas de jurisdicción no relacionadas con cuestiones constitucionales. Después, en 2011, la Suprema Corte cambió la interpretación de un artículo constitucional y reconoció poderes de control difuso de constitucionalidad a todos los jueces de México. Este gran cambio arquitectural sustrajo a los jueces federales el privilegio de ser los dueños únicos de la Constitución, como había sido durante el tiempo en el que solo existía control de constitucionalidad vía amparo, que se sustancia exclusivamente ante los jueces federales. México tiene ahora, por consiguiente, un modelo híbrido de control constitucional, como la mayoría de los países latinoamericanos,[30] aunque combina tres ristras,

---

derechos: ¿ni tan nuevo ni tan protector?, 14 *Anuario de Derechos Humanos* 91 (2014), pp. 91-103.

[30] Véase Uprimny, *supra* nota 2; Justin Frosini y Lucio Pegoraro, "Constitutional Courts in Latin America: A Testing Ground for New Parameters of Classification?", 2 *J. Comp. Law* 39 (2008), donde se resalta la naturaleza híbrida de los sistemas de control judicial latinoamericanos, y en la segunda de las obras citadas, se sugiere que los desarrollos regionales contemporáneos en este ámbito generan terreno propicio y en realidad exigen la confección de nuevas clasificaciones teóricas que permitan su adecuada descripción y evaluación.

no dos: la concentrada, la semiconcentrada (amparo) y la difusa. Además, después de la reforma de derechos humanos de 2011, la Suprema Corte dijo que los jueces mexicanos deben hacer tanto control de constitucionalidad como de convencionalidad. Finalmente, debemos hacer mención de la reforma constitucional y legal sobre amparo de 2011-2013. La reforma tenía por objetivo simplificar el amparo para convertirlo en una vía de protección de derechos efectiva, pero el resultado es más que moderado. Aunque ahora la normativa procesal abre la puerta a los reclamos colectivos y define más ampliamente en qué condiciones es posible denunciar una violación de derechos, los jueces tendrán que proveer por la vía interpretativa la dosis extra de acceso a la justicia que la labor del legislador desafortunadamente no asegura.[31]

Una segunda gran vía de evolución que alineó a México en la trayectoria latinoamericana estándar fue el paso en 1994 a un sistema de gobierno judicial autónomo con la creación del Consejo de la Judicatura Federal y organismos análogos en el ámbito estatal.[32] Característico de México es el fuerte control que mantiene la Suprema Corte sobre el Consejo, cuyo presidente es el presidente de la Corte.[33] La judicatura mexicana ha conservado la mayoría de su viejo estilo, fuertemente jerárquico,

---

[31] Pou Giménez, *supra* nota 29.

[32] La creación de instituciones, bajo el control de los jueces o de una combinación de jueces y personas designadas por los órganos legislativos o ejecutivos, con el objetivo de gestionar el acceso, la adscripción, la promoción y la disciplina en la judicatura, se vio como algo adecuado para reforzar (o asegurar por primera vez) la independencia judicial. Donantes e instituciones internacionales las promovieron como parte de una agenda de refuerzo del Estado de derecho. Véase Linn Hammergren, *Envisioning Reform: Conceptual and Practical Obstacles to Improving Judicial Performance in Latin America* (2007); Pilar Domingo y Rachel Sieder, *Rule of Law in Latin America: The International Promotion of Judicial Reform* (2001).

[33] Véase Andrea Pozas-Loyo y Julio Ríos-Figueroa, "The Politics of Amendment Processes: Supreme Court Influence in the Design of Judicial Councils", 89 *Texas Law Rev.* 1807 (2011), pp. 1807-1833.

y la Suprema Corte concentra un amplio rango de funciones que en otros países son desempeñadas por dos o tres instituciones distintas.[34]

A la conservación de la huella jerárquica tradicional debemos añadir la conservación de estilos de adjudicación muy formalistas que han hecho poco en términos de protección efectiva de derechos para la mayoría de la población. Mientras que durante los últimos veinte años la Suprema Corte ha tenido un desempeño notable como árbitro de conflictos entre poderes, el desempeño de la judicatura federal respecto de la protección de derechos ha sido en su conjunto pobre.[35] Las cosas han empezado a cambiar, sin embargo, en estos últimos años: la Suprema Corte ha emitido pronunciamientos que han cambiado la jurisprudencia sobre derechos en un número importante de ámbitos; ha adoptado un sistema de publicidad (incluida la televisación) de las deliberaciones de los jueces y se ha convertido en una participante activa en el debate sobre las relaciones entre derecho nacional e interamericano, aunque la existencia de desacuerdos feroces entre los ministros deja indeterminada la dirección exacta que la Corte tomará respecto de estos temas en los años que siguen.

La tercera gran dirección de cambio viene presidida por el tránsito, en el proceso penal, de un sistema inquisitivo a un sistema acusatorio, tendencia compartida en toda América Latina. La reforma fue diseñada en 2008 para ser gradualmente implementada en el ámbito estatal (donde se desarrolla la mayoría de los procesos penales) y reforzada en 2013 con la aprobación de un código de procedimientos penales único para todo el país.

---

[34] Julio Ríos-Figueroa, "El sistema de administración de justicia", en *Debatiendo la reforma política: claves del cambio institucional en México* (Gabriel L. Negretto ed., 2011), p. 164.

[35] Julio Ríos-Figueroa y Gretchen Helmke, "Introduction", *Courts in Latin America* 5 (2011). El país no participó en la ola de nuevos desarrollos en el ámbito de la protección de derechos que caracterizó el quehacer de las cortes de Colombia, Costa Rica o Argentina en la década de 1990 y la primera década de 2000.

Mejorar el desempeño del sistema penal es uno de los grandes retos que enfrenta el país; su funcionamiento tradicional ha sido deficiente desde casi todas las perspectivas relevantes. La consolidación de la democracia en México, en conclusión, ha venido de la mano de un claro refuerzo del poder judicial dentro del sistema constitucional. Pero los jueces mexicanos han empezado a soltar solo de manera muy lenta sus vínculos con el pasado, y el sistema sigue cargando un pesado fardo de instituciones, prácticas y procedimientos heredados que se condicen pobremente con las reformas de alto alcance que han afectado recientemente la constitución de los derechos. Lo que la judicatura haga con las nuevas herramientas que presiden el ámbito de los derechos estará con toda seguridad, en cualquier caso, entre los más dinámicos desarrollos del sistema constitucional mexicano en los años que siguen.

4. CUESTIONES ELECTORALES

La transición mexicana a la democracia —de modo quizá poco sorprendente, si recordamos las décadas de "elecciones" periódicas férreamente controladas por el PRI (Partido Revolucionario Institucional)— empezó con un énfasis claro en las cuestiones electorales. A partir de la década de 1980, se desarrolló una larga serie de reformas parciales e intermitentes que encuentran su episodio más reciente en la "reforma política" de 2014.[36] Los cambios en el sistema electoral fueron graduales y desembocaron en un país que escoge a su ejecutivo bajo un sistema electoral mayoritario y al Congreso bajo un sistema que

---

[36] Véase José Woldenberg et al., *El cambio político en México* (2007) y Lorenzo Córdova Vianello, "Sistema electoral y sistema de partidos: pluralismo político en las reformas constitucionales en materia electoral", en Casar y Marván, *supra* nota 3, donde se analizan los sucesivos y numerosos episodios de reforma electoral de la década de 1980 en adelante. Sobre la reforma de 2014, véanse los materiales disponibles en http://pac.ife.org.mx/reforma2014 (última visita 28 de noviembre de 2014).

combina la representación proporcional con mayoritaria, tanto en el ámbito federal como estatal.

La principal singularidad del modelo es la existencia de una rama electoral enorme y poderosamente financiada, que probablemente no tiene par en el derecho comparado. Su primer brazo o nivel es administrativo: desde 1990 a 2014 fue el Instituto Federal Electoral, el cual fue reemplazado en la última reforma por el Instituto Nacional Electoral (INE). El IFE/INE no solo supervisa la regularidad de las elecciones, sino que aplica también un extenso sistema de reglas que disciplina la actividad y las finanzas de los partidos permanentemente (no solo en tiempo de elecciones). El segundo brazo o nivel es jurisdiccional: está conformado por el Tribunal Electoral del Poder Judicial de la Federación (TEPJF), que tiene una sala superior en el distrito federal y cinco salas regionales en cinco regiones del país. Es formalmente parte del poder judicial de la federación, aunque funciona bajo condiciones de autonomía, tiene competencia tanto de control de legalidad como de constitucionalidad, aunque el control abstracto de la constitucionalidad de las leyes electorales (leyes electorales en sentido formal) está en manos de la Suprema Corte. Lo sorprendente es que estas instituciones son solo para el derecho electoral federal; cada estado (y el distrito federal) tiene su propia rama electoral de dos niveles, y emplea personal, edificios y otros medios materiales (aunque alguna no está permanentemente en funciones).

Se ha dicho que la cantidad de recursos destinada a la rama electoral era necesaria para dar fundamentos a la democracia en un país marcado por décadas de elecciones contaminadas. Durante dos décadas, el IFE logró un grado notable de prestigio y confiabilidad, hasta que recientemente los poderes encargados de nombrar a sus consejeros retrasaron el cumplimiento de esa responsabilidad y provocaron un cierto decaimiento de la institución. En la reforma de 2014, en lo que fue interpretado como una discutible negociación "en paquete" entre partidos políticos para que se aprobaran las polémicas reformas en la constitución económica, el IFE fue sorpresivamente reemplazado por el INE, y sus consejeros cambiados. La idea de la reforma parece que era otorgar al INE las funciones de las autoridades electorales estatales y eliminar estas, economizando recursos y reforzando a la autoridad electoral frente a los gobernadores. Al final, esta desaparición no se concretó, pero el sistema actual es claramente más centralizado que el anterior.[37]

5. DERECHOS FUNDAMENTALES

El ámbito de los derechos ha sufrido cambios profundos en los años recientes. Pero son cambios que llegaron muy tarde, comparados con los que han afectado a otras partes de la Constitución (y en el contexto regional). Debemos referirnos a tres grandes rubros: el catálogo de derechos protegidos, los principios sobre identificación, interpretación y aplicación de derechos y la regulación de las garantías de los derechos.

Aunque la Constitución de 1917 se convirtió en una pionera mundial cuando incorporó por vez primera los derechos sociales, el catálogo de derechos fue puesto al día solo de manera muy lenta. Durante los últimos quince años, hubo continuas adiciones individualizadas: los derechos de las personas y comunidades y pueblos indígenas, a quienes el artículo 2 de la Constitución considera oficialmente fundamentos de la nación y titulares tanto de derechos de autonomía como de derechos de reconocimiento y acomodación; el derecho de acceso a la información gubernamental, que ha impulsado la fuerte agenda de transparencia al menos en el ámbito formal; la ampliación de las garantías de igualdad, aunque sin llegar a incorporar una

---

[37] Las instituciones estatales han sido conservadas, pero ahora organizan las elecciones estatales en coordinación (y bajo supervisión) del INE, que nombra a sus consejeros. El INE ha perdido competencias disciplinarias a manos de su superior, el Tribunal Electoral del Poder Judicial de la Federación (TEPJF), y este último puede ahora atraer jurisdicción para supervisar la regularidad de las elecciones estatales en algunos casos.

cláusula de "igualdad material"; el refuerzo de debido proceso y el reconocimiento de los derechos de las víctimas; el derecho a la salud, a la alimentación, al agua, al medio ambiente sano, a la cultura o a la práctica del deporte; el reconocimiento de derechos especiales a los niños; el aumento en la cobertura temporal de la educación pública gratuita, entre otros.[38] No obstante este largo catálogo declarado en el papel, la constitución de los derechos permaneció dormida estas décadas pasadas. En una fecha tan tardía como 2005, se detectaba una ausencia casi total de litigio basado en derechos. No había uso del derecho internacional de los derechos humanos; no había litigio de interés público; había compañías que hacían uso del amparo para proteger reclamos económicos; no había litigios colectivos (ni siquiera después de que una reforma de 2010 los mencionara en la Constitución); las comisiones de derechos humanos creadas en 1988 no marcaban la diferencia; el control abstracto raramente era usado en defensa de los derechos, etc. La desmovilizada sociedad civil mexicana no estaba usando la Constitución para reivindicar, dentro o fuera de las cortes, niveles decentes de protección de derechos.

En 2011 se dio un gran paso adelante con una reforma al artículo 1 de la Constitución que otorga rango constitucional a todos los derechos humanos protegidos en los tratados al tiempo que insta a todas las autoridades a promoverlos, respetarlos, protegerlos y garantizarlos, reparando adecuadamente las violaciones que se produzcan y teniendo la obligación de interpretarlos *pro personae*. Como ha sido señalado, esta reforma constituye un "cambio de paradigma"[39] y marca un tránsito

---

[38] Véase Pou Giménez, "Las reformas en materia de derechos fundamentales", en Casar y Marván, *supra* nota 3, para un análisis de las reformas constitucionales sobre derechos aprobadas en el periodo 1997-2012, y un análisis detallado de tres de las indudablemente más importantes: las referidas a derechos humanos, transparencia y proceso penal.

[39] Miguel Carbonell y Pedro Salazar, *La reforma constitucional en materia de derechos humanos: un nuevo paradigma* (2011).

de la reforma "al por menor" a la reforma "al por mayor" en el ámbito de los derechos.[40] Como ya he mencionado, la reforma de derechos humanos fue acompañada por otra sobre amparo, que suaviza algunas de las barreras tradicionales, pero está muy lejos de emprender el tipo de remodelación radical que hubiera sido necesaria para efectuar un cambio real en las condiciones de acceso a la justicia.[41]

Junto con la concurrente admisión del control difuso de constitucionalidad y los nuevos criterios de la Suprema Corte sobre las relaciones entre derecho nacional y derecho internacional de los derechos humanos —recientemente modificados, sin embargo, para disminuir el potencial del principio *pro personae*—,[42] no hay duda de que la constitución mexicana de los derechos empezará a moverse de modo distinto. Hoy día, la Constitución incluye herramientas de argumentación "de última generación", incluido un reconocimiento de las categorías del derecho internacional de los derechos humanos de modo más explícito que el texto regional promedio. Los hechos de los pasados dos o tres años evidencian el potencial dinamizador de las nuevas provisiones. No hay que soslayar, sin embargo, que como referiré más adelante, la Constitución conserva contenidos que están en total tensión con las nuevas adquisiciones.

---

[40] Pou Giménez, *supra* nota 38, p. 112.

[41] La reforma suaviza las condiciones necesarias para reconocer a las personas legitimación activa, permite explícitamente elevar reclamos de afectación colectiva, admite el *amparo* contra ciertos agentes privados que desempeñan funciones públicas, redefine el tipo de afectaciones de derechos que pueden ser denunciadas y abre una puerta a la invalidación *erga omnes* de normas generales violadoras de derechos cuando se cumplen ciertas condiciones. Pero la regulación del procedimiento y, en general, la terminología, el estilo y la estructura de la Ley de Amparo continúa siendo muy confusa, incomprensible para el ciudadano medio. Véase Eduardo Ferrer MacGregor y Rubén Sánchez Gil, *El nuevo juicio de amparo: guía de la reforma constitucional y la nueva Ley de Amparo* (2014), quienes proporcionan una descripción exhaustiva de las novedades, y Francisca Pou Giménez, *supra* nota 29, donde resaltó la modestia de los cambios desde la perspectiva de una protección efectiva de los derechos.

[42] Véase Suprema Corte de Justicia de la Nación, Contradicción de tesis 293/2011.

6. *LA CONSTITUCIÓN ECONÓMICA*

A principios de 2013, durante el primer año de la presidencia de Enrique Peña Nieto, un conjunto de reformas constitucionales alteraron de manera muy importante la constitución económica, esto es, la parte con incidencia central en la regulación de la producción y el intercambio en el mercado, que había permanecido muchos años inalterada. La reforma afectó tres grandes ámbitos: energía, telecomunicaciones y competencia económica.

Como es sabido, el texto original de 1917 estaba caracterizado por una muy marcada impronta estatista en la concepción de la actividad económica y el tratamiento de los derechos de propiedad. El artículo 27 establecía en sus términos originales que toda la propiedad era titularidad originaria del Estado y reconocía a las comunidades campesinas (llamadas "ejidos") título colectivo a la tierra, en congruencia con el resultado de una Revolución mexicana que había sido librada en gran parte sobre la agenda central de la redistribución de tierras. La poderosa prevalencia del Estado sobre el mercado fue confirmada por dos episodios cruciales: la expropiación petrolera decretada en la década de 1940 y la nacionalización de la banca acometida en 1981.[43]

La primera alteración a este estado de cosas se produjo en la presidencia de Miguel de la Madrid y, con mayor alcance, en la de Carlos Salinas de Gortari. De la Madrid deseaba dar previsibilidad y definición a los contornos de la acción estatal sobre la economía y a tal efecto reformó los artículos 25, 26, 27, 28 y 73, aunque la idea de "rectoría económica del Estado" permaneció firmemente anclada en la letra de la Constitución.

---

[43] Véase Carlos Elizondo Mayer-Serra, "¿Una nueva constitución en 2013? El capítulo económico", 31 *Cuestiones Constitucionales* 29 (2014). En este apartado sigo a grandes rasgos el análisis y la narrativa de este autor en cuanto a la evolución de las relaciones entre el Estado y el mercado en la Constitución mexicana.

Los cambios de Salinas fueron más radicales y afectaron a aspectos nucleares del pacto constitucional original: desestatizaron el sector bancario, dieron autonomía al Banco de México y —más consecuencialmente— crearon los tribunales agrarios, pusieron fin al reparto agrario y otorgaron títulos de propiedad a los integrantes de los *ejidos*, quienes podían ahora vender la tierra, explotarla con otros o transferirla como capital a sociedades. Salinas también fue un adalid del libre comercio y firmó el TLCAN (Tratado de Libre Comercio de América del Norte), aunque ello no requirió tocar la Constitución.

Después de esto, incluso durante los años críticos del "efecto Tequila" —y con excepción de una pequeña reforma constitucional durante Zedillo que eliminó la exclusividad estatal sobre el ferrocarril y satélites— la constitución económica permaneció intocada. Se hablaba mucho, sin embargo, de la necesidad de emprender "reformas estructurales" destinadas a impulsar la competitividad del país en el escenario global. Con todo y la cantidad de modificaciones a la carta magna que los partidos políticos mexicanos se habían mostrado felices de aprobar, claramente eran reacios a emprenderlas en otras áreas. Aparentemente, Peña Nieto llegó a la presidencia con esa prioridad en mente y armó un foro de alto nivel —llamado Pacto por México—, donde negoció con las cúpulas de los otros partidos grandes y del que salió una lista extensa y calendarizada de reformas. Estas reformas, aprobadas en solo un año (2013-2014) son de gran alcance, pero no es claro qué mensaje dan en el plano de las relaciones entre Estado y mercado. La reforma energética, de lejos la más controvertida porque afecta a los recursos petroleros que constituyen la parte del león del presupuesto mexicano, permite la participación del capital privado en las actividades de exploración y explotación, aunque mediante contratos que se supone deben asegurar al Estado la obtención de una justa retribución económica. Las reformas en el ámbito de las telecomunicaciones y la competencia económica, por el contrario, están al menos en parte orientadas a contener la excesiva presencia o influencia del poder económico privado. Como subraya Elizondo, el hecho de que estas reformas fueran producto de profundas negociaciones e intercambios políticos en el contexto del Pacto por México (donde fueron discutidas en paquete junto con la reforma electoral, la de transparencia y la reforma política) ha ocasionado que fueran aprobadas con contornos altamente desdibujados; la concreción de muchas nociones y previsiones controvertidas fue dejada para las leyes de desarrollo, ahora bajo discusión en el Congreso.[44]

C. Una evaluación basada en el contenido

El panorama que hemos recorrido en la sección anterior, aunque rápido y necesariamente sintético, nos da alguna base preliminar para encarar algunas de las cuestiones de contenido que frecuentemente articulan el debate sobre el constitucionalismo latinoamericano. ¿Cómo es, después de su larga trayectoria reformista, el constitucionalismo mexicano contemporáneo? ¿Participa de los rasgos que los autores han identificado como rasgos comunes del constitucionalismo latinoamericano? ¿Dónde se situaría México, si distinguimos entre modelos fundamentalmente liberales y modelos más radicales? ¿Cuáles son los rasgos más llamativos del constitucionalismo mexicano contemporáneo como marco para la vida social y política del país?

En un análisis preliminar, México demuestra compartir la mayoría de los rasgos comunes del constitucionalismo latinoamericano.[45] Así, el país disfruta ahora de un catálogo de derechos extenso, que incluye derechos de última generación y un reconocimiento explícito de los vínculos con el derecho internacional de los derechos humanos. La parte sustantiva de la Constitución incorpora el reconocimiento de la diversidad

[44] *Ibid.*, 42.
[45] Me apoyo en el catálogo de Uprimny sobre rasgos constitucionales regionales comunes, *supra* nota 2.

cultural como un elemento definidor central de la comunidad política. Hay vías específicas para la garantía de los derechos, tanto judiciales como extrajudiciales (comisiones de derechos humanos), incluido un juicio de amparo, no suficientemente rediseñado, en cualquier caso, para asegurar protección efectiva. Por encima de un esquema federal, el país tiene un sistema de control de constitucionalidad híbrido —otro punto común regional— y un sistema de autogobierno judicial bajo la batuta de un consejo de la judicatura, como la mayor parte de sus vecinos. También participa de la tendencia regional marcada por la "reforma judicial", que ha llevado a la transformación de los sistemas penales bajo los parámetros propios del sistema acusatorio. Se ha conservado un sistema presidencialista, como en toda América Latina, en cuyo contexto el ejecutivo interactúa con un parlamento federal bicameral en los términos de un sistema con numerosos frenos y contrapesos. El ejecutivo no es particularmente poderoso, pero tampoco lo es el Congreso, diseñado para actuar con parsimonia, aunque ha encontrado incentivos suficientes para reformar rápida y continuamente la Constitución.

Los mecanismos de democracia directa son, sin embargo, distintivamente tímidos: la Constitución incorpora ahora una versión de consulta popular y de iniciativa legislativa popular, pero en términos muy restrictivos (lo mismo puede decirse de las candidaturas independientes). Hay, por otra parte, un énfasis en las cuestiones electorales que no encontramos en otros lados, que se ha traducido en el establecimiento de una costosa estructura administrativa y judicial dedicada a dar confiabilidad a las elecciones y controlar a los partidos. En el capítulo económico, la huella de la Revolución mexicana todavía es textualmente detectable, pero el mensaje de las reformas de 2013-2014 habla de un país centralmente preocupado por asegurar las condiciones necesarias para el fluido proceder de las transacciones capitalistas en el mercado. La multiplicación de las agencias independientes ha retirado de la política mayoritaria extensas áreas sustantivas, relacionadas no solo con lo económico, sino también con los derechos fundamentales, como la educación (donde actúa el organismo autónomo llamado Instituto Nacional para la Evaluación de la Educación), la libertad de expresión y el derecho a la información (ámbito en el que se sitúa la actuación del Instituto Federal de Acceso a la Información Pública), incluso funciones estatales más atípicas, como la investigación y acusación penal.

Visto todo ello, el constitucionalismo mexicano contemporáneo parece, por consiguiente, estar más claramente asociado al que llamamos el modelo liberal que al modelo perfilado por las experiencias inauguradas en la segunda década de 2000 en Bolivia o Ecuador: no hay innovaciones en el diseño de la división de poderes para responder a fuentes de legitimidad política más diversas; existe un explícito reconocimiento del valor de la pluralidad cultural nacional, pero su aterrizaje se deja en manos de las normas inferiores y no reformatea el diseño de las instituciones nacionales; los instrumentos de democracia directa son particularmente débiles; la transparencia tiene un lugar importante en la declaración de derechos y ha llevado al establecimiento de una institución especializada, lo cual es innovador... Pero vista en conjunto, la Constitución mexicana parece continuar albergando simplemente una evolución reconocible de lo que Gargarella llama la "fusión liberal-conservadora" tradicional latinoamericana,[46] en cuyo contexto, en el balance entre componentes mayoritarios y antimayoritarios, hay un énfasis indiscutible en los segundos, dado el refuerzo de la judicatura, la expansión de la declaración de derechos, la integración del país en el sistema interamericano, la multiplicación de agencias

---

[46] Roberto Gargarella, *Los fundamentos legales de la desigualdad: el constitucionalismo en América Latina (1776-1860)* (2005); "Una maquinaria exhausta: constitucionalismo y alienación legal en América", 33 *Isonomía* 7 (2008), p. 19; *La sala de máquinas de la Constitución: dos siglos de constitucionalismo en América Latina (1810-2010)* (2014).

independientes o la aplicación de estrictos esquemas de frenos y contrapesos a extensos ámbitos de la vida política (consulta popular, estado de emergencia, etcétera).

Podríamos profundizar esta evaluación preliminar en varias direcciones, refinando la descripción de ciertas junturas constituciones o evaluándolas desde una u otra perspectiva normativa.[47] Mucho de lo que singulariza la Constitución mexicana no resulta capturado, sin embargo, en un inventario preliminar de contenido, porque es en gran medida independiente de la regulación de una u otra institución particular y está ligado al estilo, estructura, organización textual, terminología e impronta sustantiva del texto cuando lo consideramos como un todo. La Constitución mexicana es en este momento un conjunto muy poco nítido de previsiones: es un texto largo y extremadamente detallado en muchos puntos, no está estructurado adecuadamente, es muy heterogéneo —a veces contradictorio— y es distintivamente complejo desde varias perspectivas. Estos rasgos tienen, a mi juicio, enormes efectos sobre el tipo de marco normativo que provee a la vida política y social; son los rasgos más destacados del "contenido constitucional". Dedicaré entonces el resto de esta sección a identificarlos y comentarlos brevemente.

Primero, la Constitución mexicana es muy larga y regula muchos aspectos con todo lujo de detalle, al estilo de un código (aunque sin la pretensión de exhaustividad y sistematicidad de los viejos códigos), dando forma con gran especificidad a

---

[47] En su contribución a este libro, por ejemplo, Roberto Gargarella evalúa el constitucionalismo americano usando criterios de dos tipos: funcionales y sustantivos. La dimensión funcional de su análisis evalúa el grado de congruencia constitucional de las constituciones americanas, tanto la congruencia interna (el grado con el cual sus secciones o elementos internos o partes trabajan en armonía, reforzando y no frustrando su mutua eficacia) como la congruencia externa (el grado con el cual estas constituciones asumen responsabilidad por los problemas y las realidades que son realmente relevantes en las sociedades sobre las que se proyectan). La dimensión sustantiva de su análisis evalúa qué tan igualitarias son estas constituciones.

los contornos de muchos ámbitos de la política pública y las instituciones.[48] Esto crea una necesidad estructural de seguir reformando —porque esas reglas se vuelven fácilmente anticuadas— y dificulta la actividad interpretativa. Es verdad que muchas de las constituciones contemporáneas son largas —las latinoamericanas entre ellas— y no todo en una constitución de detalle es problemático, pues el detalle puede propiciar la aplicación efectiva y facilita el control de lo que los jueces constitucionales hacen. La combinación de longitud, detalle y otros rasgos que de inmediato identificaremos, sin embargo, hacen pesada y un poco opresiva la Constitución mexicana como documento directamente aplicable y dificulta que los ciudadanos se la "apropien".

Los efectos del detalle son agravados por la severa erosión sufrida por la organización estructural del texto, y las previsiones que uno esperaría encontrar agrupadas —derechos, federalismo, separación de poderes— están esparcidas y mezcladas a lo largo del texto. Además, las reformas de 2013-2014 vinieron acompañadas de una colección de larguísimos artículos transitorios que regulan con todo detalle diseños institucionales y aspectos de política pública en las áreas de energía, telecomunicaciones, administración electoral, supervisión educativa, transparencia y competencia. El estatus normativo de esta constitución transitoria —extensa y codificada— no está nada claro y refuerza la impresión de que quedamos con un documento sorprendente y desafiante desde muchas perspectivas.

La Constitución mexicana también es estilísticamente muy heterogénea: evidencia la huella de varias capas de manufactura constitucional que provienen de momentos temporales muy distintos y reflejan diferentes lógicas constitucionales acerca de cómo escribir una constitución. En el ámbito de los derechos, por

---

[48] La Constitución ha crecido de cerca de 22 000 palabras en 1917 a casi 70 000 en febrero de 2014, sin contar los ahora largos artículos transitorios. Véase Elizondo, *supra* nota 43, y Fix-Fierro, *supra* nota 3.

ejemplo, algunas previsiones son extraordinariamente detalladas —como dije— y otras abstractas; algunos derechos son consagrados en términos negativos (esto es, la Constitución establece lo que las autoridades no pueden hacer) y otros positivamente (mediante una referencia al valor de trasfondo que justifica la formalización y protección de un determinado reclamo); algunos derechos encuentran contrapartida en la división federal del poder (esto es, son tratados como ámbitos competenciales y la Constitución atribuye los poderes normativos y ejecutivos sobre ella a unas u otras autoridades) y otros no, lo cual genera dificultades para reconstruir los significados constitucionales y para articular teorías sólidas de interpretación constitucional.

De modo más relevante, la Constitución mexicana es también muy heterogénea en términos de contenido, porque las reformas no han sido hechas teniendo en cuenta su impacto sobre el cuerpo constitucional preexistente. Por descontado, cuando se trata de constituciones, algún grado de heterogeneidad sustantiva siempre hay, porque una constitución es típicamente el resultado de la transacción política y la negociación. Como ha sido subrayado, hacer una constitución desde cero tampoco asegura la coherencia.[49] Los derechos y valores fundamentales, además, están por naturaleza destinados a entrar en conflicto unos con otros en el contexto de casos específicos: hasta cierto punto, como sabemos, la Constitución de una sociedad pluralista está diseñada para incluir un amplio espectro de valores y principios cuya reconducción última a la unidad queda frecuentemente bajo interrogante. Pero en México el patrón de cambio continuo y fragmentario, fraguado al calor de la coyuntura política e impulsado por políticos que ostensiblemente ven ganancias solo en lo que añaden al texto —y no

---

[49] Véase Tom Ginsburg, *Comparative Constitutional Design* (2012), p. 2, resaltando que, a pesar de todo el énfasis contemporáneo en el diseño constitucional, muchos factores permanecen operativos en los procesos reales de confección constitucional, la cual propicia heterogeneidad.

en el esfuerzo por sintetizar adiciones, supresiones y cláusulas existentes—, en el seno de una Constitución que deja decididas muchas cosas por sí misma, ha ocasionado un conjunto de contradicciones que causan muchos problemas. Así, la Constitución mexicana contiene en este momento varias previsiones anticonvencionales, como la que niega derechos políticos a las personas procesadas —contra lo dispuesto en el artículo 23 de la Convención Americana y contra el derecho a la presunción de inocencia garantizado en el artículo 20.B.I de la Constitución—,[50] la que permite la detención bajo las autoridades de la Procuraduría por hasta ochenta días en algunos casos,[51] la imposición de sanciones limitativas de libertad por parte de las autoridades administrativas[52] o la regulación de los derechos de las personas extranjeras.[53] Como atestiguan las batallas internas en el seno de la Corte,[54] estas patologías

---

[50]   El artículo 23 de la Convención Americana sobre Derechos Humanos se refiere a la limitación (no negación) del derecho al voto (no de la totalidad del más amplio paquete de derechos políticos a que se refiere la sección II del artículo 38 de la Constitución mexicana), y solo para el caso de personas condenadas (no para aquellas a quienes simplemente se les está siguiendo proceso bajo cierto tipo de acusación, las cuales pueden muy bien haber sido procesadas sin base para ello o incluso con la intención directa de conseguir su expulsión de un proceso político, por ejemplo (dado que el derecho al sufragio pasivo es uno de los derechos políticos afectados por el 38).

[51]   Véase la regulación del llamado *arraigo* (arresto domiciliario) en el artículo 16 de la Constitución mexicana.

[52]   Véase el artículo 21 de la Constitución mexicana, que es contrario a los artículos 1 y 2 del Convenio de la Organización Internacional del Trabajo 29, del artículo 8 de la Convención Americana de Derechos Humanos y del artículo 8.3 del Pacto Internacional de los Derechos Civiles y Políticos (que exceptúa el trabajo comunitario de la noción de 'trabajo forzado' cuando es decretado por un juez después de seguidos los procedimientos debidos.

[53]   Véanse los artículos 8, 9, 11, 31, 32 y 33 de la Constitución mexicana. Es muy difícil articular muchas de estas previsiones —o las previsiones sobre mexicanos naturalizados, que tienen sus derechos claramente limitados en comparación con los ciudadanos por nacimiento— con las previsiones convencionales relevantes, incluso con la letra o el espíritu de otras previsiones de la Constitución.

[54]   Véase Fernando Silva García, "Derechos humanos y restricciones constitucio-

han complicado enormemente la tarea de esclarecer la articulación entre fuentes internas y externas de derecho —a las que el artículo 1 explícitamente considera de la misma jerarquía en el ámbito de los derechos— y han obstruido el progreso hacia formas de razonamiento constitucional más sustantivo, que era uno de los objetivos torales de la reforma de derechos humanos de 2011. Los primeros años de la nueva Constitución mexicana de los derechos han quedado hipotecados por la cantidad de discurso técnico producido en el intento de tratar de manejar los problemas de inconsistencia interna de la Constitución.[55]

Una constitución compleja, frecuentemente oscura y, a veces, incoherente es una constitución que pone obstáculos a su propia aplicación. Si las constituciones han de operar en alguna medida como artefactos coordinadores capaces de generar un grado considerable de autocumplimiento,[56] el texto mexicano resulta entonces problemático. Un lector de buena fe, incluso el que tenga familiaridad con la terminología legalista, tendrá dificultades para esclarecer muchísimos de sus puntos. Y los políticos y funcionarios públicos que estén genuinamente interesados en su estricta observancia enfrentarán el mismo tipo de dificultades. Es verdad que la durabilidad de la Constitución de 1917 en sus cambiantes versiones quizá no pueda explicarse sin presuponer que existe una lealtad básica a un conjunto de

---

nales: ¿reforma constitucional del futuro *vs.* interpretación constitucional del pasado? (Comentario a la CT 293/2011 del pleno de la SCJN)", 30 *Cuestiones Constitucionales* 251 (2014); Rubén Sánchez Gil, 21 *Revista Iberoamericana de Derecho Procesal Constitucional* 333 (2014).

[55] La Constitución mexicana sería entonces inconsistente en el sentido de Gargarella (véase el capítulo suyo incluido en este libro), porque hay claros problemas de articulación práctica entre la parte sustantiva de la Constitución y la manera en que regula la "sala de máquinas", y en el sentido más fuerte de contener contradicciones internas dentro de cada una de las partes estructurales de la Constitución.

[56] Véase, por ejemplo, Russell Hardin, "Why a Constitution?", *The Federalist Papers and The New Institutionalism* (Bernard Groffman y Donald Wittman eds., 1989).

acuerdos identificables; en este sentido, la Constitución habría sido en un grado no desestimable "autoaplicativa", a la vista de la cantidad de grupos políticos y sociales que podrían haber forzado su reemplazo. Pero si esto ha podido ser así, lo ha sido porque la constitución que estaba siendo "aplicada" en tal sentido no es la constitución en su verdadero y detallado contenido. Una vez pasa uno de una concepción política de la Constitución a una concepción normativa, en cuyo ámbito el texto está destinado a ser cotidianamente aplicado, disciplinando las relaciones entre ciudadanos y poderes públicos —y no solo las relaciones entre y en el interior de los poderes públicos—, el contenido importa, y la complejidad del contenido importa cada vez más.

Una consecuencia ulterior de este tipo de rasgos de contenido afecta el papel que desempeñan los jueces en la administración cotidiana de la Constitución. Será el poder judicial, y en particular la Suprema Corte, el actor reiteradamente llamado a otorgar algún tipo de coherencia al complejísimo "todo" constitucional. Será entonces particularmente importante asegurar que la adjudicación constitucional se desarrolla dentro de una arquitectura institucional y procedimental que equilibre adecuadamente el papel del juez constitucional dentro del sistema.[57] En cualquier caso, es importante ver que la complejidad interna de la Constitución hace más difícil llevar a cabo una supervisión significativa de ejercicios de interpretación y aplicación que se desarrollan dentro de tan amplios márgenes. La Constitución provee ahora a los ciudadanos nuevas herramientas para argumentar casi todo lo que deseen y —como mencioné— pueden finalmente desencadenar dinámicas que han sido indebidamente débiles en México en las décadas pasadas. Pero por las mismas razones puede acabar siendo muy difícil mostrar que la respuesta que los jueces den a los ciudadanos sobre la base

---

[57] Véase Roberto Gargarella, *Por una justicia dialógica: el poder judicial como promotor de la deliberación democrática* (2014).

de la Constitución es arbitraria o infundada: la variedad y disparidad de previsiones constitucionales da un margen amplio a los jueces para escoger confortablemente los argumentos que necesitan o prefieren en cada caso, lo cual en algunas ocasiones se llama *judicial cherry-picking*.

D. UNA EVALUACIÓN BASADA EN EL PROCESO

Una segunda fuente de evaluación se enfoca en la génesis de las constituciones, esto es, en el tipo de proceso (composición del cuerpo decisorio, dinámica deliberativa, reglas de votación, etc.) del que deriva, ponderando su calidad desde la perspectiva de la inclusión política y social y la corrección procedimental. Algunos autores han sugerido que a mediano y largo plazo el contenido específico del texto es menos relevante para el "éxito" de la Constitución que el que sea producto de un momento constituyente desarrollado en términos que permitan a los grupos políticos y sociales más relevantes percibir la Constitución como algo "propio": como un emprendimiento colectivo del que se sienten participantes y que desemboca en una serie de reglas básicas de convivencia de las que se sienten coautores.[58] En el caso mexicano, tendríamos que evaluar por consiguiente el tipo

---

[58] Véase Oscar Vilhena Vieira et al., "Resiliência constitucional: compromisso maximizador, consensualismo político e desenvolvimento gradual" (manuscrito en poder de la autora), quienes señalan que la génesis negociada e inclusive de la Constitución brasileña ha sido clave para su éxito como marco general capaz de vehicular sucesión normal de proyectos políticos notablemente distintos; James Blount, Zachary Elkins y Tom Ginsburg, "Does the Process of Constitution-Making Matter?", en *Comparative Constitutional Design* (Tom Ginsburg ed., 2011), pp. 31-59, recomiendan precaución y destacan que muchas hipótesis sobre las relaciones entre procedimientos y resultados continúan pendientes de contraste empírico, al tiempo que revisa la literatura especializada sobre los supuestos efectos de la participación de personas y grupos en los procesos constituyentes. Para mayor exploración en esa dirección, véase Stefan Voigt, "The Consequences of Popular Participation in Constitutional Choice: Towards a Comparative Analysis", en *Deliberation and Decision* (Anne van Aaken et al. eds., 2003) y Justin Blount, "Participation in Constitutional

de momento constituyente del que emerge la Constitución y el tipo proceso por el cual las reformas constitucionales toman vida. Desde esta perspectiva, las cosas parecen, de nuevo, subóptimas. Por un lado, la asamblea constituyente originaria donde se adoptó el texto vigente queda ahora en el pasado lejano. No hay mucho en común entre la comunidad política representada en Querétaro y la sociedad mexicana contemporánea. Aunque la asamblea de 1917 —inicialmente convocada para reformar la Constitución de 1857— estuvo articulada en torno a reclamos sociales muy relevantes, muchos otros que ahora son centrales no fueron, obviamente, enfrentados. La textura representativa de la asamblea constituyente —integrada por 219 hombres—[59] es desde luego del todo insatisfactoria cuando la contemplamos desde estándares actuales. Y aunque los programas educativos aseguran que los niños mexicanos estén socializados en la familiaridad con ciertos mitos nacionales, el sentido de continuidad política que pueda permanecer no está basado en lo que la Constitución de hecho dice, entre otras cosas porque ha cambiado demasiado y la gente no es consciente de su contenido; como máximo apela a un documento que —como he mencionado— ha sido históricamente importante en un sentido distinto del sentido primario que tienen hoy día las constituciones entendidas como documentos vinculantes y directamente aplicables.

Por otro lado, como se desprende de la existencia de una cantidad tan grande de reformas, la reforma constitucional en México es una incidencia más de la política ordinaria. Ello puede resultar sorprendente si uno considera la fórmula de reforma, que exige el apoyo de dos tercios de los miembros presentes en cada cámara del Congreso y ratificación de la mayoría (la mitad)

Design", en *Comparative Constitutional Law* (Tom Ginsburg y Rosalind Dixon eds., 2011), pp. 112-114.

[59] Salomón Díaz Alfaro, "La composición del Congreso Constituyente de Querétaro de 1917", en *El constitucionalismo en las postrimerías del siglo XX: la Constitución mexicana 70 años después* (1998), p. 219.

de las 31 legislaturas estatales.[60] Como se ha destacado, sin embargo, para dar cuenta de la rigidez real de una constitución hay que tomar en cuenta no solo el número de "jugadores" que deben intervenir y la dimensión de las mayorías que se exigen respecto de la votación, sino elementos adicionales, como la organización temporal del proceso (si las instituciones intervinientes deben actuar en momentos temporales específicos o no, si las rondas de votación deben ser múltiples...), la necesidad o no de convocar referendos o el tipo de sistema de partidos que impera. A ello podemos añadir el conjunto de incentivos estructurales que existan para reformar.[61] En México, incluso si el tamaño de las mayorías exigidas no es trivial, no es necesario aprobar las reformas en dos legislaturas consecutivas, no hay "jugadores" distintos de los actores políticos ordinarios ni necesidad de someterlas a consulta popular. La fórmula convierte entonces la manufactura constitucional en algo extremadamente

---

[60] Artículo 135 de la Constitución mexicana. La fórmula mexicana es "talla única" (no establece procedimientos distintos para alternaciones centrales frente a alteraciones más rutinarias) y es lacónica, dejando en la indeterminación, sin regular, asuntos, como quién puede presentar iniciativas de reforma, qué tipo de debate parlamentario debe producirse antes de proceder a votar para eventualmente alcanzar los dos tercios o qué tipo de proceso cuenta como un proceso de "ratificación" en las legislaturas estatales. Como ya destaqué, la ciudad de México —por no ser técnicamente un "estado"— no participa en el procedimiento de ratificación (peculiaridad que cambiará con la reforma política proyectada para 2015-2016). La Constitución no contiene artículos irreformables.

[61] Véase Donald Lutz, "Toward a Theory of Constitutional Amendment", en *Responding to Imperfection* (Sanford Levinson ed., 1995), quien sistematiza las posibles variantes en el diseño del proceso de reforma, confecciona un "índice de rigidez" y da a México un registro de 2,55, siendo el más alto 5,6 para el caso de la antigua Yugoslavia y el más bajo 0,80 para el de Austria. Véase también Víctor Ferreres Comella, "Una defensa de la rigidez constitucional", 23 *Doxa* 29 (2000), quien subraya que la rigidez real deriva de la combinación de seis factores: federalismo, tipo de mayoría o supermayoría que se requiere, obligatoriedad o no de llamar a referendo, sistema de partidos (y grado de disciplina partidaria que impera), presencia o ausencia de factores históricos que pueden hacer que la alteración de ciertos puntos sea tabú, y grado de conservadurismo de la cultura política prevaleciente.

cercano a la manufactura legal ordinaria, tanto más porque el artículo 135 deja sin regular los detalles de procedimiento, lo cual ha desembocado en una práctica de aplicación analógica de la regulación del proceso legislativo ordinario. Los patrones de elaboración de las reformas constitucionales son, en resumen, muy distantes de lo que Ackerman llama "política constitucional" en oposición a la "política ordinaria", proceso distintivo singularizado por sus altos niveles de inclusión, participación, deliberación y un especial espíritu de motivación por los asuntos públicos.[62] Reformar la Constitución es legislar por (apenas) otros medios. Las reformas constitucionales son, por ejemplo, tan fácilmente objeto de *lobby* político como la legislación ordinaria, y a veces la opinión pública "descubre" determinada reforma cuando ya ha sido aprobada. De tanto en tanto, algunos cambios adquieren un perfil más alto, pero justo del mismo modo que algunos proyectos legislativos generan más debate de vez en cuando. Por supuesto que podríamos considerar que todo esto es una ventaja en términos democráticos: las generaciones presentes tendrían en México la Constitución más en sus manos que lo que suele ocurrir, y existiría, por consiguiente, menos tiranía del pasado sobre el presente. Por las mismas razones, sin embargo, el presente, cuyas decisiones constriñen (en alguna medida) el futuro, no lo hace sobre la base de razones o procedimientos particularmente valiosos. Parece haber poca base, en definitiva, para reconocer credenciales democráticas especiales a las reformas por motivos de pedigrí. Quizá no hay nada intrínsecamente malo en tener constitucionalismo por medios ordinarios, pero si el sistema político ordinario opera menos que aceptablemente —como se puede argumentar que ocurre en México—, no hay motivos para albergar esperanzas respecto de una eventual textura democrática especial de la Constitución.

---

[62] Véase Bruce Ackerman, *We the People* (1993).

La dinámica *fast-track* en el ámbito del cambio constitucional queda aún más reforzada por el hecho de que la Corte ha ido cerrando puerta tras puerta al control judicial de constitucionalidad de las reformas. Quizá paradójicamente en un país que vive bajo el signo del cambio frenético, la Suprema Corte ha rechazado tanto el control sustantivo como procedimental de regularidad en todas las vías procesales.[63] De nuevo, no es que el control de constitucionalidad de las reformas constitucionales carezca de problemas desde una perspectiva democrática, y más en el contexto de una constitución que no incluye cláusulas pétreas y no otorga explícitamente este poder a la Suprema Corte. El asunto aquí es simplemente hacer hincapié en que la ausencia del tipo de interacción más compleja entre cortes y legisladores que esta clase de control judicial sin duda propiciaría refuerza una dinámica de constitucionalismo desbocado.

E. Una evaluación basada en la frecuencia

Como Elkins, Melton y Ginsburg subrayan en su trabajo sobre durabilidad constitucional, una manera productiva de anali-

---

[63] En un caso de 2002 (CC 82/2001, interpuesta por un municipio de Oaxaca), la Corte dijo que, al resolver las controversias constitucionales, ella no podía revisar ni la regularidad sustantiva ni la procedimental de las reformas a la Constitución. Por lo que se refiere a las acciones de inconstitucionalidad (control abstracto), la Corte dijo en las AAII 168/2007 y 169/2007 (falladas en 2008) que la regularidad procedimental de las reformas constitucionales no podía ser revisada en esa vía procesal. Por lo que hace al amparo, la Corte dijo en las sentencias Camacho Solís (AARR 2996/96 y 1334/98) que la regularidad procedimental podía ser revisada, aunque no detectó la existencia de ninguna en el caso analizado. Pero cuando abordó la saga del llamado *amparo de los intelectuales*, en cuyo contexto un grupo de líderes de opinión argumentaba que las previsiones constitucionales sobre financiamiento de las campañas políticas, recientemente incorporadas por una reforma constitucional, violaban su libertad de expresión, cambió de criterio: en unos primeros casos (AARR 186/2008, 552/2008) dijo que los argumentos que denunciaban defectos procedimentales y sustantivos no eran "evidentemente inadmisibles", pero finalmente, en un momento posterior, acabó decretando que no pueden ser examinadas (AR 488/2010).

zar el constitucionalismo consiste en enfocarse a analizar si la Constitución ha cambiado mucho, muy poco, insuficientemente, excesivamente o, si pudiéramos llegar a determinarlo, justo en el grado óptimo. Desde esta perspectiva, se ponderan los efectos del cambio o no cambio *per se*, más allá de lo que pueda ser dicho de los méritos del texto constitucional resultante por su contenido o por el valor del procedimiento usado para aprobarlo. Como subrayan estos autores, la durabilidad, estabilidad o permanencia de la Constitución, esto es, su grado de rigidez efectiva, puede asociarse a elementos positivos, como el desarrollo de hábitos de obediencia, el refuerzo de los efectos del precompromiso en las autoridades públicas (pues parece aumentar el grado en que se ven en efecto constreñidas por reglas que están puestas para limitarlos); la posibilidad de gestionar con mayor efectividad los tiempos y los procesos de la política; el desarrollo de instituciones auxiliares que ayudan a cumplir los mandatos constitucionales (algo imposible si la Constitución está cambiando todo el tiempo); el progresivo desarrollo del sentimiento de pertenencia a un *demos* articulado en torno al texto constitucional; el incremento de la previsibilidad, que puede favorecer el desarrollo económico, o los beneficios asociados a tener una "división del trabajo" que empodera a las mayorías políticas del presente al liberarlas de la necesidad de encarar algunos asuntos, que la Constitución presenta como predecididas en el pasado.[64] La estabilidad constitucional, sin embargo, puede ser asociada también a inconvenientes, como una más débil representación de las preocupaciones y los intereses de los ciudadanos del presente, menores posibilidades para la participación política en términos intensos o menos posibilidades de deshacerse de instituciones subóptimas que pueden perpetuarse en el sistema exclusivamente por razones de inercia.

---

[64] Véase Zachary Elkins, Tom Ginsburg y James Melton, *The Endurance of National Constitutions* (2009), pp. 12-35; Tom Ginsburg, "Constitutional Endurance", en Ginsburg y Dixon, *supra* nota 58, pp. 112-114.

¿Qué hay por decir, desde esta perspectiva de análisis, del reformismo constitucional mexicano? ¿Deberíamos subrayar la cara pasiva, conservacionista, de una constitución que ha sido masivamente reformada pero no ha desaparecido, y los beneficios de la estabilidad y la permanencia constitucional? ¿Deberíamos encomiar un texto que ha dado apoyo a la vida política durante más de un siglo y que ha acompañado/canalizado un proceso de progresiva democratización a lo largo de más de veinticinco años? ¿O deberíamos resaltar la dimensión innovadora de la reforma y destacar que el texto constitucional mexicano ha sobrevivido solo a través de la reforma permanente, subrayando entonces las desventajas de la inestabilidad? ¿Ilustra el escenario mexicano una combinación óptima de cambio y permanencia? ¿Qué relación hay entre el reformismo y las realidades políticas y sociales que prevalecen en México?

A mi juicio, y dejando de lado el efecto problemático nuclear del cambio permanente al que ya me he referido; esto es, su haber desembocado en un texto con un contenido demasiado complejo e incoherente, el patrón mexicano de cambio gradual, fragmentario e incesante no da motivos de alabanza. Ciertamente no podemos apoyarnos en contrafácticos —quizá las cosas hubieran ido peor todavía si el país hubiera experimentado reemplazos frecuentes de la Constitución en lugar de simplemente reformas—, y nada en el contexto de este escrito podría metodológicamente proveernos algo cercano a un conjunto de explicaciones causales. Pero dentro de los límites de este descargo de responsabilidad, hay varios rasgos en el escenario mexicano contemporáneo, cuyo grado de conexión con patrones de inestabilidad constitucional deberían ser —a mi juicio— más extensamente explorados.

En primer lugar, el cambio continuo podría no estar disociado de la generalizada falta de familiaridad con el contenido de la Constitución que prevalece, en estos momentos, entre los ciudadanos, incluso entre las audiencias especializadas. Me parece en verdad muy difícil contar hoy a la Constitución entre los elementos que crean comunidad entre los mexicanos, y si permanece algún sentido de identificación colectiva con ella, no es ciertamente con sus contenidos actuales. Por otro lado, la imposibilidad de conservar registro mental de todo lo que va ocurriendo en cualquier momento, en el ámbito de la manufactura constitucional, inhibe la deliberación y la crítica pública tanto antes como después de que las reformas se aprueben, dado que para ese momento los profesores, los medios de comunicación y la gente en general están ya distraídos por las nuevas reformas por aprobarse o recién aprobadas. De este modo, la no interrupción de la dinámica de reforma contribuye de manera efectiva a blindar de crítica la acción política. Y también debilita —a mi juicio— la efectividad y calidad del control de constitucionalidad, pues los jueces tienen pocos incentivos y poca energía para desarrollar doctrinas sofisticadas y robustas sobre el significado de una u otra previsión en particular si la experiencia les enseña que esta puede quedarse en la Constitución por corto tiempo o si saben que el "todo" dentro del cual deben darle coherencia sufrirá alteraciones continuas. Por las mismas razones, el análisis académico se vuelve más delgado o liviano de lo usual: no tiene sentido profundizar en puntos jurídicos específicos si uno cree que serán pronto sustituidos por reglas o instituciones distintas, haciendo menos atractiva o totalmente fuera de lugar la publicación y discusión de la investigación desarrollada sobre su base.

En segundo lugar, el patrón constitucional ha debilitado —a mi juicio— la lógica del precompromiso y ha hecho poco por ayudar a instaurar el Estado de derecho y el constitucionalismo entendido como un sistema de gobierno limitado. En México, ha sido demasiado fácil para las autoridades evitar la aplicación del entramado normativo diseñado y pensado para limitar sus acciones. La gran cantidad de reformas en el área de los derechos fundamentales aprobadas en los tiempos recientes ilustra —a mi juicio— hasta qué punto los políticos han operado dando por descontada una constitución sin "dientes", que no infunde respeto. Así, en un periodo que será tristemente recordado por la vergonzante cantidad de personas asesinadas o desparecidas a manos de actores públicos y privados, los políticos han añadido una inmensa cantidad de derechos a la Constitución, aparentemente para mostrar y pregonar que están haciendo "cosas buenas" para la gente. Esta manera de proceder les ha dado ganancias inmediatas de legitimidad, mientras que los costos, asociados a que los jueces hagan valer esos derechos en contra de sus pretensiones, han sido (correctamente) calculados como bajos y transferibles a los funcionarios y políticos del futuro. Siempre que una u otra previsión constitucional ha demostrado ser episódicamente amenazante, como ocurrió cuando la Suprema Corte declaró el arresto domiciliario de larga duración sin supervisión judicial (llamado en México "arraigo") en 2008, las cúpulas de partidos han encontrado la manera de fraguar las mayorías políticas necesarias para reformar y liberarse preventivamente de ella. La dinámica mexicana de reforma para ilustrar, en ese sentido, un fenómeno que los sociólogos consideran distintivo de los campos jurídicos latinoamericanos y que conecta patrones de producción legal con patrones de ineficacia. García Villegas y Rodríguez Garavito argumentan que el precario arraigo social del sistema político y su falta de hegemonía sobre otros (el espacio de producción, la esfera doméstica…) complica la gestión de los problemas sociales a través de los canales políticos ordinarios y favorece la sobreproducción normativa:

> El déficit de legitimidad, derivado y causado a la vez por la ineficacia instrumental del Estado, se intenta compensar parcialmente con el aumento de la comunicación a través de la producción de discursos y normas legales como respuestas a las demandas sociales de seguridad, justicia social y participación.[65]

---

[65] García Villegas, *supra* nota 4, p. 285, con cita interna a José Eduardo Faria,

El sistema legal queda sobrecargado así con tareas que el sistema político no es capaz de manejar, y las reformas vienen concebidas para legitimar la acción del Estado en áreas movidas por demandas sociales profundas: la eficacia de las normas que se producen es menos importante que su función comunicativa y simbólica.[66]

En tercer lugar, México ha renunciado, aparentemente, a las ventajas de la división del trabajo ínsita en la lógica del constitucionalismo rígido. Debido a que en todo momento todo está por verse, los legisladores no hacen el trabajo legal de detalle necesario para que los nuevos mandatos constitucionales permeen los niveles legales y reglamentarios del modo adecuado. Los fuertes reajustes entre normas superiores e inferiores que resultan necesarios en un país que experimenta rediseño masivo no se han hecho, en parte porque el proceso no ha sido impulsado por políticos y legisladores con la mirada puesta en la arquitectura global resultante.

Finalmente, en las últimas décadas el reformismo ha limitado —a mi juicio— las oportunidades de los mexicanos para expresarse como comunidad política. La distancia con el momento fundacional obstaculiza la identificación con el proyecto constitucional y su autopercepción como ciudadanos que viven bajo un marco común de reglas y valores. La gente hace mucho que no se ha involucrado en el tipo de ejercicio republicano más intenso que se necesita para darse una nueva constitución, renunciando así a los beneficios que vienen de un "regreso a los básicos". Este estado de cosas puede estar mostrando los primeros signos de fisura a finales de 2014, en un momento en

---

Eficacia jurídica e violencia simbólica: o direito como instrumento de transformacao social (1988).

[66] *Ibíd.*, p. 287. Como destacan estos autores, ello no implica que las reformas legales hechas al impulso de motivaciones simbólicas queden siempre en la inoperancia instrumental: significa que es improbable que produzcan los efectos materiales previstos en esas normas o aquellos que fueron mencionados por los políticos como la razón que justificaba su adopción. *Ibíd.*, p. 288.

el que la gente está reaccionando masivamente ante la escandalosa desaparición y asesinato de un grupo de estudiantes en el estado de Guerrero, en los que están involucrados funcionarios estatales y carteles de la droga. La respuesta del presidente Peña Nieto —un programa de diez puntos para "restaurar el Estado de derecho", ocho de las cuales consisten en aprobar reformas legales y constitucionales—[67] confirma, en cualquier caso, el vigor de los automatismos tradicionales: los políticos que hacen uso de las propuestas de reforma para (tratar de) que los ciudadanos no se involucren en los (temidos) caminos de la acción política de alto voltaje.

F. REFLEXIONES FINALES: EL CONSTITUCIONALISMO MEXICANO Y LA FORMA DE LA VIDA DEMOCRÁTICA

El escenario que he perfilado en este capítulo no es reconfortante. Debe ser claro, sin embargo, que la función del análisis no es hacer una contribución a una narrativa global hipercrítica acerca de las (típicamente sesgadas) "miserias latinoamericanas", sino presentar una visión del derecho en un tiempo en el que México está viviendo una crisis particularmente aguda en una extensa cantidad de frentes. La magnitud de los desafíos que el país actualmente confronta medidos desde la perspectiva de lo que parece que sería necesario para erradicar la violencia pública y privada, disminuir los tremendos niveles de desigualdad, mejorar la educación, erradicar la corrupción o avanzar hacia una vida política más incluyente parecen encontrar un reflejo de espejo en los desafíos que plantea su sistema constitucional.

Los problemas que hemos identificado a lo largo del camino podrían muy bien ser, por consiguiente, epifenómenos: los rasgos del constitucionalismo mexicano que hemos identificado

---

[67] Véase http://www.animalpolitico.com/2014/11/pena-nieto-acuerdo-seguridad-comision-anuncio-mensaje-palacio-nacional (última visita 2 de diciembre de 2014).

podían no ser causas sino reflejos o efectos de dinámicas sociales y políticas particularmente complicadas. En este sentido, creo que una descripción implacable de la Constitución y del constitucionalismo que genera puede ser vista como parte de una descripción implacablemente autocrítica de las realidades sociales y políticas con las que está asociada, que posiblemente es necesaria para crear las condiciones necesarias para transformarlas y dejarlas atrás.

Vista desde la perspectiva regional, la Constitución mexicana evidencia una inclinación por las soluciones características del modelo liberal de constitucionalismo, no por las propias de las experiencias posliberales que están en curso en algunas partes de América Latina.[68] Pero como he tratado de resaltar, el texto constitucional mexicano destaca por ser un texto que en estos momentos incluye "un poco de todo", que encarna un conjunto construido en gran medida por superposición: añadiendo elementos de constitucionalismo nuevo sin abandonar en el camino muchas de las normas y estructuras viejas.

La puesta al día constitucional mexicana ha sido extremadamente gradual, pero también frenética e ininterrumpida, lo cual ha conferido una sensación de gran volatilidad a la Constitución, y nuestro análisis ha sugerido de qué manera esto podría estar ligado a las dificultades para desarrollar hábitos de obediencia, instalando en la mente de los políticos la idea de que pueden cambiar en el momento que quieran el marco de reglas establecido con el preciso objetivo de limitar su comportamiento, y patrones de identificación política. La aplicación judicial de las reglas fundantes queda dificultada todavía más por los obstáculos que enfrentamos al querer desentrañar el sentido del texto resultante, que cobija frecuentes incoherencias.

68 Véase Javier Couso Salas, "Las democracias radicales y el 'nuevo constitucionalismo latinoamericano'", en *Derechos humanos: posibilidades teóricas y desafíos prácticos: SELA 2013* (Marisa Iglesias et al., 2014), quien reconstruye y evalúa críticamente sus rasgos principales.

262

El constitucionalismo mexicano representa, además, un patrón de cambio incuestionablemente impulsado "desde arriba", en cuyo contexto han sido las élites políticas las que han decidido qué hacer en cada momento para dar respuesta a los retos políticos urgentes. Aunque en los últimos veinticinco años se ha creado una estructura para la democracia, la vida política democrática cotidiana en México sigue siendo de baja intensidad cuando uno la mira desde la perspectiva sustantiva, desde la perspectiva de la ciudadanía. El frenesí de los políticos por continuar reformando la Constitución sin parar —aun si en parte se explica por la esperable necesidad de poner al día un sistema antiguo— parece haberles dado por mucho tiempo un confortable pretexto para evitar los costos de empezar a aplicarla.

A bien seguro, el constitucionalismo mexicano incluye ahora herramientas que pueden empoderar la ciudadanía a un punto imposible de imaginar hace una década. La nueva constitución de los derechos puede desencadenar nuevas formas de interacción entre ciudadanos o entre ciudadanos, jueces y otras autoridades, que podrían destrabar significativamente las energías sociales y políticas. A día de hoy, sin embargo, si la Constitución mexicana se convertirá, finalmente, en las décadas que tenemos por delante, en el continente de una vida democrática más satisfactoria —o si, por el contrario, como en la imagen jeffersoniana, los ciudadanos concluirán que su chaqueta constitucional les ha quedado pequeña—[69] es algo que todavía está por verse.

---

[69] Thomas Jefferson, "Letter to Samuel Kercheval" [1816], en *The Adams-Jefferson Letters: The Complete Correspondence between Thomas Jefferson and Abigail and John Adams* (Lester J. Cappon ed., 1930), citada en Elkins, Ginsburg y Melton, *supra* nota 64, pp. 16, 25. ("Cuando una sociedad deja de estar en sincronía con sus normas constitucionales, la presión para renegociarlas puede volverse severa. La metáfora de Jefferson sobre el adulto que lleva puesta su chaqueta de niño es apta aquí: cuando una Constitución no se ajusta a su comunidad política, es totalmente apropiado deshacerse de ella para evitar que atrofie el crecimiento de la nación que lleva dentro").

VI. LOS DERECHOS SOCIOECONÓMICOS SIN TRANSFORMACIÓN SOCIAL EN AMÉRICA LATINA: LA TEORIZACIÓN DE LOS TRIBUNALES FAVORABLES A LAS IDEAS MAYORITARIAS EN LA SOCIEDAD

David Landau[1]

Durante las últimas décadas, muchos tribunales latinoamericanos han sido activos a la hora de hacer cumplir los derechos socioeconómicos. Aunque los teóricos tradicionales han tendido a argumentar que esos derechos planteaban problemas irresolubles de legitimidad democrática y capacidad judicial y, por consiguiente, deberían quedar completamente fuera de las constituciones o no permitirse su exigibilidad judicial, las tendencias recientes en derechos humanos internacionales y derecho constitucional comparado han atacado estas conclusiones. En concreto, las tendencias recientes del constitucionalismo

---

[1]   Profesor de Derecho, titular de la cátedra Mason Ladd, y decano asociado para Programas Internacionales, Florida State University; especialista en Derecho Constitucional Comparado.

latinoamericano han puesto bajo presión la visión tradicional de que los derechos socioeconómicos no deberían ser exigibles judicialmente.

Aquí argumento que el cumplimiento de los derechos socioeconómicos en la región plantea una importante paradoja: los tribunales han encontrado formas de hacer los derechos socioeconómicos exigibles ante los tribunales, pero a menudo han tenido efectos transformadores relativamente pequeños en la sociedad. Defiendo que la clave para entender esta paradoja reside en tópicos contemporáneos de la teoría constitucional estadounidense: los tribunales son en gran parte instituciones que refuerzan, más que enfrentar, la posición de la mayoría social. Por consiguiente, han favorecido patrones jurisprudenciales que tienden a reforzar el apoyo recibido por los tribunales de aquellos que son políticamente poderosos. Por ejemplo, los tribunales han favorecido modelos de cumplimiento individualizado de sus decisiones como cuando los demandantes perjudicados (a menudo de clase media) acuden a un tribunal y solicitan una medida judicial individual que les concede un determinado trato u otro beneficio o como cuando aprueban "requerimientos judiciales negativos" mediante los cuales los tribunales anulan los esfuerzos de las ramas políticas del Gobierno encaminados a la imposición de medidas de austeridad para reducir medidas de asistencia social, a menudo disfrutadas por funcionarios y otras personas que gozan de una posición relativamente privilegiada en la sociedad.

El patrón jurisprudencial resultante desempeña funciones que difieren de las hipótesis elaboradas en la mayor parte de la literatura académica. Por ejemplo, cuando se trata de hacer cumplir los derechos socioeconómicos, los tribunales muchas veces reemplazan los órganos burocráticos que defraudan a grandes sectores del público (una función de prestación de servicios).[2]

---

[2]   *Véase infra*, sección C.1.

Además, los tribunales que hacen cumplir los derechos socioeconómicos bloquean a veces medidas que son impopulares, pero que, no obstante, son aprobadas por las ramas políticas del poder, debido a la presión internacional o nacional (una función de principal agente).[3] Por último, los tribunales que hacen cumplir los derechos socioeconómicos ayudan a formar una cultura constitucional al hacer que la Constitución sea relevante de manera directa para las vidas de las personas (una función formadora de cultura constitucional).[4] El modelo de control de constitucionalidad favorable a las mayorías, estudiado en este capítulo, tiene consecuencias importantes para el cumplimiento de los derechos socioeconómicos, además de para otros asuntos. Como es obvio, aquí se sugiere que los que confían en los tribunales para llevar a cabo proyectos de transformación social podrían estar exagerando la posibilidad de que esas instituciones puedan hacerlos. Por otro lado, también sugiere que los tribunales son instituciones potencialmente útiles por una variedad más amplia de razones de lo que se reconoce a menudo.

A. Derechos socioeconómicos y el nuevo constitucionalismo: hacia la exigibilidad judicial

Gran parte de la teoría de los derechos socioeconómicos se concentró en estudiar la problemática sobre su naturaleza y, en especial, su exigibilidad judicial. Según estos teóricos, los derechos socioeconómicos son diferentes de los derechos negativos tradicionales en varias formas. En primer lugar, se piensa que sufren de una "indeterminación radical" porque hay que hacerlos efectivos de múltiples formas.[5] El derecho a la vivienda, por

---

[3] *Véase infra*, sección C.2.

[4] *Véase infra*, sección C.3.

[5] Frank Michelman, "The Constitution, Social Rights, and Liberal Political Justification", 1 *Int'l J. Const. L.* 13 (2003), p. 31 (se refiere al concepto sin

ejemplo, es indeterminado en el sentido de que está poco claro qué clase de vivienda se requiere, qué instalaciones debe tener, en cuánto tiempo debe construirse, etc. En segundo lugar, se pensaba que la participación de los tribunales era excepcional a la hora de establecer prioridades presupuestales, gastos y la creación de programas sociales.[6] En resumen, se pensaba que los derechos socioeconómicos implicaban desafíos a la legitimidad y la capacidad judiciales, que eran de una clase fundamentalmente diferente de la involucrada en los derechos negativos. Esta visión tradicional influenció el constitucionalismo latinoamericano de manera importante. En la Constitución mexicana de 1917, por ejemplo, que fue una de las primeras constituciones del mundo que reconoció los derechos sociales, durante mucho tiempo se pensó que esas normas no eran exigibles ante los tribunales.[7] Los derechos han sido fundamentales para la ideología del constitucionalismo mexicano, pero se consideraba que obligaban a las ramas políticas del poder y no a los tribunales. En otros países latinoamericanos, fueron empleados instrumentos parecidos, textualmente o no. En Chile fueron incluidos los derechos socioeconómicos, pero

---

apoyar el argumento de que los derechos socioeconómicos no son exigibles ante los tribunales); véase también Frank Cross, "The Error of Positive Rights", 48 *UCLA L. Rev.* 857 (2001) (señala que una razón para no hacer cumplir los derechos socioeconómicos es que "esos derechos, por su naturaleza, son muy indeterminados").

[6] Véase, por ejemplo, Cross, *supra* nota 5, pp. 889-890 (analiza el problema en el contexto de Estados Unidos).

[7] Véase, por ejemplo, Jorge R. Ordóñez, "La justiciabilidad de los derechos sociales en México: 90 años de carrera con obstáculos" 1, *Suprema Corte de Justicia de la Nación, Publicaciones Becarios de la Corte* 183, disponible en https://www.scjn.gob.mx/Transparencia/Lists/Becarios/Attachments/185/ Becarios_183.pdf; Miguel Carbonell, "Eficacia de la Constitución y derechos sociales: esbozo de algunos problemas", 6 *Estudios Constitucionales* 43 (2008), p. 65 (señala que el amparo ha demostrado ser insuficiente para proteger los derechos socioeconómicos debido a sus normas restrictivas de legitimidad procesal).

fueron excluidos del ámbito del mecanismo constitucional de demandas individuales.[8] Esa concepción ha sufrido la presión proveniente de cambios en la región y fuera de ella. En el derecho internacional de los derechos húmanos, la posición por defecto ha cambiado y los académicos y los creadores de políticas públicas cada vez es más probable que consideren los derechos positivos como derechos judicialmente exigibles.[9] Por ejemplo, han señalado que muchos derechos negativos (como el derecho a un juicio justo) implican también gastos presupuestales y que muchos derechos negativos padecen problemas de indeterminación parecidos a los de los derechos positivos.[10] En la región, las corrientes de pensamiento del "nuevo constitucionalismo" han presionado contra la posición de no exigibilidad judicial.

El concepto de "nuevo constitucionalismo" ha sido usado ampliamente en América Latina, pero no siempre ha sido definido con precisión. En la región, el concepto remite en general a una serie de cambios de importancia y significados de las normas constitucionales, pero esos cambios son difíciles de determinar con precisión debido a que varían de un lugar a otro.[11] Están ligados a cambios más generales en el derecho internacional de los derechos humanos y el derecho constitucional comparado, pero arraigados en la historia jurídica latinoamericana. Un cambio importante es que la parte estructural de la Constitución, históricamente dominante en el

---

[8] Véase Const. Chile, art. 20 (1980) (define los derechos que pueden protegerse mediante el recurso de protección).

[9] Véase, por ejemplo, Malcolm Langford, "The Justiciability of Social Rights: From Practice to Theory", en *Social Rights Jurisprudence: Emerging Trends in International and Comparative Law* (Malcolm Langford, ed., 2009), p. 31.

[10] Véase *ibid.*, p. 30.

[11] Para un estudio general de algunos de estos cambios, véase Javier Couso, "The Transformation of Constitutional Discourse and the Judicialization of Politics in Latin America", en *Cultures of Legality: Judicialization and Political Activism in Latin America* (Javier Couso et al., eds., 2010), p. 141.

constitucionalismo latinoamericano, ha acabado subordinada a la parte "dogmática", es decir, a la sección de derechos de la Constitución.[12] Un relato dominante en la historia latinoamericana es el de que las constituciones no habían sido tenidas en cuenta y el movimiento del nuevo constitucionalismo era un intento por hacerlas "reales". El nuevo constitucionalismo pretendió activar las normas de derechos, como los derechos socioeconómicos, que habían estado en las constituciones desde hace mucho tiempo, pero a las que los tribunales no les habían dado contenido.[13] Pretendieron, además, prevenir las violaciones sistemáticas de los derechos humanos que habían ocurrido en la región en el pasado cercano.[14]

Además, el nuevo constitucionalismo ha sugerido nuevos métodos de interpretación constitucional. Los derechos constitucionales se interpretan ahora a la luz de principios de un orden superior, como la dignidad humana, y por tanto la interpretación constitucional acaba siendo un empeño con una carga valorativa mayor.[15] Técnicas como la proporcionalidad, y en especial el influyente trabajo de Robert Alexy y sus discípulos latinoamericanos, han permitido a los tribunales decidir cuidadosamente entre derechos o principios confrontados.[16] Estas

---

[12] Véase, por ejemplo, Roberto Gargarella, "Dramas, conflictos y promesas del nuevo constitucionalismo latinoamericano", 3 *Anacronismo e Irrupción* 245 (2013), p. 253.

[13] Véase Rodrigo Uprimny, "The Recent Transformation of Constitutional Law in Latin America: Trends and Challenges", 89 *Tex. L. Rev.* 1587 (2011), p. 1600 (señala que las constituciones "programáticas" de la historia latinoamericana reciente han seguido por lo general dos vías: ampliar los derechos y aumentar la participación política popular).

[14] Véase *ibid.*, p. 1599.

[15] Véase, por ejemplo, Miguel Carbonell, "Desafíos del nuevo constitucionalismo en América Latina", 2010 *Precedente* 207 (2010), p. 214.

[16] Véase, en general, Carlos Bernal Pulido, *El principio de proporcionalidad y los derechos humanos: el principio de proporcionalidad como criterio para determinar el contenido de los derechos fundamentales vinculante para el legislador* (3.ª ed. 2007).

técnicas son importantes porque les facilitan a los tribunales las herramientas necesarias para hacer cumplir los derechos constitucionales, como los derechos socioeconómicos, que habían estado durmientes durante largo tiempo.

Por último, el movimiento sugiere un papel distinto para el juez en ese nuevo orden jurídico. Los jueces tendrían una mayor relevancia, y la interpretación y la aplicación de los derechos constitucionales, ahora efectivos, estarían a su cargo y formarían parte de su jurisdicción. Los jueces constitucionales, que tienen a su cargo aplicar los test de proporcionalidad y los derechos a la luz de principios de orden superior, son considerados ahora personajes más creativos y proactivos.[17] En muchas formas, los derechos socioeconómicos están ahora más cerca del núcleo de este proyecto, ya que son derechos que han tenido niveles bajos de cumplimiento a lo largo de la historia (y de hecho no han sido tenidos en cuenta en muchos lugares) y que pueden actuar en beneficio de grupos tradicionalmente marginados.[18] Por consiguiente, estas corrientes de pensamiento del nuevo constitucionalismo han presionado contra la posición de la no exigibilidad. Y de hecho los derechos socioeconómicos son efectivos ahora en algún grado en la mayoría de los países latinoamericanos, como Brasil, Argentina, Colombia, Costa Rica y Venezuela.[19]

El ejemplo colombiano tal vez sea un estudio de caso útil. Importantes fuerzas políticas estuvieron de acuerdo en la Asamblea Constituyente de 1991 en que los derechos socioeconómi-

---

[17] Véase Uprimny, *supra* nota 13, p. 1607.

[18] Véase Gargarella, *supra* nota 12, p. 246 (en el que se indica que históricamente esos derechos no se han hecho cumplir lo suficiente).

[19] Véase, por ejemplo, Daniel Brinks y William Forbath, "Commentary: Social and Economic Rights in Latin America: Constitutional Courts and the Prospects for Pro-Poor Interventions", 89 *Tex. L. Rev.* 1943 (2011), p. 1944 ("Los tribunales de la región han dejado atrás la discusión de si deberían hacerse cumplir [los derechos socioeconómicos] y están ahora plenamente dedicados a explorar cómo y con qué fines pueden y deberían hacerlos cumplir").

cos deberían ser incluidos en la Constitución colombiana. Sin embargo, tuvieron diferentes posiciones sobre la exigibilidad judicial de esos derechos. En concreto, el presidente colombiano en esa época, César Gaviria, argumentó que debían incluirse los derechos pero no hacerlos exigibles ante los tribunales (al menos no mediante reclamaciones individuales).[20] Describió la posición clásica favorable a los principios rectores: la inclusión de los derechos ayudaría a validar la importancia de las cuestiones socioeconómicas y permitiría que los partidos políticos, los grupos de la sociedad y los ciudadanos concentraran su atención en ellos, pero no debería permitirse que los tribunales se involucraran en esos asuntos.[21] El texto constitucional final reflejó una posición intermedia: contenía una lista de derechos que eran de "aplicación inmediata", entre los que no estaban los derechos socioeconómicos.[22] La Constitución permitió también que se interpusieran acciones de defensa de los derechos, llamadas acciones de tutela, con el fin de proteger los "derechos fundamentales", pero no definió este último concepto.[23]

La nueva Corte Constitucional colombiana, en algunas de sus primeras decisiones, halló formas de hacer que los derechos

---

[20] Véase, por ejemplo, "Intervención de César Gaviria en la inauguración de la Asamblea Constituyente", 5 de febrero 1991, en Manuel José Cepeda, *Introducción a la Constitución de 1991* (1992), pp. 329, 340-341 ("Como es obvio, estos derechos socioeconómicos y colectivos no pueden exigirse directamente por un individuo ante un juez").

[21] Véase *ibid.*

[22] Véase Const. Colombia, art. 85 (1991).

[23] Véase Const. Colombia, art. 86 (1991). Obsérvese que la Constitución contenía una división de las normas sobre derechos en diferentes categorías, entre las cuales estaba la de "derechos fundamentales" y los "derechos económicos, sociales y culturales". Los primeros contenían principalmente derechos negativos, mientras que los derechos socioeconómicos pertenecían a la segunda categoría. Esta división fue efectuada por el Comité de Codificación antes del segundo y último de los debates ante la plenaria, no por la propia Asamblea. La Corte, en sus primeras decisiones sobre derechos socioeconómicos, se negó a darle a esa categorización demasiado peso. Véase, por ejemplo, Sentencia T-406 de 1992, 5 de junio de 1992, § 14.

socioeconómicos fueran judicialmente exigibles. Rechazó la clasificación rígida que distinguía entre derechos de primera generación y los derechos socioeconómicos, y defendió que la clasificación de un derecho como fundamental tenía que hacerse caso por caso y en el espíritu generalmente progarante de la Constitución.[24] También se apoyó en el precedente alemán para crear un derecho al mínimo vital, que sintetizó a partir de derechos y principios constitucionales explícitos y del derecho de los ciudadanos a disponer al menos de un nivel mínimo de subsistencia económica.[25] Esa interpretación permitió a la Corte vincular los derechos socioeconómicos al derecho a la vida y al principio de dignidad humana; la doctrina de la conectividad permitió a su vez que la Corte obligara al cumplimiento de los derechos socioeconómicos mediante la tutela siempre que estuvieran ligados a esos derechos.[26] En su jurisprudencia reciente, la Corte ha defendido que los derechos socioeconómicos, en sí mismos, pueden ser derechos fundamentales en algunos aspectos y circunstancias.[27] Por consiguiente, la Corte se ha movido hacia una posición que hace los derechos socioeconómicos exigibles directamente ante los tribunales, incluso sin recurrir a la doctrina de la conectividad.

Para cartografiar los límites más lejanos de la influencia del nuevo constitucionalismo, otra vez es útil analizar los países atípicos que se han resistido a hacer exigibles los derechos socioeconómicos ante los tribunales. Como ya se ha señalado, México tiene una larga historia de inclusión textual de los derechos socioeconómicos y de resistencia a reconocer su exigi-

---

[24] Véase, por ejemplo, *id.* § 15.

[25] Véase Sentencia T-426 de 1992, 24 de junio de 1992, § 5 (sintetiza ese derecho a partir de derechos y garantías explícitos en el texto constitucional).

[26] Véase, por ejemplo, Sentencia T-491 de 1992, 13 de agosto de 1992, § 2.

[27] Véase, por ejemplo, Sentencia T-760 de 2008, § 3 (reconoce que el derecho a la salud es un derecho fundamental en sus aspectos básicos, con independencia de la doctrina de la conexidad).

bilidad judicial;[28] la Constitución chilena incluyó los derechos socioeconómicos, pero tiene la misma tradición mexicana de no hacerlos exigibles en los tribunales y ha hecho que la mayoría de ellos no sean exigibles mediante demandas individuales, como ha quedado reflejado en el texto constitucional.[29] Ambos países están también en los márgenes del discurso del nuevo constitucionalismo, en vez de cercanos a su centro, como sí lo está Colombia. Pero hoy, en ambos países, al menos hay debates sobre la cuestión de la exigibilidad judicial. En México, por ejemplo, la Corte Suprema de Justicia y el muy conocido jurista José Ramón Cossío han argumentado que estos derechos, bien entendidos, deberían hacerse exigibles judicialmente, aunque también ha lamentado el hecho de que los ciudadanos y la sociedad civil no estén presentando casos de derechos socioeconómicos ante la Corte.[30] Argumenta que las objeciones a los derechos socioeconómicos derivan de objeciones pragmáticas a las formas en las que esos derechos tendrían que hacerse efectivos, y no de argumentos contra la exigibilidad judicial.[31] Más en general, algunos académicos han considerado los efectos de las reformas recientes al sistema mexicano de protección constitucional, que han reforzado las demandas individuales y aumentado la relevancia del derecho internacional para la interpretación constitucional de las cuestiones de derechos socioeconómicos.[32] El principal argumento es que al haberse

---

[28] Véase *supra* nota 7.

[29] Véase *supra* nota 8.

[30] Véase José Ramón Cossío, "Problemas para la exigibilidad de los derechos sociales y económicos en México", disponible en http://biblio.juridicas.unam. mx/libros/6/2873/8.pdf

[31] Véase *ibid.*

[32] Véase, por ejemplo, Omar Gómez Trejo, "Estándares internacionales en materia de derechos económicos, sociales y culturales", en *¿Hay justicia para los derechos económicos, sociales y culturales?* (Magdalena Cervantes Alcayde et al., eds., 2014), pp. 159-160; Rodrigo Gutiérrez Rivas, "La justiciabilidad de los derechos económicos, sociales, culturales y ambientales en el marco de

incorporado elementos del derecho internacional de los derechos humanos, las reformas han hecho que los derechos socioeconómicos sean exigibles ante los tribunales.[33] En Chile, en el mismo sentido, el contexto nacional de los derechos socioeconómicos gira en gran medida en torno a una falla bien conocida del sistema de salud: los demandantes que, en situación desesperada, buscaron conseguir medicamentos contra el VIH/sida perdieron sus casos, aun si en un momento clave del procedimiento intentaron estructurarlos a partir del derecho a la vida en lugar del derecho a la salud.[34] Sin embargo, el debate académico reciente sobre el problema tiene como eje una decisión de 2008, en la que la Corte Constitucional declaró que las aseguradoras privadas de salud (en gran medida al servicio de las clases media y alta) que cobraban precios diferenciales a los consumidores según la edad y el sexo violaban el derecho constitucional a la salud.[35] Aunque gran parte del debate se dio en torno a si la decisión era en efecto una aplicación real de los derechos socioeconómicos, la literatura académica tiende a mostrar un debate incipiente sobre el cumplimiento de los derechos socioeconómicos, incluso en una cultura jurídica que ha sido hostil a ese cumplimiento.[36]

---

las recientes reformas constitucionales en materia de derechos humanos", en *ibid.*, pp. 92, 97-98.

[33] Otros trabajos han señalado que al menos algunas decisiones mexicanas parecen reconocer derechos socioeconómicos, como el derecho a la salud, al menos en algunos contextos. Véase María del Rosario Huerta Lara, "Expansión y justiciabilidad de los derechos sociales en México", 20 *Letras Jurídicas* 1 (2009).

[34] Véase, por ejemplo, Jorge Contesse y Domingo Lovera Parmo, "Access to Medical Treatment for People Living with HIV/AIDS: Success Without Victory in Chile", 8 *Sur: International Journal on Human Rights* (2008) (observa que los litigantes consiguen sus fines políticos aun cuando los tribunales se niegan a intervenir, rechazando así el argumento de que el caso involucrara realmente el derecho a la vida y el derecho a la salud).

[35] Rol 1710-10-INC, 6 de agosto de 2010.

[36] Para una muestra de este debate, véase Santiago Montt y José Luis Cárdenas, "La declaración de inconstitucionalidad del artículo 38 TER de la ley de

El debate sobre exigibilidad judicial en América Latina no ha acabado, pero no parece estar moviéndose hacia una posición de consenso que favorezca su cumplimiento.[37] Sin embargo, como mostrará la siguiente sección, la forma en que los derechos económicos son hechos efectivos en América Latina muestra una tensión entre diferentes aspectos del nuevo constitucionalismo. Si bien los tribunales defienden cada vez más la exigibilidad judicial de los derechos socioeconómicos, en muchos casos los hacen cumplir de tal forma que es relativamente improbable que sean transformadores. Eso no es una aberración: refleja el hecho de que los tribunales son con frecuencia favorables a las opiniones de la mayoría en lugar de las de las minorías.[38]

B. El cómo y el por qué del cumplimiento de los derechos socioeconómicos en América Latina

Esta parte describe los modelos dominantes de cumplimiento en la región y busca dar una explicación de por qué lo son. Por lo general, los tribunales latinoamericanos hacen cumplir los derechos socioeconómicos mediante dos modelos: un modelo

---

Isapres: mitos y realidades de un fallo histórico", en *Anuario de Derecho Público Universidad Diego Portales* 2011 (Javier Couso, ed., 2011), p. 17 (argumenta que la sentencia "entra en una nueva etapa de derecho constitucional económico [chileno] pero sus efectos finales no son claros"); Luis Cordero Vega, "Comentario a la sentencia de inconstitucionalidad de la tabla de factores de Isapres: un aparente triunfo de los derechos sociales", 7 *Anuario de Derechos Humanos* 151 (2011), p. 158 (argumenta que en cierto sentido la sentencia es una aplicación del derecho a la salud, aunque pudiera tener un "efecto regresivo", debido a que deja fuera a usuarios del sistema de salud público que no pueden permitirse servicios privados de salud).

[37] Véase Brinks y Forbath, *supra* nota 19, p. 1944 (resume una serie de contribuciones a simposios monotemáticos que muestran que los tribunales latinoamericanos han ido más allá de la cuestión de si los derechos económicos son exigibles ante los tribunales y han pasado a la cuestión de cómo hacerlos cumplir).

[38] Véase *infra*, sección C.

individualizado de cumplimiento, en el que un solo demandante acude a un tribunal para obtener una medida judicial aplicable solo a él, y un modelo de requerimientos judiciales de no hacer (*negative injuctions*), mediante los cuales un tribunal declara inválidos los intentos legislativos por alterar el *statu quo* cuando eso reduce la red existente de asistencia social.[39] La ventaja de esos dos modelos es que encajan con facilidad en los modelos tradicionales de cumplimiento de los derechos; su problema es que, en gran medida, ninguno es transformador. No requieren que el Estado elabore nuevos programas políticos y es probable que los principales beneficiarios sean de la clase media, en lugar de pobres.

Las razones por las cuales estos modelos han predominado son, como es obvio, más especulativas, pero pueden discernirse dos grupos generales de explicaciones. El primero subraya las restricciones ideológicas de la función judicial: los jueces se inclinan hacia los métodos tradicionales de cumplimiento, porque se sienten más cómodos con esos métodos.[40] Sin rechazar la importancia de ese factor, sugiere que las restricciones y los incentivos políticos han sido de importancia fundamental. Es útil estudiar la teoría constitucional reciente como indicador de la dirección: gran parte del trabajo reciente sobre el Tribunal Supremo de los Estados Unidos ha concluido que a menudo se comporta como un agente que defiende los intereses de la mayoría, en lugar de los de las minorías. Las perspectivas que surgen de esa teoría, en mi opinión, son útiles para comprender los patrones de cumplimiento de los derechos sociales en la región.[41]

---

[39] Para una descripción más completa de ambos modelos, véase David Landau, "The Reality of Social Rights Enforcement", 53 *Harv. Int'l L. J.*

[40] Véase *infra*, sección C.2.

[41] Véase *infra*, sección C.3.

1. *LOS DOS PRINCIPALES MODELOS DE CUMPLIMIENTO*

En una variedad de países, entre los cuáles están Brasil, Colombia y Costa Rica, uno de los principales modelos de cumplimiento es individualizado: los ciudadanos llegan al tribunal solicitando una medida individual, ya sea el reajuste de una pensión, ya sea el acceso a un tratamiento.[42] Este modelo guarda alguna lógica con la teoría tradicional del amparo: aquellos que demandan consiguen reconocimiento de un derecho o un privilegio, pero este no es generalizado de forma automática a toda la sociedad. Por ejemplo, varios países tienen una sólida jurisprudencia sobre el derecho a la salud, gracias a la cual los demandantes individuales pueden presentar demandas para conseguir acceso a los medicamentos o los tratamientos que necesitan para sobrevivir o tener una vida digna.[43]

Este modelo tal vez sea el que mejor encaje en los patrones tradicionales de control de constitucionalidad de los derechos socioeconómicos en América Latina. Los beneficios pueden ir dirigidos a personas concretas u otorgados de manera selectiva solo a los que presentan en efecto la demanda judicial. Además, debido a que los instrumentos constitucionales son muy com-

---

[42] Véase, por ejemplo, Florian F. Hoffmann y Fernando R. N. M. Bentes, "Accountability for Social and Economic Rights in Brazil", en *Courting Social Justice: Judicial Enforcement of Social and Economic Rights in the Developing World* (Varun Gauri y Daniel M. Brinks, eds., 2008) (concluye que en Brasil los jueces resuelven un gran número de casos individuales sobre el derecho a la salud y tienden a conceder remedios, pero que en los casos de repercusión social más amplia, se abstienen de conceder medidas); Defensoría del Pueblo, *La tutela y el derecho a la salud* 2012, p. 226, tbl.8 (muestra que los porcentajes de todos los casos de tutela (demandas individuales) relativos al derecho a la salud han variado entre el veintitrés y el cuarenta por ciento de todas las demandas individuales presentadas en el país durante la última década); Varun Gauri et al., "Transparency and Compliance: The Costa Rican Supreme Court's Monitoring System" (ensayo no publicado) (2013), pp. 27-28 (describe y critica el modelo individualista costarricense de cumplimiento), disponible en http://www.law.uchicago.edu/files/files/staton_transparency_compliance.pdf

[43] Véase *supra* nota 42.

plejos —aunque no siempre lo son—, la necesidad de presentar una demanda individual antes de recibir una medida judicial tamizará a los demandantes que carezcan de los recursos o el conocimiento necesarios para presentar la demanda.[44] En un segundo modelo, que he llamado en otro lado la acción de cesación, los tribunales usan los derechos socioeconómicos como una forma de bloquear los cambios de política pública (como las medidas de austeridad), que debilitan la posición económica de un grupo o individuo.[45] Si en el primer modelo los derechos socioeconómicos convierten bienes sociales en derechos individuales, en el segundo modelo esos derechos se configuran como derechos negativos que permiten detener la intrusión gubernamental en los derechos existentes. Por ejemplo, los tribunales en Brasil han impedido que las medidas de austeridad impongan recortes a las pensiones de los funcionarios[46] o los tribunales colombianos han impedido que el Estado use razones de austeridad para reducir el valor real de los salarios de los funcionarios.[47] Una combinación interesante de los dos modelos, el individualizado y el de la acción de cesación, son las demandas judiciales causadas por el corralito en Argentina,

---

[44] Véase Hoffmann y Bentes, *supra* nota 42 (describe la complejidad de las acciones individuales de queja necesarias para presentar una demanda individual).

[45] Véase Landau, *supra* nota 39, pp. 444-447.

[46] Véase, por ejemplo, Daniel Brinks, ""Faithful Servants of the Regime": The Brazilian Constitutional Court's Role Under the 1988 Constitution", en *Courts in Latin America* (Gretchen Helmke y Julio Rios-Figueroa, eds., 2011) (describen algunos de estos y se señala que el TSF es más probable que intervenga en los casos en los que se combinan intereses corporativos con los intereses del público en general).

[47] Véase Sentencia C-1433 de 2000, 23 de octubre de 2000 (declara que todos los trabajadores del sector público tienen derecho a que el valor real de sus salarios no se reduzca de un año a otro); C-1064 de 2001, 10 de octubre de 2011 (modifica esa decisión de manera que solo los trabajadores más pobres que obtienen menos de dos salarios mínimos reciban protección absoluta del valor real de sus salarios y en cambio permite la reducción de los salarios de los trabajadores que estén en mejor situación con ciertas condiciones).

en la que los tribunales nunca anularon con claridad la política de austeridad que congelaba los depósitos bancarios, pero sí dictaron un gran número de acciones individualizadas de cesación, en la que reconocían medidas judiciales favorables a los demandantes individuales, en general mucho después del hecho.[48] El modelo de acción de cesación ofrece una segunda forma interesante de encajar el control de constitucionalidad de los derechos socioeconómicos con las teorías tradicionales sobre la función de los jueces. Los tribunales que conceden esa clase de medidas no están obligados a crear programas sociales, sino solo a ejercer un veto a los intentos de hacer recortes llevados a cabo por el Gobierno.

Una evaluación completa de estos modelos de uso de los tribunales está más allá del alcance de este capítulo; en cualquier caso, sus efectos son muy complejos y contingentes con respecto a las condiciones institucionales.[49] A nuestros fines, es suficiente ver algunos de sus límites con respecto a la transformación social. El modelo individualizado funciona dándoles a los demandantes individuales los recursos y el conocimiento para demandar ante los tribunales el acceso a un bien social al que tienen derecho según los sistemas existentes; el modelo de la acción de cesación impide al Estado reducir los programas existentes. Ninguno de los dos modelos pretende instaurar programas no existentes hasta entonces y, por consiguiente, tampoco expandir la red de seguridad social. La lógica de am-

---

[48] Para una descripción de estos casos, véase Catalina Smulovitz, "Judicialization of Protest in Argentina: The Case of Corralito", en *Enforcing the Rule of Law: Social Accountability in the New Latin American Democracies* (Enrique Peruzzotti y Catalina Smulovitz, eds., 2006).

[49] Véase, por ejemplo, Brinks y Forbath, *supra* nota 19, p. 1951 (señala que una evaluación completa de los efectos de las demandas sobre derechos socioeconómicos estaría "más allá del alcance de toda investigación empírica", debido a la complejidad de la cuestión y señala que el uso de los tribunales para casos individuales que afectan directamente a los más ricos puede tener, no obstante, efectos sobre los pobres).

bos es regular los programas existentes de bienestar social (que en América Latina a menudo son restrictivos sobre inclusión de toda la población), en vez de introducir a los marginados en esos programas.[50] Así podría ocurrir que en algunos países haya una jurisprudencia sólida sobre derechos socioeconómicos, pero que esa jurisprudencia tenga relativos pocos efectos transformadores.

2. LIMITACIONES DE LA FUNCIÓN JUDICIAL Y DE LA CAPACIDAD JUDICIAL

Una forma de comprender el patrón de cumplimiento de las normas en América Latina es observar que hacer los derechos judicialmente exigibles no hace que desaparezcan las preocupaciones sobre la legitimidad y la capacidad de los tribunales que animan el dilema sobre el cumplimiento de los derechos socioeconómicos. En lugar de eso, obliga a los tribunales a enfrentar esos dilemas, con el riesgo de que los tribunales no sean lo suficientemente valientes. En resumen, una perspectiva sobre las limitaciones del control constitucional de los derechos socioeconómicos es que esas limitaciones nacen de tribunales excesivamente tradicionalistas y con una visión restrictiva de la separación de poderes.

Mark Tushnet, por ejemplo, señala que mientras que los partidarios del control constitucional de los derechos socioeconómicos afirman que los casos no plantean dificultades de

---

[50] Para argumentos parecidos sobre los efectos de las demandas individuales en los pobres debido a la selección de los términos en las que los actores presentan sus demandas judiciales, véase Octavio Luis Motta Ferraz, "Harming the Poor Through Social Rights Litigation: Lessons from Brazil", 89 *Tex. L. Rev.* 1643 (argumenta que la presentación de demandas judiciales en Brasil para proteger el derecho a la salud distribuye recursos hacia los relativamente ricos al proporcionar a los que tienen los recursos para presentar una demanda con un derecho a la salud prácticamente sin límites); Landau, *supra* nota 39 (argumenta que el mismo efecto es obtenido con el relativamente fácil de usar tutela colombiana).

diferente naturaleza de los derechos negativos, lo cierto es que a menudo esas dificultades son de diferente grado.[51] Los derechos positivos, como el derecho a la salud, y también los derechos negativos, como el debido proceso, pueden suponer gastos presupuestales y el establecimiento de prioridades, por ejemplo, pero los derechos positivos requieren un grupo más grande de modificaciones del *statu quo* y, por tanto, los tribunales deben involucrarse en mayor grado en esos problemas.[52] Desde esta perspectiva, las estrategias de medidas individualizadas y de acciones de cesación pueden ser atractivas para los jueces, porque no colocan a los tribunales en una posición difícil desde el punto de vista de su función o capacidad judiciales. Ambas clases de medidas se parecen a las clases de órdenes que los tribunales están acostumbrados a dictar y que son relativamente fáciles de hacer cumplir. Ninguna le exige al tribunal obtener una cantidad inusual de información o difícil de conseguir.

En cierto grado, estas limitaciones a la función y la capacidad judiciales son maleables. La Corte Constitucional colombiana, por ejemplo, ha adoptado un celebrado enfoque en sus dos intervenciones estructurales de 2004 y 2008. En el primer caso, la Corte usó su doctrina sobre el "estado de cosas inconstitucional" para efectuar una intervención estructural en la política pública aplicable a las casi tres millones de personas internamente desplazadas en Colombia.[53] La doctrina permite a la Corte ofrecer medidas estructurales más amplias, en lugar de limitarse a resolver el caso individual que tiene ante sí, al identificar un gran número de demandantes potenciales y fallas sistemáticas en la acción política.[54] La Corte declaró que, aunque había un

---

51 Véase Mark Tushnet, *Weak Courts, Strong Rights* (2006), p. 234.

52 Véase *ibid.*

53 Véase Sentencia T-025 de 2004, 22 de enero de 2004.

54 Véase *ibid.* § 7 (establece un test de cinco factores para declarar un estado de cosas inconstitucional: "(i) la vulneración masiva y generalizada de varios derechos constitucionales que afecta a un número significativo de personas;

marco jurídico, las autoridades nacionales y locales no estaban implementando de hecho un conjunto coherente de políticas, debido a falta de capacidad y voluntad.[55] En el segundo caso, sobre servicios de salud, la Corte evitó usar el lenguaje del estado de cosas inconstitucional, pero no obstante aprobó una serie de remedios estructurales, con el fin de solucionar los problemas sistemáticos del sistema de salud.[56] Entre esos problemas estaba la definición de la cobertura general, los beneficios para los hogares más pobres dentro del sistema de salud frente a los que tenían los hogares que pertenecían al sistema contributivo y los problemas con el flujo de recursos financieros en el sistema.[57] Como han señalado varios académicos, estos casos estructurales, que todavía están en desarrollo, son innovadores. Han adoptado un modelo que requiere que el Estado informe sobre sus progresos cada cierto tiempo tanto mediante informes escritos como en audiencias públicas regulares.[58] La Corte

---

(ii) la prolongada omisión de las autoridades en el cumplimiento de sus obligaciones para garantizar los derechos; (iii) la adopción de prácticas inconstitucionales, como la incorporación de la acción de tutela como parte del procedimiento para garantizar el derecho conculcado; (iv) la no expedición de medidas legislativas, administrativas o presupuestales necesarias para evitar la vulneración de los derechos; (v) la existencia de un problema social cuya solución compromete la intervención de varias entidades requiere la adopción de un conjunto complejo y coordinado de acciones y exige un nivel de recursos que demanda un esfuerzo presupuestal adicional importante; (vi) si todas las personas afectadas por el mismo problema acudieran a la acción de tutela para obtener la protección de sus derechos, se produciría una mayor congestión judicial").

[55] Véase *ibid.* § 6.3.

[56] Véase Sentencia T-760 de 2008, 31 de julio de 2008, § III (enumera las órdenes individuales y estructurales de la Corte).

[57] Véase *ibid.* § 6.

[58] Véase César Rodríguez-Garavito, "Beyond the Courtroom: The Impact of Judicial Activism on Socioeconomic Rights in Latin America", 89 *Tex. L. Rev.* 1669 (2011), pp. 1693-1694 (describe el proceso seguido por la Corte para hacer cumplir las decisiones contenidas en la T-025).

redefine a continuación sus órdenes en respuesta a estos informes. Además, la Corte ha incluido de interesantes formas a la sociedad civil en esos procesos. Por ejemplo, para las personas desplazadas la Corte ha recurrido persistentemente a la Comisión de Seguimiento, compuesta por miembros de la sociedad civil, para supervisar al Estado y suministrar a la Corte información sobre las políticas públicas.[59] Estos casos parten de los requerimientos judiciales estructurales que pueden observarse en los Estados Unidos y en otros ámbitos, pero acomodan ese modelo al contexto colombiano.[60]

Por consiguiente, las decisiones estructurales colombianas son celebradas con justicia en la región y útiles para estimular el debate sobre la función judicial. Ayudan a concentrar la atención sobre un conjunto de cuestiones que no se exploran lo suficiente por lo general, y le prestan una atención mayor de lo que es usual en el constitucionalismo a las cuestiones sobre los remedios. El caso sobre la prestación de los servicios de salud es un buen ejemplo: la Corte adoptó un enfoque estructural después de años, en los que había aprobado medidas individuales, a consecuencia de los efectos sobre la igualdad que habían tenido esas medidas.[61] El caso a su vez ha permitido a la Corte conseguir objetivos más amplios para los grupos más marginados, como la igualdad de cobertura de salud para los ciudadanos del régimen subsidiado. Las decisiones subrayan también las formas en las que los tribunales pueden ser capaces

[59] Véase César Rodríguez-Garavito y Diana Rodríguez-Franco, *Cortes y cambio social: cómo la Corte Constitucional transformó el desplazamiento forzado en Colombia* (2010) (da una visión general de la composición de la Comisión y de su trabajo).

[60] Sobre las decisiones de carácter estructural en los Estados Unidos, véase, por ejemplo, Malcolm Feele y Edward Rubin, *Judicial Policy Making and the Modern State: How the Courts Reformed America's Prisons* (2000).

[61] Véase Alicia Ely Yamin y Oscar Parra Vera, "Judicial Protection of the Right to Health in Colombia: From Social Demands to Individual Claims to Public Debates", 33 *Hastings Int'l y Comp. L. Rev.* 431 (2010), pp. 444-445.

de superar las deficiencias de capacidad judicial. El uso hábil que ha hecho la Corte de las audiencias públicas y los medios de comunicación puede ser útil para conseguir el cumplimiento en casos complejos, y el haberse apoyado en las comisiones de la sociedad civil y otros instrumentos podría ayudar a reducir algunas de las debilidades relativas a las capacidades de seguimiento y de recogida de información de la Corte.[62]

Al mismo tiempo, parecería que las limitaciones más fundamentales sobre el cumplimiento de los derechos socioeconómicos son políticas, más que referirse a una concepción sobre la función judicial o a la falta de capacidad judicial.[63] Las llamativas intervenciones estructurales de la Corte Constitucional han coexistido con un gran número de sentencias individualizadas sobre salud, pensiones y otros derechos sociales.[64] Como explicaré en la siguiente sección, los teóricos han pasado por alto muchas veces el grado en el que el control de constitucionalidad es un ejercicio de poder favorable a la mayoría social, no contramayoritario.

---

[62] Para una discusión más profunda de estos puntos, véase David Landau, "Aggressive Weak-Form Review", 5 *Const. Ct. Rev.* 2014 (Sudáfrica) (examina las formas en las que los aspectos del modelo colombiano de control de constitucionalidad podía ser útil en el contexto sudafricano).

[63] Véase, por ejemplo, Paola Bergallo, "Courts and Social Change: Lessons from the Struggle to Universalize Access to HIV/AIDS Treatment in Argentina", 89 *Tex. L. Rev.* 1611 (2011) (determina que los tribunales argentinos comenzaron tratando el problema del VIH/sida con medidas estructurales, pero más tarde decidieron tratarlo como demandas judiciales más específicas que afectaban solo a individuos y grupos discretos de la población).

[64] Además, alguna de la jurisprudencia estructural ha ido dirigida a grupos relativamente ricos. Un ejemplo son las demandas sobre la UPAC ya analizadas, en las que la Corte intentó usar medidas de gran alcance para rescatar financieramente a propietarios de clase media dependientes del sistema de vivienda formal. Véase *infra* texto conexo a las notas 72-77. Además, es destacable que el caso de salud combinara órdenes pensadas para ayudar a los pobres directamente (por ejemplo, las que requerían igualar las coberturas de los planes de salud) con otras pensadas para corregir el sistema para el público en general (por ejemplo, las que requerían que las coberturas se aclararan y ampliaran para tener en cuenta la jurisprudencia desarrollada por la Corte en las tutelas). Véase Sentencia T-760, § III.

3. EL TRIBUNAL (EN GRAN PARTE) DE LOS INTERESES DE LA MAYORÍA

El postulado de que los tribunales son básicamente instituciones contramayoritarias, que protegen los derechos de las minorías, ha permeado desde hace mucho tiempo la teoría constitucional estadounidense, constituyendo la principal preocupación de los teóricos durante varias generaciones. El principal reto, desde una perspectiva contramayoritaria, es cómo justificar que jueces no electos asuman el poder de interpretación constitucional frente a los agentes políticos. El conjunto más famoso de respuestas gira en torno a la escuela de la teoría del proceso político, elaborada por John Hart Ely: los tribunales ejercen el poder legítimamente cuando trabajan para corregir los defectos del proceso político y, en concreto, desbloquean las vías que han impedido que las minorías pequeñas y aisladas ejerzan el poder político o no gocen de representación.[65] El principal conjunto de preocupaciones de Ely eran los movimientos en pro de los derechos civiles en los Estados Unidos, pero esa teoría funciona bien como fundamento del proyecto transformador del nuevo constitucionalismo: los tribunales tienen el mandato de transformar el sistema político en beneficio de los grupos tradicionalmente marginados.[66] Muchos académicos dedicados al derecho constitucional comparado son partidarios de esa concepción, y argumentan, por ejemplo, que los tribunales son la rama de gobierno que con mayor probabilidad será la voz de los pobres.[67]

---

[65] Véase John Hart Ely, *Democracy and Distrust: A Theory of Judicial Review* (1981).

[66] Para un ejemplo de la apropiación de la teoría del proceso político en el derecho constitucional comparado, véase Theunis Roux, *The Politics of Principle: The First South African Constitutional Court* (2013), p. 334 (explora el rompecabezas de la debilidad de la Corte Constitucional sudafricana a la hora de hacer cumplir los derechos políticos, que parecería ser uno de los ejercicios del control de constitucionalidad más justificados según la teoría de Ely).

[67] Véase, por ejemplo, Siri Gloppen, "Courts and Social Transformation: An

Obras recientes y antiguas han mostrado que la teoría del tribunal contramayoritario (como realidad descriptiva y no como fin normativo) es difícil de sostener. Obras recientes sugieren que el Tribunal Supremo consiguió poder siendo útil para las coaliciones políticas predominantes, en lugar de siendo independiente frente a ellas.[68] En otras palabras, el Tribunal Supremo rara vez se ha apartado de la voluntad de la coalición predominante por mucho tiempo, a causa del proceso de selección de jueces y la presión que se puede ejercer sobre el Tribunal.[69] Más importante todavía es que hay obras recientes que determinan que las decisiones del Tribunal rara vez han ido en contra de la opinión pública mayoritaria. Por último, una línea más antigua de trabajo argumenta que el Tribunal ha sido por lo general incapaz de provocar cambios sociales significativos salvo cuando cuenta con apoyos políticos significativos. El mito del tribunal heroico de casos como *Brown v. Board of Education* se ha debilitado a causa de investigaciones que muestran que el progreso real fue limitado hasta que el Tribunal consiguió apoyo del Congreso.[70] En conjunto, estas dos líneas de trabajo

---

Analytical Framework", en *Courts and Social Transformation in New Democracies: An Institutional Voice for the Poor?* 35 (Roberto Gargarella et al., eds., 2006) (que describe las condiciones conforme a las cuales los tribunales pueden ser receptivos a las reclamaciones de los pobres).

[68] Véase Keith Whittington, *The Political Foundations of Judicial Supremacy* (2008) (argumenta que los líderes políticos le dieron poder a la Corte, porque era de su interés así hacerlo); Mark Graber, "The Non-Majoritarian Difficulty: Legislative Deference to the Judiciary", 7 *Studs. Am. Pol. Dev.* 35 (1993) (argumenta que muchos de los principales casos fueron el resultado de que el Congreso invitara a los jueces a decidir con el fin de quitarle presión a las divisiones intrapartidistas).

[69] Para la formulación clásica de esta posición, véase Robert A. Dahl, "Decision-Making in a Democracy: The Supreme Court as a National Policy-Maker", 6 *J. Pub. L.* 279 (1957) (que argumenta que es improbable que el Tribunal sea un protector de los intereses de las minorías contra los de las mayorías durante mucho tiempo).

[70] Véase, por ejemplo, Gerald Rosenberg, *The Hollow Hope: Can Courts Bring about Social Change?* (2.ª ed. 2008).

han arrojado dudas sobre la idea de que los tribunales en los
Estados Unidos podrían ser la voz de los marginados frente a
un sistema político hostil o indiferente.

Ambos modelos dominantes de cumplimiento de los derechos socioeconómicos en América Latina pueden verse de
manera fructífera desde la perspectiva de jueces favorables a
los intereses y las opiniones de las mayorías, no en contra de
ellas. El modelo individualizado de cumplimiento permite a los
tribunales conceder medidas para dar beneficios sociales, como
un tratamiento o una pensión, directamente a un reclamante y
hacerlo con un riesgo bajo.[71] También permite a los tribunales
ofrecer medidas en casos individuales sin tener que ocuparse
de las consecuencias colectivas o los costos sociales del cambio de políticas. En esencia, permite a los tribunales conceder
beneficios a los demandantes individuales sin tener que pagar
el costo. Por último, permite a los tribunales mostrar la cara
buena del Estado, en comparación con el prestador de servicio
que no hizo bien su trabajo y está caracterizado como la cara
disfuncional. El modelo de la acción de cesación permite a los
tribunales restaurar los servicios burocráticos u otros beneficios
amenazados por las ramas políticas.[72] Estos casos permiten, por
consiguiente, una vez más, mostrar la cara benevolente del Estado frente a las amenazas provenientes de otras instituciones
estatales. Estos casos suponen un riesgo mucho mayor para los
tribunales que los casos individualizados, puesto que los intereses estatales afectados tienen una relevancia más significativa (a
menudo inciden en la gestión de las políticas macroeconómicas
o la estabilidad fiscal). Pero las recompensas potenciales para un
tribunal, en cuanto a su popularidad, son también significativas
debido a la relevancia social de estos casos.

La defensa de la posición de las mayorías plantea un conjunto
de preocupaciones que van más allá de las concepciones tradi-

---

[71] Véase *supra* texto conexo a las notas 42-44.

[72] Véase *supra* texto conexo a las notas 45-47.

cionalistas de la función judicial o las limitaciones de capacidad, puesto que sugiere que en muchas situaciones los tribunales tendrían incentivos políticos para favorecer los intereses de la clase media. Un ejemplo sorprendente es el famoso caso colombiano relativo a la UPAC (unidad de poder adquisitivo constante), el sistema de financiación nacional de la vivienda. Cuando una profunda crisis económica amenazó ese sistema a finales de la década de los noventa, la Corte Constitucional intervino en un contexto en el que otras ramas del gobierno hicieron poco por solucionar la situación.[73] Invalidó elementos fundamentales del sistema existente y forzó al Gobierno a proporcionar salvamentos y préstamos más favorables para cientos de miles de deudores, que pertenecían en su mayor parte a la clase media (puesto que el sector de la vivienda formal estaba compuesto por grupos relativamente ricos de la población colombiana).[74] Las acciones de la Corte fueron muy creativas y se sujetaron poco a las restricciones basadas en el concepto tradicional de la función judicial: celebró varias audiencias públicas sobre la cuestión a las cuales invitó a varios grupos sociales diferentes.[75] Además, después de anular todo el sistema, defirió la decisión para darle al Estado solo unos pocos meses para reescribir la totalidad de la ley,[76] en esencia lo que hizo luego fue reescribir

---

[73] Véase Rodrigo Uprimny Yepes, "The Enforcement of Social Rights by the Colombian Constitutional Court: Cases and Debates", en *Courts and Social Transformation in New Democracies: An Institutional Voice for the Poor?* (Roberto Gargarella et al., 2006), p. 136 (describe el contexto de la crisis de la UPAC).

[74] En las dos principales sentencias, la Corte primero anuló el sistema completo de la UPC (unidad de pago por capitación) por la razón de que había sido promulgado inadecuadamente (véase Sentencia C-700 de 1999, 16 de septiembre de 1999), y luego declaró constitucional la nueva versión de la ley aprobada por el Congreso, pero usó el poder de condicionarla constitucionalmente reescribiendo partes significativas de la ley (véase Sentencia C-955 de 2000, 26 de julio de 2000).

[75] Véase Sentencia C-700 de 1999, § VI (describe la audiencia).

[76] Véase *ibid.* § VII.5 (describe el efecto de la sentencia de inconstitucionalidad hasta el fin del periodo legislativo actual en 2000).

partes fundamentales de la nueva ley al declararlas condicionadas constitucionalmente a lo dicho por ella. Por ejemplo, declaró que las tasas de interés cobradas por el sistema deberían estar por debajo de las cobradas en otros sectores de la economía, debido a la naturaleza constitucionalmente protegida de la vivienda.[77] El magistrado que escribió varias de las decisiones principales fue llamado "el magistrado de la vivienda". Acabó pronto su periodo en la Corte y fue nominado candidato del Partido Liberal a la vicepresidencia, aunque no consiguió el cargo.[78]

Las presiones políticas que sufrieron los tribunales en este contexto han variado de sistema a sistema en formas que todavía no se comprenden plenamente. En contextos en los que los partidos políticos eran muy fuertes, como Chile y México, los principales incentivos de los jueces es probable que sean los propios partidos y tienen relativamente pocos incentivos para buscar apoyo público directo.[79] Esa puede ser la única razón por la cual la jurisprudencia sobre los derechos socioeconómicos continúa estando limitada en extremo en ambos países.[80] Sin embargo, cuando los partidos son débiles, como en el Brasil y Colombia, o cuando los sistemas políticos carecen de reputación, como en muchos países latinoamericanos, los jueces pueden tener de hecho fuertes incentivos para buscar el apoyo del

---

[77] Véase Sentencia C-955 de 2000, § V.B.4.

[78] Véase, por ejemplo, "El efecto 'Vice'", *Semana* (8 de abril de 2002), disponible en http://www.semana.com/noticias-nacion/efecto-vice/20354.aspx

[79] Sudáfrica ofrece un ejemplo interesante. Roux señala que la Corte Constitucional trabaja en el contexto de un partido dominante muy fuerte, la ANC, y no es bien conocido o particularmente popular con el público general. Véase Theunis Roux, "Principle and Pragmatism on the Constitutional Court of South Africa", 7 *Int'l J. Const. L.* 106, 111 (2009). A diferencia de los tribunales mexicanos y chilenos, el Tribunal Sudafricano ha intentado hacer cumplir los derechos socioeconómicos, pero lo ha hecho de una forma cautelosa, y ha preferido estimular lentamente las instituciones de gobierno para que se muevan en la dirección correcta en lugar de apelar directamente a las personas. Véase *ibid.*, pp. 133-136.

[80] Véase *supra* texto conexo notas 28-36.

público en general. En América Latina, este incentivo parece manifestarse por lo general en una jurisprudencia sólida sobre derechos socioeconómicos, pero para la clase media.

C. LAS FUNCIONES DEL CUMPLIMIENTO DE LOS DERECHOS SOCIOECONÓMICOS EN AMÉRICA LATINA: MÁS ALLÁ DE LA TRANSFORMACIÓN

Esta sección continúa el argumento de la anterior intentando explicar las funciones que tienen los derechos socioeconómicos en los sistemas latinoamericanos. Se fundamenta en la perspectiva principal desarrollada en las secciones anteriores: muchos de los patrones de cumplimiento de los derechos socioeconómicos encontrados en la región son en general favorables a la mayoría social. Las acciones de control de constitucionalidad favorables a la mayoría social, al igual que las acciones favorables a las minorías, plantean un problema de justificación, pero la naturaleza del problema es al menos parcialmente diferente. Mientras que los que defienden las acciones contramayoritarias deben explicar por qué los jueces rectifican las decisiones de las ramas políticas, los que defienden las acciones favorables a las mayorías deben explicar cuál es entonces la utilidad de los tribunales en absoluto.[81] Esta sección ofrece una explicación parcial de esa utilidad, al menos en el contexto latinoamericano, y señala que las funciones del cumplimiento de los derechos socioeconómicos son más diversas de lo que se suele reconocer en las obras académicas.

---

[81] Véase, por ejemplo, Michael C. Dorf, "The Majoritarian Difficulty and Theories of Constitutional Decision-Making", 13 J. Const. L. 283 (2010), pp. 284-285 (la naturaleza del control de constitucionalidad, favorable a los intereses de las mayorías, "disuelve en gran parte el problema [contramayoritario], pero plantea uno distinto: ¿son los tribunales que respetan más o menos la opinión pública capaces de realizar lo que se considera por lo general como su función contramayoritaria: proteger los derechos de la minoría contra los excesos de la mayoría? ¿Los tribunales estadounidenses, en otras palabras, tienen un problema derivado de su respeto a la voluntad de la mayoría?").

1. PRESTACIÓN DE SERVICIOS Y ESTADOS DISFUNCIONALES

Los tribunales que aprueban un elevado número de medidas judiciales individualizadas podrían estar operando en sistemas burocráticos disfuncionales. Ese parece ser el caso con los sistemas de salud del Brasil y Colombia. En los dos países, los sistemas tienen problemas persistentes. El sistema colombiano usa aseguradoras privadas de salud, bajo la supervisión del Estado, para prestar servicios públicos. Pero hay importantes fallos en el campo regulatorio, la prestación de los servicios y la supervisión de la actividad. Los reguladores estatales hacen un pobre trabajo a la hora de definir el paquete estándar de beneficios a los cuales tienen derecho los pacientes; los prestadores de servicios privados niegan algunos servicios de salud y tratamientos que estarían incluidos en ese paquete, y las entidades estatales a cargo de la supervisión la han ejercido poco en la práctica.[82] En Brasil, el sistema es gestionado por el Estado, pero plagado de negaciones improcedentes a prestar servicios de salud y, a veces, de una lentitud enorme.[83] En sistemas como estos, los tribunales pueden convertirse casi en una parte de la burocracia, corrigiendo las fallas del sistema y permitir que los demandantes consigan medidas judiciales. Un gran número de demandantes han recurrido a los tribunales en ambos países, porque saben que allí tienen mayor probabilidad de conseguir alguna medida favorable a sus intereses que en la burocracia ordinaria, muchas veces con más rapidez.

El efecto general de este modelo de los tribunales como prestadores de servicios es muy complejo y es un área que requiere investigarse más. Hay algunos casos en los que un gran número de decisiones de los tribunales han inducido a la burocracia a alterar sus políticas más amplias. Eso ocurrió con los medicamen-

---

[82] Véase Yamin y Parra Vera, *supra* nota 61, pp. 433-439.

[83] Véase Hoffmann y Bentes, *supra* nota 42.

tos del VIH/sida en Brasil y Colombia, cuando las burocracias comenzaron a cubrir los tratamientos en respuesta a la presión judicial.[84] Hay menos pruebas de que los tribunales que usan este modelo puedan contribuir a la mejora de la calidad de la burocracia. Los defectos básicos en los sistemas de servicios de salud brasileños y colombianos no han sido corregidos. De hecho, al otorgar medidas reparadoras individualizadas a los pacientes que escogen demandar, y que es más probable que estén entre los grupos de población más activos y poderosos políticamente, los tribunales pueden reducir en la práctica la presión política para la reforma del sistema, permitiendo así la subsistencia de un mal modelo.

Además, la intervención judicial en estos casos podría exacerbar de hecho los defectos. En Brasil, los comentaristas han señalado que la jurisprudencia crea el fenómeno de "saltarse la fila": permite que los que demandan pasen al primer lugar de la fila, por delante de los que esperan que se les atienda por los canales burocráticos ordinarios, lo cual a su vez genera un mayor uso de las demandas judiciales aun para aquellos tratamientos que se habrían cubierto conforme a la ley.[85] En Colombia, la Corte creó un problema parecido, pero más complejo, al determinar que algunos tratamientos no contemplados en los planes de salud podrían cubrirse si eran necesarios y se ordenaban por

---

[84] Véase Ana Cristina González y Juanita Durán, "Impact of Court Rulings on Health Care Coverage: The Case of HIV/AIDs in Colombia", 13 *MEDICC Rev.* 54 (2011) (señala que los reguladores respondieron a las decisiones judiciales al añadir tratamientos al POS (Plan Obligatorio de Salud), pero argumentan que lo hicieron sin considerar apropiadamente la sostenibilidad fiscal del sistema); Octavio Luis Motta Ferraz, "The Right to Health in the Courts of Brazil: Worsening Health Inequities", 11 *Health & Hum. Rts. J.* 33 (2009), p. 35 (concluye que el Congreso puede haber respondido en parte a una ola inicial de demandas judiciales sobre VIH/sida al aprobar una ley en 1996 que exigía la cobertura de estos medicamentos).

[85] Véase Hoffman y Bentes, *supra* nota 42, p. 143 (argumenta que saltarse el orden de atención establecido daña al resto de los miembros del sistema, muchos de los cuales son "indigentes probablemente").

un tribunal, pero serían pagados por el Estado en lugar de por el asegurador privado al ser de naturaleza extraordinaria.[86] En algunos casos, eso llevó a las aseguradoras privadas a estimular de hecho la presentación de demandas judiciales como una forma de conseguir una decisión que reconociera un servicio de salud extraordinario (tal vez inventado o innecesario), lo que les permitía solicitar al Estado el reembolso del tratamiento.[87] A su vez, el comportamiento de las aseguradoras privadas produjo una inundación de órdenes judiciales obligando al Estado a hacer reembolsos, lo que creó tensión en el flujo de recursos del sistema.

Sería erróneo considerar las intervenciones judiciales en estos casos como puramente mecánicas. Tienen una poderosa lógica, porque esas intervenciones permiten a los tribunales presentarse como defensores de la población general frente a una burocracia indiferente o incompetente. Los ciudadanos recurren a estas intervenciones, porque proporcionan al menos alguna vía mediante la cual pueden proporcionar servicios esenciales. Además, el propio Estado no ve con malos ojos un modelo que proporciona compensación a grupos de reclamantes al mismo tiempo que reduce la presión para reformar o mejorar la estructura general del sistema. Por último, el modelo de prestación de servicios da al menos a un grupo sustancial de pacientes acceso a servicios que habrían sido denegados en otro caso. En este sentido, funciona como una especie de segunda mejor opción institucional para un mundo en el que las burocracias funcionan mal y hay pocas perspectivas de mejora.

---

[86] Véase Katharine G. Young y Julieta Lemaitre, "The Comparative Fortunes of the Right to Health: Two Tales of Justiciability in Colombia and South Africa", 26 *Harv. Hum. Rts. J.* 179 (2013), p. 189.

[87] Véase *ibid.*, p. 190 (argumenta que la norma para el reembolso de los tratamientos no POS incentive una corrupción sustancial). La misma regla les llevó a menudo a negar la cobertura para los tratamientos reconocidos en el POS, con el fin de conseguir una orden judicial que declarara el tratamiento como no POS y, en consecuencia, reembolsable para la aseguradora. Véase *ibid.*

2. PROBLEMAS DE PROMOCIÓN DE LA DEMOCRACIA Y DE PRINCIPAL AGENTE

El segundo patrón amplio de cumplimiento, el de la acción de cesación, es generado por una lógica política conexa. Scheppele ha señalado que en algunas situaciones los tribunales pueden tener la pretensión razonable de ser mejores representantes de la población que las propias ramas políticas.[88] Usa la decisión húngara sobre austeridad de 1995 para defender esa idea. Bajo gran presión de las instituciones financieras internacionales, el Gobierno húngaro decidió realizar recortes en los programas de asistencia social. En particular, debido a que Hungría estaba en transición de un Estado comunista a uno democrático, esos recortes afectaron a un sector muy amplio de la sociedad y se concentraron más en la clase media que en los sectores menos favorecidos de la población.[89] Por ejemplo, recortaron los beneficios de asistencia social y los programas de apoyo a los padres primerizos. La Corte Constitucional anuló muchos de esos recortes, porque no protegían de manera adecuada intereses con un valor económico ya consolidado o expectativas asentadas. La decisión de la Corte se hizo muy popular entre la ciudadanía y llevó a negociaciones adicionales entre el Estado y las instituciones internacionales, gracias a las cuales se pudo suavizar la repercusión de las medidas de austeridad en su versión final.[90]

---

[88] Véase Kim Lane Scheppele, "A Realpolitik Defense of Social Rights", 82 *Tex. L. Rev.* 1821 (2004).

[89] Véase, por ejemplo, Andras Sajo, "Social Rights as Middle Class Entitlements in Hungary", en *Courts and Social Transformation in New Democracies: An Institutional Voice for the Poor?* (2006), p. 83 (que argumenta que la sentencia húngara protege en gran medida los intereses económicos de clase media de los recortes que se efectuaron al Estado de bienestar de la era comunista).

[90] Véase Scheppele, *supra* nota 88, p. 1947 (según las encuestas, "mayorías enormes" de entre el ochenta y el noventa por ciento de la población húnga-

El relato de Scheppele encaja bien en el modelo de control judicial predominante, –principal-agente. En lugar de defender los intereses de los grupos marginados frente a los de la mayoría, el tribunal defiende los intereses de la población general frente a sus representantes en casos en los que aquellos no tienen en cuenta la voluntad popular. El tribunal actúa como una "alarma contra incendios" para avisar a la gente de que algo no está bien en la relación entre gobernantes y gobernados.[91] En el caso húngaro, podría argumentarse que la extrema presión ejercida por las instituciones financieras internacionales, unida a los problemas en el incipiente sistema de partidos, creó un problema de representación política.[92] La decisión de la Corte anunció el problema y reinició el proceso de negociación.

Las medidas de austeridad representarían un ejemplo de la clase de situación en la que el modelo principal agente es probable que funcione bien. Las instituciones nacionales podrían estar bajo presión significativa procedente de instituciones internacionales y ser más receptivas a ellas que a los agentes políticos nacionales. Además, la crisis puede llevar a las instituciones políticas a sobrevalorar la necesidad de emprender reformas estructurales y a subestimar el perjuicio causado a la población afectada.

---

ra mostraron su opinión favorable a la sentencia de la Corte después de su aprobación).

[91] Véase David Law, "A Theory of Judicial Review and Judicial Power", 97 *Geo. L. J.* 723 (2009), p. 731 (defiende una teoría principal agente del control de constitucionalidad, en la que los tribunales actúan como alarmas antiincendios contra Gobiernos que exceden sus límites y movilizan a la población contra esos excesos).

[92] Véase Scheppele, *supra* nota 88, p. 1929 ("En este punto, las teorías sobre responsabilidad pública democrática no dicen nada y, de hecho, es difícil ver cómo solo los países cuyas políticas son microgestionadas por extranjeros pueden satisfacer el test básico de la política democrática: que la política pública responda ante la ciudadanía usándose como criterio las preferencias de los votantes").

Un ejemplo sería la crisis económica colombiana de finales de la década de los años noventa, ya mencionada, y durante la cual el país estuvo en negociaciones activas para recibir financiación de las instituciones financieras internacionales a cambio de reformas estructurales amplias.[93] Una crisis en el sistema de los tipos de interés del sector de vivienda formal colocó a cientos de miles de deudores de la clase media en riesgo de impago, pero las ramas políticas no respondieron de forma efectiva.[94] Intentaron formarse grupos de la sociedad civil compuestos de esos deudores dispersos, que protestaron porque decían tener problemas para llegar a las ramas políticas, tal vez porque no había grupos de presión preexistentes que tuvieran acceso a los mecanismos del poder.[95] La Corte intervino y obligó a prestar atención al problema al celebrar una audiencia pública extraordinaria, de participación amplia, en la que políticos, expertos y grupos de la sociedad civil dieron su testimonio; luego obligó a la acción legislativa declarando inconstitucional todo el sistema existente, aunque difirió la decisión unos meses para que el presidente y el Congreso tuvieran tiempo de reformular la ley.[96] El magistrado que escribió estas importantes decisiones, y que luego se presentó como candidato a la vicepresidencia, dijo, parafraseando al gran líder populista Jorge Eliécer Gaitán:

---

[93] Véase Sebastian Edwards y Roberto Steiner, "On the Crisis Hypothesis of Economic Reform: Colombia 1989-91", 112 *Cuadernos de Economía* 1 (2000), pp. 2-3 (describe el "acuerdo de servicios ampliado" que Colombia firmó con el FMI (Fondo Monetario Internacional), por primera vez en su historia, en junio de 1999, sujeto a la condición de efectuar recortes fuertes del gasto público, reformas laborales y otras medidas).

[94] Véase Uprimny, *supra* nota 73, p. 136.

[95] Véase, por ejemplo, "Usuarios piden acabar con la UPAC", *El Tiempo*, 18 de noviembre de 1998, disponible en http://www.eltiempo.com/archivo/documento/MAM-853292

[96] Véase Sentencia C-700 de 1999, § VI; "UPAC: se midieron las fuerzas", *El Tiempo*, 28 de julio de 1999, disponible en http://www.eltiempo.com/archivo/documento/MAM-894490

"El pueblo es más inteligente que sus líderes".[97] El argumento de la Corte parecía ser que estaban corrigiendo un fallo de la democracia de las mayorías, que señalaban incluso los que disentían de la decisión de la Corte.[98] La Corte declaró también inconstitucionales los recortes presupuestales que reducían los salarios reales de los funcionarios, aunque luego le dio al Estado mayor flexibilidad a la hora de implementar estas reformas y concedió protección reforzada solo a los trabajadores de bajos ingresos.[99] Una variante de la misma historia básica puede explicar las decisiones contra la austeridad decretada por el Gobierno en Brasil y Argentina, y algunas durante la crisis económica en Europa.[100]

Un problema importante con el modelo principal agente es que la línea entre intervenciones para reforzar la democracia y el populismo es bastante delgada y tal vez imposible de trazar. Hay de hecho momentos en los que los tribunales representarán la democracia popular mejor que las ramas políticas. Pero

[97] Véase entrevista con José Gregorio Hernández, *La República*, 12 de noviembre de 2000 ("Si hablamos de críticas, no hay ninguna necesidad de que la Corte las discuta porque ya han sido rechazadas, y de qué forma, por la opinión pública [...] El trabajo de la Corte Constitucional ha sido bienvenido por la gente. Porque la gente es mucho más inteligente, como decía Gaitán, que sus líderes").

[98] Véase Sentencia C-700 de 1999 (salvamento de voto, Eduardo Cifuentes Muñoz y Vladimiro Naranjo Mesa) ("La ausencia de liderazgo en un país que no enfrenta sus grandes conflictos ni sus causas, por el momento oculta la improcedencia de la acción de la Corte y lleva a mirar con indulgencia su evidente extralimitación. Pero el costo enorme de este tipo de intervenciones, así ellas puedan por el momento ser muy populares, gravitará negativamente sobre la jurisdicción constitucional que, a la postre, no resiste tamaña desfiguración").

[99] Véase Sentencia C-1433 de 2000, 23 de octubre de 2000; Sentencia C-1064 de 2001, 10 de octubre de 2001.

[100] Véase, por ejemplo, Roberto Cisotta y Danielle Gallo, The Portuguese Constitutional Court Case Law on Austerity Measures: A Reappraisal, LUISS Guido Carli Working Paper 4/2014 (que describe decisiones fundamentales de la Corte Constitucional portuguesa), disponible en http://eprints.luiss.it/1298/1/WPG_04-14_Cisotta_Gallo.pdf

los tribunales reclamarían a veces también esa representación en los casos en los que las instituciones políticas efectúan elecciones informadas, aunque dolorosas, en favor de la austeridad en respuesta a un conjunto completo de datos políticos, y los tribunales invalidan mediante una decisión popular esas opciones, alegando que suprimirían beneficios concedidos, pero sin tener que pagar ningún costo. En otras palabras, estarían engañando al público diciéndole que es posible tener todo y no renunciar a nada. Mucho dependerá del modelo exacto de control judicial usado por el tribunal y, en particular, de si la decisión deja espacio o no para la negociación o en lugar de eso cierra toda opción política.[101]

Mi propósito, en cualquier caso, no es hacer una evaluación normativa de una forma compleja de control judicial de constitucionalidad, sino limitarme a señalar que el fenómeno tiene una lógica política, como ocurre con el modelo de prestación de servicios antes explicado. Si bien los tribunales corren riesgos significativos cuando anulan leyes importantes de austeridad, también se posicionan como los guardianes de la intervención popular frente a instituciones políticas distorsionadas o de funcionamiento deficiente.

3. *LA FORMACIÓN DE LA CULTURA CONSTITUCIONAL*

Por último, puede ser que un cumplimiento de los derechos socioeconómicos favorable a los intereses de la mayoría, en especial mediante el modelo individualizado, sea útil para for-

---

[101] Un ejemplo es la comparación de las dos sentencias sobre salarios aprobadas por la Corte Constitucional colombiana. La primera exigía que los aumentos salariales para todos los trabajadores del sector público fueran iguales a la tasa de inflación: la segunda daba una mayor flexibilidad al hacer esos ingresos obligatorios en toda circunstancia solo para los trabajadores con ingresos menores de dos veces el salario mínimo, los más pobres, y permitía reducciones del salario real de los otros trabajadores si se justificaba apropiadamente por el Estado. Véase *supra* nota 99.

mar una cultura constitucional o una cultura en la que sujetos distintos de los jueces se tomen en serio los valores constitucionales. Es un área en la que hay que investigar mucho más, puesto que no sabemos casi nada sobre cómo se forman valores constitucionales en diferentes contextos. No obstante, puede ser razonable que un modelo de cumplimiento de los derechos socioeconómicos muy favorable a los intereses de la mayoría, dirigido a la clase media o a la población general, en lugar de a los marginados, fuera útil para formar una cultura constitucional. El modelo de prestación de servicios ya explicado mostraría por qué: los ciudadanos que reciben medidas judiciales directas de los tribunales frente a una burocracia recalcitrante verán una constitución que opera en su favor en sentido material. Según esta teoría, los ciudadanos terminarían por apegarse a su constitución, debido a los beneficios materiales que reciben de ella, en vez de por decisiones simbólicas o abstractas.

El caso colombiano proporciona alguna evidencia de que esa vía tiene potencial. Desde la crisis económica de finales de los años noventa, un porcentaje muy elevado de quejas individuales, es decir, de acciones de tutela, presentadas en el país han estado basadas en los derechos socioeconómicos (sobre todo del derecho a las prestaciones de salud o pensiones). Solo el porcentaje de tutelas individuales sobre el derecho a la salud ha oscilado entre el veinte y el cuarenta por ciento del total, con un máximo del cuarenta por ciento en 2008.[102] La Corte ha mantenido esa jurisprudencia a pesar de una serie de críticas por destacados participantes del mundo del derecho. En una importante decisión de 1997, el magistrado Eduardo Cifuentes Muñoz, que fue el creador colombiano de la doctrina del "mínimo vital", argumentó que la marea de tutelas individuales estaba distorsionando el sistema de salud y tenía efectos problemáticos sobre la equidad, e intentó ordenar cambios en

---

[102] Véase Defensoría del Pueblo, *supra* nota 42, p. 226, tbl.8.

el enfoque judicial.[103] Esa decisión no detuvo el fuerte aumento de las tutelas de salud. Además, la decisión estructural de 2008 sobre servicios de salud, escrita por Manuel José Cepeda, uno de los juristas que como asesor de la Asamblea Constituyente diseñó la Corte y que luego sería uno de sus jueces más influyentes, fue motivada en parte por preocupaciones por la equidad y las distorsiones causadas por las medidas individuales.[104] Esa decisión ha reducido algo el número de tutelas de salud (de un cuarenta por ciento del total en 2008 a un veinte por ciento unos dos años más tarde), pero no ha hecho que la Corte elimine esta línea de casos.[105]

No sabemos por qué pasa eso. No parece probable, sin embargo, que la jurisprudencia sobre derechos socioeconómicos de la Corte, basada en medidas individualizadas, haya intervenido a la hora de proteger a la Corte Constitucional frente a las reacciones negativas. Dos presidentes, Ernesto Samper y Álvaro Uribe, y también la Corte Suprema, atacaron a la Corte entre 1996 y 2002.[106] En cada caso, los ataques contra la Corte y sus aliados tomaron el mismo enfoque: efectuaron propuestas que a veces suponían cambios menores a los poderes de la Corte y otras veces realizaron ataques generales contra aspectos del poder judicial, que representaban amenazas graves contra la tutela misma. Durante la discusión de la propuesta relativamente técnica de la Corte Suprema para impedir la presentación de tutelas contra decisiones ordinarias judiciales definitivas, el entonces presidente de la Corte Constitucional declaró que

---

[103] Véase Sentencia SU-111 de 1997, 9 de agosto de 1997.

[104] Véase Yamin y Parra Vera, *supra* nota 61, pp. 444-445.

[105] Véase Defensoría del Pueblo, *supra* nota 42, p. 226, tbl.8.

[106] Véase Año V, 329 *Gaceta del Congreso*, 15 de agosto de 1996 (propuesta Samper); Año VI, 59.ª *Gaceta del Congreso*, 19 de marzo de 1997 (propuesta de la Corte Supremo y del Consejo de Estado); Año XI, *Gaceta del Congreso*, 484, 12 de noviembre de 2002 (propuesta de Uribe).

la medida sería "un golpe mortal contra la tutela".[107] En el mismo sentido, durante la discusión de las propuestas mucho más amplias del entonces presidente Uribe, que habría impedido las tutelas contra decisiones judiciales o sobre derechos socioeconómicos, requerían una mayoría cualificada para derogar enmiendas y leyes constitucionales, y cerraba el control de constitucionalidad de las declaraciones de emergencia y los estados de conmoción interior, la Corte se reunió rápidamente en una sesión especial y aprobó por unanimidad una declaración que decía que las reformas, aunque eran en apariencia técnicas, "en realidad eliminarían la eficacia de la tutela".[108] Durante todos estos periodos, los principales aliados de la Corte en la sociedad civil y el mundo académico hicieron declaraciones parecidas. El enfoque parece haber funcionado: los agentes políticos temieron atacar la tutela y no se aprobó ninguna de las medidas que recortaban el poder de la Corte. Las declaraciones de los principales agentes políticos dejaron claro que no tenían voluntad de ir contra un instrumento tan popular, aun cuando fueran promovidas por un presidente popular como Uribe.[109]

Por consiguiente, lo que es evidente es que la Corte consiguió desarrollar la tutela en una forma que hizo difícil atacarla y el eje de la jurisprudencia sobre tutela son los derechos so-

---

[107] Año VI, 451 *Gaceta del Congreso*, 31 de octubre de 1997, p. 20 (declaración de Antonio Barrera). El presidente de la Corte Suprema, después de que el esfuerzo fracasara, declaró que la Corte Constitucional y sus partidarios "habían incitado a la población" al presentar las reformas como una "conspiración contra la tutela". Véase John Gutiérrez, "Congreso no dio la talla en reforma de tutela", *El Tiempo*, 28 de noviembre de 1997, disponible en http://www.eltiempo.com/archivo/documento/MAM-680262

[108] Véase "La Corte se va lanza en ristre contra la reforma", *El Tiempo,* 31 de julio de 2003, disponible en http://www.eltiempo.com/archivo/documento/MAM-991678

[109] Véase "Reforma agita Congreso", *El Tiempo*, 1 de agosto de 2003 (analiza la crítica a la propuesta en el Congreso, incluida la de aquellos abiertamente aliados con Uribe), disponible en http://www.eltiempo.com/archivo/documento/MAM-1034549

cioeconómicos individualizados. Lo que sigue sin estar claro es el grado en el que la cultura constitucional sobre la tutela es debida a otros factores y el grado en el que modelo puede generalizarse a otros lugares.

D. Conclusión: la conceptualización de un tribunal favorable a los intereses de la mayoría en América Latina

En este breve capítulo se ha argumentado que los fines de la jurisprudencia sobre derechos socioeconómicos en América Latina ha sido, en parte, percibida de manera errónea: los tribunales han asimilado a menudo estos derechos no para que actúen en favor de los marginados con el fin de transformar la sociedad, sino para fomentar la suerte de la clase media. Los incentivos políticos y las restricciones políticas que viven los tribunales, explicadas en las recientes corrientes de la teoría constitucional estadounidense, hacen que no sorprenda el resultado. Los tribunales son en gran medida favorables a las mayorías políticas y no agentes contramayoritarios.

Las consecuencias normativas de este argumento, para los derechos socioeconómicos y otros campos del derecho constitucional comparado, son complejas y requieren más estudios. Por un lado, parecen reducir la promesa de que los tribunales sean capaces de llevar a cabo proyectos transformadores y recuerda a los académicos y los creadores de políticas públicas que patrones vigorosos o sólidos de cumplimiento de los derechos socioeconómicos no equivalen por sí mismos a la transformación social. En el caso más extremo, los tribunales podrían correr el riesgo de crear una especie de falsa conciencia: al dar esperanza sobre la posibilidad de transformación social, pero no hacerla realidad, pueden de hecho impedir o desincentivar las acciones de las ramas políticas, que tal vez tengan capacidad para hacer mucho más a la hora de abordar los problemas de pobreza y desigualdad. Por otro lado, mis conclusiones sugieren que los tribunales llevan a cabo una variedad más amplia de funciones que las que la literatura académica reconoce. En lugar de considerar a los tribunales como agentes contra los intereses de las mayorías, situados por fuera del espacio político, obtendríamos una comprensión más fructífera de la política judicial si consideráramos a los jueces como parte integral de los regímenes políticos en los que actúan.

Parte III
EL CONSTITUCIONALISMO
ESTADOUNIDENSE EN EL SIGLO XXI

VII. ELABORACIÓN LEGISLATIVA DE NORMAS CONSTITUCIONALES EN AMÉRICA LATINA, PERSPECTIVA CUANTITATIVA

David S. Law[1] y Tom Ginsburg[2]

Las generalizaciones sobre la práctica de la elaboración legislativa de normas constitucionales en una región tan diversa como América Latina están destinadas a ser imprecisas por naturaleza. Una región del mundo puede ser hogar de una considerable heterogeneidad constitucional.[3] Sin embargo, también es evidente que existen patrones geográficos y regionales en la adopción

---

[1] Profesor de Derecho y profesor de Ciencia Política, Washington University, St. Louis. Catedrático Martin y Kathleen Crane de Derecho y Asuntos Públicos, Princeton University. Queremos darle las gracias a James Melton y manifestar nuestra profunda gratitud a Mila Versteeg por compartir generosamente sus datos y valores actualizados.

[2] Titular de la Cátedra Leo Spitz de Derecho Internacional, University of Chicago Law School. Profesor investigador, American Bar Foundation, Chicago.

[3] Véase, por ejemplo, Tom Ginsburg, "East Asian Constitutionalism in Comparative perspective", en *Constitutionalism in Asia in the Early Twenty-First Century* (Albert H. Y. Chen ed., 2014), pp. 32, 41 (señala la existencia de "tres

de normas jurídicas formales.[4] Las características regionales diferenciales subsistirían por muchas razones, a pesar de la globalización. Por ejemplo, en América Latina, esas características estarían relacionadas con vínculos históricos, religiosos, lingüísticos y geográficos diferentes o reflejarían la existencia de preocupaciones y experiencias compartidas, tales como la hegemonía estadounidense o un legado de gobiernos autoritarios.

Este capítulo ofrece una revisión empírica de los patrones de elaboración de normas constitucionales y de las tendencias constitucionales en los últimos sesenta años. Usamos varias mediciones e índices cuantitativos sobre el contenido constitucional para comparar América Latina con otras regiones del mundo y aclarar si sus legisladores han respondido, y de qué forma, a preocupaciones frecuentes, como la desmesurada influencia estadounidense, el exceso de concentración de poder por parte del poder ejecutivo y los abusos de los derechos humanos.

La sección A estudia el grado en el que los países latinoamericanos continúan usando la Constitución estadounidense como un modelo para sus propias constituciones. Tanto en su ámbito como en su sustancia, las constituciones latinoamericanas cada vez son más distintas de la Constitución estadounidense con el pasar del tiempo. De hecho, América Latina no solo se ha apartado del modelo de la Constitución estadounidense, sino que también ha aumentado su divergencia con el resto del mundo.

La sección B compara las constituciones en América Latina con las de otras regiones a partir de varias dimensiones sustan-

---

sistemas amplios de sistemas constitucionales" en "Asia: democrático, híbrido y leninista-socialista").

[4] Véase, por ejemplo, Everett M. Rogers, *Diffusion of Innovations* (5.ª ed., 2003), pp. 276-277, 320-321 (analiza la difusión de las innovaciones políticas entre Estados americanos vecinos y entre regiones); Zachary Elkins y Beth Simmons, "On Waves, Clusters, and Diffusion: A Conceptual Framework", 538 *Annals Amer. Academy Pol. & Soc. Sci.* 33 (2005), p. 34 (señala que la investigación sobre difusión quiere explicar la existencia de "bolsas temporales y espaciales de reformas de política pública").

tivas. Con respecto a otras regiones, la elaboración de normas constitucionales en América Latina está caracterizada por un enfoque rácano con respecto al poder ejecutivo y por un enfoque generoso respecto de la protección de los derechos. En América Latina, la combinación de numerosos derechos reconocidos por la ley, por un lado, junto con una larga historia de líderes autocráticos y de abusos de derechos humanos, por otro, es un recordatorio de que los Gobiernos no siempre ofrecen en la práctica lo que prometen en el papel. Sin embargo, durante las dos últimas décadas, los niveles reales de respeto por los derechos han mejorado lo suficiente como para reducir la distancia entre lo prometido y la realidad del constitucionalismo latinoamericano.[5]

A. LA ANSIEDAD ESTADOUNIDENSE: LA HUIDA LATINOAMERICANA DE LA SOMBRA DE LA CONSTITUCIÓN ESTADOUNIDENSE

A medida que los países latinoamericanos consiguieron independizarse y comenzaron a redactar una serie de constituciones en el transcurso del siglo XIX, los legisladores constitucionales solían tomar la Constitución estadounidense como modelo, tal vez en exceso en algunos casos.[6] Las primeras constituciones de México y Venezuela, adoptadas en 1824 y 1811, respectivamente, tomaron numerosas normas prestadas del modelo estadounidense, mientras que partes de las constituciones de Argentina

---

[5] David S. Law y Mila Versteeg, "Sham Constitutions", 101 *California Law Review* 863 (2013), pp. 907-911.

[6] George Athan Billias, *American Constitutionalism Heard Round the World, 1776-1989: A Global Perspective* (2011), pp. 129-140; Zachary Elkins, Tom Ginsburg y James Melton (Melkinsburg), *The Endurance of National Constitutions* (2009), p. 26; Carlos F. Rosenkrantz, "Against Borrowings and Other Nonauthoritative Uses of Foreign Law", 1 *International Journal of Constitutional Law* 269 (2013); Roberto Gargarella, *Latin American Constitutionalism 1810-2010: The Engine Room of the Constitution* (2013).

de 1853 y de Brasil de 1891 fueron copiadas literalmente de la Constitución estadounidense.[7]

Sin embargo, es evidente que hace tiempo que pasó la época en la que los latinoamericanos usaban la Constitución estadounidense como modelo. Diferentes formas de medir la similitud constitucional llevan a la misma conclusión: el parecido de las constituciones latinoamericanas con la Constitución estadounidense se redujo de forma abrupta durante el siglo XX. Esa tendencia es evidente ya se considere América Latina en su conjunto o los países individuales de la región. Es obvio que ese alejamiento latinoamericano del modelo constitucional estadounidense no es un caso único. La menor influencia de la Constitución estadounidense es una tendencia global cierta para los países de derecho común y para los países de derecho civil, para los aliados militares estadounidenses y los no alineados.[8] Sin embargo, el declive en América Latina ha sido más rápido que en el resto del mundo.

Las constituciones latinoamericanas muestran una creciente disimilitud con la Constitución estadounidense tanto en su ámbito como en su contenido sustantivo. Melkinsburg emplea una medida de similitud constitucional que se concentra en el grado en que las constituciones tienen un ámbito parecido, es decir que abordan u omiten los mismos temas.[9] Los datos usados en el Comparative Constitutions Project (CCP) incluyen las normas relativas a cuestiones estructurales, como el federalismo, el presidencialismo y la separación de poderes, y también las normas relativas al contenido y el cumplimiento de los derechos. Los parecidos entre dos constituciones se calculan sumando el número de temas que las dos constituciones abordan u omiten y dividiéndolo por el número total de temas posibles.

7   Billias, *supra* nota 6, pp. 105, 124-140.

8   David S. Law y Mila Versteeg, "The Declining Influence of the United States Constitution", 87 *New York University Law Review* (2012), pp. 762-858.

9   Melkinsburg *supra* nota 6, pp. 24-26.

La puntuación resultante va de 0 a 1, significando el 0 que las dos constituciones cubren temas opuestos, mientras que una puntuación de 1 quiere decir que las dos constituciones tratan y eluden exactamente los mismos temas. Como muestra la figura 1, a lo largo del tiempo las constituciones latinoamericanas más nuevas han sido cada vez más diferentes de la Constitución estadounidense en cuanto a su ámbito.

Otro enfoque para medir la similitud constitucional es comparar la sustancia de los elementos constitucionales comunes. Este es el enfoque seguido por Law y Versteeg,[10] que valoran la similitud con la Constitución estadounidense concentrándose en las normas relativas a los derechos en común. Usamos una versión adaptada de los datos usados por Law y Versteeg,[11] que recoge la presencia de sesenta normas constitucionales relativas a los derechos desde 1946 a 2012.[12] Durante ese periodo, los promedios de similitud con la Constitución estadounidense declinaron no solo en América Latina, sino también en el resto del mundo. Sin embargo, como muestra la figura 2, el declive ha sido mucho más marcado en América Latina: el nivel promedio de similitud con la Constitución estadounidense comenzó en

---

[10] Law y Versteeg, *supra* nota 8.

[11] David S. Law y Mila Versteeg, "The Evolution and Ideology of Global Constitutionalism", 99 *California Law Review* 1163 (2011); Law y Versteeg, *supra* nota 8.

[12] El enfoque del análisis de concentrarse solo en los derechos constitucionales y omitir las normas estructurales mejora algo el problema de cómo sopesar normas muy diferentes con el propósito de conseguir una medición numérica única de la similitud constitucional sustantiva. Por ejemplo, decir que las normas garantes del derecho de asilo y la libertad de expresión deberían contar por igual para medir la similitud constitucional entre dos países es muy distinto de decir que la existencia del presidencialismo debería valer lo mismo que la existencia del derecho de asilo.

De manera congruente con Law y Versteeg (*supra* nota 8, p. 799, nota 75), "América Latina" es definida como el conjunto de los siguientes países: Argentina, Belice, Bolivia, Brasil, Chile, Colombia, Costa Rica, Ecuador, El Salvador, Guatemala, Guyana, Honduras, México, Nicaragua, Panamá, Paraguay, Perú, Surinam, Uruguay y Venezuela.

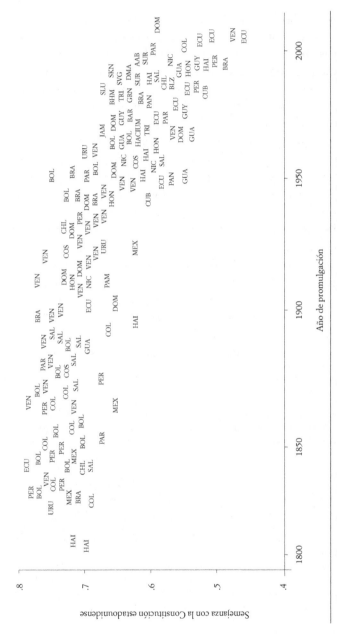

Figura 1. Parecidos entre las constituciones latinoamericanas y la Constitución estadounidense a lo largo del tiempo

un punto más bajo y, en consecuencia, declinó de forma mucho más pronunciada en América Latina que en otros lugares. Tampoco parece que ese declive en similitud esté limitado al periodo posterior a la Segunda Guerra Mundial: el análisis de los datos CCP, que cubre un conjunto de derechos traslapados entre sí retrotrayéndose hasta 1789, indicaría que el declive ha venido ocurriendo durante más de un siglo.[13]

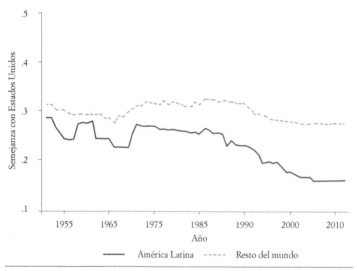

Figura 2. Similitud constitucional de América Latina y del resto del mundo con Estados Unidos

La tendencia general para América Latina como región es también cierta para cada país latinoamericano por separado. No hay un solo país identificado tradicionalmente como latinoamericano que muestre una mayor similitud constitucional con los Estados Unidos hoy de la que tenía después de la Segunda

---

[13] Zachary Elkins, Tom Ginsburg y James Melton, "Comments on Law and Versteeg's The Declining Influence of the United States Constitution", 87 *New York University Law Review Online* 11 (2012), p. 15.

Guerra Mundial.[14] Un ejemplo destacado de ese alejamiento del modelo estadounidense es Argentina, que pasó de la imitación generosa al extremo opuesto. En ningún otro sitio la influencia de la Constitución estadounidense fue mayor que en la Argentina decimonónica, donde los casos del Tribunal Supremo estadounidense tenían valor como precedente.[15] Sin embargo, tras las enmiendas constitucionales argentinas de 1994, la similitud entre Argentina y Estados Unidos adquirió valores negativos, lo cual significa que las diferencias constitucionales entre los dos países superan hoy las similitudes (medidas a partir de sus normas relativas a derechos). En América Latina, solo la Constitución venezolana es hoy más diferente de la Constitución estadounidense que la Argentina.

Al menos parte de la explicación de por qué las constituciones de todo el mundo, y en especial las latinoamericanas, muestran un declive en similitud con respecto a la Constitución estadounidense reside en el hecho de que varios de los derechos recogidos en la Constitución estadounidense han permanecido estables en un nivel relativamente bajo de alcance, en lugar de expandirse al ritmo de las tendencias globales. Una de las tendencias globales más persistentes ha sido la "inflación de derechos" o tendencia de las constituciones a incorporar un

---

[14] La similitud constitucional de Surinam con los Estados Unidos es mayor marginalmente hoy que en 1975; ese año obtuvo la independencia de Holanda. Sin embargo, aunque Surinam está incluido en los datos usados para calcular la tendencia en América Latina en su conjunto, hay al menos dos razones para no incluir a Surinam en las generalizaciones sobre patrones constitucionales en América Latina. En primer lugar, aunque Surinam está ubicada en el continente americano, se habla flamenco como idioma oficial y suele identificarse más como parte del Caribe que como de América Latina. En segundo lugar, el hecho de que Surinam no obtuviera su independencia hasta 1975 impide hacer comparaciones durante todo el periodo de posguerra.

[15] Jonathan Miller, "The Constitutional Authority of a Foreign Talisman: A Study of U.S. Practice as Authority in 19th Century Argentina and the Argentine Elite's Leap of Faith", *American University Law Review* 46 (1997), p. 1483.

creciente número de derechos con el transcurso del tiempo.[16] En 1946 las constituciones contenían un promedio de 21 normas sobre derechos de un total de los 60 posibles que tiene el índice de similitud constitucional sustantiva de Law-Versteeg. Con veinte derechos de entre sesenta posibles, la Constitución estadounidense encajaba bien con la tendencia global de la época en que fue redactada, al menos en cuanto al número total de derechos que contenía. Sin embargo, para 2012 el promedio mundial había crecido a 34, mientras que la Constitución estadounidense había permanecido inamovible en 20.

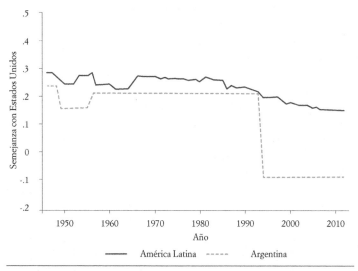

Figura 3. Similitud constitucional entre América, Latina, Argentina y Estados Unidos

En fuerte contraste con los Estados Unidos, América Latina ha estado a la vanguardia de la tendencia global a añadir nuevos derechos. La figura 4 compara el grado de inflación de derechos en América Latina frente al resto del mundo, medido

---

[16] Law y Versteeg, *supra* nota 11, pp. 1194-1198.

en función del número promedio de normas del índice recogidas en las constituciones de una región determinada. En la actualidad, las constituciones latinoamericanas contienen un promedio de 45 derechos de los 60 contemplados por el índice de similitud Law-Vesteeeg.[17] Como se señala en la tabla 3, las constituciones latinoamericanas lideran el mundo en cuanto al número de derechos civiles, políticos y procesales penales, y se ubican solo por detrás de las constituciones de Europa Central y del Este en cuanto al número de derechos socieconómicos.

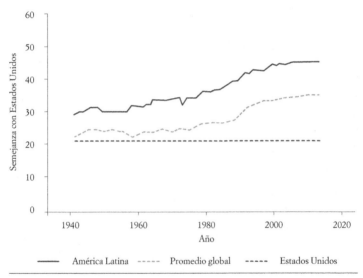

Figura 4. Crecimiento en el número promedio de derechos del índice

La reducción de la similitud de las constituciones latinoamericanas con la Constitución estadounidense es, al menos en parte, una secuela de la expansión del número de derechos que contienen. La fuerte caída en la puntuación de similitud de Argentina que muestra la figura 3 ilustra cómo la inflación

---

[17] La media exacta para América Latina es 44,5.

de derechos puede causar una falta de similitud con la Constitución estadounidense. En 1994 las enmiendas constitucionales hicieron explícitas varias garantías en temas como los derechos del consumidor, la discriminación de género o los derechos de voto, entre otros. El resultado fue que el número de normas del índice contenidas en la Constitución argentina pasó abruptamente de 26 a 41, es decir, dobló el número de derechos del índice recogidos en la Constitución de los Estados Unidos.

No todos los países latinoamericanos se han apartado del parsimonioso modelo estadounidense en la misma medida. Chile destaca por su relativamente alto nivel de similitud constitucional con los Estados Unidos, por detrás de Guyana y Belice. También hay que señalar que tras la adopción por el régimen de Pinochet de una nueva Constitución en 1980 se produjo un fuerte rebote de la similitud con la Constitución estadounidense. No obstante, la similitud constitucional con los Estados Unidos no llegó a los niveles de 1946 y hoy está en declive otra vez (figura 5).

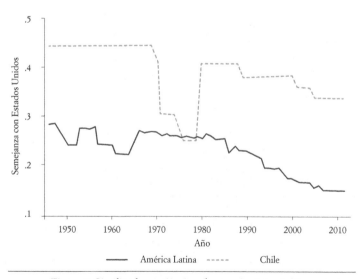

Figura 5. Similitud constitucional entre América Latina, Chile y Estados Unidos

317

Al igual que Chile, Venezuela ha venido experimentando fluctuaciones en cuanto a la similitud constitucional con Estados Unidos (figura 6). Sus procesos de reforma constitucional de 1946, 1953 y 1961 señalaron un periodo de picos y valles. Sin embargo, a diferencia de Chile, Venezuela no regresó hacia la dirección estadounidense. En vez de eso, compite con Argentina por mostrar el nivel de similitud más bajo con la Constitución estadounidense. Como también pasa con la Constitución argentina, las diferencias entre la Constitución de Venezuela de 1999 y la Constitución estadounidense superan las similitudes, al menos en el área de los derechos.

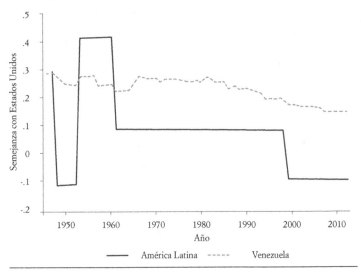

Figura 6. Similitud constitucional entre América Latina, Venezuela y Estados Unidos

Las tendencias en Brasil y Colombia han sido menos erráticas y más típicas de la región en su conjunto. En Brasil, la similitud constitucional con Estados Unidos decayó fuertemente con la adopción de la Constitución de 1989, pero se recuperó ligeramente con las enmiendas de 2005, que hicieron que el país se acercara al promedio regional (figura 7). Entretanto, Colombia ha servido como una especie de termómetro constitucional para América Latina. Se podría decir que ha reflejado la tendencia regional general de manera más cercana que cualquier otro país, pero sería más preciso decir en lugar de eso que Colombia ha *anticipado* la tendencia regional. Durante décadas, se mantuvo constante en un nivel ligeramente inferior al regional hasta que el resto de la región cayó al mismo nivel. Luego volvió a caer por debajo del promedio regional con su adopción de una nueva Constitución en 1991, pero la tendencia general en la región le acompañó a continuación (figura 8).

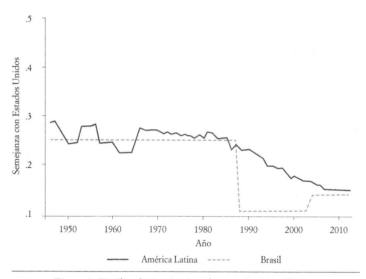

Figura 7. Similitud constitucional entre América Latina, Brasil y Estados Unidos

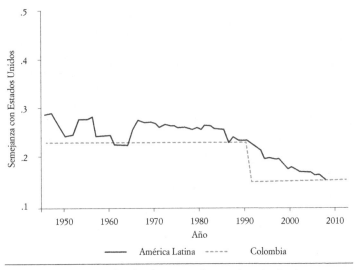

Figura 8. Similitud constitucional entre América Latina, Colombia y Estados Unidos

Una clasificación de todas las constituciones latinoamericanas en orden descendente usando como criterio la similitud con la Constitución estadounidense hasta 2012 muestra una coincidencia intrigante. Como se observa en la tabla 1, Guyana y Belice están en lo alto de la clasificación, pero también comparten ser los dos únicos países de habla inglesa de la región. Tanto si los vínculos lingüísticos tienen o no efectos en el fomento de la similitud constitucional como si no son más que una causa refleja de las verdaderas causas de similitud, puede ser algo más que una coincidencia que los dos países con la mayor similitud constitucional con los Estados Unidos sean también los únicos dos que hablan el mismo lenguaje que ese país. En el extremo opuesto de la clasificación, Argentina y Venezuela compiten por el título de tener la Constitución menos parecida a la estadounidense. Aunque Venezuela gana por poco a Argentina, la puntuación negativa de Argentina indicaría que su repudio del modelo estadounidense es completo.

Tabla 1. Las constituciones latinoamericanas clasificadas por su similitud con la Constitución estadounidense hasta 2012

País	Similitud con EE. UU.
Guyana	0,4348
Belice	0,3852
Chile	0,3367
México	0,3222
Surinam	0,2891
Bolivia	0,2288
Honduras	0,2054
Costa Rica	0,1958
Uruguay	0,1721
Nicaragua	0,1578
Colombia	0,1406
Panamá	0,1315
Brasil	0,1315
Paraguay	0,0822
El Salvador	0,0466
Guatemala	0,0175
Ecuador	0,0116
Perú	−0,0469
Argentina	−0,1014
Venezuela	−0,1048

B. UNA COMPARACIÓN DE AMÉRICA LATINA CON OTRAS REGIONES

Esta sección ofrece una explicación descriptiva de cómo las constituciones latinoamericanas en su conjunto están clasificadas teniendo en cuenta varios aspectos sustantivos, como el grado en el que pretenden proteger varias clases de derechos y la importancia asignada al poder ejecutivo. Las mediciones y las clasificaciones descritas aquí se basan en una amplia variedad de datos recogidos por el profesor Ginsburg en colaboración con los colegas del CCP. La tabla 2 presenta las comparaciones globales para todos los índices sustantivos, divididos adicionalmente por región para facilitar la comparación con América Latina. A continuación, se describe cada índice con mayor detalle.

1. *ÁMBITO Y DETALLE*

Usamos las mediciones cuantitativas del ámbito y del detalle de las constituciones nacionales desarrolladas por Melkinsburg,[18] en las cuales *ámbito* se refiere al número total de temas abordado por el texto de la Constitución (con respecto a un número total posible de 92 temas) y *detalle* al número de palabras por tema abordado. Los resultados, que se muestran en la figura 9, revelan que las constituciones latinoamericanas han exhibido desde el punto de vista histórico un ámbito y detalle relativamente amplios con respecto a las constituciones de otras regiones. En cuanto al ámbito, América Latina lideró el mundo con relación a esas dimensiones en el periodo inmediatamente posterior a la Segunda Guerra Mundial, pero fue superada por Europa del Este y el sur de Asia cerca del final del siglo XX. En cuanto al detalle, América Latina está en segunda posición después del sur de Asia, pero esa distancia es más evidente. Las constituciones de Europa del Este y norteamericanas han mostrado, en conjunto, un alcance y detalle menores.

2. *PODER EJECUTIVO Y LEGISLATIVO*

La historia latinoamericana de autoritarismo político hace que la asignación constitucional del reparto de poderes entre

---

[18] Melkinsburg, *supra* nota 6.

las instituciones de gobierno sea un tema de especial interés. En consecuencia, estudiamos el grado de poder ejecutivo y de poder legislativo reconocido por las constituciones latinoamericanas. Basándonos en el enfoque de Ginsburg,[19] empleamos un índice de poder ejecutivo que recoge factores, como el máximo número de años que el Gobierno puede permanecer en el cargo y el nivel de detalle constitucional en torno a la selección y la retirada del jefe de Estado. Nuestro índice para el poder legislativo, sin embargo, consiste en 32 indicadores binarios extraídos del conjunto de datos del CCP, que se corresponden con los componentes del índice sumatorio del poder legislativo *de facto* elaborado por Fish y Kroenig.[20] Las figuras 10 y 11 describen los niveles de poder ejecutivo y legislativo encontrados a lo largo del tiempo en las constituciones latinoamericanas y también de otros lugares.

El nivel de poder ejecutivo formal encontrado en las constituciones latinoamericanas declinó fuertemente entre 1950 y 1975 a medida que los legisladores constitucionales reaccionaron frente a una historia larga y problemática de presidencialismo y caudillismo. En 1950 las constituciones latinoamericanas eran las segundas tras las constituciones de Oriente Medio en lo relativo al poder ejecutivo formal; hoy América Latina es solo la quinta entre ocho regiones. Las normas jurídicas relativamente escasas que regulan el poder ejecutivo ocultan el nivel relativamente alto de poder ejecutivo *de facto* que continúa ejerciéndose en países latinoamericanos como Bolivia, Colombia y Venezuela, entre otros.

Los niveles medianos del poder ejecutivo reconocidos por las normas jurídicas en América Latina se corresponden con niveles medianos del poder legislativo reconocidos en las nor-

---

[19] Tom Ginsburg, "The Constitutional Court and the Judicialization of Korean Politics", en *New Courts in Asia* (Andrew Harding et al, ed., 2009).

[20] M. Steven Fish y Mathew Kroenig, *The Handbook of National Legislatures: A Global Survey* (2009).

mas jurídicas. Las constituciones latinoamericanas, por consiguiente, son distintas de las constituciones de Oriente Medio a este respecto, que favorecen el poder legislativo frente al poder ejecutivo, o las constituciones de Asia del Este, que muestran el sesgo contrario en favor del poder ejecutivo (figuras 12 y 13).

3. DERECHOS

Para medir el grado en el que las constituciones dicen proteger los derechos, empleamos varios índices diferentes que se corresponden con distintas categorías de derechos. El primero es un índice general de derechos, que es simplemente el porcentaje de derechos incluidos en la Constitución, de un total de 81 derechos cubiertos por el conjunto de datos del CCP. También creamos subíndices para los derechos civiles y políticos, derechos de procedimiento penal y derechos económicos. Los subíndices cubren 18 derechos civiles y políticos, 25 derechos procesales penales y 19 derechos económicos. Para cada tipo de derecho, el correspondiente subíndice indica el porcentaje de ese tipo de derecho en una Constitución determinada. En consecuencia, por ejemplo, una Constitución que contiene 5 de 25 derechos relativos a la categoría de derechos procesales penales recibe una puntuación de 0,2, es decir, 20 % de esa categoría.

Sobre el papel, América Latina tiene los mayores niveles de protección de los derechos civiles y políticos y también de los derechos de los acusados en procesos penales. En el área de los derechos económicos, América Latina está en segundo lugar detrás de Europa del Este, donde la protección de los derechos socioeconómicos se elevó enormemente en la década de 1990 cuando un país tras otro buscó repudiar el legado del comunismo tras el colapso de la otrora Unión Soviética. En cambio, las constituciones latinoamericanas tuvieron de partida una línea de base relativamente alta y experimentaron un crecimiento continuo y moderado de la protección formal de los derechos en el periodo de posguerra (figuras 13a, b, c y d).

En la práctica, como es bien sabido, el respeto por los derechos humanos no ha sido siempre el punto fuerte de los regímenes latinoamericanos. Sin embargo, eso no significa que el creciente número de derechos contenido en las constituciones latinoamericanas sean simplemente promesas vacías. Las diversas mediciones del cumplimiento constitucional usadas por Law y Veersteg[21] sugieren que el respeto real por los derechos civiles, políticos, socioeconómicos y de grupo ha mejorado en América Latina desde principios de la década de 1990. Law y Veersteg encuentran, además, que esas mejoras de desempeño en el mundo real han sobrepasado la incorporación de nuevos derechos constitucionales a lo largo del tiempo. El resultado es una tendencia en América Latina a alejarse de constituciones ineficientes o ficticias y moverse hacia constituciones relativamente fuertes, que muestran una protección creciente de los derechos en teoría y en la práctica. Cuando se compara con otras regiones, América Latina clasifica solo ligeramente por debajo en el cumplimiento de las garantías constitucionales a los derechos. Está por detrás de Europa Occidental, América del Norte, Asia del Este y la región del Pacífico, pero por delante de Europa Central y del Este y de Asia Central, que a su vez están mejor que África y Oriente Medio. La mayor distancia entre qué derechos se prometen en el papel y qué derechos son protegidos en la práctica está en el sur de Asia.

4. ESTABILIDAD

La historia de inestabilidad constitucional de América Latina se corresponde con su historia de agitación política e inestabilidad de los regímenes políticos. Los frecuentes cambios constitucionales no han seguido un patrón establecido, sino que

---

[21]   Law y Versteeg, *supra* nota 5, pp. 907-911.

ofrecen ejemplos de "mezclas", "ciclos" y "evolución".[22] No es sorprendente que las constituciones latinoamericanas sigan estando clasificadas por debajo del promedio en cuanto a su longevidad. Sin embargo, la longevidad constitucional latinoamericana ha mejorado algo en las últimas décadas, por lo que la distancia no es enorme. Con respecto a los estándares globales, la longevidad constitucional en América Latina cabría describir como mediana más que pobre. Como se muestra en la tabla 2, el promedio de duración de las constituciones en América Latina es en la actualidad de veintiocho años, mientras que el promedio mundial es treinta y dos. Eso sitúa a América Latina en un lugar intermedio del grupo: está quinta entre ocho regiones y queda por delante del sur de Asia, África subsahariana o Europa del Este, que queda en la última posición con una vida promedio constitucional de solo quince años (tabla 3).

C. Conclusión

El constitucionalismo latinoamericano ofrece muchas oportunidades de realizar investigaciones comparadas gracias a la larga tradición de la región en adopción de textos constitucionales formales. Los académicos han estudiado estos textos recurriendo a una variedad de métodos,[23] pero como ilustran los otros capítulos de este libro, la literatura existente apenas ha comenzado a explorar todas las posibilidades. Este capítulo ha adoptado el enfoque relativamente novedoso de identificar y examinar los patrones textuales a lo largo del tiempo a partir de datos cuantitativos o datos de "*n* grande".[24] La investigación cuantitativa de esta clase no pretende recoger todos los detalles

---

[22] Melkinsburg, *supra* nota 6, p. 25.

[23] Gargarella, *supra* nota 6; Gabriel Negretto, *Making Constitutions: Presidents, Parties and Institutional Choice in Latin America* (2013).

[24] David S. Law, "Constitutions", en *Oxford Handbook of Empirical Legal Studies* (Peter Cane y Herbert M. Kritzer eds., 2010), p. 379.

de los textos constitucionales formales, sino más bien ofrecer un fundamento claro, sistemático y transparente que permita cuestionar los estereotipos y los conceptos preconcebidos sobre los patrones de elaboración de normas constitucionales. En América Latina, el análisis cuantitativo sugiere que, al menos en conjunto y en promedio, los siguientes estereotipos constitucionales pueden estar ahora desfasados: 1) las constituciones latinoamericanas tienden a emular el modelo de la Constitución estadounidense, 2) las constituciones latinoamericanas contemplan un poder ejecutivo excesivo y 3) las normas de derechos encontradas en las constituciones latinoamericanas son esencialmente promesas vacías. Con respecto a las constituciones de otras regiones del mundo, las constituciones latinoamericanas tienden a ser relativamente detalladas, a contemplar niveles formales de poder ejecutivo relativamente moderados, que también se han reducido a lo largo del tiempo, y a contener un catálogo extenso de derechos. Además, en promedio la implementación real de los derechos está mejorando. Una implicación adicional de nuestro análisis es que las regiones tienen patrones discretos de elaboración de normas constitucionales que merecería la pena investigar. Nuestras conclusiones con respecto a América Latina son congruentes con investigaciones anteriores que afirman que las distintas regiones geográficas muestran patrones discretos de elaboración de normas constitucionales.[25] Esta conclusión reiterada sobre los patrones constitucionales regionales, sin perjuicio de los efectos homogeneizadores de la globalización, merecería futuras investigaciones y explicaciones.

---

[25] Por ejemplo, Tom Ginsburg, "East Asian Constitutionalism in Comparative Perspective", en *Constitutionalism in Asia in the Early Twenty-First Century* (Albert H. Y. Chen ed., Cambridge University Press Law 2013); Law y Versteeg, *supra* nota 5.

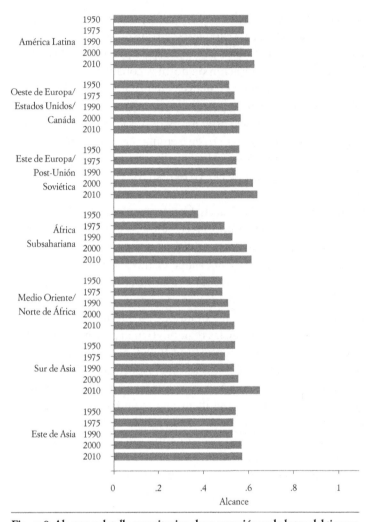

Figura 9. Alcance y detalle constitucionales por región y a lo largo del tiempo

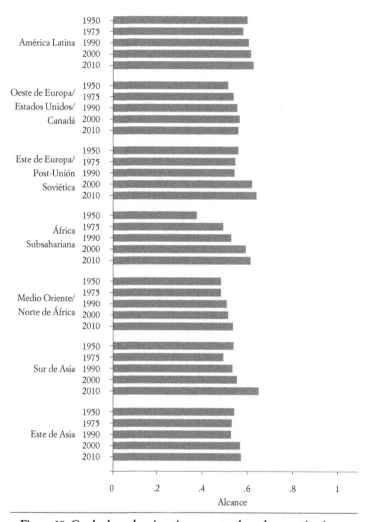

Figura 10. Grado de poder ejecutivo encontrado en las constituciones por región y a lo largo del tiempo

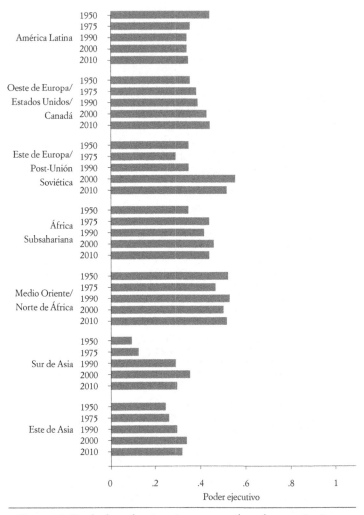

Figura 11. Grado de poder ejecutivo encontrado en las constituciones por región y a lo largo del tiempo

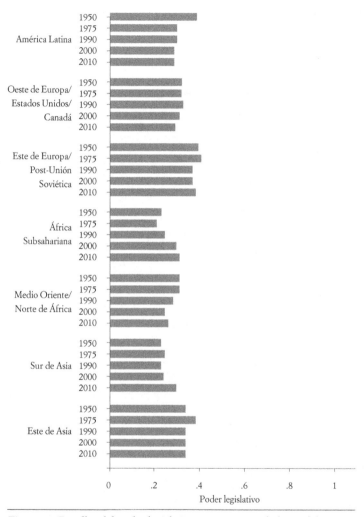

Figura 12. Detalles del poder legislativo por región y a lo largo del tiempo

331

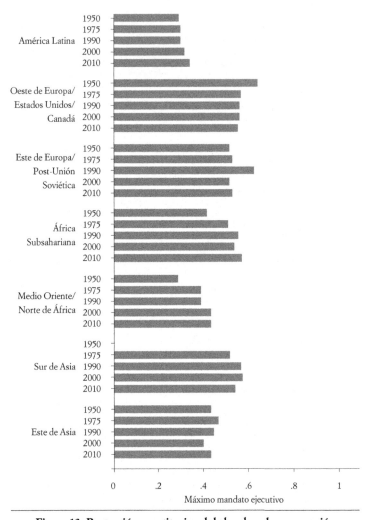

Figura 13. Protección constitucional de los derechos por región y a lo largo del tiempo

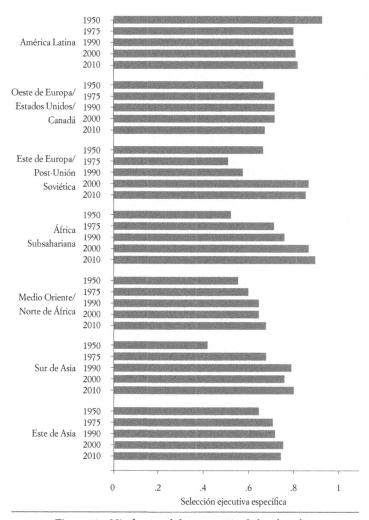

Figura 13a. Nivel general de protección de los derechos

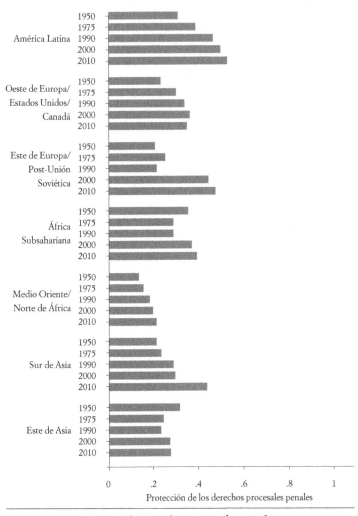

Figura 13b. Derechos procesales penales

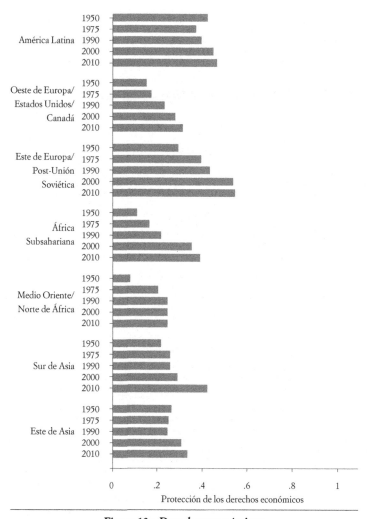

Figura 13c. Derechos económicos

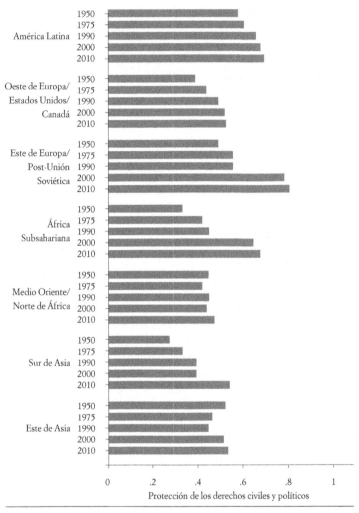

Figura 13d. Derechos civiles y políticos

Tabla 2. Diferencias regionales en contenido constitucional

Región	n	Duración media	Índices de derechos				Índices de poderes			Especificidad	
			Total	Político	Económico	Penal	Ejecutivo	Legislativo	Ámbito	Detalle	
Latinoamérica	33	28	0,51	0,66	0,45	0,5	0,33	0,26	0,59	0,23	
Europa occidental/ Estados Unidos-Canadá	24	79	0,34	0,50	0,30	0,34	0,42	0,27	0,53	0,11	
Europa del Este/Post-Unión Soviética	32	15	0,51	0,72	0,49	0,44	0,47	0,34	0,61	0,08	
África subsahariana	47	16	0,41	0,64	0,36	0,37	0,41	0,29	0,59	0,16	
Oriente Medio/Norte de África	19	33	0,25	0,43	0,22	0,16	0,46	0,23	0,51	0,07	
Sur de Asia	7	19	0,42	0,52	0,41	0,41	0,29	0,22	0,62	0,30	
Oceanía	14	56	0,27	0,42	0,07	0,41	0,18	0,18	0,42	0,19	
Este de Asia	17	34	0,34	0,51	0,33	0,26	0,30	0,32	0,55	0,14	
Promedio global	193	32	0,40	0,59	0,36	0,38	0,38	0,28	0,57	0,15	

Tabla 3. Clasificación de América Latina en cada categoría entre las ochos regiones del mundo

Duración	5
Derechos	1
políticos	1
económicos	2
penales	1
Poder ejecutivo	5
Poder legislativo	5
Ámbito	3
Detalle	2

VIII. LA DIFUSIÓN GLOBAL DEL PENSAMIENTO JURÍDICO ESTADOUNIDENSE: INFLUENCIA MENGUANTE, EXPORTACIÓN SELECTIVA Y CRISIS EDUCATIVA

Fernanda G. Nicola[1]

El derecho se expande en igual grado por la literatura que por la legislación. El comercio, la educación y la religión pueden ser vías igual de importantes que la acción gubernativa a la hora de producir cambios jurídicos.

William Twining [2]

---

[1] Profesora de Derecho, American University, Washington, y directora del Programa sobre Derecho de las Organizaciones Internacionales y Diplomacia, especialista en Derecho Comparado.

[2] Véase William Twining, "Diffusion of Law: A Global Perspective", 1 *J. Comp. L.* 237 (2006), p. 238.

A. PENSAMIENTO JURÍDICO Y VIENTOS CAMBIANTES

Durante el siglo XX, el centro de producción de las ideas jurídicas cambió de Francia a Alemania y luego a los Estados Unidos. En este país, el razonamiento jurídico dominante estructuró el derecho como un "fenómeno de organización social" que no estaba limitado a un sistema jurídico específico.[3] Hubo factores externos e internos que influenciaron el pensamiento jurídico estadounidense y que explican ese cambio de viento de la Europa continental hacia Estados Unidos. Como factores externos tendríamos la mayor influencia de Estados Unidos tras la Segunda Guerra Mundial, que sitúa al país en el liderazgo político y económico mundial. Como factor interno, la crítica efectuada por el funcionalismo basado en la finalidad social, desarrollada por el realismo jurídico estadounidense, proporcionó nuevos enfoques pragmáticos para la solución de problemas integrados en una comprensión reformulada y pragmática del derecho, llamada funcionalismo sociológico positivo.[4] Por último, la difusión jurídica tuvo lugar mediante las disciplinas del derecho público basadas en las teorías del derecho constitucional estadounidense del neoformalismo de los derechos y el análisis del equilibrio de políticas en conflicto.[5]

La difusión de la educación jurídica tiene lugar mediante las facultades de Derecho, las ONG, las instituciones financieras internacionales (IFI) y también mediante otras vías, a menudo de la mano de reformas, como las promovidas por la corriente de derecho y desarrollo o de forma más general gracias al prestigio

---

[3] Véase Ugo Mattei, "Why the Wind Changed: Intellectual Leadership in Western Law", 42 *Am. J. Comp. L.* 195 (1993), pp. 195-196.

[4] Véase Fernanda Nicola, "Family Law Exceptionalism in Comparative Law", 58 *Am. J. Comp. L.* 777 (2010), p. 795.

[5] Véase Duncan Kennedy, "The Globalizations of Law and Legal Thought", en *The New Law and Economic Development: A Critical Appraisal* (David Trubek y Álvaro Santos, eds., 2006), p. 57.

de los profesores y la formación jurídica estadounidenses.[6] El alcance del pensamiento jurídico estadounidense fue evidente en América Latina, Asia, Europa y África mediante el trasplante de instituciones jurídicas. La difusión de los estilos jurídicos estadounidenses cambió a menudo el proceso, más que el contenido, de la educación jurídica, lo cual produjo reformas curriculares locales que reflejaron el estilo más pragmático de educación jurídica estadounidense.[7] Algunos académicos han criticado duramente la exportación del pensamiento jurídico estadounidense, debido a su proceso judicial marcadamente contradictorio (*adversarial*), que descentraliza el poder y privatiza los conflictos, al mismo tiempo que crea ventajas para los poderosos y los ricos al expandir la desigualdad y la estratificación social.[8] Otros han argumentado, en cambio, que la difusión de métodos de enseñanza dirigidos a la adopción de una educación jurídica práctica de origen estadounidense, representada por los consultorios jurídicos universitarios, pretende informar, adaptar y promover la justicia social de tal manera que se aborden las realidades del contexto del país importador.[9]

1. LA DIFUSIÓN JURÍDICA MEDIANTE LA EDUCACIÓN JURÍDICA

Desde inicios del siglo XX, los Estados Unidos han sido un exitoso receptor de las ideas jurídicas europeas.[10] Sin embar-

---

[6]   Véase Michele Graziadei, "Legal Transplants and the Frontiers of Legal Knowledge", 10 *Theoretical Inquiries in L.* 723 (2009), p. 724.

[7]   Véase William Twining, "Social Science and Diffusion of Law", 32 *J. L. Soc'y* 203 (2005), p. 204; John H. Merryman, "Law and Development Memoirs: The Chile Law Program", 48 *Am. J. Comp. Law* 481 (2000), p. 484.

[8]   Véase Ugo Mattei y Laura Nader, *Plunder: When the Rule of Law is Illegal* (2008).

[9]   Véase Symposium, "Clinical Legal Education in Latin America", *Drexel L. Rev.* (2012).

[10] Véase Mattei, *supra* nota 3, pp. 195-196.

go, hacia finales de la Segunda Guerra Mundial, los vientos cambiaron, y los Estados Unidos se convirtieron en uno de los principales centros de producción de la conciencia jurídica global, en la *langue* usada por las élites jurídicas transnacionales.[11] En la era de posguerra, las facultades de Derecho tuvieron una relevancia destacada en la difusión del pensamiento jurídico estadounidense en todo el mundo, a menudo impulsado por los fines del Movimiento Derecho y Desarrollo.[12] Las facultades de Derecho cosmopolitas de América del Norte recibieron a muchos profesores judíos de derecho emigrados de Europa, que mantuvieron vínculos con su continente después de la guerra. Las facultades de Derecho estadounidenses desarrollaron programas de estudios graduados, influenciados al principio por los modelos doctorales europeos, pero luego cambiaron el paso y acabaron por influenciar a las élites globales de todo el mundo.[13] En las últimas décadas, muchos abogados educados en programas de posgrado en América del Norte han entrado a formar parte de las élites jurídicas y políticas mundiales que trabajan en despachos de abogados transnacionales u organizaciones internacionales.[14] Los académicos que trabajan en los Estados Unidos son contratados cada vez con más frecuencia como asesores jurídicos para redactar, interpretar y reformar las constituciones de los países en transición o para liderar reformas de mercado neoliberales legitimadas por la ideología del Consenso de Washington, o para ayudar a Gobiernos supuestamente corruptos que necesitan reformas jurídicas

---

[11] Véase Kennedy, *supra* nota 5, p. 57.

[12] Véase Mark Galantier y David Trubek, "Scholars in Self-Estrangement: Some Reflections on the Crisis in Law and Development Studies", 4 *Wis. L. Rev.* 1062 (1974), p. 1067.

[13] Véase Gail Hupper, "The Rise of an Academic Doctorate in Law: Origins through World War II", 49 *Am. J. Legal Hist.* 1 (2007), p. 1.

[14] Véase Yvez Dezalay y Bryant G. Garth, *Lawyers and the Construction of Transnational Justice* (2012).

constantes.[15] En cualquier caso, las facultades de Derecho estadounidenses y sus profesores se han convertido en importantes agentes del cambio jurídico mediante la exportación del pensamiento jurídico estadounidense dominante, y también de sus críticas, al resto del mundo.[16]

La difusión del pensamiento jurídico estadounidense ha sido estudiada de forma más sistemática por los científicos sociales que por los juristas, aunque, desde el punto de vista de la práctica jurídica y de la educación jurídica, los abogados siguen siendo los principales agentes del cambio jurídico.[17] Las explicaciones positivistas del Movimiento Derecho y Desarrollo se han ocupado de las reformas de las instituciones jurídicas en lugar de cambiar el razonamiento y la cultura jurídica de los grupos receptores. Sin embargo, los juristas críticos han mostrado la resistencia a los trasplantes jurídicos cuando la transferencia de doctrinas jurídicas extranjeras irrita el sistema receptor, cuando la transferencia solo penetra parcialmente el sistema jurídico en función de cuán comprometidas están las élites jurídicas y políticas con su aceptación[18] o cuándo la transferencia está bajo sospecha continua por parte de las élites poscoloniales, más receptivas hoy a la recepción del pensamiento jurídico estadounidense que a la del europeo.[19]

---

[15] Véase Jorge Esquirol, "The Failed Law in Latin America", 56 *Am. J. Comp. L.* 75, 75 (2008); Noah Feldman, "Imposed Constitutionalism", 37 *Conn. L. Rev.* 857 (2005), p. 860.

[16] Véase *Left Legalism/Left Critique*, 10 (Wendy Brown y Janet Halley eds., 2002).

[17] Véase Twining, *supra* nota 7, p. 204.

[18] Berkowitz, Daniel, Katharina Pistor y Jean-François Richard, "The Transplant Effect", 51 *American Journal of Comparative Law* (2003), pp. 163-203.

[19] Véase Sylvia Wairimu Kang'ara, "Beyond Bed and Bread: Making the African State through Marriage Reform-Constitutive and Transformative Influences of Anglo-American Legal Thought", 9 *Hastings Race & Poverty L. J.* 353 (2012), p. 353; Gunther Teubner, "Legal Irritants: Good Faith in British Law or How Unifying Law Ends Up in New Differences", 61 *Mod. L. Rev.* 11 (1998), p. 11.

La dificultad a la hora de cartografiar la difusión del pensamiento jurídico europeo, en lugar de la recepción de una institución concreta o una norma judicial o legislativa, está relacionada con cómo medir la influencia de las ideas jurídicas estadounidenses en el estilo de razonamiento jurídico de otro país. La educación jurídica es un punto de partida excelente de inicio, porque las facultades de Derecho proporcionan la formación necesaria que todo abogado debe tener. Desde los años noventa, las facultades de Derecho han desarrollado programas de posgrado, incluidos maestrías o doctorados en Derecho, que han educado a los profesores de Canadá, Israel, Corea, Colombia y Taiwán.[20]

El prestigio de la educación jurídica estadounidense fue de la mano del predominio de las ideas jurídicas occidentales, como la promoción de la democracia y el Estado de derecho. Tómese el ejemplo de China, donde el supuesto del mayor prestigio junto con la geopolítica y el desempeño económico llevaron a cambios radicales en el sistema jurídico tradicional y poscomunista; sistema jurídico comprometido ahora con introducir paulatinamente principios del Estado de derecho occidental.[21] El prestigio de participar en instituciones occidentales, como la Organización Mundial del Comercio, y también el deseo de mantener la apreciada condición comercial de nación más favorecida, impulsaron a China a reformar su sistema jurídico de tal forma que se alineara más con los principios occidentales, al menos en apariencia.[22] El cambio jurídico en China fue motivado también por la llamativa expansión de su educación jurídica. Las universidades estadounidenses son lugares que los

---

[20] Véase Gail Hupper, "The Academic Doctorate in Law: A Vehicle for Legal Transplants?", 58 *J. L. Educ.* 413 (2008), p. 415.

[21] Véase William Alford, "Exporting 'the Pursuit of Happiness' Aiding Democracy Abroad: The Learning Curve by Thomas Carothers (book review)", 113 *Harv. L. Rev.* 1677 (2000), p. 1683.

[22] Véase Donald S. Clarke, "China's Legal System and the WTO: Prospects for Compliance", 2 *Wash. U. Global Stud. L. Rev.* 97 (2003), p. 97.

académicos del derecho chinos visitan regularmente gracias a los programas estadounidenses de asistencia jurídica y los fondos para la cooperación.[23] Hay numerosas y variadas obras jurídicas estadounidenses en las bibliotecas de derecho de las universidades chinas, y en los textos académicos chinos las citas más numerosas son obras, casos y legislación estadounidenses. Los académicos chinos están familiarizados con muchos términos jurídicos propios del derecho estadounidense o influenciados por él, como regulación y desregulación administrativa, elección pública y teoría de juegos, difusión de la información pública y, sin duda, el principio del debido proceso y las audiencias judiciales garantistas.[24] Cada vez más, los jueces de los tribunales inferiores chinos experimentan con la negociación de penas, usan precedentes de manera informal y atienden un número creciente de reclamaciones basadas en derechos.[25]

Este capítulo, al concentrarse en la difusión jurídica del pensamiento jurídico estadounidense mediante la educación jurídica, pretende ir más allá de la interacción binaria entre prestatario y prestamista en una sola dirección estable. En vez de como un viento que solo sopla en una dirección, la difusión judicial debería comprenderse como un viento cambiante de formación compleja.[26]

2. SEÑALES DE LA INFLUENCIA MENGUANTE DEL PENSAMIENTO JURÍDICO ESTADOUNIDENSE

La influencia incipiente de los BRICS (como se conoce hoy a los países de economías emergentes Brasil, Rusia, India, China

---

[23] Véase Jacques DeLisle, "Lex Americana? United States Legal Assistance, American Legal Models, and Legal Change in the Post-Communist World and Beyond", 20 *U Pa. J. Int. L.* 179 (1999), p. 180.

[24] Véase Haibo He, "The Dawn of the Due Process Principle in China", 22 *Colum. J. Asian L.* 57 (2008), p. 57.

[25] Véase Benjamin L. Liebman, "China's Courts: Restricted Reform", 21 *Colum. J. Asian* L. 1 (2008), p. 1.

[26] Véase Twining, *supra* nota 2, p. 238.

y Sudáfrica) en el comercio internacional y su convergencia hacia los mismos modelos de gobernanza ha creado procesos de resistencia y reacciones contrarias a la armonización frente a la hegemonía comercial extranjera de Estados Unidos.[27] Al poner a prueba los límites de la difusión, el pensamiento jurídico estadounidense alrededor del mundo, que va del derecho privado hasta el derecho público, las doctrinas jurídicas, las ideas y las políticas estadounidenses, parece ser *retro* en lugar de *avant-garde* cuando se compara con los modelos globales emergentes. Por ejemplo, los principios sudafricanos del derecho constitucional, que tienen un carácter programático y están incorporados a la Constitución de 1996, han permitido a la Corte Constitucional sudafricana recurrir a un discurso constitucional comparado, que se ha convertido en un modelo para varios problemas jurídicos, como los derechos socioeconómicos o el matrimonio del mismo sexo, entre otros.[28] De manera similar, las estrategias comerciales brasileñas en el contexto del foro multilateral de la Organización Mundial del Comercio han desarrollado unas políticas públicas autónomas, con el fin de oponerse, por ejemplo, a los desajustes de la tasa de cambio mediante medidas anti-*dumping*.[29]

El exitoso avance de las ideas jurídicas estadounidenses después de la Segunda Guerra Mundial fue de la mano de las políticas neoliberales promovidas globalmente mediante el Consenso de Washington en los años noventa. Desde mediados de esta década hasta 2005, el neoliberalismo fue menguando

---

[27] Véase Lucia Scaffardi, "BRICS a Multi-Centre 'Legal Network'?", 5 *Beijing L. Rev.* 140 (2014); Amy Kapczynski, "Harmonization and Its Discontents: A Case Study of TRIPS Implementation in India's Pharmaceutical Sector", 97 *Calif. L. Rev.* 1571 (2009), p. 1576.

[28] Véase Macarena Sáez, *Which Side of the Aisle? The Coming Divide between Marriage and Family Law* (próxima publicación); Karl E. Klare, "Legal culture and Transformative Constitutionalism", 14 *SALJ on Human Rights* 146 (1998), p. 146.

[29] Véase Macarena Sáez, *supra* nota 28; Karl E. Klare, *supra* nota 28.

como resultado de la decepción ocasionada por la terapia de choque neoliberal de mercado en Rusia y América Latina, y la oposición a las políticas de ajuste estructural en todo el Sur, lo cual hizo cambiar el derecho y las estrategias de desarrollo para incluir a la sociedad civil y también fines humanos y sociales en los programas neoliberales de desarrollo.[30] Las élites políticas y jurídicas en ascenso de las periferias y la semiperiferia de China, África y América Latina estaban *pasando* de las recetas económicas neoliberales sin más y de los enfoques basados en derechos a una recepción selectiva del pensamiento jurídico estadounidense.

El espacio creado por la decadencia del Consenso de Washington originó un enfoque de derechas y de izquierda con respecto al desarrollo. Ambos enfoques incluyeron prestar atención a los contextos locales y a las diferentes capacidades de cada lugar, y ajustar las reformas a las circunstancias en las que debían llevarse a cabo dependiendo de las élites locales y los destinatarios sociales.[31] Aunque las perspectivas aportadas por las corrientes teóricas del pensamiento jurídico estadou- nidense, como el realismo jurídico, la teoría del proceso legal y el neoformalismo de los derechos, acabaran por globalizarse de manera exitosa en otros lugares, ya no satisfacían las nece- sidades de las élites jurídicas en ascenso de las periferias y las semiperiferias de China, África y América Latina, que estaban intentando integrar los estilos globales con los nativos.

3. EL DECLIVE DE UNA "ÚNICA CLASE" DE CONSTITUCIONALISMO ESTADOUNIDENSE

Durante los años ochenta, la difusión del pensamiento jurídico estadounidense fue de la mano de las políticas neoliberales no

---

[30] Véase David Kennedy, "The "Rule of Law," Political Choices, and Develop- ment Common Sense", en *The New Law and Economic Development: A Critical Appraisal* (David Trubek y Álvaro Santos eds., 2006).

[31] Véase Amartya Sen, *The Idea of Justice* (2009).

solo en los círculos de la corriente de derecho y el desarrollo, sino también en los círculos privados y regulatorios de la Unión Europea. La difusión del análisis económico dominante en los Estados Unidos fue crucial para los ingenieros del mercado interior en Europa, que reformaron el derecho de responsabilidad civil por productos defectuosos.[32] El análisis económico del derecho era atractivo para las élites europeas por su combinación de los enfoques y los análisis neoformalistas de los derechos tomados prestados del pensamiento económico neoliberal. La idea de eficiencia de Kaldor-Hicks proporcionaba un objetivo no solo para los legisladores, sino también para los jueces motivados por las lógicas de eficiencia económica.[33] Con una división política y jurídica creciente a lo largo del Atlántico, marcada por la guerra de Irak y algunos conflictos regulatorios sobre la protección de la intimidad, los enfoques de derecha contra izquierda en el análisis económico del derecho no se daban ya por sentados. En lugar de eso, la recepción selectiva de la corriente estadounidense del análisis económico del derecho se convirtió en parte de sus estrategias frente a la integración europea.[34]

La celebración del derecho constitucional estadounidense por las élites liberales y cosmopolitas de otros lugares parece estar en declive. Por ejemplo, Anne-Marie Slaughter, con palabras que suenan casi a derrota, reconoció que "una de nuestras grandes exportaciones solía ser el derecho constitucional".[35]

---

[32] Véase Daniela Caruso y Roberto Pardolesi, "Per una storia della direttiva sulla responsabilità da prodotto difettoso", *Danno e Responsabilta* 9 (2012).

[33] Duncan Kennedy, "Law and Economics from the Perspective of Critical Legal Studies", en *The New Palgrave Dictionary of Economics and the Law* (1998).

[34] Véase Fernanda Nicola, "Transatlanticisms: Constitutional Asymmetry and Selective Reception of U. S. Law and Economics in the Formation of European Private Law", 16 *Cardozo J. Int'l & Comp. L.* 101 (2008), p. 101; James Q. Whitman, "Two Western Cultures of Privacy: Dignity versus Liberty", 113 *Yale L. J.* 1151 (2004), p. 1156.

[35] Véase Adam Liptak, "U. S. Court is Now Guiding Fewer Nations", *N. Y. Times*, 17 de septiembre de 2008, http://www.nytimes.com/2008/09/18/us/18legal.html? r=0

Según Harold Hongju Koh, hoy los tribunales extranjeros de las democracias consolidadas prefieren citar la jurisprudencia del Tribunal Europeo de Derechos Humanos sobre casos relativos a la igualdad, la libertad y las prohibiciones contra el trato cruel, en lugar de la jurisprudencia estadounidense. Este giro del predominio estadounidense es explicado con frecuencia como resultado de la mayor complejidad del pensamiento de las élites transnacionales de todo el mundo. Además, estos tribunales parecen ser más liberales que sus homólogos estadounidenses. Como señaló el periodista Adam Liptak, "las ideas estadounidenses son para la exportación y hay muy pocos esfuerzos en el sistema jurídico estadounidense por importar ideas". A este respecto, el debate Scalia-Breyer en los Estados Unidos ilustra la dificultad de importar al derecho constitucional estadounidense ideas jurídicas liberales cuando los magistrados están profundamente divididos sobre el uso del derecho comparado en la decisión judicial constitucional estadounidense.[36] Tal vez sea más importante para la menor repercusión de la jurisprudencia estadounidense "la oposición radical de algunos de los magistrados del Tribunal Supremo a citar el derecho extranjero en sus opiniones".[37] Por ejemplo, el magistrado presidente del Tribunal Supremo israelí, Aharon Barak, ha declarado públicamente que el Tribunal Supremo de Estados Unidos "está perdiendo la importancia central que tuvo en otra época entre los tribunales de las democracias modernas".[38] Entretanto, incluso los magistrados del Tribunal Supremo han podido sentir el efecto paralizante que puede generar el pensamiento judicial aislacionista. Por ejemplo, el magistrado Ginsburg ha señalado que "la falta de atención a las decisiones extranjeras

---

[36] Véase Sujit Choudry, *Migration as a New Metaphor in Comparative Constitutional Law. In the Migration of Constitutional Ideas* (Sujit Choudry, ed., 2006).

[37] Véase Liptak, *supra* nota 35.

[38] Véase Aharon Barak, "A Judge on Judging: The Role of a Supreme Court in a Democracy", 116 *Harv. L. Rev.* 19 (2002), p. 19.

ha traído consigo una menor influencia del Tribunal Supremo de los Estados Unidos". El Tribunal Supremo de Canadá, dijo, es "citado más veces en el extranjero que el Tribunal Supremo de los Estados Unidos". Declaró que había una razón para eso: "No te oirán si tú no oyes a los demás".[39] Los tribunales supremos extranjeros podrían estar prestando menos atención a los tribunales estadounidenses debido a la reputación de los Estados Unidos como resultado de la guerra contra Irak del presidente Bush, pero también porque rechazan en general una concepción occidental individualista de los derechos, como es el caso del Tribunal Constitucional Plurinacional de Bolivia.[40]

David Law y Mila Vesteeg han mostrado con datos empíricos que en las dos últimas décadas un gran número de países se ha negado de forma explícita a tomar prestado o a hacer trasplantes de la estructura constitucional estadounidense y de sus normas relativas a los derechos.[41] Con el análisis de sesenta años de datos muy completos sobre el contenido de las constituciones del mundo, muestra que hay un "elemento genérico del constitucionalismo global", que estaría compuesto por las estructuras relativas a los derechos y la organización institucional que aparecen en casi todas las constituciones formales. Sin embargo, su hipótesis general es que ese conjunto de herramientas globales constitucionales ya no está influenciado por el constitucionalismo estadounidense y que estamos contemplando el final de la hegemonía estadounidense. Al reconocer que la Constitución estadounidense podría haber perdido su atractivo como modelo para inspirar constituciones de otros países, los autores van incluso más lejos. Explican que el estudio de la cultura jurídica

---

[39] Véase Liptak, *supra* nota 35.

[40] Véase Diego Eduardo López Medina, "Rights Discourse and Theory in the New Plurinational Constitutional Court of Bolivia", conferencia en el IGLP Program on Comparative Law de la Facultad de Derecho de Harvard (junio de 2013).

[41] Véase David S. Law y Mila Versteeg, "The Declining Influence of the American Constitution", 87 *N. Y. U L. Rev.* 762 (2012), p. 767.

estadounidense pretende evitar los errores, como los cometidos por la jurisprudencia estadounidense. A veces, el derecho estadounidense puede convertirse en un contramodelo. Por ejemplo, los redactores de la Constitución india rechazaron específicamente importar el modelo de debido proceso estadounidense para evitar las consecuencias del caso *Lochner*.[42] De forma parecida, los ponentes de la legislación sudafricana sobre el aborto estuvieron influenciados indirectamente por la experiencia estadounidense tras la sentencia *Roe v. Wade*.[43] Por otro lado, el hecho de que el modelo negativo sea algo que los académicos y abogados quieran estudiar y comprender, aunque no necesariamente adoptar, muestra que los Estados Unidos siguen siendo un modelo cultural influyente.[44]

B. LA DIFUSIÓN JURÍDICA CON OTRO TRAJE

Los académicos del derecho han sugerido que la difusión global del derecho constitucional estadounidense y la disciplina del derecho constitucional comparado parecen estar en declive.[45] Este capítulo plantea que lo que está cambiando no es la preeminencia del pensamiento jurídico estadounidense en todo el mundo, sino su medio de difusión. En lugar de recurrir al traje del derecho constitucional comparado, tras el 11 de septiembre los académicos del derecho se han ocupado de difundir el derecho estadounidense sobre seguridad nacional.[46] Los abo-

---

[42] Véase Heinz Klug, "Model and Anti-Model: The United States Constitution and the "Rise of World Constitutionalism"", 3 *Wis. L. Rev.* 597 (2000), p. 606.

[43] Véase Rachel Rebouche, "The Limits of Reproductive Rights in Improving Women's Health", 63 *Ala. L. Rev.* 1 (2011), p. 1.

[44] Véase Kim Lane Scheppele, "Aspirational and Aversive Constitutionalism: The Case for Studying Cross-Constitutional Influence through Negative Models", 1 *Int'l J. Const. L.* 296 (2003), p. 297.

[45] Véase David Fontana, "The Rise and Fall of Comparative Constitutional Law in the Post-War Era", 36 *Yale J. Int'l L.*, 1 (2011), p. 1.

[46] Véase Kim Lane Scheppelle, *The Migration of Anti-Constitutional Ideas: The*

gados encargados de la seguridad nacional han elaborado un canon doctrinal independiente y un conjunto de competencias analíticas para los profesionales globales que son exportables con facilidad. En lugar de promover la justicia global y el pensamiento crítico, y atacados por los reformistas del derecho, los académicos estadounidenses del derecho están inclinándose por formar abogados que aprueban el examen del colegio de abogados y estén capacitados para asesorar en las transacciones empresariales locales.

1. *EL ASCENSO DEL DERECHO DE SEGURIDAD NACIONAL*

La influencia menguante del derecho constitucional comparado (DCC) en el mundo académico del derecho en los Estados Unidos le ha dado la oportunidad al derecho de la seguridad nacional (DSN) de tener una posición preeminente en el currículo de las facultades de Derecho estadounidenses.[47] En las décadas pasadas, muchas de estas facultades han reemplazado el derecho constitucional comparado, incluso las clases de Derecho Internacional con cursos sobre DSN y relaciones exteriores estadounidenses.[48]

El modo interno de difusión del derecho constitucional comparado fue fundamentado en dos dimensiones basadas en el pensamiento constitucional estadounidense: una formalista y otra funcionalista. La dimensión formalista se basó en un enfoque universalista, a partir del derecho de los derechos fundamentales; mientras que la dimensión funcionalista se ocupaba de la estructura de gobierno y desarrollaba cómo el federalismo debería ocuparse de las tensiones sociales provenientes de la

---

Post-9/11 *Globalization of Public Law and the International State of Emergency. In the Migration of Constitutional Ideas* (Sujit Choudry ed., 2006).

[47] Véase William C. Banks, "Teaching and Learning about Terrorism", 55 *J. Legal Educ.* 35 (2005), p. 35.

[48] Véase Michael J. Glennon, "Teaching National Security Law", 55 *J. Legal Educ.* 49 (2005), p. 49.

necesidad de equilibrar las libertades individuales frente a los beneficios socioeconómicos.[49]

En cambio, el modo de difusión del DSN tiene una dimensión formalista basada en los derechos de *habeas corpus* y la distinción entre ciudadanos y extranjeros y también entre el derecho para los civiles y el derecho de la guerra. En su dimensión funcionalista, el trabajo académico sobre DSN se preocupa por equilibrar la seguridad del Estado con la vida privada y las libertades civiles de los individuos objeto de las medidas de seguridad.[50]

A pesar de los paralelismos estructurales entre el DCC y el DSN, hay algunas diferencias debido a la formación y a la política de las diferentes élites jurídicas. Los abogados y académicos estadounidenses involucrados en el DSN no son ya parte de una élite liberal cosmopolita, sino que son abogados penalistas, abogados expertos en inmigración y abogados internacionalistas o expertos en relaciones internacionales comprometidos con el estudio del contraterrorismo y las comisiones militares. La forma de difusión ya no es el discurso entre los tribunales supranacionales o constitucionales de diferentes países o regiones del mundo, sino el estudio de los Gobiernos nacionales y su relación con los tribunales federales o militares.[51]

2. CRISIS Y NUEVAS EXPORTACIONES DE LA EDUCACIÓN JURÍDICA ESTADOUNIDENSE

La educación jurídica estadounidense está en medio de una "crisis", a falta de un mejor término, ocasionada por una crisis financiera: el crecimiento desmesurado de la deuda estudiantil,

---

[49]   Véase Kennedy, *supra* nota 5, p. 57.

[50]   Véase Mathew C. Waxman, "National Security Federalism in the Age of Terror", 64 *Stan. L. Rev.* 289 (2012), p. 290.

[51]   Véase Richard H. Fallon Jr. y Daniel J. Meltzer, "Habeas Corpus Jurisdiction, Substantive Rights, and the War on Terror", 120 *Harv. L. Rev.* 2029 (2007), p. 2037; Anne-Marie Slaughter, *A New World Order* (Princeton: Princeton University Press 2005); James E. Pfander, "Article I Tribunals, Article III Courts, and the Judicial Power of the United States", 118 *Harv. L. Rev.* 643 (2004), p. 644.

en parte financiada por el Gobierno, la reducción de las solicitudes de admisión a las facultades de Derecho y las elevadas tasas de desempleo para los abogados. Un enfoque para solucionar la crisis, que es apoyado por académicos y abogados practicantes, pretende transformar las facultades de Derecho estadounidenses de intercambiadores intelectuales globales a escuelas de formación locales, y se propone cambiar el programa de estudios de Derecho de tres a dos años y abrir despachos de abogados *pro bono* en las facultades de Derecho. Debido a la enorme reducción de estudiantes matriculados, las facultades de Derecho estadounidenses están recortando los recursos de sus programas internacionales, para fortalecer la práctica local y la aprobación del examen del colegio de abogados. Muchos predicen una crisis de larga duración para las facultades de Derecho provocada en parte por la crisis financiera global, la tasa de desempleo y las deudas enormes en las que incurren los estudiantes de Derecho. Sin embargo, es demasiado pronto para determinar cuáles son las consecuencias reales de la crisis actual en la educación jurídica y si tiene que ver con cambios estructurales en el mercado laboral de los abogados o con los gastos excesivos de las facultades de Derecho en edificios caprichosos y salarios elevados para los profesores.[52] Sin embargo, esta segunda narrativa, más simplista, parece tener más influencia y repercute de manera grave en la reputación de las facultades de Derecho y permite soluciones rápidas que podrían tener efectos desastrosos en la producción intelectual de estas a largo plazo.

El enfoque reformista con respecto a esa crisis pretende transformar las facultades de Derecho estadounidenses y que pasen de ser intercambiadores globales de ideas a facultades locales para la formación de abogados practicantes, reduciendo así los costos. Los reformistas promueven la privatización de la educación jurídica y una transformación de estas facultades,

---

[52] Brian Z. Tamanaha, *Failing Law Schools* (2012).

tales como su desregulación, la eliminación de costosos consultorios jurídicos o de las prácticas jurídicas externas costosas y el apoyo a los intentos actuales de la American Bar Association por eliminar los nombramientos docentes vitalicios.[53] Como resultado, la difusión de la conciencia jurídica estadounidense tendrá lugar crecientemente más allá de las facultades de Derecho, a menudo bajo los auspicios de la educación jurídica estadounidense en el extranjero. Lo que cambia es el vehículo de la difusión legal, más que su mensaje.

Los reformadores del derecho que atacan la educación estadounidense están presionando para que se produzca una privatización, apoyándose en la crisis generada por la deuda estudiantil y la crítica al conocimiento académico interdisciplinario y teórico que no vaya dirigido a la formación de abogados locales.[54] Al ofrecer esa solución tan cerrada, tan provinciana, los reformadores del currículo de derecho no aciertan en su diagnóstico por muchas razones.

En primer lugar, no está claro que la receta ofrecida por los reformadores legales de transformar el currículo de derecho mediante la privatización de estas facultades vaya a mejorar las oportunidades de trabajo de sus estudiantes.[55] Por el contrario, los estudios empíricos han mostrado que después de obtener sus licenciaturas de Derecho, la mediana del ingreso de los estudiantes aumenta, aunque varía dependiendo de varios factores históricos.[56] Además, los estudios empíricos han mostrado que el llamado remordimiento del comprador es falso para los licenciados en Derecho y, sin embargo, los reformadores

---

[53] *Ibid.*

[54] *Ibid.*

[55] Véase Jennifer S. Bard, "Failing Law Schools", 33 *J. Legal Educ.* 417 (2012), p. 420.

[56] Véase Frank McIntyre y Michael Simkovic, "The Economic Value of a Law Degree", 43 *J. Legal Stud.* 249 (2014), p. 249.

conectan ese supuesto remordimiento a las deudas adquiridas por los estudiantes.[57]

Además, la crisis actual de la educación jurídica debería entenderse reducida desde una perspectiva histórica a la crisis laboral de una élite entre los abogados, mientras que muchos servicios jurídicos para los pobres o la clase media siguen todavía teniendo demanda y son demasiado costosos. Mediante un análisis histórico de varias crisis del mundo jurídico a lo largo del tiempo, los académicos han mostrado cómo la profesión legal tiende a adaptarse a las nuevas necesidades de mercado.[58]

Por último, los reformadores jurídicos afirman que los estudiantes de Derecho son engañados por sus facultades, que usan sus recursos para promover el trabajo académico jurídico en lugar de para enseñar competencias jurídicas, y proponen acortar el tiempo de la educación jurídica de tres a dos años.[59] Hay muchos estudios que han mostrado que la correlación entre estudiantes que fracasan en la facultad de Derecho y la producción académica de la institución es en gran medida defectuosa y no está probada, pero además de abandonarse el trabajo académico se alteraría la naturaleza de las facultades de Derecho como lugares que ofrecen pensamiento crítico y visiones de la justicia social a los jóvenes abogados.[60] Un ejemplo local es lo que mi colega Jamie Raskin está intentando hacer en el Washington College of Law y otras facultades de Derecho de todo el país: el Marshall-Brennan Constitutional Literacy Project. Esta estrategia formativa de abajo arriba y orientada hacia la sociedad pretende que los estudiantes participen en proyectos que eleven la conciencia de los estudiantes jóvenes en las escuelas públicas locales como

---

[57] Véase Ronit Dinovitzer et al., "Buyers' Remorse? An Empirical Assessment of the Desirability of a Legal Career", 63 *J. Legal Educ.* 211 (2013), p. 212.

[58] Véase Bryant Garth, "Crises, Crisis Rhetoric, and Competition in Legal Education: A Sociological Perspective on the (Latest) Crisis of the Legal Profession and Legal Education", 24 *Stan. L & Pol'y Rev.* 503 (2013), p. 504.

[59] Véase Brian Z. Tamanaha, *Failing Law School* (2006).

[60] Véase Bard, *supra* nota 55, p. 420.

una forma de "constitucionalismo popular en acción".[61] En la esfera global, estas facultades son lugares en los que las élites jurídicas tienen los recursos para vigilar las deficiencias democráticas, incluso en los países occidentales, o que pueden formar a estudiantes y élites futuras comprometidas con el progreso del sistema interamericano de derechos humanos.[62]

Más allá del debate actual fomentado por la crisis de la educación jurídica estadounidense, las consecuencias para estas facultades son graves y los cambios curriculares y la falta de financiación han tenido efectos principalmente en el enfoque global e interdisciplinario promovido por los académicos del derecho. Con una mayor competencia proveniente de Europa, China, Brasil e India, que ofrecen una educación jurídica competitiva y muchas veces menos costosa, dichas facultades tienen el desafío de reformar y repensar su currículo para las élites globales.[63] En la Unión Europea, por ejemplo, bajo el estímulo de la integración económica y jurídica, varias iniciativas europeas de derecho blando y de derecho duro están creando facultades de derecho dinámicas y competitivas que buscan crear una élite jurídica transnacional de abogados.[64]

3. LA EDUCACIÓN JURÍDICA ESTADOUNIDENSE QUE REPRODUCE ÉLITES JURÍDICAS EN EL EXTRANJERO

Hoy no está claro si la producción de élites jurídicas transnacionales continuará teniendo lugar en las facultades de Derecho

---

[61] Véase Jamie B. Raskin, "The Marshall-Brennan Constitutional Project: American Legal Education's Ambitious Experiment in Democratic Constitutionalism", 90 *Denv. U. L. Rev.* 834 (2013), p. 838.

[62] Véase Claudio Grossman, "The Inter-American System and Its Evolution", 2 *Inter-Am. and Eur. Human Rts. J.* 49 (2009), p. 49.

[63] Véase Claudio Grossman, "Raising the Bar: US Legal Education in an International Setting", 32 *Harv. Int'L L. J.* 16 (2010), p. 17.

[64] Véase Julian Lonbay, "The Changing Regulatory Environment Affecting the Education and Training of Europe's Lawyers", 64 *J. Legal Educ.* 479 (2012), p. 481.

estadounidenses mediante sus costosos programas graduados dedicados a ofrecer competencias pensadas para la práctica jurídica local en lugar de para la global. Por ejemplo, el costo promedio de un programa graduado de maestría en la Unión Europea es de US$16 000, mientras que en los Estados Unidos es de US$50 000, y hay, en este momento, 173 programas que ofrecen esos estudios. Desde 2003 ha habido en Europa al menos otros 36 programas nuevos de maestrías internacionales, establecidos en 27 diferentes facultades de Derecho europeas.[65] Además, hay cuestiones de prestigio en juego cuando la percepción del Colegio de Abogados de París es que los que evitaron el examen de la École de Barreau y pasaron el examen del Colegio de Abogados de Nueva York tomaron un atajo para evitar el examen francés, más duro que el estadounidense. Antes de tomar la ruta supuestamente "más fácil" de terminar una licenciatura en Derecho en Europa o Asia, y luego estudiar un LL. M. (Master of Laws) estadounidense, los estudiantes deberían considerar que el examen del Colegio de Abogados de Nueva York está considerado como una vía más corta y menos difícil que la más ardua de ir a una facultad de Derecho y pasar el examen del colegio de abogados local. En Asia y Europa, estudiar para pasar el examen del colegio de abogados o aprobar la práctica requerida exige varios años de preparación y tiene una tasa de aprobados más baja que la del Colegio de Nueva York.

El cambio de influencia de la educación jurídica estadounidense, como medio de difusión, ha afectado, por consiguiente, a muchas facultades de Derecho en los Estados Unidos en lugar de a instituciones extranjeras. Los centros estadounidenses no miran hacia afuera y recortan los fondos para enseñar cursos de Derecho Internacional para estudiantes de pregrado en

---

[65] Véase "Memorandum from the Office of Global Opportunities for Rachel Gordon to the Faculty of Am. Univ. Wash. Coll. of Law Eur. LL. M Programs" (11 de febrero de 2013) (en el archivo de la autora).

beneficio de cursos "reales", con lo que quieren decir cursos de Derecho Privado, puesto que cursos como los de Derecho Internacional Público se perciben como poco prácticos para conseguir "un trabajo real en el mundo del derecho" y fomentadores de "expectativas poco realistas".[66] La forma de difusión de la educación jurídica estadounidense está cambiando por lo tanto. Las facultades de Derecho que configuran la conciencia de los estudiantes y están comprometidas con la justicia social en casa o en el extranjero mediante una mezcla de competencias pragmáticas, analíticas e interdisciplinarias están siendo reemplazadas por programas dirigidos a la solución de problemas comprometidos concretamente con la práctica local de intercambios económicos. Con respecto a las materias, en lugar de clases de derechos humanos globales y derecho constitucional comparado, el foco hacia el exterior de la educación jurídica estadounidense se produce a través de la óptica del derecho de la seguridad nacional y la política exterior estadounidense o las relaciones exteriores.

Aunque podría llegar a ser poco atractivo o demasiado caro realizar estudios jurídicos en los Estados Unidos, el prestigio de su pedagogía no parece verse afectado. Por el contrario, el uso del método socrático en las clases, la adopción del libro de estilo *Bluebook* por las revistas de derecho y la enseñanza basada en el método del caso y no en el manual de derecho se están expandiendo por Europa, Asia y América Latina. Otro ejemplo de la expansión del estilo estadounidense es observable en la deliberación judicial, en la cual cada vez es mayor el uso de los salvamentos y las aclaraciones de voto, como pasa en el Tribunal Europeo de Derechos Humanos (Mattei 1994). La defensa académica favorable a introducir el estilo estadounidense de salvamentos y aclaraciones de voto en el Tribunal de Justicia de la Unión Europea está justificada para abordar

---

[66] Véase Eric A. Posner y Jack L. Goldsmith, *The Limits of International Law* (2005).

el problema del razonamiento jurídico rígido y críptico o para darle una mayor visibilidad a su jurisprudencia de derechos humanos.[67] Por último, el trasplante de la educación jurídica estadounidense al extranjero se ve facilitado por el hecho de que las élites jurídicas hablan el idioma que contribuye a la producción normativa global de regímenes jurídicos.[68]

La cuestión sigue siendo a qué élites jurídicas y a qué fines sirve el impulso hacia una educación jurídica de estilo estadounidense. La aparición creciente de facultades de Derecho de estilo estadounidense creadas por instituciones académicas no estadounidenses se ha convertido en parte de su discurso jurídico. Sin embargo, hay pocas investigaciones sobre cómo la educación jurídica estadounidense y su estilo jurídico son promovidos por académicos o instituciones no estadounidenses más allá de sus fronteras. La americanización no es necesariamente una estrategia neocolonial e imperial, sino que podría tener para las élites locales diferentes objetivos, a menudo diferentes del fin estadounidense subyacente.[69]

Sin embargo, la difusión de la educación jurídica estadounidense en el extranjero continúa mediante otros medios complejos e indirectos poco estudiados.[70] Por ejemplo, las facultades de Derecho estadounidenses realizan programas de educación jurídica transnacionales y globales con semestres o programas de verano en el extranjero, que intentan modernizar y hacer más atractivo el currículo para los estudiantes de Derecho. Sin embargo, una vez

---

67 Véase Grainne de Burca, "After the EU Charter of Fundamental Rights: The Court of Justice as a Human Rights Adjudicator?", 20 *Maastricht J. Eur. & Comp. L.* 168 (2013), p. 169; Vlad Perju, "Reason and Authority in the European Court of Justice", 49 *Va. J. Int'l L.* 307, (2009), p. 308.

68 Véase Graziadei, *supra* nota 6, p. 724.

69 Véase Bret Stancil y Larry Cata' Backer, "Beyond Colonization: Globalization and the Establishment of Programs of U. S. Legal Education Abroad by Indigenous Institutions", 5 *Drexel L. Rev.* 317 (2013), p. 318.

70 Véase Anil Kalhan, "Thinking Critically about International and Transnational Legal Education", 5 *Drexel L. Rev.* 285 (2013), p. 286.

que se examinan más de cerca, esos intentos tienen altos costos, porque consolidan un modelo que reproduce las estructuras de poder de la economía política global.[71] Por último, las consecuencias no buscadas que tiene la globalización académica de la educación estadounidense en el extranjero cuando se imparte en regímenes autoritarios y no democráticos pueden verse en el establecimiento de un centro de pregrado de la Universidad de Yale en Singapur. Allí los límites a la libertad de expresión en el campus, a la libertad de reunión y a otros derechos civiles y políticos afectan la capacidad de Yale de ofrecer una educación de estilo estadounidense.[72] Cuestiones parecidas se plantearon en el campus de la Universidad de Nueva York en Abu Dabi frente a la discriminación por orientación sexual y la enorme reducción de los estándares de derechos humanos.[73]

El cambio en las formas de difusión de la educación jurídica estadounidense, en especial la práctica cerrada orientada al mercado nacional, unida a la comprensión del derecho internacional y comparado a través de la perspectiva de la seguridad nacional, tendrá efectos en la conciencia de las élites jurídicas transnacionales futuras. Hay dos discursos de graduación ofrecidos en diferentes momentos en la American University, Washington College of Law, que nos aclaran ese cambio de conciencia del que están siendo testigos las facultades de Derecho estadounidenses. Esos dos discursos reflejan el cambio en la forma en que nuestros jóvenes graduados deberían percibir su función futura como élites jurídicas transnacionales que distribuyen servicios jurídicos.

---

[71] Véase Vasuki Nesiah, "A Flat Earth for Lawyers without Borders? Rethinking Current Approaches to the Globalization of Legal Education", 5 *Drexel L. Rev.* 371 (2013), p. 372.

[72] Véase Martin S. Flaherty, ""But for Wuhan?": Do Law Schools Operating in Authoritarian Regimes Have Human Rights Obligations?", 5 *Drexel L. Rev.* 296 (2013), p. 297.

[73] Véase Zvika Krieger, "The Emir of NYU: John Sexton's Abu Dhabi Debacle", *The Atlantic*, 13 de marzo de 2013.

361

En la graduación de estudiantes del Washington College of Law, en 1986, el profesor Duncan Kennedy comenzó su discurso de graduación diciendo:

> Hagan todo lo que puedan, ¡oh, graduados del WCL!, para evitar causar daños con sus competencias como abogados. [...] Si ustedes, si la mayoría de los abogados, se tomaran en serio la selección de clientes según el principio compasivo de que deberían evitar causar daños con sus competencias jurídicas, es probable que algunos clientes tuvieran que pagar más por recibir menos servicios jurídicos, y otras personas conseguirían más servicios por menos dinero. Sus intuiciones morales influenciarían la distribución del talento jurídico en todo el mercado, además del poder de mercado de los clientes. ¿Sería eso peor o mejor que la situación actual? Yo creo que sería mejor.[74]

En la graduación de 2013 en el Washington College of Law, Harold Hongju Koh dio su discurso de graduación comenzando con una historia familiar. Contó cómo su padre había sido embajador de Corea en los Estados Unidos. Años más tarde, Koh fue representante de los Estados Unidos en las Naciones Unidas, y cuando un embajador de otro país, sentado a su lado, oyó su historia, le dijo estas palabras, que Koh repitió orgulloso:

> Así que su padre fue embajador en los Estados Unidos y en una sola generación usted es embajador de los Estados Unidos. América [sic] es el único país en el que eso puede pasar; por eso ustedes son la nación más grande. No son sus armas, no es su dinero —dijo—, es su apertura, su diversidad, su compromiso con el derecho y los derechos humanos lo que constituye la fuente de su liderazgo. [...] Una característica distintiva de esta facultad de Derecho es

---

[74] Véase Duncan Kennedy, "The Responsibility of Lawyers for the Justice of Their Causes", 18 *Tex. Tech L. Rev.* 1157 (1987), p. 1160.

su compromiso con el interés público [...]. Una segunda característica distintiva de su educación jurídica es cómo combina lo local con lo global [...]. Deben entender el derecho internacional, porque ustedes pertenecen a la primera generación genuinamente global, a diferencia de sus padres; la imagen que define su mundo no es la de un mundo dividido por el Muro de Berlín, sino la de un mundo conectado por la red mundial de internet.[75]

La posición moral presentada por Kennedy en la graduación de 1986 estaba basada en la premisa de que incluso en una situación conflictiva, cuando se le pide a un abogado representar a un cliente frente al cual se tienen reparos, es posible hacer una elección basada en la creencia moral de que hay compromisos hacia uno mismo y toda la sociedad, que llevan a no tomar el caso de un cliente que está "usando" sus derechos legales en un mal caso.[76] La idea es que los abogados tienen una conciencia basada en diferentes creencias políticas y morales y pueden tomar buenas y malas opciones para distribuir los privilegios jurídicos según ellas.

Casi veinte años después, Koh alaba en su discurso dos importantes características del Washington College of Law, es decir, su compromiso con el interés público y cómo los cursos de derecho internacional y derechos humanos son una parte fundamental del currículo de las facultades de Derecho. Hoy proteger nuestra soberanía, según Kohn, significa interactuar con el mundo en el derecho internacional para promover el interés público global. De manera similar a Kennedy, Koh aborda el hecho de que un buen abogado no es solo un consultor, sino una conciencia que hará elecciones basándose en su sentido de la justicia. Sin embargo, va más allá de eso para

---

[75] Véase Harold Hongju Koh, "Address at the Am. Univ. Wash. Coll. of Law Commencement 2013" (19 de mayo de 2013), disponible en http://media. wcl.american.edu/Mediasite/Play/c6b0c0f75d8a4bb48d6e8aab280edf451d

[76] Véase 18 Kennedy, *supra* nota 74, p. 1160.

explicar cómo en su carrera ha condenado la tortura como activista de los derechos humanos, pero también ha legitimado el uso de los dones en la guerra como abogado del Gobierno, por lo que fue duramente criticado.[77] En esa línea, termina su discurso diciendo:

> Tienen derecho a expresar lo que piensan como lo está todo el mundo; lo único que podéis hacer es esforzaros al máximo, hacerlo lo mejor que podáis [...] Todo lo que podéis hacer es vivir vuestra vida con integridad. Si así lo hacéis, os juzgarán con justicia.[78]

En ambos discursos se tiene la sensación de que las competencias que las facultades de Derecho deberían impartir a los jóvenes abogados no deberían estar por encima de su conciencia moral a la hora de hacer elecciones profesionales. Sin embargo, si el discurso de Kennedy va dirigido a incorporar las consideraciones de justicia social a las elecciones profesionales, en el discurso de Koh el interés público global se promueve mediante los fines de derechos humanos y de la seguridad nacional. En ambos casos, la educación jurídica ha influenciado y al mismo tiempo se está convirtiendo en parte integral de la conciencia jurídica global, de manera que lo que cada conferencista entiende por interés público es lo que se enseña a los estudiantes en diferentes momentos de su educación jurídica.

---

[77] David Cole, "How we Made Killing Easy", blog *The New York Review of Books* (6 de febrero de 2013), disponible en http://www.nybooks.com/blogs/nyrblog/2013/feb/06/drones-killing-made-easy/

[78] Koh, *supra* nota 75, p. 1.

IX. LOS LÍMITES DE LA IGUALDAD RACIAL EN LOS ESTADOS UNIDOS SIN EL RECONOCIMIENTO DE UN DERECHO CONSTITUCIONAL AL TRABAJO

Tanya K. Hernández[1]

Mientras que para algunos sería controvertida la premisa de que el modelo constitucional estadounidense está en declive desde el punto de vista teórico, el acuerdo es casi general sobre la afirmación de que su jurisprudencia sobre igualdad racial se ha restringido de manera significativa en las últimas tres décadas.[2] La jurisprudencia de la Corte Suprema ha cambiado de forma decidida hacia la no consideración de la raza como criterio de

---

[1] Profesora de la Facultad de Derecho, Fordham University, especialista en Derecho Laboral y Derecho a la Igualdad.

[2] Véase, por ejemplo, Stephen Steinberg, *Turning Back: The Retreat From Racial Justice in American Thought and Policy* (1995), p. 213 (señala la disociación creciente del derecho de la justicia racial); Kevin M. Clermont y Stewart J. Schwab, "Employment Discrimination Plaintiffs in Federal Court: From Bad to Worse?", 3 *Harv. L. & Pol'y Rev.* 103 (2009), p. 104 (afirma que el estudio empírico de los casos de discriminación laboral muestra que los demandantes suelen ver rechazadas sus pretensiones).

interpretación y ha pasado de un deseo por indagar con profundidad el significado político de la raza a una desconsideración total de su significación social.[3] Se han escrito miles de páginas especulando desde lo teórico las razones para ese retroceso del derecho de la igualdad racial, que hoy se concentra de forma restrictiva en la discriminación intencional en lugar de en los efectos discriminatorios o su significado cultural,[4] todo en aras de una indiferencia hacia el color de la piel que le da más valor a la igualdad formal que a la sustantiva.[5] Por ejemplo, varios comentaristas consideran el retroceso de las normas jurídicas contra la discriminación resultado de la reacción blanca, liderada por Reagan en los años ochenta, contra las instituciones percibidas como favorables a los intereses de los negros.[6] Otros comentaristas piensan, incluso, que la aparente hostilidad de la mayoría conservadora del Tribunal Supremo hacia las demandas de igualdad racial presentadas por no blancos es un ejemplo clásico de racismo[7] y de "indiferencia dolosa hacia el color de la piel".[8]

---

[3]   Véase, Tanya Kateri Hernández, "'Multiracial' Discourse: Racial Classifications in an Era of Color-Blind Jurisprudence", 57 *Md. L. Rev.* 97 (1998), p. 140 (analiza los casos del Tribunal Supremo que ejemplifican el desplazamiento jurisprudencial destacable hacia la no consideración de la raza en las admisiones en centros educativos, los derechos de voto, la contratación pública con las empresas y los procedimientos de pena de muerte).

[4]   Charles R. Lawrence III, "The Id, the Ego, and Equal Protection: Reckoning with Unconscious Racism", 39 *Stan. L. Rev.* 317 (1987).

[5]   T. Alexander Aleinikoff, "A Case for Race-Consciousness", 91 *Colum. L. Rev.* 1060 (1991), p. 1115 (mantiene que la teoría de la indiferencia hacia el color de la piel ha acabado por transformarse para servir en última instancia el objetivo de hacer de las consideraciones raciales un formalismo, más que como un medio para acabar con la desigualdad material).

[6]   Véase, por ejemplo, Kimberlé Williams Crenshaw, "Race, Reform, and Retrenchment: Transformation and Legitimation in Antidiscrimination Law", 101 *Harv. L. Rev.* 1331 (1988), p. 1362.

[7]   Véase, por ejemplo, David Kairys, "Unexplainable on Grounds Other Than Race", 45 *Am. U. L. Rev.* 729, 735 (1996).

[8]   Véase Ian Haney-López, "Intentional Blindness", 87 *N. Y. U. L. Rev.* 1779 (2012), p. 1861 ("La ceguera intencional, y no el desconocimiento intencio-

Es evidente que en el contexto de la discriminación laboral hay un sesgo jurisprudencial que muestra deferencia hacia las denuncias blancas sobre desigualdad frente a la sospecha que recae sobre la mayoría de las demandas sobre desigualdad[9] presentadas por los no blancos.[10]

No obstante, una perspectiva de derecho comparado ofrece una explicación adicional, hasta ahora no considerada del todo, para la jurisprudencia restrictiva sobre igualdad en los Estados Unidos. En concreto, una valoración comparativa del marco constitucional latinoamericano sugiere que la falta de un reconocimiento constitucional del "derecho al trabajo", como existe en muchas jurisdicciones latinoamericanas, tiene efectos negativos en la jurisprudencia estadounidense sobre raza. Este capítulo defiende que, sin un derecho constitucional al trabajo en los Estados Unidos, los tribunales no se concentran adecuadamente en la realidad del contexto laboral, donde predomina el prejuicio racial. De hecho, la igualdad racial sustantiva no es posible sin considerar plenamente la situación de vulnerabilidad de los trabajadores, exacerbada por la discriminación racial, lo cual dificulta la capacidad de presentar demandas de discriminación. Por consiguiente, el lugar de trabajo es fundamental para

---

nal, es lo que caracteriza más apropiadamente la jurisprudencia racial de los conservadores del Tribunal Supremo. Parecen comprender que el racismo es un problema persistente y, sin embargo, se oponen a que los tribunales y la Constitución contribuyan a la solución").

[9] Vincent Martin Bonventre, "(Part 4--Scalia's Voting) The Supremes' Record in Racial Discrimination Cases: Decisional & Voting Figures for the Roberts Court", *New York Court Watcher Blog* (16 de marzo de 2014), disponible en http://www.newyorkcourtwatcher.com/2014/03/part-4-scalias-voting-supremes-record.html (analiza a lo largo de la historia el registro de votos de la mayoría conservadora del Tribunal Supremo y muestra que solo las demandas de blancos sobre "discriminación inversa" han tenido algún éxito en la aplicación actual de la jurisprudencia sobre igualdad).

[10] Cheryl I. Harris y Kimberly West-Faulcon, *Reading Ricci: Whitening Discrimination, Racing Test Fairness*, 58 UCLA L. Rev. 73 (2010), p. 80 (señala que "hoy la víctima por excelencia de la discriminación racial es blanca").

hacer realidad la igualdad racial.[11] Además, los marcos constitucionales influencian, a menudo de manera muy profunda, la valoración judicial de los contextos de discriminación laboral. Esa dinámica ha podido observarse en los Estados Unidos, y este artículo considera una influencia constitucional específica en América Latina: la del derecho al trabajo.[12] El capítulo está estructurado de la siguiente manera. La sección A introduce los parámetros del derecho al trabajo, tal y como es reconocido en los tratados de derechos humanos y las constituciones latinoamericanas. La sección B explora el valor que tiene la aspiración a un derecho al trabajo de carácter constitucional para la jurisprudencia sobre igualdad racial existente en América Latina. La sección C estudia el contexto estadounidense y el daño a la igualdad racial causado por la ausencia de un derecho al trabajo de carácter constitucional. La sección D concluye que sin un derecho constitucional al trabajo en los Estados Unidos que sirva como un referente judicial externo sobre la importancia de las circunstancias reales en el lugar de trabajo la jurisprudencia racial será valorada negativamente por muchos juristas que no tienen experiencia personal con respecto a la vulnerabilidad del trabajador en lugares de trabajo jerarquizados desde el punto de vista racial.

A. El derecho al trabajo

Los orígenes del derecho al trabajo surgen del contexto de los derechos humanos internacionales. El artículo 23 de la Declaración Universal de los Derechos Humanos, aprobada en 1948, protege el derecho al trabajo: "Toda persona tiene derecho al trabajo, a la libre elección de su trabajo, a condiciones

---

[11] Véase Cynthia Estlund, *Working Together: How Workplace Bonds Strengthen a Diverse Democracy* (2003).

[12] George Rutherglen, *Employment Discrimination Law: Visions of Equality in Theory and Doctrine* (3.ª ed., 2010), pp. 4-5.

equitativas y satisfactorias de trabajo y a la protección contra el desempleo".[13] A partir de este derecho, la Organización Internacional del Trabajo (OIT) protege el derecho al trabajo en el Convenio relativo a la Política de Empleo (n.° 122), aprobado en 1964, que declara:

> Con el objeto de estimular el crecimiento y el desarrollo económicos, de elevar el nivel de vida, de satisfacer las necesidades de mano de obra y de resolver el problema del desempleo y del subempleo, todo Miembro deberá formular y llevar a cabo, como un objetivo de mayor importancia, una política activa destinada a fomentar el pleno empleo, productivo y libremente elegido.[14]

La política garantiza:

> (a) que habrá trabajo para todas las personas disponibles y que busquen trabajo; (b) que dicho trabajo será tan productivo como sea posible; (c) que habrá libertad para escoger empleo y que cada trabajador tendrá todas las posibilidades de adquirir la formación necesaria para ocupar el empleo que le convenga y de utilizar en este empleo esta formación y las facultades que posea, sin que se tengan en cuenta su raza, color, sexo, religión, opinión política, procedencia nacional u origen social.[15]

La OIT protege, además, el derecho al trabajo en la Recomendación sobre la Política de Empleo n.° 169, aprobada en 1984. La Recomendación recuerda el Pacto Internacional de Derechos Económicos, Sociales y Culturales (Pidesc), adoptado por la Asamblea General de las Naciones Unidas en 1966, que

---

[13] *Universal Declaration of Human Rights*, G. A. Res. 217A (III), U. N. Doc. A/810 (1948), p. 71.

[14] Organización Internacional del Trabajo, *C122 - Convenio sobre la política del empleo*, 1964 (núm. 122), 569 UNTS 65, preámbulo, entrada en vigor el 15 de julio de 1966.

[15] *Ibid.*, art. 1(2).

prevé el reconocimiento, entre otros derechos, del derecho a trabajar, que comprende el derecho de toda persona a tener la oportunidad de ganarse la vida mediante un trabajo libremente escogido o aceptado, así como la adopción de medidas adecuadas para garantizar y lograr progresivamente la plena efectividad de dicho derecho; [...]. Tomando nota del deterioro de las oportunidades de empleo en la mayoría de los países industrializados y de los países en desarrollo y expresando la convicción de que la miseria, el desempleo y la desigualdad de oportunidades son inaceptables desde el punto de vista humano y de la justicia social y pueden provocar tensiones sociales y crear así condiciones susceptibles de poner en peligro la paz y de menoscabar el ejercicio del derecho al trabajo, el cual incluye el derecho a la libre elección de empleo, condiciones de trabajo justas y favorables y protección contra el desempleo.[16]

Entre los principios generales de la política de empleo recogidos en la Recomendación está "la promoción del pleno empleo, productivo y libremente elegido, prevista por el Convenio y la Recomendación sobre la política del empleo".[17] Esta promoción "debería ser considerada como un medio para lograr en la práctica el cumplimiento del derecho a trabajar".[18] La OIT recomienda, además,

la promoción del pleno empleo, productivo y libremente elegido, debería constituir la prioridad y ser parte integrante de las políticas económicas y sociales de los Miembros y, cuando sea apropiado, de sus planes destinados a satisfacer las necesidades esenciales de la población.[19]

---

[16] Organización Internacional del Trabajo, *R169 - Recomendación sobre la política del empleo (disposiciones complementarias)*, 1984 (núm. 169).

[17] *Ibid.*, art. 1.

[18] *Ibid.*

[19] *Ibid.*, art. 2.

En resumen, la Declaración Universal de Derechos Humanos, el Convenio n.° 122 de la OIT, la Recomendación n.° 169 y el Pidesc reconocen todos ellos el derecho al trabajo, la libre elección de empleo y la protección contra el desempleo. Incluido en esos derechos está el derecho a condiciones de trabajo justas y favorables: "Las condiciones justas de trabajo incluyen también la prestación de una remuneración adecuada";[20] "La remuneración justa implica el principio de igual salario a igual trabajo".[21]

Estos documentos internacionales han sido influyentes en las protecciones laborales y de empleo en América Latina.[22] La mayoría de los países latinoamericanos han sido miembros de la OIT desde que se creó en 1919 y en su conjunto la región latinoamericana está en segunda posición en cuanto a ratificación de convenios de la OIT, solo por detrás de Europa Occidental.[23] De ahí se deduce que los estándares de la OIT son usados de manera extensiva en la elaboración de sus convenios.[24] Además, los tratados o pactos internacionales ratificados, incluidos los convenios de la OIT, están integrados en el sistema jurídico nacional y prevalecen sobre las leyes y los reglamentos nacionales cuando quiera que surge un conflicto entre el derecho internacional y el derecho nacional.[25] "No es infrecuente que los jueces nacionales no apliquen el derecho nacional y decidan basándose en los estándares ratificados de la OIT si consideran que los primeros violan las obligaciones que emanan de la ratificación de esos estándares".[26] Hay que señalar también que la mayoría de los Estados latinoamerica-

---

[20] *Ibíd.*

[21] *Ibíd.*

[22] Arturo S. Bronstein, "Labour Law in Latin America: Some Recent (and not so Recent) Trends", 26 *Int'l J. Comp. Lab. L. & Indus. Rel.* 17 (2010), p. 19.

[23] *Ibíd.*

[24] *Ibíd.*, p. 20.

[25] *Ibíd.*, p. 21.

[26] *Ibíd.*

nos, si no todos, son ahora firmes partidarios del Programa de Trabajo Decente de la OIT.[27]

Las normas de libre contratación y despido estadounidenses contrastan así con las constituciones de muchos países latinoamericanos, que reconocen un derecho al trabajo.[28] De hecho, en los Estados Unidos, el concepto 'derecho al trabajo' se refiere a proteger "el derecho de todo estadounidense al trabajo para ganarse la vida sin verse obligado a pertenecer a un sindicato".[29] En los Estados Unidos, las normas jurídicas sobre derecho al trabajo lo que hace es prohibir las herramientas usuales que proporcionan garantías sindicales a los empleos sindicados. Esas normas son aprobadas mediante enmiendas constitucionales, leyes o ambas cosas, y en su redacción esas leyes suelen prohibir la discriminación laboral por estar afiliado o no a una organización laboral, o hacer depender la contratación laboral

---

[27] *Ibid.*, p. 40. "La puesta en práctica del Programa de Trabajo Decente se logra a través de la aplicación de los cuatro objetivos estratégicos de la OIT, que tienen como objetivo transversal la igualdad de género: Crear trabajo, una economía que genere oportunidades de inversión, iniciativa empresarial, desarrollo de calificaciones, puestos de trabajo y modos de vida sostenibles. Garantizar los derechos de los trabajadores, para lograr el reconocimiento y el respeto de los derechos de los trabajadores. De todos los trabajadores, y en particular de los trabajadores desfavorecidos o pobres que necesitan representación, participación y leyes adecuadas que se cumplan y estén en favor, y no en contra, de sus intereses. Extender la protección social, para promover tanto la inclusión social, como la productividad al garantizar que mujeres y hombres disfruten de condiciones de trabajo seguras, que les proporcionen tiempo libre y descanso adecuados, que tengan en cuenta los valores familiares y sociales, que contemplen una retribución adecuada en caso de pérdida o reducción de los ingresos y que permitan el acceso a una asistencia sanitaria apropiada. Promover el diálogo social, la participación de organizaciones de trabajadores y de empleadores, sólidas e independientes, es fundamental para elevar la productividad, evitar los conflictos en el trabajo, así como para crear sociedades cohesionadas". OIT, El Programa de Trabajo Decente, disponible en http://www.ilo.org/global/about-the-ilo/decent-work-agenda/lang--es/index.htm

[28] Véase *infra* nota 38.

[29] National Right to Work Legal Defense and Education Foundation, Inc., *Right to Work Frequently-Asked Questions*, disponible en http://www.nrtw.org/b/rtw_faq.htm

o la continuación en el empleo de esa condición. Además, en general, contienen una cláusula que prohíbe los contratos entre empleadores y sindicatos laborales que obliguen al trabajador a estar afiliado a un sindicato como condición para el empleo.[30] Los Estados que han aprobado leyes sobre el derecho al trabajo y enmiendas constitucionales[31] consideran la sindicación obligatoria de todo tipo —"sindicación obligatoria previa", "sindicación obligatoria", "sindicación voluntaria con pago de tasa para no afiliados" (*agency shop*)— como una contravención del principio del derecho al trabajo y del derecho humano fundamental representado por ese principio.[32] Este capítulo no analizará la versión estadounidense del derecho al trabajo, sino que se concentrará en cómo los derechos humanos internacionales entienden el derecho al trabajo.

B. El valor de la aspiración a un derecho constitucional al trabajo para la jurisprudencia sobre igualdad racial

Al comparar la situación del derecho al trabajo en Estados Unidos y América Latina no quiero decir que la igualdad material

---

[30] Michael F. Alberti, "Validity, Construction, and Application of State Right–to–Work Provisions", 105 *A. L. R. 5th* 243 (2003), p. 11.

[31] Véase Ala. Code § 25-7-1; Ariz. Const. art. XXV; Ark. Stat. Ann. §§ 11-3-301 a 11-3-304; Fla. Stat. Ann. § 447.01; G. A. Code Ann. § 34-6-6 to 28; Idaho Code §§ 44-2001 a 44-2011; Iowa Code Ann. §§ 20.8, 20.10 and 731.1 a 731.8; Kan. Stat. Ann. § 44-831; La. Rev. Stat. Ann. §§ 23:881 a 889; Miss. Code Ann. § 71-1-47; Mich. Act. Act No. 349; Neb. Rev. Stat. §§ 48-217 a 219, 824; Nev. Rev. Stat. §§ 613.130, 613.230, 613.250 a 613.300; N. C. Gen. Stat. §§ 95-78 a 84; N. D. Cent. Code §§ 34.01.14-14.1; Okla. Code § 51-208; S. C. Code Ann. §§ 41-7-10 a 90; S. D. Codified Laws §§ 60-8-3 a 8-8; Tenn. Code Ann. §§ 50-1-201 a 204; Texas Codes Ann. Title 3 §§ 101.003, 004, 052, 053, 102, 111, 121, 122, 123, 124; Utah Code Ann. §§ 34-34-1 a 34-17; Va. Code Ann. §§ 40.1-58 a 40.1-69; Wyo. Stat. Ann. §§ 27-7-108 a 115.

[32] National Right to Work Legal Defense and Education Foundation, Inc., *Right to Work Frequently-Asked Questions*, disponible en http://www.nrtw.org/b/rtw_faq.htm

de los no blancos sea muy diferente entre las dos regiones. De hecho, muchos indicadores socioeconómicos indicarían que ambas regiones continúan luchando contra la desigualdad racial material.[33] Más bien, la importancia de comparar el derecho al trabajo en los Estados Unidos y América Latina reside en cómo la existencia de un derecho constitucional al trabajo puede estimular a los jueces a considerar las realidades del lugar de trabajo cuando estudian demandas sobre derecho laboral, teniendo en cuenta el mandato constitucional de que el Estado debe garantizar condiciones de trabajo justas y favorables, y protección contra el desempleo. Actuar según el mandato constitucional de un derecho al trabajo señala la relevancia de las realidades del lugar de trabajo. Por consiguiente, mientras que el derecho al trabajo no garantiza literalmente a todos los ciudadanos un empleo y mucho menos un empleo libre de circunstancias incómodas, la expresión constitucional de la aspiración a un lugar de trabajo igualitario es valiosa.

De hecho, Mauricio García Villegas señala que "las constituciones programáticas mantienen viva la conciencia política del cambio social".[34] Si bien esas constituciones no pueden garantizar que habrá cambio social, proporcionan un terreno fértil en el que los movimientos sociales pueden llevar a cabo cambios.[35] Julieta Lemaitre sugiere también que las constitu-

---

[33] Véase, por ejemplo, Tanya Kateri Hernández, *Racial Subordination: The Role of the State, Customary Law, and the New Civil Rights Response* (Cambridge Univ. Press 2013); Tanya Kateri Hernández, *La subordinación racial en Latinoamérica* (Siglo del Hombre 2013).

[34] Mauricio García Villegas, "Law as Hope: Constitutions, Courts, and Social Change in Latin America", 16 *Fla. J. Int'l L.* 133 (2003), p. 140.

[35] *Ibid.*, pp. 140-141 (donde se declara que "parecería que al menos en algunos casos las constituciones programáticas crean una fuerte conexión simbólica entre el texto constitucional y al menos algunos líderes de las comunidades de base, que encuentran en la Constitución una bandera política que les inspira para usar estrategias políticas para reivindicar los derechos"). Véase también Rodrigo Uprimny, "Las transformaciones constitucionales recientes en América Latina: tendencias y desafíos", en *El derecho en América Latina: un mapa para el pensamiento jurídico de siglo XXI* (César Rodríguez Garavito

ciones programáticas son parte de un "fetichismo jurídico" que proporciona sostén psíquico a los reformadores del derecho comprometidos con lograr el cambio social en medio de una desigualdad masiva.[36] Además, Roberto Gargarella señala que la ausencia de una descripción detallada de derechos sociales programáticos en la Constitución de los Estados Unidos a menudo actúa en contra de su materialización.[37]

Como es obvio, debería señalarse desde el comienzo que hablar de un derecho al trabajo "latinoamericano" es un concepto en exceso amplio. La región está lejos de ser monolítica desde el punto de vista jurídico, a pesar de tener un pasado colonial español compartido y ser jurisdicciones de derecho civil.[38] Si bien un gran número de países reconoce el derecho constitucional al trabajo, también es cierto que no todos lo hacen.[39]

---

ed., 2011), p. 123, argumenta que los procesos constitucionales programáticos buscan profundizar la democracia y combatir la exclusión y la desigualdad étnica, social y de género).

[36] Julieta Lemaitre, "Legal Fetishism: Law, Violence, and Social Movements in Colombia", 77 *Rev. Jur. U. P. R.* 331 (2008), p. 343.

[37] Roberto Gargarella, "Latin American Constitutionalism Then and Now: Promises and Questions", en *New Constitutionalism in Latin America* 143 (Detlef Nolte 7 Almut Schilling-Vacaflor, eds., 2012), p. 153.

[38] Rogelio Pérez Perdomo, "Notas para una historia social del derecho en América Latina: la relación de las prácticas y los principios jurídicos", 52 *Rev. Colegio de Abogados P. R.* 1 (1991).

[39] Véase Art. 14, Constitución Nacional [Const. Nac.] (Arg.); Art. 14 bis., Const. Nac. Arg.; Art. 75.23, Const. Nac. Arg.; Constitución Federal [C. F.] [Constitution] art. 5 (XIII y XX) (Bras.); Constitución Política del Estado Plurinacional de Bolivia Art. 46-48; Constitución Política de la República de Chile [C. P.] art. 19 (16); Constitución Política de Colombia [C. P.] Art. 13, 25-27, 43; Constitución Política de la República de Costa Rica Art. 56; Constitución Política de la República de Cuba Art. 9(b), 44, 45; Constitución de la República Dominicana Art. 8; Constitución de la República de Ecuador Art. 33, 66(2), 325; Constitución de la República de El Salvador Art. 2, 37; Constitución de la República de Guatemala Art. 101; Constitución de la República de Honduras Art. 60, 127; Constitución Política de los Estados Unidos Mexicanos [C. P.], enmendada, *Diario Oficial de la Federación*, 5 de febrero de 1917 (Méx.) Art. 123; Constitución de la República de Nicaragua [Cn.], enmendada por la Ley

Por ejemplo, Chile es un ejemplo de país latinoamericano que, además de carecer de un derecho constitucional al trabajo, también es distintivo por la poca cantidad de derechos sociales que reconoce.[40] Sin embargo, la variedad de marcos constitucionales en la región apoyaría la tesis de que un derecho constitucional al trabajo explícito es beneficioso. Por ejemplo, en el análisis que hace Roberto Gargarella con la naturaleza muy espartana de la Constitución chilena, señala:

> Por lo usual, cuando los jueces no encuentran un fundamento escrito para estos nuevos derechos (cuando la Constitución no hace mención del derecho a la salud o de los derechos indígenas, digamos), tienden a actuar como si esos derechos no existieran en absoluto. En otras palabras, parece haber un vínculo entre la "no inclusión [constitucional] de nuevos derechos" y el "no reconocimiento judicial de nuevos derechos". Eso no quiere decir que la inclusión de derechos en una constitución los haga reales por arte de magia; lo que se quiere decir es que la ausencia de esos derechos actúa en contra de su materialización.[41]

En comparación con Chile, Brasil ejemplifica el extremo constitucional opuesto, con su larga lista de derechos sociales,

---

330, Reforma Parcial a la Constitución de la República de Nicaragua, 13 de enero de 2005 Art. 27, 57, 80; Constitución de la República de Panamá Art. 19, 64; Constitución de la República de Paraguay Art. 86, 88, 89; Constitución Política de la República del Perú Art. 2, 22; Constitución de la República Bolivariana de Venezuela Art. 21, 87, 89.

[40] Constitución Política de la República de Chile [C. P.] art. 19 (16) ("Toda persona tiene derecho a la libre contratación y a la libre elección del trabajo con una justa retribución"). Véase también Roberto Gargarella, *Latin American Constitutionalism, 1810-2010: The Engine Room of the Constitution* 145 (2013) ("Los países que parecen estar más atrás en esta lenta marcha hacia el reconocimiento público de los derechos sociales parecen ser aquellos que, por una razón u otra, se han resistido con más fuerza a incorporar esas demandas sociales en el cuerpo de sus constituciones. Entre los ejemplos que destacan está la austera Constitución chilena").

[41] Gargarella, *supra* nota 37, p. 153.

incluido el derecho al trabajo. Por esa razón, el caso es útil como ejemplo. Al mismo tiempo, ha habido un crítica persistente desde hace mucho tiempo sobre las dificultades que los demandantes afrobrasileños encuentran por parte de jueces que tradicionalmente se han resistido a reconocer reclamaciones de carácter general sobre discriminación racial, con el argumento de que todos los brasileños son mestizos.[42] Por lo tanto, los casos laborales brasileños son útiles para la comparación, porque permiten ver si los casos resueltos por tribunales de derecho laboral, en los que el principio contra la discriminación está complementado por un derecho constitucional al trabajo ofrecen una vía más hospitalaria para probar reclamaciones de discriminación.

Además, a efectos de una comparación transnacional, Brasil es un país en el que los movimientos afrodescendientes en pro de la justicia social han conseguido tener una gran influencia para promover sus leyes contra la discriminación, en formas que se asemejan algo al gran número de leyes que existen en Estados Unidos.[43] Es también una jurisdicción en la que los contratos laborales pueden terminarse en cualquier momento por cualquiera de las partes sin causa, de una manera que se aproxima en este contexto al empleo a voluntad en Estados Unidos.[44] La distinción principal con el contrato laboral a voluntad en Estados Unidos es que el derecho al trabajo en Brasil reconoce el derecho a recibir una indemnización y al previo aviso en caso de despido, pero aparte de dar previo aviso no hay ningún requisito procedimental con el que deban cumplir

---

[42] Seth Racusen, "A Mulato Cannot Be Prejudiced: The Legal Construction of Racial Discrimination in Contemporary Brazil", tesis doctoral, Massachusetts Institute of Technology (2002).

[43] Mala Htun, "From 'Racial Democracy' to Affirmative Action: Changing State Policy on Race in Brazil", 39 *Lat. Am. Res. Rev.* 60 (2004); Hernández, *Racial Subordination in Latin America, supra* nota 32, pp. 118-129 y 151-164.

[44] *Lex Mundi Labor and Employment Practice Group, Labor and Employment Desk Book* (2012), pp. 31-32, disponible en http://www.lexmundi.com/Document.asp?DocID=3903

los empleadores antes de un despido sin causa (salvo por unas pocas categorías laborales determinadas).[45] En resumen, si bien el ejemplo brasileño no puede servir como representación de una experiencia única latinoamericana sobre el derecho al trabajo, sus particularidades son útiles para explorar los beneficios potencialmente saludables de un derecho al trabajo en el contexto de la lucha contra la discriminación y a partir de eso para compararlo con la carencia en los Estados Unidos de ese derecho al trabajo.

Un ejemplo concreto de la influencia osmótica de las constituciones programáticas en el funcionamiento de las demandas sobre igualdad racial es observable mediante un estudio de las demandas sobre discriminación en el lugar de trabajo en Brasil. A pesar del hecho de que las leyes de discriminación racial brasileñas han sido criticadas por la exigencia favorable al empleador de que haya pruebas directas de segregación racial, en lugar de pruebas indirectas que muestren patrones de desigualdad racial,[46] una tabulación empírica de las decisiones publicadas del Tribunal Superior do Trabalho (Tribunal Superior Laboral, de ámbito nacional) entre 2008-2014 muestra una proporción muy grande de victorias para los demandantes que alegan discriminación racial.[47]

---

[45] *Ibid.* Las empleadas embarazadas están protegidas del despido sin justa causa durante la duración de su embarazo y en los cinco meses siguientes al nacimiento de su hijo. Esa protección contra el despido sin causa también es aplicable a los funcionarios y empleados sindicados que forman parte de la Comisión Interna de la Prevención de Accidentes de la empresa. El acuerdo colectivo aplicable puede establecer también otras protecciones contra el desempleo.

[46] "The Judicial System and Racism against People of African Descent: The Cases of Brazil, Colombia, the Dominican Republic and Peru", *Judicial Studies Centers of the Americas* (marzo de 2004).

[47] He tabulado los casos con la búsqueda de las expresiones "racial discrimination/discriminação racial" en la página web del Tribunal Superior do Trabalho (Tribunal Superior Laboral nacional), disponible en http://www.tst.jus.br/en/home, junto con la misma búsqueda en las muestras de 24 tribunales regionales de trabajo, Tribunais Regional do Trabalho, disponible en http://www.lexml.gov.br/

En el sistema jurídico brasileño, hay tribunales laborales especializados que actúan en paralelo a la jurisdicción civil general y los tribunales penales. Las decisiones de los juzgados laborales (Varas do Trabalho), que son la primera instancia, pueden apelarse ante los tribunales laborales regionales (Tribunais do Trabalho). El tribunal superior de apelación para los casos laborales es el Tribunal Superior del Trabajo (Tribunal Superior do Trabalho).[48] Por último, el Tribunal Supremo Federal (Supremo Tribunal Federal) puede ejercer su jurisdicción en apelaciones extraordinarias de sentencias de tribunales inferiores si el asunto concierne a la Constitución.[49]

En mi estudio empírico sobre las apelaciones de los tribunales laborales en 68 casos tratados en el Tribunal Laboral Superior Nacional (Tribunal Superior do Trabalho), que pueden consultarse en línea, los demandantes fueron exitosos el setenta por ciento del tiempo. Además, en una muestra de 18 casos regionales del Tribunal Laboral (Tribunal Regional do Trabalho) del mismo periodo, los demandantes fueron exitosos el setenta y dos por ciento de las veces. A pesar del hecho de que las decisiones judiciales dictadas en las jurisdicciones de derecho civil, como las latinoamericanas, tienden a ser concisas y parsimoniosas en el análisis teórico de las leyes, no obstante es posible observar la influencia del derecho del trabajo.[50]

Un ejemplo útil es el caso Ricardo Fagundes Nunes, resuelto en 2014 por el Tribunal Superior Laboral, en el que un hombre afrobrasileño vio negados varios ascensos laborales por el

---

[48] Constitución Federal [C. F.] [Constitution] art. 111 (Bras.).

[49] Constitución Federal [C. F.] [Constitution] art. 102 (Bras.).

[50] Alejandro M. Garro, "On Some Practical Implications of the Diversity of Legal Cultures for Lawyering in the Americas", 64 *Rev. Jur. U. P. R.* 461 (1995), pp. 474-475 (en el que se observa que hay significativas diferencias en el estilo de redacción de las decisiones judiciales de derecho civil); Catherine A. Rogers, "Fit and Function in Legal Ethics: Developing A Code of Conduct for International Arbitration", 23 *Mich. J. Int'l L.* 341 (2002), pp. 388-389 (señala que hay un estilo formalista y burocrático de las decisiones judiciales de derecho civil).

Instituto de Porto Alegre de la Iglesia Metodista (institución educativa), y que presentó la demanda tras oír a su supervisor decir: "Depende de mí que el negro ascienda o no".[51] En la valoración que hizo el tribunal de las problemáticas estructuras de trabajo que permitían que la discriminación afectara el proceso de ascenso (como la falta de criterios formales para evaluar a los candidatos y la falta de transparencia con respecto a cómo se concedían los ascensos), el órgano judicial no se limitó a aplicar de forma mecánica la ley específica que prohíbe la discriminación en el lugar de trabajo.

Con la llegada de los movimientos de justicia social en pro de la igualdad racial, los jueces brasileños han sido más conscientes de la necesidad de atender los casos de discriminación racial con cuidado. Sin embargo, la tasa de éxito de los demandantes en casos de derecho laboral contrasta con la tasa mucho menos de éxito en las demandas de discriminación racial presentadas fuera del contexto de lugar de trabajo.[52] El tribunal continuó en cambio desarrollando cómo la protección de los trabajadores frente a la discriminación es un derecho humano internacional reconocido por la Constitución, incluido el derecho al trabajo de su artículo 7 y su "objetivo de mejorar la condición social" de los trabajadores. Con ese objetivo, el tribunal señaló que solo porque hubiera otros trabajadores negros empleados por el demandado no significaba que el empleador no fuera capaz de haber cometido el trato discriminatorio alegado por el demandante.

Además, una vez que el demandante trabajador presentó su testimonio con respecto a la perspectiva racial del supervisor y la falta de un proceso de evaluación formal, el tribunal indicó que la carga de la prueba se trasladaba al demandado empleador. En Brasil, la parte que presenta la reclamación tiene en general la carga de la prueba. Sin embargo, los tribunales labo-

---

[51] T. S. T., No. TST-RR-17500-53.2008.5.04.0005, Relator: Min. José Roberto Freire Pimenta, 04.06.2014, http://www.tst.jus.br

[52] Ley 9.029, de 13.4.1995.

rales brasileños son muy protectores de los empleados, puesto que estos son considerados la parte más débil en cualquier relación laboral. Por consiguiente, en algunos casos, la carga de la prueba puede trasladarse al empleador, aun cuando haya sido el empleado el que ha presentado la demanda.[53] En este caso, el tribunal razonó que el traslado de la carga al demandado empleador estaba justificada por la protección constitucional del derecho al trabajo contra el despido sin causa, puesto que el demandado empleador era el único al que le correspondía conocer las justificaciones no discriminatorias de despido.[54] Esa es una diferencia marcada con la jurisprudencia sobre discriminación racial de Estados Unidos, que, a pesar de tener desde hace muchos años un sistema de traslado de carga de la prueba para casos de discriminación laboral,[55] la mera presencia de otros empleados de color parece proteger al empleador frente a una investigación judicial sustantiva.[56]

---

[53] IUS Laboris, *Human Resource Lawyers, Discrimination Law in the Americas* (2012), disponible en http://www.iuslaboris.com/files/documents/Public%20 Files/Publications/2012_Publications/IUS_LABORIS_2012_Discrimina- tion_Law_in_the_Americas.pdf

[54] A diferencia de los Estados Unidos, en Brasil las partes de un proceso no tienen derechos automáticos a que la contraparte les revele las pruebas en su poder. En lugar de eso, la fase probatoria es dirigida por el juez, quien determina los documentos que deben mostrar las partes. Las partes tienen derecho a solicitar la revelación de cualquier documento concreto y es el juez el que determina si deben mostrarse esos documentos a la otra parte, considerando si son o no necesarios para decidir el caso. Las partes pueden solicitar también que un documento no se haga público si su revelación puede causar daño a esa parte o contienen información confidencial. Véase Ronald Meisburg et al., "Interna- tional Trends in Employment Dispute Resolution — Counsel's Perspectives", Materials for the Worlds of Work: Employment Dispute Resolution Systems Across The Globe Hosted by St. John's University School of Law and Fitzwilliam College, Cambridge University, p. 21 (21 de julio de 2011), http://www.pros- kauer.com/files/Event/f4ce52c8-78cb-4634-993f-6a188b827e63/Presentation/ EventAttachment/18218ba8-fba8-4d9d-85e7-717a66791533/Agenda.pdf

[55] *McDonnell Douglas v. Green*, 411 U.S. 792 (1973).

[56] Tanya Kateri Hernández, "Latino Inter-Ethnic Deployment Discrimination and the 'Diversity' Defense", 42 *Harv. C. R.-C. L. L. Rev.* 259 (2007), pp. 284- 288.

TANYA K. HERNÁNDEZ

Otra diferencia marcada es que en Estados Unidos, a pesar del derecho del demandante a que todas las pruebas le sean reveladas, los tribunales todavía le conceden un gran valor a las supuestas decisiones empresariales del empleador no obstante la asimetría de poder y de acceso a la información entre empleador y empleado.[57] A pesar de la inexistencia de instrumentos procedimentales útiles en especial para los demandantes (como el traslado automático de la carga de la prueba y el derecho a conocer todas las pruebas de la parte contraria), el juez brasileño en el caso Ricardo Fagundes Nunes decidió la demanda sobre discriminación racial en el contexto más amplio de un derecho constitucional al trabajo, lo cual le permitió entonces utilizar elementos conceptuales adicionales para tomar su decisión judicial. Las realidades del mercado laboral en la que las asimetrías de poder y acceso a la información existen para el empleado, y los empleadores pueden recurrir a la discriminación incluso en un mercado laboral radicalmente diverso, fueron factores que pudieron ser considerados para valorar el caso. Formulado de manera diferente, el derecho constitucional al trabajo se concentra en las condiciones justas y favorables de empleo y protección de los trabajadores contra el desempleo, y obliga a los jueces a centrarse en el examen de las alegaciones en el contexto de mercados laborales del mundo real, en vez de un mercado laboral idealizado, en el que los empleadores se presume que actúan racionalmente y no tienen más poder que sus empleados. Si bien la influencia del derecho al trabajo en los casos de los tribunales laborales no suele formularse de manera tan explícita como en el caso Ricardo Fagundes Nunes ya descrito, el derecho constitucional sigue implícitamente proporcionando un trasfondo importante para analizar las alegaciones de discriminación racial.

---

[57] Véase Lauren B. Edelman et al., "When Organizations Rule: Judicial Deference to Institutionalized Employment Structures", 117 *Am. J. Soc.* 888 (2011).

Por ejemplo, en el caso *Paulo dos Reis Pereira*, sobre un empleado de Parmalat Brasil, resuelto en 2008 por el TST, no hubo citas jurídicas explícitas al derecho constitucional al trabajo.[58] No obstante, el tribunal ratificó la conclusión del tribunal inferior de que no era necesario para el demandante empleado haber informado del acoso sexual que sufrió de un supervisor como requisito para poder presentar una demanda judicial. El tribunal declaró que no era necesario, porque era responsabilidad del empleador cuidar del bienestar de sus empleados. El tribunal razonó que el derecho laboral exige que los empleadores estén "vigilantes" a la hora de mantener un lugar de trabajo seguro y libre de los males de la discriminación. Esa vigilancia hubiera hecho que el empleador conociera todos los testimonios que indicaban que el acoso público racial contra el demandante era una práctica usual.

Esa es una perspectiva judicial que recuerda una de las preocupaciones detrás del derecho constitucional al trabajo: velar por la condición social del trabajador. La preocupación del tribunal inferior, el TRT, fue en especial extraordinaria, propia de alguien que conoce el mundo real, como muestra su afirmación de que la posición subordinada de los empleados hace difícil denunciar la discriminación debido al temor de ser despedido o de que el supervisor acosador perjudique aún más al trabajador.[59] Eso ayuda a explicar por qué el deber de cuidado del empleador hacia el bienestar de sus empleados exige prestar atención a los comportamientos discriminatorios y a su supervisión. Esa consideración acerca de cómo las realidades de las jerarquías del lugar de trabajo pueden influenciar la denuncia de ciertos comportamientos por el empleado contrasta mucho con la jurisprudencia estadounidense, que aísla al empleador

---

[58] T. S. T. J. 1011/2001-561-04-00.5, Relator: Min. Carlos Alberto Reis da Paula, 24.03.2008 (Brasil), disponible en http:/www.tst.gov.br.

[59] T. R. T. J. 94.2001.5.04.0561 8 Turma do 4 Região, Relator: Juíza Ana Luiza Heineck Kruse, 30.04.2003 (Brasil), disponible en www.trt4.jus.br.

de responsabilidad por el acoso laboral cometido por un superior supervisor cuando el trabajador "no ha aprovechado las oportunidades preventivas o correctivas que el empleador proporciona".[60]

Otro indicador de cómo el derecho al trabajo proporciona implícitamente un trasfondo importante para analizar las alegaciones de discriminación racial provendría de comparar la tasa de éxito de los demandantes en casos laborales con la de las demandas sobre discriminación racial presentadas en ámbitos distintos al del mercado de trabajo en Brasil. En concreto, la tasa de éxito de los demandantes en casos de derecho laboral en Brasil es mucho más alta para los casos de discriminación racial que las presentadas por fuera del contexto del mercado de trabajo.

Como pasa en la inmensa mayoría de los países latinoamericanos, en Brasil el centro de las demandas judiciales sobre normas contra la discriminación está en su derecho penal. Eso se debe a que, desde el punto de vista simbólico, la criminalización sugiere un fuerte compromiso normativo con la erradicación de la discriminación. Por desgracia, el contexto del derecho penal también sitúa la discriminación en la esfera de las conductas causadas por individuos anormales y, por consiguiente, es un entorno en el que los demandantes encuentran una menor receptividad a sus demandas.[61]

Un estudio de los casos penales de discriminación racial registrados entre 2005 y 2006 encontró que solo 32,9 % fueron

---

[60] *Faragher v. Boca Raton*, 524 U. S. 775, 807 (1998). El marco estadounidense prohíbe la responsabilidad del empleador cuando este usa la defensa de que el acoso del supervisor no estuvo acompañado de una acción tangible que afectara las condiciones de empleo (como el despido, la sanción disciplinaria, la negación de un ascenso, de un traslado o de un aumento salarial). En casos de acosos por otro compañero de trabajo, el empleador solo es responsable legal si fue negligente en el control de las condiciones de trabajo. *Burlington Industries, Inc. v. Ellerth*, 524 U. S. 742, 765 (1998).

[61] Hernández, *supra* nota 33, pp. 104-109.

exitosos para el demandante.[62] En el mismo sentido, un estudio sobre los casos penales de discriminación racial decididos entre 2007 y 2009 encontró que solo 30 % tuvo éxito para el demandante.[63] Comparar los casos de derecho laboral y los casos de derecho penal sobre discriminación racial destaca tanto las restricciones procesales que padecen los demandantes en el contexto del derecho penal con su mayor carga de la prueba y el beneficio de presentar una demanda en circunstancias en las que existe un derecho al trabajo. La diferencia entre ambos ámbitos es subrayada por el hecho de que en ambos operan conforme a leyes contra la discriminación que son parecidas entre sí[64] y que son utilizadas por juristas que provienen del mismo entorno elitista.[65] Esos hechos sugerirían una predisposición parecida para considerar reclamaciones contra la discriminación en los tribunales penales y los laborales. Sin embargo, no ocurre así.

Por tanto, los miembros del movimiento en pro de la justicia social pueden trabajar muy duro para plantear la cuestión de la desigualdad en primera línea de las preocupaciones sociales, pero algunos campos jurídicos son más favorables a la hora de responder a esas preocupaciones. Argumento que el contexto del derecho al trabajo en los tribunales de derecho laboral puede ser un espacio hospitalario, y con la proliferación y el fortalecimiento de los movimientos de justicia social en pro de la igualdad racial en toda América Latina, muchos más tribuna-

---

[62] Marcelo Paixão, Irene Rossetto, Fabiana Montovanelel y Luiz M. Carvano, *Relatório Anual das Desigualdades Raciais no Brasil; 2009-2010* (Rio de Janeiro: Editora Garamond, 2010), p. 264.

[63] *Ibid.*

[64] Tanto la Ley 9029, de 1995, Ley de Empleo, como la Ley 9459 de 1997, Ley Penal contra el Racismo que actualiza la Ley 7716 de 1989, tienen un lenguaje paralelo que prohíbe la "discriminación por razones de raza y color".

[65] Maria Angela Jardim de Santa Cruz Oliveira y Nuno Garoupa, "Choosing Judges in Brazil: Reassessing Legal Transplants from the U. S.", 59 *Am. J. Comp. L.* 529 (2011).

les de derecho laboral y otros tribunales inferiores de la región comenzarán a seguir el ejemplo brasileño.[66] Por otro lado, la jurisprudencia estadounidense sobre igualdad racial no ofrece esa promesa. En contraste marcado con el ejemplo brasileño, en el que la tasa de éxito de los demandantes es buena, los Estados Unidos son hoy ejemplo emblemático de la hostilidad directa a las demandas de discriminación racial en el empleo. En Estados Unidos, 94 % de los casos de discriminación en el empleo nunca llegan a juicio debido a que muchos son rechazados directamente en las acciones procesales preliminares y luego en acciones procesales que solicitan sentencias sumarias.[67] Más de 40 % de los casos de discriminación en el empleo en Estados Unidos son rechazados antes de llegar a juicio y otro 54 % de demandantes solo recibe cantidades pequeñas en acuerdos extrajudiciales.[68] De 6 % de los casos que llega a juicio en Estados Unidos, solo uno de cada tres tiene la posibilidad de ganar.[69] La ausencia de un derecho constitucional al trabajo puede ser parte de la razón que explica la hostilidad

---

[66] Hay que señalar que algunas de las jurisdicciones, como Francia, en las que existe el derecho al trabajo, tienen tan regulada la capacidad de los empleadores para despedir a los empleados con justa causa, que de forma inconsciente han interferido con la integración de los grupos racialmente excluidos del mercado laboral. Véase Julie C. Suk, "Discrimination at Will: Job Security Protections and Equal Employment Opportunity in Conflict", 60 *Stanford L. Rev.* 73 (2007). Sin embargo, el derecho al trabajo no obliga a los empleadores a una fuerte carga de trámites burocráticos. De hecho, el contexto del derecho al trabajo en el Brasil lo único que ordena es el preaviso y el pago de una cantidad proporcional como indemnización por terminación anticipada del contrato. Véase *supra* nota 44 y texto conexo. Véase también Nicole B. Porter, "The Perfect Compromise: Bridging the Gap between Employment at Will and Just Cause", 87 *Nebraska L. Rev.* 62 (2008).

[67] Laura Beth Nielsen, Robert L. Nelson y Roy Lancaster, "Individual Justice or Collective Legal Mobilization? Employment Discrimination Litigation in the Post Civil Rights United States", 7 *J. Empirical Leg. Stud.* 175 (2010).

[68] *Ibid.*

[69] *Ibid.*

a las demandas de discriminación en el empleo que analizo en la siguiente sección.

C. EL VACÍO CONSTITUCIONAL ESTADOUNIDENSE SOBRE EL DERECHO AL TRABAJO PERJUDICA LA IGUALDAD RACIAL

A diferencia de Brasil y del resto de América Latina, el enfoque de los jueces estadounidenses con respecto a los casos de derecho laboral parte de su propia experiencia de lo que significa ser un trabajador, en lugar de ver los casos a partir de un derecho constitucional al trabajo preocupado por las circunstancias reales del lugar de trabajo. Para la enorme mayoría de los magistrados del Tribunal Supremo de Estados Unidos, su historia laboral es casi siempre la de trabajadores con un estatus privilegiado en lugares de trabajo jerarquizados. La investigación sobre el Tribunal Supremo de Estados Unidos ha demostrado empíricamente que el comportamiento de los jueces está motivado, en gran parte, por sus actitudes individuales, tal y como son experimentadas por ellos[70] y por sus experiencias de vida como parte de la élite.[71] Esos hechos ayudan a explicar por qué cuando

---

[70] David W. Rohde y Harold J. Spaeth, *Supreme Court Decision Making* (1976); Jeffrey Segal y Harold J. Spaeth, *The Supreme Court and the Attitudinal Model* (1993); Harold J. Spaeth y Jeffrey Segal, *Majority Rule or Minority Will: Adherence to Precedent on the U. S. Supreme Court* (1999).

[71] Lawrence Baum y Neal Devins, "Why the Supreme Court Cares About Elites, Not the American People", 98 *Geo. L. J.* 1515 (2010) ("debido a que los magistrados están 'protegidos, encerrados' y pertenecen 'en su enorme mayoría a las clases medias altas o alta y están muy bien educados, por lo general en las universidades más elitistas de toda la nación', las opiniones de los líderes sociales y económicos es probable que les importen más al Tribunal que las de los legisladores de elección popular"). Los autores usan "datos de encuestas de opinión que sugieren que el Tribunal suele prestar más atención a las opiniones de individuos con estudios de posgrado que a las del público en su conjunto"; Mark A. Graber, "The Coming Constitutional Yo-Yo? Elite Opinion, Polarization, and the Direction of Judicial Decision Making", 56 *How. L. J.* 661 (2013) (señala que "los jueces tienden a actuar a partir de valores

el presidente Obama presentó a la magistrada Sonia Sotomayor como nominada al Tribunal Supremo alabó su "extraordinario viaje", desde un conjunto de viviendas sociales en el Bronx hasta el Tribunal de Apelaciones del Segundo Circuito, y declaró: "Es una experiencia que puede ofrecer a una persona sentido de la realidad común y un sentimiento de compasión, una comprensión de cómo funciona el mundo".[72] Una conclusión natural es que las historias laborales de los magistrados del Tribunal Supremo de Estados Unidos como parte de la élite limitarían su capacidad de valorar la vulnerabilidad de los trabajadores no pertenecientes a las élites en tanto los magistrados no tengan alguna clase de referencia externa.[73] Una revisión de los dos casos más recientes de discriminación laboral por motivos de raza apoyaría ese supuesto.[74]

---

elitistas, debido a que los magistrados son casi siempre seleccionados de entre los estratos más ricos y más educados de los estadounidenses" y que "la dirección de las decisiones judiciales en un momento determinado refleja las opiniones de los miembros más ricos y más educados de la coalición nacional dominante"); Benjamin H. Barton, "An Empirical Study of Supreme Court Justice Pre-Appointment Experience", 64 *Fla. L. Rev.* 1137 (2012) (señala que los magistrados del Tribunal Roberts son un caso excepcional cuando se comparan con magistrados anteriores a causa de su déficit de la "muy necesitada sabiduría práctica", y explica que los magistrados del pasado, "con más experiencia de la vida real", tenían un historial previo como abogados practicantes, jueces y políticos); Susan Navarro Smelcer, *Supreme Court Justices: Demographic Characteristics, Professional Experience, and Legal Education, 1789-2010*, Congressional Research Service 1 (9 de abril de 2010) (proporciona un análisis de la homogeneización de las experiencias profesionales de los magistrados del Tribunal Supremo).

[72] Jonathan Weisman, "Hispanic Picked for Top Court", *Wall St. J.*, 26 de mayo de 2009.

[73] Véase Michele Benedetto Neitz, "Socioeconomic Bias in the Judiciary", 61 *Clev. St. L. Rev.* 137 (2013) (analiza el estatus socioeconómico privilegiado de los jueces en Estados Unidos y su prejuicio socioeconómico implícito).

[74] Debería señalarse que la comparación entre los casos de discriminación laboral decididos por el Tribunal Supremo de Estados Unidos y los del Tribunal Laboral Superior brasileño (TST) ya estudiados es apropiada, porque el TST es el tribunal de cierre en cuestiones de derecho laboral. Véase *supra* notas 47-48 y texto conexo.

En la decisión *Vance v. Ball State Univ.*,[75] de 2013, el magistrado Alito redactó la decisión de la mayoría por la cual el Tribunal Supremo especificó quién podía considerarse supervisor a los efectos de determinar la responsabilidad vicaria del empleador por acoso laboral. Una fuerte división de 5-4 del tribunal decidió que solo los empleados que tuvieran poder específico para tomar acciones laborales tangibles (como despedir, rebajar de categoría, transferir o castigar disciplinariamente) podían considerarse supervisores por cuyas acciones el empleador pudiera ser considerado responsable vicario. En nombre de la Corte, el magistrado Alito declaró: "La capacidad de dirigir las tareas de otro empleado no basta por sí misma. Los empleados con esos poderes pueden sin duda crear entornos de trabajo intolerables […] pero también [lo pueden hacer] muchos otros compañeros de trabajo".[76]

En cambio, la magistrada Ginsburg, en su salvamento de voto, observó:

> La Corte elimina hoy de la categoría de supervisores a los empleados que controlan los horarios cotidianos y la asignación diaria de tareas, y la ha limitado a aquellos que tienen el poder formal de tomar acciones laborales que afecten el empleo. Esa limitación, por la que la Corte reduce la fuerza [de la anterior responsabilidad vicaria], no tiene en cuenta las condiciones en las cuales trabajan los miembros de la fuerza de trabajo y es contraria al objetivo del título VII de prevenir que la discriminación infecte los lugares de trabajo de la nación.[77]

Además, la magistrada Ginsburg señaló también que "las realidades del lugar de trabajo refuerzan mi conclusión de que el acoso por un empleado con poder de dirigir las actividades

---

[75] 133 S. Ct. 2434 (2013).
[76] *Ibid.*, p. 2448.
[77] *Ibid.*, p. 2455.

laborales diarias de sus subordinados debería dar lugar a responsabilidad vicaria", y luego sigue detallando ejemplos concretos de casos en los que una persona con autoridad para controlar las condiciones laborales había usado ese poder para facilitar el acoso.[78] En otras palabras, el hecho de que la magistrada Ginsburg se concentrara en las circunstancias reales del lugar de trabajo que fomentan la discriminación influenció su valoración de los parámetros jurídicos apropiados para promover la igualdad.

Teniendo en cuenta cuán crucial fue la consideración sobre la realidad del lugar de trabajo para el concepto más denso de igualdad empleado por Ginsburg, es importante señalar que su propia experiencia como trabajadora vulnerable configuró su visión de cómo es el lugar de trabajo para esos subordinados. De hecho, como señaló el presidente Clinton durante su anuncio de la selección de la magistrada Ginsburg como magistrada del Tribunal Supremo de Estados Unidos,

a pesar de su enorme capacidad y logros académicos, no pudo conseguir trabajo en un despacho de abogados a comienzos de la década de los sesenta porque era mujer y madre de un niño pequeño. Tras haber experimentado la discriminación, dedicó los siguientes veinte años de su carrera a luchar contra ella y a hacer mejor este país para nuestras esposas, nuestras madres, nuestras hermanas y nuestras hijas.[79]

Como el presidente ha dicho, no hubo un solo despacho de la ciudad de Nueva York que considerara mi oferta de trabajar como abogada cuando conseguí mi título de abogada.[80]

---

[78] *Ibid.*, pp. 2459-60.

[79] *The Supreme Court; Transcript of President's Announcement and Judge Ginsburg's Remarks, N. Y. Times* (15 de junio de 1993), disponible en http://www.nytimes.com/1993/06/15/us/supreme-court-transcript-president-s-announcement-judge-ginsburg-s-remarks.html?src=pm&pagewanted=1

[80] *Ibid.*

La experiencia directa de la magistrada Ginsburg incluyó también su trabajo como oficinista mecanógrafa tras conseguir una licenciatura de la Universidad de Cornell. A diferencia de la magistrada Ginsburg, la historia laboral del magistrado Alito, salvo por los trabajos en prácticas durante los veranos, está caracterizada por haber tenido siempre posiciones de autoridad.[81] No sorprende, por lo tanto, la perspectiva que tiene Alito del lugar de trabajo desde su experiencia como trabajador de élite, que le da una visión muy diferente de la dinámica de poder que afecta a la mayoría de los trabajadores en peor posición laboral. De hecho, un estudio empírico reciente encontró que el magistrado Alito, junto con el magistrado Roberts, son dos de los magistrados más favorables a las empresas que han servido en el Tribunal Supremo desde 1946.[82]

Es evidente una disociación parecida de la dinámica de poder en el lugar de trabajo en el caso *University of Texas Southwestern Medical Center v. Nassar*,[83] de 2013. En Nassar, el magistrado Kennedy redactó la decisión de la mayoría, que elevaba el estándar de prueba en las demandas por represalias sobre discriminación en el empleo. El tribunal se dividió de nuevo cinco contra cuatro a la hora de valorar cómo podía probarse la

---

[81] La biografía del juez Alito contiene los siguientes datos: graduado de la Woodrow Wilson School of Public and International Affairs, Universidad de Princeton, 1972; graduado de la Facultad de Derecho de Yale, 1975; magistrado auxiliar del magistrado Leonard I. Garth, del Tribunal de Apelaciones de Estados Unidos para el Tercer Circuito, 1976-1977; fiscal asistente de los Estados Unidos, distrito de New Jersey, 1977-1981; abogado asistente del Abogado del Estado, Departamento de Justicia de los Estados Unidos; abogado asistente delegado del Fiscal General, Departamento de Justicia de los Estados Unidos, 1985-1987; fiscal de los Estados Unidos para el distrito de New Jersey; magistrado del Tribunal de Apelaciones para el Tercer Circuito, 1990-2006; magistrado asociado del Tribunal Supremo de los Estados Unidos desde 2006 hasta hoy. Véase Clare Cushman, *The Supreme Court Justices: Illustrated Biographies, 1789-2012* (2012), pp. 499-502.

[82] Lee Epstein, William M. Landes y Richard A. Posner, "How Business Fares in the Supreme Court", 97 *Minn. L. Rev.* 1431 (2013).

[83] 133 S. Ct. 2517 (2013).

discriminación. Aunque las enmiendas de 1991 al título VII de la Ley de Derechos Civiles de 1964 especificaron el estándar del "factor motivante" para determinar la existencia de responsabilidad en casos en los que los motivos laborales del empleador estaban mezclados con motivos discriminatorios en casos de despido improcedente, la ley y sus enmiendas nada decían con respecto a las demandas por represalias.[84] La mayoría del Tribunal se negó a extender lo que llamó un "estándar reducido de causación" a las demandas por represalias conforme al título VII, que tienen un fundamento parecido. En lugar de eso, ordenó que un demandante que hiciera una demanda por represalias debía establecer que la supuesta actividad dañina era una causa usual, necesaria, de la actitud vengativa ilegal por parte del empleador, es decir, que "si no hubiera sido por eso" no habría habido despido.

La mayoría del Tribunal parecía estar en especial preocupada por el hecho de que las demandas por represalias habían aumentado en los últimos años, puesto que destacó que la cuestión de la causación tenía:

Una importancia fundamental para la asignación justa y responsable de los recursos en los sistemas judiciales y procesales. Es de especial importancia, porque las demandas por represalias se presentan cada vez con mayor frecuencia […]. De hecho, el número de demandas por represalias presentadas ante la EEOC [Equal Employment Opportunity Commission] ha superado ahora toda reclamación de discriminación basada en el estatus salvo las de raza.[85]

---

[84] Según este criterio legal, es evidencia suficiente de discriminación ilegítima la prueba de que una característica prohibida, como la raza, "fue el factor motivante de una práctica laboral determinada, aun cuando haya otros factores que motivaron la práctica del empleador". T. VII Civil Rights Act of 1964 § 703(m), codificada en 42 U.S.C § 2000e-2(m).

[85] 133 S. Ct., p. 2531.

Es importante señalar que el magistrado Kennedy fundamentó su preocupación sobre el crecimiento de las demandas por represalias en suposiciones más que en datos concretos procedentes del lugar de trabajo. Por ejemplo, señaló:

Reducir el estándar de causación podría contribuir también a la presentación de demandas frívolas, que sustraerían recursos de los esfuerzos de los empleadores [sic], los organismos administrativos y los tribunales para combatir el acoso en el lugar de trabajo. Considérese a este respecto el caso de un empleado que sabe que él o ella van a ser despedidos por su pobre desempeño, van a sufrir una reducción salarial o incluso van a ser transferidos a otra ocupación o lugar. Para impedir una acción legítima, podrían estar tentados de presentar una acusación infundada de discriminación racial, sexual o religiosa; luego, cuando la acción laboral del empleador, inconexa, se presente, el empleado podría alegar que es una represalia. Si la posición del reclamante prevaleciera, entonces la reclamación podría reconocerse mediante un estándar de causación reducido, todo con el objeto de prevenir el cambio indeseado de circunstancias laborales.[86]

Sin embargo, los datos empíricos señalan que solo un porcentaje pequeño de aquellos que se cree que han experimentado discriminación presentan en la práctica una demanda teniendo en cuenta los costos financieros y emocionales de ser considerado un trabajador "problemático" en el lugar de trabajo.[87] Los supuestos sesgados del magistrado Kennedy podrían estar relacionados con su falta de experiencia como trabajador vulne-

---

[86] *Ibid.*, pp. 2531-32.

[87] Véase Kristin Bumiller, "Victims in the Shadow of the Law: A Critique of the Model of Legal Protection", 12 *Signs* 421 (1987) (documenta la gran reticencia de las víctimas de discriminación a presentar reclamaciones); véase también Michael Selmi, "Why Are Employment Discrimination Cases So Hard to Win?", 61 *La. L. Rev.* 555 (2001), p. 557 (describe la imagen distorsionada que hay de que los casos de discriminación son numerosos y fáciles de ganar).

rable. Hijo de un prominente abogado y lobista, bien conectado políticamente, las conexiones familiares del magistrado Kennedy le hicieron ser paje del Senado a la edad de 10 años.[88] Después su educación de élite en la Universidad de Stanford y luego en la Facultad de Derecho de Harvard le concedió su estatus profesional como abogado.[89] Incluso los empleos a tiempo parcial del magistrado Kennedy en los campos de petróleo estuvieron conectados al cargo de su tío como directivo en el sector de la industria petrolera.[90] En otras palabras, ser contratado como resultado del nepotismo en una posición obrera fue parte de un estadio temporal mientras completaba su educación de élite, y no tuvo como propósito conseguir perspectivas profundas sobre el grado real en el que los subordinados están expuestos a la discriminación y la venganza. Además, cuando el magistrado Kennedy era un abogado en prácticas, la mayor parte de su práctica consistió en representar a empresas en contra de los trabajadores.[91]

En cambio, el salvamento de voto de la magistrada Ginsburg se concentró en lo que llamó "la sensibilidad a la realidad de la vida laboral".[92] Con las realidades del lugar de trabajo

[88] Robert Reinhold, "Man in the News; Restrained Pragmatist Anthony M. Kennedy", *N. Y. Times* (12 de noviembre de 1987), disponible en http://www.nytimes.com/1987/11/12/us/man-in-the-news-restrained-pragmatist-anthony-m-kennedy.html?module=Search&mabReward=relbias:s,[%22RI:7=%22,=%22RI:12=%22]=&src=pm&pagewanted=1

[89] Clare Cushman, *The Supreme Court Justices: Illustrated Biographies, 1789-2012* (2012), pp. 472-476.

[90] "The Justices of the United States Supreme Court — Justice Anthony Kennedy", *Supreme Court Review.com*, disponible en http://supremecourtreview.com/default/justice/index/id/34 (último acceso 10 de julio de 2014).

[91] Robert Reinhold, "Man in the News; Restrained Pragmatist Anthony M. Kennedy", *N. Y. Times* (12 de noviembre de 1987), disponible en http://www.nytimes.com/1987/11/12/us/man-in-the-news-restrained-pragmatist-anthony-m-kennedy.html?module=Search&mabReward=relbias:s,[%22RI:7=%22,=%22RI:12=%22]=&src=pm&pagewanted=1

[92] *Nassar*, 133 S. Ct., p. 2547.

como punto focal, la magistrada Ginsburg hizo referencia a hechos empíricos sobre las razones principales para el silencio de los empleados sobre la discriminación, como es el temor de venganza, en lugar de hacer especulaciones sobre las posibilidades hipotéticas de que el trabajador abuse del sistema jurídico.[93] Como resultado, el salvamento de voto de la magistrada Ginsburg concluyó que las demandas por represalias estaban "estrechamente ligadas a la prohibición fundamental [de discriminación] y no podían disociarse de ella" a la hora de establecer los estándares de prueba.[94]

Puede encontrarse apoyo adicional a las tesis de que el foco judicial sobre las realidades del lugar de trabajo (ya partan de la propia historia laboral del magistrado ya del impulso externo de un derecho constitucional al trabajo) es parte integral de una jurisprudencia vigorosa y efectiva sobre la igualdad racial si comparamos los casos anteriores con el caso histórico sobre discriminación laboral *Griggs v. Duke Power Co.*, de 1971.[95] En Griggs, el Tribunal Supremo decidió que, según el título VII de la Ley de Derechos Civiles, los sistemas de contratación que perjudican de forma desproporcionada a los grupos de las minorías étnicas son en sí discriminatorios a menos que las empresas demuestren que las pruebas realizadas están "razonablemente relacionadas" con el empleo para el que se requieren. El magistrado Burger redactó la opinión de la mayoría, que en la parte relevante declaró:

El Congreso ha dispuesto ahora que las pruebas o los criterios para conseguir un empleo o un ascenso no proporcionarán igualdad de oportunidades en el simple sentido del ofrecimiento de leche de la fábula de la cigüeña y el zorro. Por el contrario, el Congreso ahora requiere que la posición y la condición de los demandan-

---

93 *Ibid.*, pp. 2534-2535.

94 *Ibid.*, p. 2539.

95 401 U. S. 424 (1971).

tes de empleo se tengan en cuenta. Ha dispuesto, volviendo a la fábula otra vez, que el contenedor en el que se sirve la leche sea uno que toda persona pueda usar.

La buena intención o la ausencia de voluntad de discriminar no redimen los procesos de empleo o los mecanismos de prueba que actúan como "vientos en contra inherentes" para las minorías y no están relacionados con la capacidad de evaluar la capacidad laboral.

Los hechos de este caso demuestran lo inapropiado de las pruebas generales y amplias, y también de la enfermedad de usar los diplomas o licenciaturas como medidas precisas de la capacidad. La historia está llena de ejemplos de hombres y mujeres que han tenido desempeños muy efectivos sin las etiquetas convencionales aparejadas a los certificados, los diplomas o las licenciaturas. Los diplomas y las pruebas son medios útiles, pero el Congreso ha ordenado que no sean los amos de la realidad, con bastante sentido común.[96]

En resumen, el magistrado Burger justificó el estándar muy progresista de los efectos desiguales basándose en la realidad laboral sobre cómo las pruebas de empleo racialmente excluyentes, no relacionadas con el trabajo que se va a desempeñar, pueden excluir de manera injusta a buenos trabajadores, aun cuando la intención del empleador no sea discriminar desde el punto de vista racial. Como es obvio, eso contrasta con el estándar más restrictivo basado en la intención del demandado aplicable a las demandas de constitucionalidad sobre igualdad basadas en la 14 Enmienda en Estados Unidos.[97]

---

[96] 401 U. S. 424, 430-434 (énfasis añadido).

[97] *Washington v. Davis*, 96 S.Ct. 2040 (1976). El Tribunal Burger no amplió el estándar de los efectos desiguales de Griggs al contexto constitucional por temor de que su efecto fuera invalidar una amplia variedad de programas legislativos que no fueron resultado de la discriminación racial. El Tribunal pensó que "la extensión de la regla más allá de aquellas áreas en las que es de

La propia historia laboral del magistrado Burger le permite entender bien la realidad laboral. Debido a sus circunstancias financieras, consecuencia de una actividad agrícola familiar modesta, el magistrado Berger tuvo que repartir periódicos cuando tenía 9 años para ayudar a mantener a sus siete hermanos.[98] Consiguió terminar la universidad y las clases nocturnas en la Facultad de Derecho gracias a su empleo en el departamento de contabilidad de una empresa de seguros de vida.[99] Esta rica historia laboral, partiendo de orígenes modestos, influenció muy probablemente la actividad del magistrado Burger en favor de la igualdad racial cuando era un joven abogado. Fue el primer presidente del Consejo de Relaciones Humanas de St. Paul, Minnesota.[100] Ese grupo, que ayudó a organizar, fomentó programas de formación para la policía dirigidos a mejorar las relaciones con las minorías. Durante muchos años fue también miembro de la Comisión Interracial del Gobernador de Minnesota.[101] Por consiguiente, a pesar de haber sido un nominado republicano del presidente Nixon, las propias experiencias laborales del magistrado Burger pesaron más que su supuesto papel de portador de la "herencia ideológica" de Nixon.[102]

---

fácil aplicación por estar contemplada en la ley, como en el campo del empleo público, deberán esperar el mandato legislativo". *Ibid.*, p. 2052.

[98] *Warren Burger Biography*, Biography.com, disponible en http://www.biography. com/people/warren-burger-9231479#growing-up-in-a-working-class-family (último acceso 20 de julio de 2014).

[99] *Warren E. Burger*, The Oyez Project at IIT Chicago-Kent College of Law, disponible en http://www.oyez.org/justices/warren_e_burger (último acceso 20 de julio de 2014).

[100] Linda Greenhouse, "Warren E. Burger Is Dead at 87; Was Chief Justice for 17 Years", *N. Y. Times* (26 de junio de 1995), disponible en http://www.nytimes. com/1995/06/26/obituaries/warren-e-burger-is-dead-at-87-was-chief-justice-for-17-years.html?src=pm&pagewanted=4

[101] *Ibid.*

[102] Max Lerner, *Nine Scorpions in a Bottle: Great Judges and Cases of the Supreme Court* (Richard Cummings ed., 1994) 242 (describe el difícil papel del ma-

Frente a la relevancia que tuvo el estándar del efecto desigual para el magistrado Burger en *Griggs*, es muy destacable la hostilidad judicial contemporánea a ese estándar mostrada en *Ricci v. DeStefano*,[103] en la que el magistrado Kennedy le otorga una importancia fundamental a la empresa. En la decisión *Ricci*, tomada por cinco votos contra cuatro, el Tribunal decidió que la ciudad de New Haven (Connecticut) violó el título VII cuando se negó a realizar ascensos en el Departamento de Bomberos porque las pruebas habían discriminado de forma desproporcionada a los candidatos de las minorías. La ciudad también tenía evidencia de que había pruebas de empleo más justas y efectivas. En lugar de ascender al personal que había pasado pruebas discriminatorias, la ciudad se negó a certificar los resultados y buscó explorar alternativas menos discriminatorias para cumplir con sus obligaciones conforme al título VII de la Ley de Derechos Civiles de 1964. Cuando la ciudad se negó a ascender al personal según los resultados de la prueba, los bomberos de raza blanca que habían obtenido puntuaciones altas demandaron la decisión y alegaron que la ciudad los había discriminado por razones raciales.

Kennedy fue el magistrado ponente de la sentencia de la mayoría, en la que se concluía que la decisión de New Haven de no tener en cuenta los resultados de las pruebas de ascenso violaba el título VII, puesto que la ciudad carecía de un "fundamento probatorio sólido" para demostrar que respetar los resultados la hubiera sujeto a responsabilidad legal ante los efectos desiguales de las pruebas, al haber promovido a los bomberos blancos en lugar de a los negros. El magistrado Kennedy afirmó que en casos de conflicto entre el trato desigual (estándar de intención) y las normas sobre efectos desiguales, las justificaciones

---

gistrado Burger como "primer nominado por Nixon, como portador de su legado ideológico").

[103] 557 U. S. 557 (2009).

admisibles para el trato desigual debían estar fundamentadas en un estándar probatorio sólido. Concluyó:

> Una vez que se ha establecido un proceso y los empleadores han dejado claros los criterios de selección, no pueden a continuación invalidar los resultados de las pruebas, defraudando así las expectativas legítimas del empleado de no ser juzgado en función de la raza. Hacer eso, salvo que exista una evidencia sólida de un efecto desigual inadmisible, equivale a la clase de preferencia racial que el Congreso ha desautorizado, §2000e-2(j), y es antitético a la idea de un lugar de trabajo en el que se les garantice a los individuos igualdad de oportunidades con independencia de la raza.

Rechazó la posición de los demandados de que "la creencia de buena fe de un empleador de que sus acciones son necesarias para cumplir con la norma sobre efectos desiguales del título VII debería ser suficiente para justificar una conducta orientada por criterios raciales".

Una vez más, el salvamento de voto de la magistrada Ginsburg se fundamentó en consideraciones sobre las circunstancias reales del lugar de trabajo. Ginsburg afirmó lo siguiente:

> El Tribunal ha declarado que New Haven no ha mostrado "un fundamento probatorio sólido" para su decisión. Al hacer eso, el Tribunal alega que "la Ciudad rechazó los resultados de la prueba solo porque los candidatos con mayor puntuación eran blancos". Esa pretensión, que es esencial para la motivación del Tribunal, no tiene en cuenta pruebas materiales sobre los múltiples defectos de las pruebas usadas en New Haven. El Tribunal tampoco reconoce que otras ciudades usan pruebas mejores, que arrojan resultados menos sesgados desde el punto de vista racial.

Por consiguiente, en el momento de considerar la realidad del lugar de trabajo, la magistrada Ginsburg señaló otros departamentos de bomberos de grandes ciudades, cuyas pruebas proporcionaban un lugar de trabajo más integrado desde el punto de vista racial.[104] En resumen, las experiencias personales del magistrado Ginsburg con respecto a la discriminación laboral es probable que provocaran su preocupación por examinar las acciones del Departamento de Bomberos de New Haven a partir del contexto real de los municipios contemporáneos que se esfuerzan por conseguir fuerzas laborales integradas desde el punto de vista racial.

D. Conclusión

Esta breve revisión de los casos de discriminación laboral en el Tribunal Supremo estadounidense confirma la literatura existente que detalla la influencia de los antecedentes y las experiencias de los juristas en sus decisiones.[105] En este capítulo, me he concentrado en las experiencias relativas a las historias laborales que llevan a preocuparse por las jerarquías en el lugar de trabajo y la vulnerabilidad del trabajo frente a la discriminación. La jurisprudencia racial estadounidense se ha restringido decididamente en las últimas pocas décadas, de manera que permite que unos pocos casos de discriminación racial subsistan. Las limitadas y cerradas historias laborales de los juristas, como parte de la élite, pueden influenciar su predisposición a realizar análisis abstractos divorciados de la realidad específica del lugar de trabajo. En ausencia de un mandato que

---

[104] Por ejemplo, la fuerza de bomberos de Los Ángeles está compuesta por 57 % de personas de color; la de Filadelfia, 51 %; la de Boston, en 40 %, y la de Baltimore, en 30 %. Press Release, Center for Constitutional Rights, "In Victory for Black Firefighters, FDNY Hiring Practices Rules Racially Discriminatory" (22 de julio de 2009) (en el archivo de la autora). San Antonio y Chicago tienen ambas fuerzas de bomberos compuestas entre 30 % y 50 % por afroestadounidenses y latinos. Jane Latour, "Looking for a Fire Department That Looks Like New York", *Gotham Gazette*, 2 de diciembre de 2001, disponible en http://www.gothamgazette.com/

[105] Véase *supra* notas 70-71.

haga que los jueces tengan que ser escogidos entre grupos de candidatos más diversos, la señal para prestarles una mayor atención a las realidades del lugar de trabajo deberá provenir de impulsos externos.[106] Un derecho constitucional al trabajo sería uno de ellos.

Hay algunos que defenderían que no hay necesidad de considerar un derecho constitucional al trabajo, ya que según ellos la Constitución estadounidense habría hecho ya completamente realidad la norma sobre igualdad contenida en la 14 Enmienda. De hecho, Michael Dorf plantea que la Constitución estadounidense en su expresión actual podría considerarse "programática".[107] Sin embargo, la diferencia fundamental entre las constituciones latinoamericanas conocidas por ser programáticas y la de los Estados Unidos es que las primeras lo son de manera abierta e incluyen normas generosas sobre derechos sociales.[108] En cambio, la Constitución de los Estados Unidos solo puede entenderse que es programática implícitamente, en la medida en que sus normas abstractas requieren ser interpretadas y desarrolladas por los jueces para que los derechos sociales sean considerados relevantes desde el punto de vista legal.

---

[106] Hace ya tiempo que se ha señalado la falta de diversidad racial y de género en los cargos judiciales estadounidenses. Véase Barbara L. Graham, "Toward and Understanding of Judicial Diversity in American Courts", 10 *Mich. J. Race & L.* 153 (2004), p. 180 (detalla los datos que revelan que los tribunales estadounidenses continúan estando ocupados en su inmensa mayoría por blancos, tanto en el ámbito federal como estatal); Sally Kenney, "Choosing Judges: A Bumpy Road to Women's Equality and a Long Way to Go", 2012 *Mich. St. L. Rev.* 1499 (2012), p. 1500 (analiza la falta de diversidad de género en el nombramiento de jueces).

[107] Michael C. Dorf, "The Aspirational Constitution", 77 *Geo. Wash. L. Rev.* 1631 (2009).

[108] "New Constitutionalism in Latin America: Promises and Practices" (Detlef Nolte & Almut Schilling-Vacaflor, eds., 2012), p. 26. Véase también Daniel Bonilla Maldonado, *La Constitución multicultural* (2006).

El ejemplo del caso brasileño indicaría que una constitución abiertamente programática puede ser más efectiva a la hora de permitir que los movimientos en pro de la justicia social luchen por sus preocupaciones. De hecho, el constitucionalista Roberto Gargarella señala que se han producido destacables cambios de actitud de los tribunales latinoamericanos con respecto a los grupos desfavorecidos desde la llegada de las constituciones programáticas a la región y su reconocimiento de una plétora de derechos humanos.[109] El cambio es todavía más destacable cuando se considera que, como en los Estados Unidos, la gran mayoría de los jueces latinoamericanos provienen de las élites debido al carácter históricamente excluyente del sistema educativo en lo relativo a la raza.[110]

En el caso específico de los tribunales laborales brasileños estudiados en este capítulo, se ha señalado que los jueces proceden de "las clases privilegiadas [y por consiguiente] están psicológicamente inclinados a entender mejor el punto de vista de los empleadores que el de los trabajadores, de manera que los trabajadores es probable que pierdan dos casos por cada uno que pagan.[111] Un académico observa, además, que el Tribunal Superior do Trabalho (Tribunal Superior Laboral), el tribunal de mayor rango en asuntos laborales, ha tenido la tendencia a anular los pocos casos decididos en favor de los trabajadores por el Tribunal Regional do Trabalho (Tribunal Regional Laboral).[112] Además, de los 26 jueces que presiden hoy los tribunales superiores laborales, solo dos son no blancos y cinco son mujeres blancas.[113]

[109] Gargarella, *supra* nota 40.

[110] Tanya Kateri Hernández, "To Be Brown in Brazil: Education and Segregation Latin American Style", 29 *N. Y. U. Rev. of L. & Soc. Change* 683 (2005).

[111] John D. French, *Drowning in Laws* (2004), pp. 46-47.

[112] French, *supra* nota 111, p. 51.

[113] "Biographies of TST Justices", Tribunal Superior do Trabalho, disponible en http://www.tst.jus.br/ministros (último acceso 30 de octubre de 2014).

Además, la gran mayoría de las facultades de Derecho brasileñas y latinoamericanas proporcionan una educación jurídica conservadora a la élite política de la región.[114] De hecho, "la educación jurídica tradicional en América Latina es atacada desde muchos frentes por su exceso de legalismo, que promueve la idea de un pensamiento jurídico autónomo, autocontenido, que estaría aislado del contexto social".[115] Una cultura de legalismo en la que el comportamiento y los valores reales de los ciudadanos no se tienen en cuenta está profundamente "arraigada en la cultura jurídica latinoamericana".[116]

Además, las historias laborales de los jueces brasileños, antes de su nombramiento, son parecidas a las historias laborales como élites de los jueces de los tribunales federales y los jueces del Tribunal Supremo de los Estados Unidos. Todavía se refuerza más esa característica teniendo en cuenta que la licenciatura básica latinoamericana en Derecho son estudios de pregrado que los estudiantes realizan justo después de terminar su educación secundaria; los inician con un promedio de 18 años y apenas los terminan inician sus carreras como abogados. Por consiguiente, la muy diferente receptividad a las reclamaciones sobre discriminación racial entre América Latina y los Estados Unidos no pueden explicarse por la diferencia demográfica en la composición de los jueces en los distintos países de América, cuando el hecho es que la exclusividad de la educación jurídica y la estructura de la educación jurídica en América

---

[114] Juny Montoya, "The Current State of Legal Education Reform in Latin America: A Critical Appraisal", 59 *J. Leg. Educ.* 545 (2010), p. 546.

[115] *Ibid.*, p. 549. Hay destacadas excepciones, como la Fundação Getulio Vargas en Brasil, la Universidad Metropolitana en Venezuela, la Universidad Torcuato Di Tella en Argentina, la Universidad Diego Portales en Chile, la Universidad de Sonora en México, la Universidad de los Andes en Colombia y la Universidad Nacional de Córdoba en Argentina. *Ibid.*, pp. 551-58.

[116] Rogelio Pérez-Perdomo, *Latin American Lawyers: A Historical Introduction* (2006), p. 69.

Latina fomentan unos jueces alineados con los intereses de los privilegiados, igual que en Estados Unidos.[117] Lo que cabe destacar del contraste entre América del Norte y del Sur es la importancia de la posición jurídica de los intereses de los trabajadores. En Brasil, por ejemplo, el derecho al trabajo no solo cuenta con tribunales laborales especializados, sino que los jueces reciben también una formación específica. En concreto, los nuevos jueces tienden a ser nombrados en pequeñas ciudades de las áreas rurales, con la esperanza de que al vivir cerca de las comunidades, y ser casi siempre el único juez laboral en esa zona, el nuevo juez pueda conocer de forma más completa los difíciles conflictos entre lo social y lo económico en ese territorio.[118] Después de un periodo que va de seis a diez años, los jueces son reasignados a centros urbanos. Con el fin de promover un mejor y más razonable acceso al mercado de trabajo, los tribunales laborales gozan de discrecionalidad para innovar y así conseguir un mayor acceso a la justicia. Por ejemplo, en el norte de Brasil hay un tribunal laboral especial itinerante ubicado en barcos para atender a las poblaciones indígenas que viven a lo largo del río.[119] En el mismo sentido, en el sur de Brasil hay tribunales laborales itinerantes que despachan en camiones para ayudar a los que viven en las áreas remotas de las zonas rurales.[120] En resumen, el derecho al trabajo estructura las intervenciones judiciales en los casos de derecho laboral, de tal forma que los jueces no necesitan recurrir a sus propias historias laborales elitistas para valorar las reclamaciones de los trabajadores en Brasil.

---

[117] Véase Susan Maloney Smith, "Diversifying the Judiciary: The Influence of Gender and Race on Judging", 28 *U. Rich. L. Rev.* 179 (1994).

[118] Correo electrónico de Glenda Regine Machado, principal jueza laboral de la Sección Judicial 65 de la Ciudad de São Paulo, Tribunal Regional Laboral (TRT) del estado de São Paulo, a la autora (7 de noviembre de 2014, 12:23 EST) (en el archivo de la autora).

[119] *Ibid.*

[120] *Ibid.*

Al otorgar estatus constitucional a los tratados de derechos humanos, muchos jueces han empezado a tomarse más en serio los argumentos jurídicos basados en los derechos humanos.[121] Este artículo propone que el valor del derecho al trabajo para los derechos humanos internacionales tiene el mismo potencial de conseguir cambios en el contexto de la jurisprudencia racial en la región. La imagen para Estados Unidos es más sombría teniendo en cuenta los enormes retos contemporáneos para modificar la Constitución y el arraigo cultural del contexto del contrato de empleo a voluntad.[122] Sin embargo, el análisis comparativo proporcionado aquí esclarece más el grado en el que el llamamiento a diversificar la judicatura en Estados Unidos podría ayudar a llenar en parte el vacío que la ausencia de un derecho constitucional al trabajo crea a la hora de recalcar la realidad del lugar de trabajo y la vulnerabilidad de los trabajadores. Si bien una mayor atención a las cuestiones de diversidad racial, de género y a las historias laborales durante el proceso de selección judicial no actuará como un reemplazo inmediato de un derecho al trabajo, sin duda situaría a los Estados Unidos por un mejor camino para reamoldar su jurisprudencia racial y considerar la realidad del lugar de trabajo y la vulnerabilidad del trabajo creadas por el racismo.

---

[121] French, *supra* nota 111, p. 51.

[122] Cass R. Sunstein, "Why Does the American Constitution Lack Social and Economic Guarantees?", 56 *Syracuse L. Rev.* 1 (2005) (analiza la dificultad de hacer enmiendas a la Constitución estadounidense). El contrato de empleo a voluntad es el derecho vigente en casi todos los estados, menos Montana, que ha modificado legislativamente el régimen del contrato laboral por defecto. Véase "Montana Wrongful Discharge From Employment Act", *Mont. Code Ann.* §39-2-904(1)(b) (2009) (hace el despido ilegal si "el despido no tuvo justa causa"). Véase, en general, Lisa J. Bernt, "Finding the Right Jobs for the Reasonable Person in Employment Law", 77 *UMKC L. Rev.* 1 (2008), p. 7 ("El contrato laboral a voluntad sigue siendo la norma por defecto en casi todas las jurisdicciones de los Estados Unidos"); Mayer G. Freed y Daniel D. Polsby, "Just Cause for Termination Rules and Economic Efficiency", 38 *Emory L. J.* 1097 (1989), p. 1097 (explica que el contrato laboral a voluntad es la regla general y "en el sector privado, en ausencia de sindicatos, el contrato laboral es casi siempre a voluntad").

Made in the USA
Coppell, TX
03 August 2022

80875093R00223